公州大學校 百濟文化研究所
百濟文化研究 叢書 第2輯

백제 부흥운동사 연구

공주대학교 백제문화연구소 편

서경

의자왕 정권이 무너진 뒤 백제의 유민들이 3년여에 걸쳐 전개한 부흥운동은 그 치열함이나 독립된 부흥왕조로서의 위상을 견지해 나갔다는 점에서 한국 역사상 유례를 찾아볼 수 없는 것이었다. 또 그러한 부흥운동이 실패한 이후에 성립된 웅진도독부체제 하의 백제인들 역시 신라에 대한 열세를 극복하고 백제의 옛 영광을 되찾기 위해 나름대로 부단한 노력을 기울인 바가 있었다.

백제부흥운동과 관련된 이상과 같은 내용들은 백제사의 중요한 한 부분을 차지할 뿐만 아니라 한국사 전체를 통해서도 상당한 역사성을 지닐 수 있기 때문에 여러 사람들이 이 분야에 관심을 갖고 연구를 진행해 왔으며, 그로 인해 많은 사실이 우리에게 알려지게 되었다.

사실 백제부흥운동에 대한 연구는 일본에서 먼저 시작하였고, 이러한 일본에서의 연구가 문제의식으로 작용하여 우리나라 학자들 역시 이에 관심을 갖고 연구를 진행하게 된 것으로 보인다. 극히 소수이기는 한데 중국학자들의 백제부흥운동에 관한 글도 중국입장을 강조한 시각 차이가 있기는 하지만 일본학자들의 연구와 연계되어 쓰여지고 있는 것이 눈에 띈다.

한국사의 다른 분야와 마찬가지로 백제부흥운동에 대한 연구에서도 일본의 영향이 강하게 자리잡고 있는 현실을 어떻게 생각하던 우리는 그만큼 더 객관적인 역사연구법을 개발하여 과거 일본의 연구성과가 지니고 있는 한계를 뛰어넘음으로써 정확한 사실 파악을 통해 역사의 진상을 밝혀내야 하는 부담을 안게 되었다고 생각한다.

우리나라의 백제부흥운동에 대한 연구는 일본만이 아니라 중국보다도 늦게 시작한 감이 있다. 그러나 현재까지 이룩해 놓은 결과물들을 보면 부흥운동에 관한 종합적인 이해를 가능하게 하는 연구 서적이나 박사학위 논문까지 나오고 있어서 지금은 양적으로나 질적으로 중국은 물론 일본보다도 앞서 가고 있는 듯한 느낌이다.

백제부흥운동과 관련하여 국내에서 발표되고 있는 연구논문을 살펴보면 총 109편 정도가 눈에 띄고 전문적인 연구저서도 11권의 출판물이 찾아진다. 많은 연구자들이 관심을 갖고 참여함으로써 백제부흥운동에 대한 이해의 폭은 꽤 넓어졌다고 할 수 있게 되었다. 그러나 한편으로는 연구자마다 관심의 초점이나 연구시각, 연구방법 등이 조금씩 다르다보니 주장이 분산적이고, 따라서 내용도 많은 부분이 조율되지 못한 상태에 있는 것 또한 사실이다. 실제로 국내의 사료는 제한되

머리말

어 있고 중국이나 일본 쪽 사료를 사용하려다보니 연구자에 따라 사료가 선택적으로 이용되거나, 자신의 취향에 따라서 또는 논지를 세우기 위해서 해석을 주관적으로 하는 경우도 눈에 띄는 등 여러 가지 문제점이 포착되기도 한다.

이러한 문제점들로 인해 백제부흥운동을 둘러싸고는 아직도 해결하지 못한 과제들이 적지 않은 바, 이를 해결하기 위해서는 이제 개별적인 연구 활동만이 아니라 일본과 중국의 학자들까지를 포함한 많은 연구자들이 공동의 장에서 만나 각자의 견해를 기탄없이 발표하고 그 차이를 조정할 수 있어야 하리라고 본다.

본서에는 이러한 노력이 어느 정도 담겨있다고 할 수 있다. 공주대학교 백제문화연구소에서는 2002년도와 2003년도 등 두 차례에 걸쳐 「백제부흥운동의 재조명」, 「백제부흥운동과 백강 전쟁」이란 주제로 대규모 학술심포지움을 개최하여 한·중·일 삼국학자들의 다양한 견해를 수렴한 바가 있다. 본서는 바로 이를 통해 얻게 된 연구 성과를 모은 것으로서 부흥운동의 배경이 되는 7세기 동아시아의 정세에 관한 내용부터 부흥운동의 구체적인 전개양상, 일본이나 중국과의 연계성 문제, 부흥운동군의 활동기반이었던 산성과 주요 전적지에 관한 고찰, 그리고 부흥운동과 관련되어 제기되고 있는 여러 가지 쟁점에 대한 검토 등이 포함되어 있다. 어떻게 보면 이들 내용이 아직은 시작으로서의 의미밖에 지닐 수 없는 것일 수도 있지만, 이것을 토대로 하여 앞으로의 연구가 더욱 심화되고 그간 주목받지 못했거나 연구가 미진했던 부분들이 새롭게 보충되어 백제부흥운동사가 백제사는 물론 우리 한국사의 중요한 한 분야로 발돋움 할 수 있게 되기를 기대해 본다.

본서가 만들어지기까지 귀중한 연구 성과들을 모을 수 있었던 것은 앞서 백제문화연구소장직을 맡으셨던 윤용혁 교수님의 노력 덕분이었다. 2002년과 2003년에 공주대학교 백제문화연구소장으로 계시면서 백제부흥운동과 관련된 학술심포지움을 두 차례에 걸쳐 개최한 윤 교수님의 열의가 없었다면 본서는 우리 앞에 나타나기 힘들었을 것이다. 윤 교수님의 노고에 다시금 감사드린다. 또한 훌륭한 연구 성과를 발표해 주신 연구자와 심도있는 토론을 통해 발표내용을 다듬어주신 토론자 여러분의 열정이 그대로 본서의 내용을 이루고 있는 만큼 발표와 토론에 참여하셨던 모든 분들께도 다시 한번 깊은 감사를 드린다. 그리고 2002년과 2003년 학술심포지움을 개최할 당시 장소 제공은 물론 행정적·재정적 지원을 아끼지 않았던 공주대학교 최석원 총장님과 서천군의 나소열 군수님을 비롯한 관계자 여러분

께도 충심으로 감사드린다.

　끝으로 뒤에서 궂은 일을 처리하느라 늘 바쁜 시간을 보내면서도 마무리를 항상 잘 해주고 있는 서정석 선생님에게도 이 자리를 통해 고마움을 표하고 싶으며, 출판을 맡아주신 서경문화사 김선경 사장님께도 감사의 인사를 드리고 싶다.

2004년 12월

공주대학교 백제문화연구소
소 장　**양　종　국**

公州大學校 百濟文化研究所
百濟文化研究 叢書 第2輯

백제 부흥운동사 연구

1장
백제 부흥운동의 역사적 배경

삼국시대에 삼국이 한반도 내의 분쟁해결을 위해 상대에게 정치적인 개입과 군사 요청을 하고 있는 내용을 보면 당시 동아시아 국제질서가 중국의 권위를 중심으로 형성되고 있었음을 알게 된다. 중국 역시 이와 같은 제질서를 유지해 나가면서 동아시아 주변 국가들에 대한 영향력을 행사하려 했던 것으로 나타나는데 중국의 영향은 한반도 내에서 영토 소유권을 차지하려 한 것이 아니라 삼국에 대한 영향력을 지속적으로 관철시키려는 내지 친중국적에 계속 유지되도록 만들려 했던 것이 궁극적인 복형이었다고 할 수 있다.

양종국　**7세기 동아시아 국제정세와 百濟 義慈王**
韓　昇　**당과 백제의 전쟁 : 배경과 성격**

7세기 동아시아 국제정세와 百濟 義慈王

양종국 공주대학교

I. 서 언 : 百濟 멸망과 義慈王에 대한 몇가지 문제점

百濟 멸망 직후부터 오늘날까지 수많은 사람들이 百濟 멸망의 이유를 말해 왔지만, 그 내용은 百濟의 입장을 과소평가하거나 義慈王의 정치를 부정적으로 바라보고 있다는 점에서 한결같은 모습이다.

그러나 唐이 대외적으로 高句麗 공격을 위한 일환으로서 편의상 먼저 百濟를 멸망시켰다는 단순한 설명이나 대내적으로 義慈王의 폭정과 문란을 百濟 멸망의 이유로 내세우는 태도는 역사적인 시각으로 볼 때 많은 문제가 잠재되어 있는 것으로 판단된다. 필자는 그동안 百濟 멸망과 義慈王에 대한 다양한 성격의 글과 전문적인 연구서적들을 접해 보았는데, 그러한 가운데 기존의 시각들 속에서 몇 가지 문제점을 발견하여 결국 오늘과 같은 자리를 갖게 되었다.

필자가 느낀 문제점들을 정리하면 다음과 같은 네 가지로 분류될 수 있을 것 같다.

첫째는 百濟 멸망 당시 국제정세의 변화가 百濟에 미친 영향에 대하여 충분한 고려가 부족하다는 점이다.

둘째는 義慈王의 활동과 업적 및 그의 인격적 성향에 대한 관심과 배려가 너무 없다는 점이다.

셋째는 기존의 역사기록이나 설화 등에 나와 있는 일방적인 평가 내용을 별다른 여과 없이 그대로 수용하는 문제점을 나타내고 있다는 점이다.

넷째는 위에 지적한 문제점들의 결과라고도 할 수 있는데, 百濟滅亡史를 바라보는 시각의 폭이 百濟 내부 문제로 고정됨으로써 너무 협소하고, 또 일방적인 주장을 가지고 논의를 전개한다는 인상을 지우기가 어렵다는 점이다. 이는 보다 폭넓은 시각과 균형잡힌 자세를 견지하며 역사의 진상을 객관적으로 분석하여 그 실체를 밝혀야 한다는 오늘날의 역사학 연구방법론에 비추어 볼 때 바람직한 연구태도라고는 할 수 없다.

본고는 이상과 같은 문제점을 나름대로 고찰하여 7세기 동아시아 국제관계의 정세와 밀접한 관련을 맺고 진행된 義慈王의 정치 및 百濟 멸망에 대한 기존의 미비점을 보충하고, 혹시 잘못된 부분이 있다면 이를 시정하여 역사의 진실을 밝혀본다는 입장에서 출발하였다.

Ⅱ. 義慈王의 정치와 동아시아 국제관계의 변화

20년간에 걸친 義慈王의 정치활동 내용을 전체적으로 보여주는 자료는 『三國史記』 義慈王本紀 밖에 없다. 그 本紀는 마지막 부분의 論贊을 보면 알 수 있듯이 勝者의 시각에서 극히 개략적으로 쓰여져 史料로서의 한계가 큰데, 현재로서는 가능한 조심하며 이를 주 자료로 이용하되 다른 史料에 나타나는 단편적인 기록들을 동원하여 부족한 부분을 보충해야 할 것 같다.

먼저 義慈王 집권 당시 한반도 삼국과 중국과의 관계를 이해하기 편리하도록 도표화 해보면 아래와 같이 정리될 수 있을 것 같은데, 이하에서는 이 표를 참고로 하면서 義慈王의 정치와 그로 인해 새롭게 형성된 동아시아 국제관계의 내용을 좀더 자세히 알아보도록 하겠다.

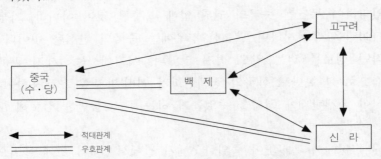

〈6세기 말~7세기 초 한반도 삼국과 중국의 국제관계 형성표〉

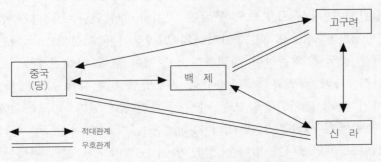

〈7세기 중엽 한반도 삼국과 중국의 국제관계 형성표〉

삼국시대에 삼국이 한반도 내의 분쟁해결을 위해 중국에게 정치적인 개입과 군사요청 등을 하고 있는 내용을 보면, 당시의 동아시아 국제질서가 중국의 힘과 권위를 중심으로 하여 형성되고 있었음을 알게 된다. 중국 역시 이와 같은 국제질서를 유지해 나가면서 동아시아 주변 국가들에 대한 영향력을 행사하려 했던 것으로 나타나는데, 중국의 정책은 한반도 내에서 영토소유권을 차지하려 한 것이 아니라 삼국에 대한 정치적인 영향력을 지속적으로 관철시켜 한반도 내에 親中國 정권이 계속 유지되도록 만들어 놓으려 했던 것이 궁극적인 목적이었다고 할 수 있다.

　　그러나 한반도 삼국의 입장은 중국 중심의 국제질서를 수용하고 있었다하여 무조건 중국의 권위 앞에 복종한 것이 아니라, 자국의 국가이익을 우선시하며 필요한 경우에는 중국의 간섭을 벗어나 독자적인 행보를 걷는 일도 적지 않았다. 여기에서는 7세기 百濟를 중심으로 한 한반도 삼국의 정세변화가 어떠한 변수로 작용하여 동아시아 국제관계에 영향을 주었는가 하는 큰 흐름만을 검토해 보겠다.

　　高句麗에서 嬰陽王이 즉위한 6세기 말에서 7세기 초에 들어오면 高句麗의 漢江 유역에 대한 공격이 본격화되고 있는데, 이러한 高句麗의 활동은 그 이전에 잠재된 형태로 자리잡고 있던 삼국 간의 대립관계가 다시 표면으로 부상한 것이라 해석된다. 이 시기 삼국의 항쟁을 중심으로 한 동아시아의 전체적인 국제정세는 국가간의 문제를 중국에 의존하여 해결하려는 경향이 보다 강해진 것으로 나타난다. 특히 百濟와 新羅는 서로 싸우면서도 동시에 高句麗를 견제하기 위해 隋와 唐에 모두 사신을 파견하고 있다. 百濟는 598년 隋 文帝에게 사신을 보내 隋가 高句麗를 공격하면 자신들이 안내를 맡겠다고 제안했다가 별다른 성과 없이 오히려 高句麗의 침략만 유발시킨 적이 있었는데, 607년 다시 隋 煬帝에게 高句麗 討伐을 요청해 결국 허락을 받아냈고, 611년에는 高句麗를 공격할 시기까지 물으며 서로 돕기로 약속하였다.[1] 新羅 역시 611년 隋에게 乞師表를 바쳐 허락을 받아내고 있다.[2] 唐이 건국된 뒤에는 625년 新羅가 먼저 사신을 파견해 高句麗의 위협을 호소하였고, 626년에는 百濟와 新羅가 모두 사신을 보내 高句麗 문제를 해결해줄 것을 요구하여 唐이 조정에 나선 모습도 보인다.[3]

百濟와 新羅가 서로 치열한 싸움을 벌이면서도 高句麗에 초점을 두고 對中國 외교를 펼친 것은 결국 중국의 힘을 이용하여 高句麗의 남진을 막고 자국의 안전과 이익을 도모하기 위함이었다. 612년 隋가 高句麗를 공격할 때 "(百濟는) 말로는 (隋)軍을 돕는다고 하면서도 사실은 두 마음(兩端)을 지니고 있었다"라는 기록이 전해오듯이,[4] 百濟는 隋와의 약속을 액면 그대로 이행하지 않고 자국의 이익을 계산하며 나름대로 독자적인 행보를 걸었던 것으로도 나타난다. 百濟의 이와 같은 이중적인 태도는 한반도 삼국이 중국과 맺은 국제관계를 실재로 어떻게 활용하였는지 보여주는 대표적인 예 중 하나라 해도 좋을 것 같다.

7세기까지 나타나고 있는 한반도 삼국과 중국과의 관계를 정리하면 다음과 같이 된다.

百濟와 高句麗와 新羅 삼국 간의 관계는 시대적인 상황 변화가 있을 때마다 和·戰의 반복을 보이며 수시로 다르게 나타나는데, 이러한 속에서도 6세기 중기에 들어와 百濟와 新羅의 동맹관계가

---

1) 『隋書』, 卷81, 東夷傳, 百濟 및 『三國史記』, 卷20, 高句麗本紀 8, 영양왕 9년 9월과 卷27, 百濟本紀 5, 위덕왕 45년 9월, 武王 8년 3월 및 12년 2월 참조.
2) 『三國史記』, 卷4, 新羅本紀 4, 진평왕 33년.
3) 上揭書, 上同, 진평왕 47년 11월 및 卷20, 高句麗本紀 8, 영류왕 9년.
4) 『隋書』, 卷81, 東夷傳, 百濟.

깨지면서 百濟가 新羅를 최대의 적으로 생각하게 된 사실은 주목된다. 중국과의 관계를 보면, 百濟는 처음 교류를 맺은 이후 7세기 초까지 그 관계를 거의 변함없이 유지시켜 나갔고 정치적으로나 군사적으로 중국과 대립한 적은 없었다. 다만, 隋의 高句麗 공격 때 양면적인 모습을 보였던 바와 같이 중국과의 주종관계를 맹목적으로 추구한 것이 아니라 자국의 국내사정과 이익을 우선시하였기 때문에, 그 향배에 따라 국제관계가 복잡하게 활용되고 있었던 사실은 기억해야 하겠다. 新羅의 경우 역시 시기나 빈번한 정도의 차이는 있지만 百濟와 같은 對中國 교류모습을 보여주고 있다. 高句麗 또한 南北朝時代에는 중국과 정치적으로 밀접한 교류를 맺고 있는 모습이 눈에 띄나, 국경이 직접 맞대어 있는 양국의 특성상 군사적인 충돌이 자주 일어나 관계가 악화된 때도 적지 않았다. 특히 6세기 말에서 7세기 초에 걸쳐 중국에 隋·唐 통일제국이 등장하면서는 양국 사이에 수차례에 걸쳐 크고 작은 전쟁이 일어나 적대적인 분위기가 매우 짙어지기도 했다. 따라서 高句麗는 和·戰을 반복하는 속에서 對中國 관계를 이어온 것으로 나타나고 있어 百濟나 新羅와는 차별성이 보인다.

이러한 복잡한 국제정세 속에서 641년 義慈王은 不惑의 나이인 40세 이후 인생의 완숙기에 王으로서 즉위하였고, 그리하여 그의 통치행위는 일사불란하게 진행될 수 있었다고 본다.

義慈王은 즉위하면서 곧바로 唐 太宗에 의해 "柱國帶方郡王百濟王"으로 책봉되어 정통성을 확보한 뒤, 안으로는 정권안정에 힘쓰고 밖으로는 중국과의 밀접한 교류를 지속시키는 한편 新羅에 대해서는 강경책을 구사하는 동시에 高句麗와는 和親을 도모하는 다각적인 방안을 마련하여 강력하게 추진시켜 나갔다.

즉위한 다음 해인 642년 2월에 王이 州·郡을 순무하고 사형수

를 제외한 모든 죄수를 석방해 주었다는 義慈王本紀의 내용은 집권
초기 통치자의 교체과정에서 흔들릴 수 있는 정권을 안정시키고 자
신의 존재를 확실하게 인식시키기 위한 기본적인 수순으로서 의자
왕이 밟아나간 대내적인 활동모습으로 볼 수 있다. 또 644년에는
왕자 隆을 太子로 삼고 죄수를 크게 풀어주었다는 기사도 보이는
데, 이러한 조치 역시 王權을 안정시키기 위한 정치활동의 일환으
로 받아들여진다.

대외적으로는 즉위한 641년부터 644년까지 唐에 대하여 해마다
朝貢을 하고, 新羅에 대해서는 642년 7월과 8월 및 643년 11월에 군
사적인 공격을 감행하고 있다. 특히 642년 8월의 싸움에서는 新羅
가 가야지방을 경영하기 위해 거점으로 삼고 있던 大耶城을 공략하
고 城主로 있던 金春秋의 사위 金品釋과 그 아내, 즉 金春秋의 딸
을 죽이는 전과를 세워 新羅와의 관계가 이후 더욱 악화되는 계기
를 만들기도 했다. 한편 高句麗에서는 642년 10월에 淵蓋蘇文이 政
變을 일으켜 軍國의 대권을 장악했는데, 643년 11월에는 義慈王이
이러한 高句麗의 淵蓋蘇文 政權과 和親을 맺고 新羅를 공격한 것으
로 나타나고 있다.

그리하여 百濟와 高句麗는 이 때에 이르러 과거의 적대관계에서
벗어나 새로운 우호관계를 형성하게 되었다. 그러나 이렇게 하여
새롭게 형성된 한반도 삼국간의 관계는 결국 중국과의 관계에도 영
향을 미치게 됨으로써 義慈王이 집권 초기에 부단히 노력했던 중국
과의 우호관계 증진은 실현되지 못하고 百濟와 唐은 갈수록 사이가
나빠져 끝내는 적대적인 관계로 변모하였다. 위 표에 정리해 놓은
7세기 중엽 중국과 한반도 삼국간의 관계는 그러한 결과로 나타나
게 된 것이다.

『三國史記』義慈王本紀의 내용을 전체적으로 일관해 보면, 655

년 이후 義慈王의 정치는 극히 문란하고 문제가 많았던 것으로 묘사되어 있는데, 후술하겠지만 이는 勝者들에 의한 역사왜곡의 전형적인 수법으로 간주되며, 사실은 이때 義慈王이 정계를 새로이 개편하여 정치 분위기를 쇄신시키려 했던 것으로 받아들여지고, 『三國史記』에서는 이것이 왜곡된 형태로 묘사된 것이라 여겨진다. 다시 말해 義慈王 초기의 정치는 武王代에 갖추어진 정치기반 위에서 수행된 것이고, 655년 이후에 이르러서야 정계개편을 통해 자신의 집권체제를 새로이 마련하여 정치를 이끌어나간 것으로 보아야 할 것 같다.

그러나, 이상과 같은 사실이 인정된다고 하여 義慈王의 개인적인 생활이나 대내적인 정치모습 또는 대외적인 활동방향이 655년을 기준으로 갑자기 달라졌다고 판단해서는 안 되리라 본다. 義慈王의 정치는 655년을 기준으로 변모한 것이 아니라 초기의 정치가 더욱 강화된 형태로 진전되었다고 볼 수 있겠는데, 이하에서는 이러한 문제와 이로 인해 새롭게 전개되어 나간 동아시아 국제정세의 변화모습에 대하여 다루어 보겠다.

義慈王의 대내적인 정치가 성공을 거두고 있었다는 증거는 여러 곳에서 찾아볼 수 있다.

즉위 8년째 되는 648년 3월의 일로서 新羅의 金庾信이 眞德女王에게 大耶城의 원수를 갚자는 건의를 하자 女王은 "以小觸大 危將奈何?"라고[5] 대답하여 新羅를 小, 百濟를 大로 표현하고 있다. 또 이 무렵 唐에 파견된 金春秋는 唐 太宗에게 百濟는 强猾하다고 말하기도 하였다.[6] 648년경의 百濟를 "大"나 "强" 등으로 표현하는 이들 예는 그 대화 당시의 상황논리나 대화주체가 新羅의 최고 권력

---

5) 『三國史記』, 卷41, 金庾信傳 上.
6) 上揭書, 卷5, 新羅本紀 5, 진덕왕, 2년 3월.

자들이었다는 점을 생각할 때 단순한 수사적 표현이라기보다 義慈王의 대내적인 정치가 실재로 성공적인 결과를 얻고 있었음을 시사해주는 것이라 보아도 좋겠다.

한편, 百濟가 羅唐 연합군에게 정복당할 때의 戶口數로서 『舊唐書』東夷傳의 百濟條와 『資治通鑑』 高宗 顯慶 5年 8月條, 『三國史記』百濟本紀에는 76萬戶, "大唐平百濟國碑銘"에는 24萬戶 620萬口가 기록되어 있는데, "大唐平百濟國碑銘"의 내용은 戶口의 비율로보아 모순이 있다. 따라서 義慈王 말기의 戶數는 일단 76萬戶로 보아야 무리가 없고, 口數는 "大唐平百濟國碑銘"의 620萬口로 생각해야 할 것 같다. 그런데 百濟의 옛 땅에 해당하는 전라남북도와 충청남도의 2000년 기준 총 戶口數가 197만 9,575戶 610만 30口인 것을 감안하면 620만口라는 수치도 그대로 받아들이기에는 너무 크다. 다만, 분명한 것은 이와 같은 기록이 전할만큼 百濟 말기의 戶口數가 충실했다는 것이고, 이는 곧 義慈王의 內治가 百濟 멸망 당시까지 성공을 거두고 있었음을 대변해 준다는 것이다.

義慈王은 정치적으로 대내적인 문제보다 대외적인 문제 때문에 어려움을 겪었던 것으로 나타난다. 그리하여 대외 문제가 義慈王의 정치행보와 정치성격을 결정지어 주었다 해도 과언이 아닐 정도로 그는 대외정책에 보다 많은 관심과 노력을 기울였다.

義慈王의 대외정책에서 최대의 관심사는 新羅와의 전쟁이었다. 그의 外治는 對新羅戰에 초점이 맞추어져 있었고, 시종일관 그것을 지속시켜 나간 것이 특징인데, 그 원인과 결과는 모두 당시의 동아시아 국제관계가 새롭게 형성되어 이전 시대와 다르게 전개되어 나가는데 영향을 주었다

앞서 지적했듯이 義慈王은 新羅에 대한 공격을 효과적으로 수행하기 위해 643년에는 그 때까지 적대관계를 유지해오던 高句麗와

和親하는 쪽으로 외교방향을 전환하였다. 義慈王의 군사적인 공격으로 新羅가 어느 정도의 고통을 겪게 되었는지는 新羅 역시 그 동안 적대관계에 있던 高句麗에게 군사원조를 요청한 일이나, 이것이 여의치 않자 중국으로 눈을 돌려 唐에 대해 宿衛外交를 채택하고 있는 것에서 엿볼 수 있다.

百濟 義慈王代인 641년에서 660년 사이에 한반도 삼국이 중국에 朝貢한 회수를 『三國史記』 본기에서 찾아보면, 新羅는 18번, 高句麗는 8번, 百濟는 6번으로 나타나고 있다. 즉, 新羅의 경우는 중국에 대한 의존도가 갈수록 높아지고 있는 반면에 高句麗와 百濟는 집권 초기나 중국의 皇帝가 교체되고 있는 시기에만 朝貢 기록이 집중되어 있고 평상시에는 거의 찾아볼 수 없을 정도로 의존도가 낮아지고 있는데, 이러한 현상은 한반도 삼국과 중국과의 관계가 과거의 틀에서 벗어나 새로운 단계로 진입하였음을 보여주는 것이라 해석할 수 있겠다. 다시 말해 한반도 삼국은 과거와 같은 중국 중심의 국제관계 속에서 계속 안주해 있었던 것이 아니라, 이제는 자국의 이익을 고려하여 新羅처럼 중국과의 관계를 더욱 강화시킬 수도 있고, 高句麗나 百濟와 같이 그것이 여의치 않을 때는 새로운 문제 해결책으로서 중국 중심의 국제관계에서 벗어나 나름대로의 독자적인 노선을 마련하여 시행하는 등 다양한 방법을 구사하는 것으로 발전하게 되었다고 여겨진다.

그러면 義慈王의 정치에서 이러한 면이 어떻게 구체화되고 있는지 살펴보겠다.

義慈王은 즉위하면서 곧바로 中國에 대한 朝貢과 新羅에 대한 攻擊, 高句麗와의 和親이라는 다각적 구도의 외교활동을 펼쳐 나갔다. 그러나 644년 唐 太宗이 司農丞 相里玄奬을 파견해 新羅의 편에 서서 義慈王의 新羅에 대한 강경책을 문제삼자 義慈王은 글을 보내 사과했다고 하는데,[7] 이 사건은 義慈王으로 하여금 그동안 추구해온 자신의 대외정책 기본노선을 변경하지 않으면 안될 상황에 놓이게 만들었다. 문제는 중국과의 관계를 계속 돈독히 해나가기 위하여 新羅에 대한 강경책을 포기하느냐, 아니면 唐 太宗의 요구를 무시하고 新羅攻擊을 강행해 나가느냐에 있었을 것이다.

『三國史記』에는 기록이 없지만 『冊府元龜』에 보면 645년 1월에도 義慈王은 唐에 朝貢한 것으로 나와 있다. 이 때의 朝貢은 義慈王이 글을 보내 사과했다고 한 위 『三國史記』 내용의 실재 활동모습으로 여겨지는데, 아마도 단순한 朝貢 행위라기보다 중국의 마음을 달래면서 新羅에 대한 자신의 입장을 밝히고 이해를 얻으려는 노력의 일환이 아니었을까 사료된다. 그런데 바로 그 해 5월에 唐太宗이 高句麗를 공격하는 틈을 노려 義慈王은 新羅의 7城을 기습적으로 빼앗는 등 唐으로부터 두 마음을 품고 있다는 평을 듣게 되는 행동을 하고 있다. 또 그 동안 해마다 파견되던 朝貢使臣이 이때 이후로는 唐 高宗 즉위 2년째 되는 651년에 다시 재개될 때까지 6年 동안 중단된 것으로 나와 있다. 이러한 사실은 결국 중국에 대한 義慈王의 설득작업이 별 효과를 가져오지 못함으로써 그가 후자의 노선, 즉 中國보다는 新羅와의 문제를 중시하여 新羅에 대한 강경책을 우선적으로 선택했음을 보여주는 것이다.

한편, 唐 太宗은 649년에 죽고 太宗의 後宮, 즉 아버지의 부인에 해당하는 則天武后를 皇后로 삼아 중국사에서는 더욱 유명하게 된 高宗이 뒤를 이어 즉위하였다. 義慈王은 이러한 정권교체라는 상황변화를 이용하여 중국과의 관계 개선을 목적으로 조공중단 6년만인 651년에 모처럼 다시 朝貢使臣을 중국에 파견하였다. 그러나 唐 高宗의 반응은 太宗代와 마찬가지로 義慈王을 실망시켰다. 高宗이 義

---

7) 上揭書, 卷28, 百濟本紀 6, 義慈王 4년.

慈王에게 보낸 國書의 내용은 百濟가 빼앗은 新羅의 城을 新羅가 사로잡아간 百濟의 포로와 맞바꾸고 다시는 양국간에 전쟁을 일으키지 말라는 위협성 발언으로 義慈王이 받아들이기에는 힘든 것이었다.

義慈王은 唐 高宗의 國書를 전달받은 바로 다음 해인 652년 1월에 다시 朝貢使臣을 파견하고 있는데, 이 때에는 아마도 新羅와의 사이에 과거부터 누적되어 온 자신들의 여러 가지 억울한 사정을 전달하였을 것으로 여겨진다. 그러나 이후에는 百濟가 羅唐 연합군에게 정복당할 때까지 8년 동안 朝貢이 완전히 끊긴 것으로 나타나는바, 이러한 사실을 통하여 百濟의 호소가 唐에게 받아들여지지 않았다는 것과 결국 義慈王은 중국과 결별하고 스스로 독자적인 노선을 걷기 시작했다는 것을 알 수 있겠다. 653년 8월 일본과 修好 關係를 맺은 것이나 655년 8월 高句麗 및 靺鞨과 함께 新羅의 30餘 城을 攻破하고 있는 것은 중국과의 斷交 뒤 義慈王에 의해 이루어진 새로운 활로 모색의 노력으로 보아도 좋을 것 같다.

III. 655년 집권체제의 재확립과 義慈王 政權의 몰락

義慈王이 중국의 간섭에서 벗어나 독자노선을 걷기 시작하면서, 중국과의 朝貢 및 冊封 관계에 길들여져 있거나 또는 그 위험성을 염려하는 일부 관료들이 반발했으리라는 것은 쉽게 예상이 된다. 그리하여 이후 義慈王의 정치는 반발하는 관료들을 정계에서 퇴진시키고, 자신이 선택한 정치노선에 찬성하거나 최소한 반대하지 않는 자들을 중심으로 새로운 집권체제를 구축하여 먼저 내부적인 기반을 다진 뒤, 이를 발판으로 對新羅戰의 강도를 더욱 높이려 했던 것으로 나타난다. 여기에서는 이에 대한 내용과 이러한 결과로 義慈王 政權이 羅唐 연합군이라는 외부세력의 개입에 의해 몰락해 간 내용을 검토해 보도록 하겠다.

655년 2월 太子宮을 극히 화려하게 수리하고 望海亭을 궁전 남쪽에 세웠다는 『三國史記』의 내용은 義慈王 자신의 새로운 정치적 의지의 표현으로 풀이해 볼 수 있고, 657년 1월에 王庶子 41명을 佐平으로 삼고 食邑을 주었다는 기록은 자신의 정치노선에 협조적인 인물들로 정계를 채우고 있는 모습을 보여주는 예로서 받아들여진다. 이 경우 王庶子는 일반명칭이므로 반드시 義慈王의 庶子를 의미한다기보다 義慈王은 물론 이전 시대의 王까지를 포함하는 모든 王들의 庶子를 지칭한다고 보아야 할 것이다.

한편, 656년 3월에는 義慈王의 문란한 생활에 대해 極諫하는 佐平 成忠을 옥에 가두었다는 기사가 있는데, 이 경우는 義慈王 자신의 새로운 정치노선에 반발하는 관료들을 퇴진시키고 있는 예로 보는 것이 자연스럽겠다.

成忠이 義慈王에게 남긴 말을 보면, 전쟁이 일어나리라는 것을 경고하면서 만약 그렇게 되면 육로는 沈峴을 지키고 水軍은 伎伐浦(금강하류)를 지켜야 한다고 했으나 義慈王은 이 말을 무시했다고 되어 있다. 그 동안 있었던 百濟와 新羅 사이의 전쟁 양상으로 볼 때 양국의 전쟁터로 변할 가능성이 거의 없는 伎伐浦를 成忠이 구태여 거론한 것은 義慈王의 反唐的 정치노선에 대한 唐 水軍의 응징성 공격을 염려한 때문으로 보인다. 따라서 成忠은 단순히 사생활 문제가 아니라 義慈王의 정치노선이 지닌 미래의 위험성을 걱정하며, 그것을 반대하다가 義慈王과의 정견차이로 옥에 갇히게 되었다고 보아야 하겠다.

百濟가 망한 뒤 扶餘隆과 新羅 文武王 사이에 체결된 就利山의 맹세문에 百濟는 험한 지리와 중국과의 거리가 먼 것을 믿고 天經 (天道)을 侮慢했다는 내용이 나오듯이,[8] 義慈王은 중국의 군사적 대응을 전혀 예상하고 있지 않았던 것 같다. 660년 羅唐 연합군이 泗沘城 앞까지 쳐들어 왔을 때, 義慈王이 비로소 "후회스럽구나! 成忠의 말을 듣지 아니하여 비이 지경에 이르렀도다."라고[9] 했다는 내용은 유일하게 전해오는 義慈王의 말인데, 이 속에서 成忠과 義慈王 사이에 가로놓여 있던 문제의 근본이 결국은 대외적인 정치노선을 둘러싼 견해 차이였음을 느껴볼 수도 있겠다. 佐平 興首가 죄를 지어 유배를 간 일도 成忠과 같이 義慈王과의 정견 차이에서 기인했다고 여겨진다.

당시 百濟 조정에서 親唐 – 新羅派 세력의 존재를 지적하며 그것을 王權의 內紛으로 연결시키는 견해도 있지만, 成忠과 興首에게서 親唐이나 親新羅 경향을 느끼게 해주는 증거는 어디에도 없다. 唐이나 新羅의 편이 아니라 오히려 국가가 위기에 처했을 때는 그들도 적극적으로 이에 맞서 해결방법을 찾으려 노력하는 모습을 보여주고 있다. 역시 그들은 국가의 앞날에 대한 위험성 등을 걱정하여 義慈王의 정치노선에 반대하던 세력으로 보아야 맞을 것 같다. 『日本書紀』 皇極 元年의 百濟政變 기사를 齊明 元年(655)으로 옮겨보는 것이 가능하다는 지적도 이 때 百濟는 義慈王에 의해 정계개편의 강한 회오리 바람 속에 놓여 있었기 때문에 나올 수가 있는 것이다.

義慈王은 655년 8월 高句麗 및 靺鞨과 함께 新羅를 침공한 뒤, 그 다음 공격은 4년 후인 659년 4월에 재개된 것으로 나와 있다.[10]

---

8) 就利山 맹세문의 내용은 上揭書, 卷6, 新羅本紀 6, 문무왕 5년 8월.
9) 上揭書, 卷28, 百濟本紀 6, 義慈王 20년.
10) 上揭書, 義慈王 19년 4월.

아마도 이 4년이라는 기간은 義慈王이 자신의 새로운 집권체제를 확립시키기 위해 중국에 대한 관심도 끊고 新羅에 대한 공격도 일단 멈춘 채 주로 관료들의 인사이동을 통해 정계를 개편하는 內治에 치중한 시기가 아니었나 싶다. 그런데 이러한 義慈王의 통치책이 이후 그와 적대적 관계에 있던 정복자들에 의해 기록으로 정리될 때는 긍정적이기 보다 부정적인 모습으로 묘사될 것이 분명하기에, 여기에서 오늘날까지 전해지고 있는 바와 같은 義慈王의 부정적인 역사상이 성립되어 자리잡게 된 것이 아닐까 생각한다.

義慈王이 집권 말기까지 정치의욕을 잃지 않고 적극적인 통치행위에 임하고 있었다는 사실은 百濟가 羅唐 연합군에게 정복당하기 바로 전해인 659년 4월에도 군대를 보내 新羅의 獨山城과 桐岑城을 공격하고 있는 데에서 드러난다. 삼국시대의 전쟁을 王에 의한 통치행위의 일환으로 파악한다면,[11] 義慈王이 이때 방어전이 아닌 공격전을 다시 수행하고 있는 것은 지난 4년간의 준비기간을 거쳐 內治에 성공한 후 새로운 자신감 위에서 그동안 계획해온 대외정책을 다시 추진해 나가기 시작한 의욕적인 활동으로 받아들여야 하겠다.

다만, 義慈王의 이와 같은 정치노선은 敵國인 新羅로부터 強國이라는 소리를 들을 정도로 內治에서는 성공적인 결과를 거두었으나, 동아시아 국제질서의 주도권을 쥐고 있던 중국에게는 그가 국제질서를 뒤흔드는 국제적인 문제아로 비치게 만들기도 하였다. 그리하여 659년 4월 百濟의 공격에 대한 新羅의 구원병 요청을 받아들인 唐 高宗이 660년 3월 唐의 將軍 蘇定方 등에게 13萬軍을 거느리고 가 百濟를 정벌하도록 명령을 내림으로써 예상 밖으로 나타난 羅唐 연합군의 공세 앞에서 義慈王은 어쩔 수 없이 660년 7월 18일 항복하고 8월 2일 항복식을 거행하게 되었는바, 外治에서의 실패는

---

11) 金瑛河, 2002, 『韓國 古代社會의 軍事와 政治』, 高麗大學校 民族文化硏究院, 6쪽.

그가 百濟를 몰락하도록 만든 비운의 주인공으로 역사에 남도록 하였고, 후대인들로부터는 사실과 달리 많은 왜곡된 평가를 받는 결과를 가져오게 했던 것이다.

660년 6월 18일 산동반도의 萊州를 출발한 蘇定方의 군대는 6월 21일 德物島(德積島)에 도착해 新羅의 태자 金法敏과 공격 일정을 논의한 뒤 7월 9일부터 對百濟 공격에 착수한 것으로 『三國史記』 신라 태종무열왕 본기에는 나와 있다. 羅唐 연합군의 공격에 대한 百濟의 대처 모습을 보면, 唐과의 우선적인 決戰을 주장하는 佐平 義直과 新羅와 먼저 싸울 것을 내세우는 達率 常永의 의견충돌 및 白江과 炭峴 등의 요충지를 집중 방어해야 한다는 佐平 興首의 주장과 이에 반대하는 大臣들의 의견이 엇갈리는 가운데 신속한 대책이 마련되지 못하고 義慈王을 중심으로 한 조정 전체가 혼란을 겪고 있다. 泗沘城 함락 직전에는 義慈王이 成忠의 말을 듣지 않아 이 지경에 놓이게 되었다고 탄식하는 모습도 보인다.

이와 같은 百濟의 대처모습은 百濟가 羅唐 연합군의 공격을 사전에 예상하지 못했고 따라서 이에 대한 준비도 이루어져 있지 않았음을 알게 해 준다. 그리하여, 金庾信이 이끄는 新羅의 5만 정예병을 저지하기 위해 황산벌에 급히 파견된 階伯의 5천 결사대는 衆寡不敵으로 階伯의 戰死 및 佐平 忠常과 常永 등 20여명이 생포되는 것으로 끝날 수밖에 없었다. 13만 唐軍의 진격을 방어하기 위해 동원된 군대 역시 伎伐浦에서 대패하고 唐軍이 도성 근방 30리쯤 진격해 왔을 때는 다시 한번 힘을 다해 막으려 했으나 1만 여명의 사상자만 낸 것으로 기록되어 있다.[12] 군사적인 방법 외에 百濟

---

12) 『三國史記』, 卷28, 百濟本紀 6, 義慈王 20년. 『舊唐書』, 卷83, 蘇定方傳과 『資治通鑑』, 卷200, 唐紀 16, 高宗 顯慶 5年 8月條에는 熊津江口에서 數千人이 죽고 나머지는 도주하였다고 좀더 자세히 기록되어 있다. 다만 1만 여명의 사상자가 난 곳에 대해서는 도성 부근 20여리쯤이라고 하여 『三國史記』의 기록과는 차

는 唐軍에게 上佐平이나 佐平 등을 보내 음식을 바치며 사죄하고 回軍해 줄 것을 간청하는 방법도 동원했던 것으로 나타난다. 그러나 결과는 7월 13일 義慈王이 熊津城으로 피난가고 泗沘城은 함락되었으며, 이로부터 5일 뒤에는 義慈王 역시 항복함으로써 공격 개시 9일 만에 사태는 빠르게 종결되었다.

8월 2일에 치러진 羅唐 연합군의 승전 축하연 및 百濟의 항복식에서는 義慈王과 그 아들 隆을 堂下에 앉히고, 義慈王으로 하여금 堂上의 新羅王과 蘇定方 및 여러 장수들에게 술을 부어 올리게 하여 百濟의 佐平 등 群臣들이 눈물을 흘리지 않은 자가 없었다고 할 정도로 義慈王은 수모를 겪었다. 그런데 이보다 앞서 있었던 일로서 新羅의 金法敏이 항복한 隆을 말 앞에 꿇어앉힌 채 얼굴에 침을 뱉으며 꾸짖기를

전에 네 아비는 나의 누이동생을 참혹하게 죽여 옥중에 묻어 놓아 나로 하여금 20년 동안 마음을 아프게 하고 고민하게 했다. 오늘 네 목숨은 나의 손 안에 있다.[13]

라고 하였으나 隆은 땅에 엎드려 아무 말을 못하였었다는 내용이 보이는 바, 戰後에 심각한 보복 분위기가 조성되어 있었던 것 같기도 하다. 따라서 이러한 분위기까지를 염두에 두고 본다면 義慈王이 당하고 있는 수모는 敗者로서 의례적으로 치러야 할 절차 정도의 것으로 나타나 수모의 강도가 의외로 많이 약해진 느낌이다. 新羅와 唐이 연합하여 百濟를 상대로 군사를 동원했다고 하지만, 주변 민족에 대해 羈縻政策으로 일관한 唐과 과거의 원한을 갖고 직접적인 영토소유권을 차지하는 것이 목적이었던 新羅와는 전쟁에

_____

이가 보인다.
13) 『三國史記』, 卷5, 新羅本紀 5, 태종무열왕 7년 7월 13일.

임하는 자세가 다를 수밖에 없었다. 戰後 義慈王에 대한 대우문제
는 아마도 唐의 영향력이 작용하여 이와 같은 결과로 나타나게 된
것이 아닐까 생각한다.

　　義慈王의 경우, 의외의 모습은 사실 그가 항복할 당시부터 나타
나고 있었다. 新羅와의 황산벌 전투에서 죽음으로 항거한 階伯 장
군과 대조적으로 義慈王은 끝까지 저항하지 않고 泗沘城 함락 5일
만인 7월 18일에 스스로 熊津城을 나와 항복하였다. 또 義慈王이
唐으로 끌려간 이후에도 뜻밖의 모습이 보인다. 蘇定方은 9월 3일
義慈王과 왕족 및 그 신하 93명과 백성 1만 2천명을 데리고 唐으로
돌아간 것으로 되어 있다.14) 그런데 『資治通鑑』에 의하면 11월 1일
에 高宗은 洛陽의 則天門樓에서 그들을 받아들인 뒤 義慈王 이하
모두를 풀어주었다고 한다.15) 『三國史記』 義慈王本紀에도 "蘇定方
이 사로잡은 포로를 唐 高宗에게 드리니, 高宗은 그들을 나무라고
는 용서해 주었다"는 기사가 있고, 『日本書紀』 齊明 6年 秋7月條에
附記되어 있는 『伊吉連博德書』에도 唐 高宗이 11월 1일에 義慈王
이하 太子 隆 등 諸王子 13인과 大佐平 沙宅千福・國辨成 이하 37
인을 포함한 50여인을 朝堂에서 만나본 뒤 恩勅을 내려 모두 풀어
주었다고 나와 있다.16) 이들 기록을 볼 때, 義慈王은 중국으로 끌려
간 다음 老患과 旅程의 피로 등이 겹쳐 비록 數日 뒤에 죽은 것으
로 나타나고는 있지만, 洛陽에서 어느 정도 자유로운 생활을 인정
받게 되는 등 예상 밖의 대접을 받은 것은 분명한 사실로 받아들여
진다.

---

14) 上揭書, 卷5, 新羅本紀 5, 태종무열왕 7년 9월 3일. 卷28, 百濟本紀 6, 義慈王 20
　　년에는 좀더 자세히 義慈王 및 태자 孝와 왕자 泰・隆・演 및 大臣將士 88명과
　　백성 1만2천8백7명을 데려갔다고 되어 있다.
15) 『資治通鑑』, 卷200, 唐紀 16, 高宗 顯慶 5年 11月 戊戌條.
16) 『日本書紀』, 卷26, 齊明天皇 6年 秋7月 庚子朔 乙卯條.

義慈王 스스로의 처신문제나 중국으로부터 받은 대우 등을 통해 보면 百濟와 唐 사이의 전쟁이 가지는 의미나 성격은 百濟와 新羅와의 전쟁과는 달랐던 것으로 보아야 할 것 같다. 즉, 義慈王이 중국에 순순히 항복하고 있는 모습과 百濟가 전쟁 중 唐軍 진영에 사람을 보내 回軍할 것을 계속 요청했던 사실, 그리고 부흥운동에 뛰어들었던 黑齒常之가 劉仁軌를 찾아가 투항한 뒤 오히려 부흥운동의 진압에 나서거나 唐에 가서 武人으로 활동하고 있는 내용 등은 百濟에 대한 唐의 공격이 國家의 死活을 결정하는 심각한 적대적 성격의 싸움은 아니었고, 따라서 唐과 百濟 양국 간에는 타협이나 조정의 여지도 자리잡고 있었을 가능성 역시 컸다는 것을 시사해준다.

IV. 백제인의 부흥운동과 唐의 백제지역 통치정책

義慈王 정권 붕괴 후 곧바로 전개된 부흥운동의 전체적인 상황은 이미 자세한 검토가 이루어져 있고,[17] 또 본서의 뒷부분에서도 많은 내용이 언급될 것이므로 여기에서는 지금까지 밝혀진 결과론적인 내용들만을 간단히 소개하고 주로 唐의 百濟地域 통치모습에 대하여 살펴보도록 하겠다.

義慈王이 唐으로 끌려간 바로 다음 달인 660년 10월에 武王의 조카로 알려진 福信은 佐平 貴智 등을 일본에 보내 出兵 요청과 함께 그곳에 머물고 있는 王子 豊을 國主로 삼겠다며 귀국시켜줄 것

---

17) 백제 부흥운동의 전개와 그 결과에 대한 자세한 내용은 沈正輔, 1995, 「제9장 백제의 부흥운동」, 『백제의 역사』, 충청남도·공주대학교 백제문화연구소, 405~423쪽 참조.

을 요구하였다. 그리고 그 결과 661년 9월 豊이 귀국하자 福信은 마중 나와 절하고 國政을 모두 그에게 위임하였다고 한다. 부흥운 동군에 의해 百濟王統이 豊王에게로 이어지고 있음을 볼 수 있다.

그러나 豊王의 귀국과 거의 동시에 任存城과 周留城을 무대로 활동하던 부흥운동 주력군은 내분을 겪기 시작하였다. 豊王을 옹립 하고 얼마 안 있어 福信은 함께 부흥운동을 이끌었던 승려 道琛을 죽이고 자신이 부흥운동의 주도권을 장악했는데, 663년 6월에 오면 이번에는 豊王이 福信을 살해하고 日本과 高句麗에 응원군을 요청 하고 있다. 부흥운동군은 지도층이 이렇게 내분을 겪는 과정에서 사기가 떨어질 수밖에 없었다. 그리하여 豊王의 요청에 의해 일본 에서 수만 명의 응원군이 건너오기는 했지만, 이들이 4차례에 걸쳐 唐과 전투를 벌인 8월 28일의 白江口戰에서 패배하고 400여척의 戰 船이 불타버리자 豊王은 결국 周留城을 버리고 高句麗로 도망하였 다. 그리고 왕자 扶餘忠勝과 忠志 등 남은 세력 및 倭軍은 항복했 는바, 福信과 서로 호응하던 黑齒常之가 別部將 沙吒相如와 함께 항복하여 唐 劉仁軌의 인정을 받게 된 것도 이 무렵의 일로 생각된 다. 遲受信이 홀로 任存城에서 항거했다고 하나, 그 역시 黑齒常之 에게 11월 패배하고는 高句麗로 도망함으로써 부흥운동 군의 실질 적인 활동은 여기에서 끝난 것으로 받아들여지고 있다. 다만, 『三國 史記』의 文武王本紀나 金庾信傳에는 664년 3월에도 百濟의 남은 무 리가 泗沘城으로 모여들어 叛亂을 일으켰고 이를 熊津都督이 격파했 다는 내용이 있다. 그들의 정체는 분명치 않지만 부흥운동의 여파 는 이 때까지 이어진 것으로 보아도 좋을 것 같다.

부흥운동군이 내분을 겪게 된 자세한 이유는 알 수 없다. 추측 하건대, 이질적인 여러 집단이 한 자리에서 만나는 경우에 나타날 수 있는 상호 견제 심리와 주도권 다툼, 그리고 부흥운동 자체의

正體性 문제에 대한 일치된 의견합의가 부족했던 데에 원인이 있지는 않았을까 여겨질 뿐이다. 특히 白江口戰에서는 唐에 포로로 잡혀갔던 扶餘隆이 다시 唐의 증원군의 일원으로 돌아와 부흥운동군을 상대로 전투를 벌임으로써 扶餘隆과 扶餘豊이 대립하는 형세를 만들어 놓았다. 扶餘隆은 義慈王의 맏아들이자 太子로서 百濟의 항복식 때에는 義慈王과 함께 堂下에서 수모를 겪었던 인물인데, 이때에 새로운 모습으로 부흥운동군 앞에 나타난 것이다. 결과적으로 百濟의 王權을 중심으로 형성되었던 과거의 전통적인 권위가 부흥운동군 앞에 다시 모습을 드러낸 셈이다. 그리하여 이러한 상황 속에서 내분으로 세력이 약해진 부흥운동군은 그들의 正體性에 대한 자신감까지 상실하게 되어 붕괴속도가 더욱 빨라진 것으로 볼 수도 있겠다.

扶餘忠勝과 忠志 및 일본의 응원군, 그리고 黑齒常之 등이 唐에 항복한 것은 물론이고, 黑齒常之가 뒤에 태도를 180도로 바꾸어 부흥운동군 토벌에 나선 이해하기 어려운 모습은 唐의 편에 서있는 扶餘隆이 있었기 때문에 나타나게 된 결과라고 보아야만 납득이 간다. 그렇다면. 이는 동시에 百濟地域에 대한 唐의 지배정책이 百濟人들의 중국에 대한 인식을 호전시키는 방향으로 기능하여 초래된 결과였다고 해석해도 무리가 없을 것 같다. 唐의 百濟地域에 대한 통치는 羈縻政策의 전형을 보여주는 것으로 받아들여진다.

"大唐平百濟國碑銘"과 『舊唐書』 百濟傳, 『三國史記』 百濟本紀 등에 보면, 唐은 百濟를 정복하면서 곧 그 영토에 5都督府 37州 250縣을 설치하고 酋渠 또는 渠長이라 불리는 百濟의 有力者들을 뽑아 都督, 刺史, 縣令으로 삼았다는 내용이 있다. 물론 부흥운동군의 저항에 의해 660년까지 唐軍이 실재 확보한 지역은 扶餘와 公州 일대에 불과했던 것으로 파악되고 있기 때문에, 이 5都督府가 제 기능을 발휘했다고 보기는 어렵다. 실재로도 唐에서 파견된 王文度나 劉仁願 등이 熊津都督을 맡으면서 부흥운동군의 진압 및 百濟地域 의 안정을 위해 활동한 모습만이 나타나고 있을 뿐이다. 그러나 분 명한 사실은 百濟地域에 대한 唐의 지배정책이 新羅의 존재를 그다 지 염두에 두지 않으면서 진행되었다는 것이다.

唐은 百濟를 처음 공격할 때부터 영토소유권까지를 빼앗아 百濟 를 완전히 멸망시키려고는 생각하지 않았던 것 같다. 다시 말해 百 濟地域 그리고 더 나아가서는 高句麗地域에 親唐 政權을 새로이 심 어놓음으로써 한반도 내에 중국을 중심으로 한 국제질서가 아무런 문제없이 통용되도록 만들어 놓으려 했던 것이 그들의 궁극적인 목 적이었다고 판단된다. 卞麟錫 교수의 지적처럼 唐의 羈縻政策은 이 민족을 대상으로 말(馬)에 재갈을 넣어 자유자재로 부려보자는 데에 목적을 두고 있지만 그 본질에는 상대를 인정하는 유연한 敵國關係 나 연합책의 對等關係가 자리잡고 있었는바,18) 이러한 의미에서 唐 의 百濟 지배정책은 羈縻政策의 전형을 보여주는 것이라 할 수 있 다.

唐은 백제부흥운동 군이 마지막으로 항거하던 任存城을 함락시 키기 이전부터 이미 百濟와 新羅와의 회맹을 서두르고 있었다. 이 는 百濟地域에 대한 唐의 지배정책이 어떠한 성격을 지닌 것이었는 지를 보여주는 대표적인 예이기도 하다. 新羅는 이러한 회맹에 반 대하는 입장이었지만, 唐의 강요로 664년 2월 劉仁願의 입회 하에 扶餘隆과 新羅의 角干 金仁問 및 伊飡 天存이 熊嶺에서 만나 결국 동맹을 맺었다.19) 그리고 이 熊嶺의 맹약에 의해 百濟와 新羅는 熊

---

18) 卞麟錫, 1997, 「唐代에 있어서의 中國과 東亞關係」, 『中國과 東아시아 世界』, 서울: 國學資料院, 63쪽.
19) 『三國史記』, 卷6, 新羅本紀 6, 문무왕 상, 4년 2월. 卷7, 新羅本紀 7, 문무왕 하, 11년 7월 26일에도 이와 관련된 내용이 보인다.

嶺을 경계로 하는 熊津都督府의 강역을 확정하였다. 당시 扶餘隆의 지위는 熊津都督도 아니었고 百濟地域을 책임질 수 있는 어떤 위치를 唐으로부터 부여받고 있지도 않은 상태였다. 그런데 이미 이 때부터 唐은 扶餘隆을 百濟地域을 대표하는 인물로 내세워 新羅와 동맹을 맺게 하고 있는 것이다.

唐 高宗은 662년 정월에 新羅의 文武王을 開府儀同三司上柱國樂浪郡王新羅王으로 책봉하였고, 663년 4월에는 다시 신라를 雞林大都督府, 신라왕을 雞林州大都督으로 삼은 바 있다. 또 664년 10월 劉仁軌의 추천이 있은 이후에는 扶餘隆도 熊津都督으로 삼고 있다. 唐 高宗의 이러한 조치는 결국 扶餘隆과 신라 文武王의 정치적인 지위를 동등하게 만들어 한반도 내에서 百濟의 존재를 新羅와 마찬가지로 인정해 주려는 방침에서 나온 것이라 하겠다. 百濟가 羅唐 연합군에게 항복할 당시 金法敏, 즉 현재의 文武王은 정복자로서 말 위에 앉아 피정복자로서의 扶餘隆을 땅에 꿇어앉힌 채 얼굴에 침을 뱉는 등 모욕을 준 바 있었다. 그런데 이제는 다시 唐의 調整에 의해 상황이 바뀌어 두 사람이 동등한 입장에 서게 된 것이다. 665년 8월 扶餘隆이 劉仁願의 주재로 熊津 就利山에서 文武王과 만나 白馬의 피를 입에 적시며 화친의 맹약을 맺을 때, 劉仁軌가 지은 맹세문의 일부분을 보면

···· 그러므로 前百濟太子司稼正卿 扶餘隆을 熊津都督으로 삼아 (조상의) 祭祀를 받들며 그 옛 땅을 보전하게 한다. 新羅와 서로 의지하고 오래도록 동맹국의 관계를 유지하면서 각각 지난 날의 원한을 풀고 友好와 和親을 맺을 것이며, (皇帝의) 詔命을 공손히 받들고 영원히 藩屛이 될 것이다. ···· 20)

라고 하여, 唐의 방침이 百濟를 멸망시키는 것은 결코 아니었으며

---

20)『舊唐書』, 卷199 上, 東夷傳, 百濟.

新羅에 대한 방침과 별다른 차별성 없이 羈縻政策의 큰 틀 속에서 百濟를 인식하고 있었음을 보여준다.

다만, 羅唐 연합군의 공격을 받아 百濟의 군사적인 기반이 모두 무너진 상태에서 扶餘隆이 지닌 熊津都督이라는 지위는 실재로 新羅의 위협에 맞설만한 힘을 갖추고 있지 못했다. 때문에 그 지위는 唐의 군사력에 의존하지 않으면 안되는 허약하고 불안한 것이었다. 就利山의 회맹이 끝난 직후 扶餘隆은 劉仁軌와 함께 入唐하여 高宗의 泰山 封禪儀式에 참가한 뒤 귀국하여 熊津都督의 임무를 수행했던 듯하다. 그러나 新羅는 唐의 강권에 의하여 마지못해 百濟와 회맹한 것이었으므로 자신과 동등한 선상에서 百濟의 실체를 인정해 주려고는 하지 않았다.

그리하여 668년 羅唐연합군이 高句麗까지 정복하고 난 이후에는 新羅와 唐 사이의 갈등이 표면화됨으로써 新羅는 태도를 바꾸어 唐과의 관계를 무시하며 熊津都督府에 대해 직접적으로 압력을 가하기 시작하였다. 670년 7월 百濟의 배반을 우려한 新羅는 大阿湌 儒敦을 熊津都督府에 파견하여 다시 화친할 것을 요구했는데, 百濟가 이를 따르지 않고 司馬 禰軍을 보내 新羅의 동정만을 엿보게 하자 新羅는 그를 인질로 잡고 百濟에 대한 전면적인 공격을 단행했던 것이다. 그리고 新羅의 침공으로 큰 피해를 입고 위기를 느낀 百濟는 唐의 도움에 의지함은 물론 일본에게까지 원병을 요청하여 671년 6월 일본에서는 이에 대해 논의하는 모습도 보인다.[21]

한편, 新羅는 百濟를 지원하는 唐의 군대와 정면으로 맞서며 전투를 계속해 나갔다. 그 결과 671년 7월에는 자신들의 反唐的 행위에 대한 문책과 설득을 목적으로 大唐摠管 薛仁貴가 新羅의 승려 琳潤法師를 통해 보내온 서신에 대하여 한 치의 양보도 없이 唐에

---

21) 『日本書紀』, 卷27, 天智天皇 10年 6月 丙寅朔 己巳條.

대한 서운한 감정과 百濟에 대한 자신들의 단호한 입장을 밝히는 답서를 전달하면서 泗沘城까지 진격하여 그 곳에 所夫里州를 설치하고 阿湌 眞王을 都督으로 임명하였다.[22] 新羅의 百濟地域에 대한 군사작전이 성공적으로 수행되었음을 알게 해 준다. 그리고 상황이 이와 같이 변하자 扶餘隆은 다시 唐으로 도피함으로써 그를 중심으로 재편성되었던 熊津都督府는 여기에서 사실상 붕괴되고 말았다.

唐 高宗은 677년 2월 扶餘隆을 光祿大夫 太常員外卿兼熊津州都督 帶方郡王으로 삼고는 본국으로 돌아가 백제유민을 安輯시키도록 명령했다고 하는데, 그 지역은 이미 新羅의 차지가 되었기 때문에 돌아가서 王으로서의 역할을 실재로 수행할 수는 없었다.[23] 또 扶餘隆이 682년에 죽자 唐의 則天武后는 그의 손자 扶餘敬에게 帶方郡王의 자리를 이어받게 했다고도 하지만, 『舊唐書』나 『三國史記』에 "그 땅은 이미 新羅와 渤海와 靺鞨이 나누어 갖는바 되어 百濟의 國系는 마침내 끊어지고 말았다"고[24] 기록되어 있듯이 이는 실행력이 없는 虛名일 뿐이었다.

지금까지의 내용을 정리한다면, 百濟가 정치적인 독립국가로서 지니고 있던 생명력은 義慈王 정권의 붕괴와 함께 끝났다고 할 수 있으며, 그리하여 百濟 멸망의 시기는 660년 7월 18일로 받아들여지기도 한다. 『資治通鑑』의 기사 중 "主上(唐 高宗)께서 高句麗를 멸하기 위해 먼저 百濟를 토벌하고는 병사를 주둔시켜 그곳을 지키게 하면서 심복으로 만들었다"고[25] 한 부분은 義慈王의 항복 이후

---

22) 이에 대한 자세한 내용은 『三國史記』, 卷7, 新羅本紀 7, 문무왕 하, 11년 7월 26일 참조.
23) 『舊唐書』, 卷199 上, 東夷傳, 百濟, p.5334 및 卷5, 本紀 5, 高宗 下, 儀鳳 2年 2月 丁巳條, p.102.
24) 上同 및 『三國史記』, 卷28, 百濟本紀 6, 義慈王, p.113.
25) 『資治通鑑』, 卷,200, 唐紀 16, 高宗 龍朔 2年 秋7月 丁巳條, p.1349.

百濟가 자주권을 상실한 내용을 지적하고 있어서 주목된다. 『高麗史』와 같은 후대의 史書에서 新羅와 唐이 挾攻하여 百濟를 멸망시켰다고 설명하고 있는 것도[26) 자주권 상실이라는 정치적인 의미가 그 속에 강하게 담겨있다고 생각한다.

그런데, 百濟의 부흥운동기 및 그 이후의 시기에 진행된 百濟地域에 대한 唐의 통치내용은 羈縻政策의 전형을 보여주는 것으로서 新羅에 대한 唐의 기본적인 방침과 별다른 차별성이 없었다. 그리고 이러한 속에서 비록 新羅는 인정하지 않으려 했고, 또 唐의 힘과 권위가 배경으로 자리잡고 있었으며, 공식적으로 百濟王이 아니라 熊津都督으로서의 지위이기는 했지만, 百濟의 명맥은 671년 7월 泗沘城에 所夫里州가 설치되기 이전까지 扶餘隆에 의해 유지되어 내려온 것이 사실이다. 물론 義慈王이 항복한 660년 7월 18일은 百濟가 외부세력에 의해 강제로 정권을 교체 당하여 몰락의 길로 들어설 수밖에 없었던 불행한 날이기는 하다. 그러나 新羅가 아닌 唐이나 百濟를 중심으로 한 시각에서 본다면, 그렇다고 하여 百濟 자체가 이 때에 멸망해서 없어졌다고 이야기하기는 어렵다. 영토국가로서의 百濟의 모습이 역사상에서 완전히 사라지는 것은 新羅가 泗沘城에 所夫里州를 설치하고 都督을 임명하여 百濟地域에 대한 직접적인 영향력을 행사하기 시작한 시기부터라고 할 수도 있는 만큼 百濟의 멸망을 671년 7월로 보는 시각 또한 성립될 수 있다는 점을 지적해 놓고 싶다. 동시에 이와 같은 논리를 따른다면 百濟의 멸망은 羅唐 연합군의 挾攻 때문이 아니라 결국은 新羅에 의해서 초래되었다고 볼 수도 있겠다.

---

26) 『高麗史』, 卷56, 地理志 1, 公州, 扶餘郡.

V. 義慈王 및 百濟 멸망 관련 기사의 분석

"春秋筆法"이라고 일컬어지는 直書와 褒貶의 원칙이 중국의 역사서술 전통 속에 깊숙이 자리잡고 있음은 주지의 사실이다. 그런데, 이 원칙은 권력자의 통제를 벗어나 있어야 하는 것이었음에도, 그 담당자가 君臣關係의 강한 틀 속에 놓여있을 수밖에 없었다는 이율배반적인 상황을 처음부터 내포하고 있었기 때문에, 直書와 褒貶의 기준은 현실적으로 정치권력이나 사회여론 등으로부터 자유로울 수가 없었다.[27] 또 前漢代 董仲舒가 天人感應의 天命論 속에서 전제군주를 규제해보고자 주장했던 災異說이 곧바로 예언적 성격으로 변모하고, 그것이 讖緯說과 결합하여 後漢代 이후 유행하면서[28] 중국의 전통적인 역사서술 속에는 이 영향도 강하게 자리잡게 되었다.

그리하여 중국의 각종 역사서들은 "春秋筆法"의 원칙에 입각한 사실의 直書와 함께 권력작용에 의한 인위적인 曲筆, 그리고 天人感應說 속에서 자연현상을 임의로 왜곡하여 인간사에 附會시킴으로써 제국의 통치를 부정하거나 옹호하는 의도성 있는 기사 등 복잡한 내용을 담고 있게 되었다. 중국의 역사서술과 일맥상통하는 우리의 『三國史記』에서도 이와 똑같은 모습을 찾아볼 수가 있다. 결국 『三國史記』를 비롯한 각종 史書의 기사를 다룰 때 이러한 면을 조심하여 史料로서의 취사선택이 신중하게 이루어지지 않는다면 역사의 진실규명 작업은 효과적으로 수행되기 어려울 것이라 본다.

---

27) 閔斗基 編, 1985, 『中國의 歷史認識』上, 서울: 창작과 비평사, 9~10쪽 및 163~169쪽 참조.

28) 高國抗 지음, 오상훈·이개석·조병한 옮김, 1998, 『중국사학사』上, 서울: 도서출판 풀빛, 123~125쪽 및 金谷 治 외 지음, 조성을 옮김, 1986, 『중국사상사』, 서울: 도서출판 이론과 실천, 131~140쪽 참조.

義慈王 및 百濟 멸망과 관련이 있는 기록은 극히 한정된 것만이
전해온다. 뿐만 아니라 그 중에는 또 정복자나 이들의 시각을 그대
로 받아들인 후대인들이 의도적으로 기록해 놓은 폄훼적 성격의 사
실성이 부족한 글들이 많다. 평가의 정당성을 확보하기 위해서는
왜곡된 것으로 받아들여지는 이들 사료도 연구범위 내로 끌어들여
그 문제점에 대한 충분한 분석이 이루어져야만 하겠다. 여기에서는
바로 이러한 사료상의 문제를 주목해 보려고 하는바, 義慈王이나
百濟 멸망과 관련되어 있는 기사 중에서 왜곡된 것으로 받아들여지
는 내용을 "天命"과 "災異"의 두 부분으로 성격을 나눈 뒤 그들이
지닌 문제점에 대하여 검토해 보기로 하겠다.

勝者들에 의해 역사왜곡의 전형적인 수법으로 동원되는 天命論
이 義慈王에 대한 평가나 百濟 멸망을 다루는 기사 가운데에서도
직접 또는 간접으로 적용되고 있음을 보여주는 예로서는 다음과 같
은 내용들이 주목된다.

(1) 풀옷을 입고 사는 어리석은 백제(蠢玆卉服)는 섬에서 권력을 휘두르며 아
홉 오랑캐가 있는 요새에 있으니 거리도 장안에서 만리나 떨어져 있다. 이런 험
한 지형지세를 믿고 감히 天常(하늘의 이치)을 어지럽히면서 동으로 親鄰(신라)
을 자주 공격하여 근래에는 明詔(황제의 조칙)도 어겼으며, 북으로 逆豎(고구려)
와 연합하여 그들의 사나운 소리에도 멀리 호응하였다. 하물며 直臣을 밖으로 내
쫓고 祅婦를 안으로 믿으며, 형벌은 忠良에게만 내리고, 총애하여 등용하는 것은
반드시 諂倖(아부하는 사람)을 우선으로 했으니, 아녀자(摽梅, 杼軸)조차 원한을
품고 슬픔을 간직하게 되었다.("大唐平百濟國碑銘"의 내용 중)

(2) 이 때 百濟의 君臣들은 사치를 일삼고 음탕한 생활에 빠져 國事를 돌보지
않으니, 백성(民)이 원망하고 神이 노하여 災怪(괴이한 재변)가 번번이 나타났
다. (金)庾信이 왕에게 아뢰기를 "百濟는 無道하여 그 罪가 桀·紂보다도 심하
니, 이는 참으로 順天弔民(천리에 순응하고 백성을 불쌍히 여김)하여 罪를 伐하
여야 할 때입니다"라고 하였다.(『三國史記』, 卷42, 金庾信傳 中, 永徽 6年 乙卯
秋9月條)

(3) 지난 날에 百濟의 先王(義慈王)은 逆順의 도리에 어두워 이웃과 우호를 돈독히 하지 않고 姻親과도 화목하게 지내지 않으면서, 高句麗와 결탁하고 倭國과 交通하며 함께 잔폭하게도 新羅를 침략하여 屠城을 약탈하므로 평안한 해가 거의 없었다. 天子께서는 한 사람이라도 살 곳을 잃음을 민망히 여기고 죄없는 백성을 불쌍히 여기셔서 사신을 빈번히 파견하여 화친할 것을 권하였다. (그러나 百濟는) 험한 지리와 중국과의 거리가 먼 것만을 믿고 天經을 侮慢하였으므로 皇帝께서 노하여 군사를 내어 정벌하게 되었는데, 깃발이 가리키는 곳마다 한번 싸우면 크게 평정되었다. (『三國史記』, 卷6, 新羅本紀 6, 文武王 上, 5年 8月條의 劉仁軌가 지은 就利山 盟約文 중)

(4) 高(句)麗의 승려 道顯의 『日本世紀』에 쓰여 있기를 「7月 … 春秋智(金春秋)가 大將軍 蘇定方의 손을 빌려 百濟를 挾擊해 멸망시켰다. 或은 말하기를 "百濟는 自亡하였다. 君大夫人 妖女가 無道하여 國柄을 纂奪하고 賢良을 誅殺하였기 때문에 이 禍를 불러왔다"고도한다. 신중해야 하지 않겠는가? …」라고 되어 있다. (『日本書紀』, 卷26, 齊明天皇 6年 秋7月 庚子朔乙卯條의 附註 내용 중)

(5) 王이 宮人과 더불어 淫荒하고 耽樂하며 飮酒를 그치지 않으므로 佐平 成忠이 極諫하니, 王은 怒하여 그를 獄中에 가두었다. 이로 인해 감히 말하는 자가 없게 되었다. (『三國史記』, 卷28, 百濟本紀 6, 義慈王 16年 春3月條)

(6) 百濟 말기에 이르러서는 소행이 도리에 어긋남이 많았다. 또 新羅와 대대로 원수가 되어서 高句麗와 화친하고는 新羅를 침략하였는데, … 이른바 仁을 가까이 하고 이웃 나라와 사이좋게 지내는 것을 나라의 보배로 삼지 않았다. 이에 唐의 天子는 두 번 詔書를 내려 그 원한을 풀도록 했으나, 겉으로는 따르면서 속으로는 어겨 大國에 죄를 지었으니 그 멸망은 역시 당연하다 하겠다. (『三國史記』, 卷28, 百濟本紀 6, 義慈王 論贊條)

위의 기사에서 밑줄 친 부분은 모두 百濟에 대해 부정적인 시각을 지니며 百濟를 정복대상으로 삼고 있던 唐이나 新羅 중심의 가치기준이 강하게 반영되어 있는 것으로 보이는 내용들이다. 즉, 忠臣을 핍박하고 阿諂을 좋아했다는 내용, 淫荒하고 耽樂하며 飮酒를 그치지 않았다는 내용, 妖女가 國權을 찬탈하고 賢良을 誅殺했다는 내용, 그 罪가 桀·紂보다 심하다거나 大國에 罪를 지었으니 그 멸망은 당연하다는 내용, 음탕하고 사치스런 생활에 빠져 國事를 돌보지 않음으로써 百姓이 원망하고 神이 노하여 災怪가 번번이 나타났다는 내용 등으로 점철되어 있다. 義慈王의 정치 및 그에 의해 통치되던 백제 말기의 사회가 스스로 붕괴될 수밖에 없는 많은 문제점을 내포하고 있었다는 일방적인 주장을 담고 있다.

(1) ~ (3)은 天常, 順天, 天經 등 "天"의 표현을 직접적으로 사용하고 있는 것에서도 알 수 있듯이 義慈王이 "天"을 거스르는 無道한 행위를 한 결과 百濟가 망하게 되었다는 이른바 "天命思想"의 직설법을 그대로 보여준다. (4) ~ (6)에는 비록 "天"의 언급이 없지만, 문란하고 도리에 어긋난 義慈王代의 통치행위 및 大國에 지은 罪 등을 내세우며 그것을 百濟 멸망의 필연적인 이유로 제시하거나 또는 "自亡"을 강조하는데, 이와 같은 논법 속에도 위의 예들과 마찬가지의 "天命思想"이 그 저변에 깔려 있음을 느낄 수가 있다.

"大唐平百濟國碑銘"과 같이 勝者 자신이 곧 기록자이거나 『三國史記』 金庾信傳처럼 그 기록의 주인공이기도 하고, 『三國史記』의 義慈王本紀 論贊條와 같이 기록자가 唐이나 新羅 등 勝者 편에 서서 敗者로서의 百濟 문제를 다루고 있기 때문에, 敗亡의 모든 책임을 百濟에게로 떠넘기는 행위는 당연히 나타날 수 있는 현상이라 하겠다.

다만 『日本書紀』 齊明 6年 9月條에는 義慈王 정권의 몰락에 대한 百濟人들의 반응이 나타나 있는데, 위에 소개한 인용문들과 내용이 완전히 대조적이어서 주목된다. 즉, 義慈王에게 百濟 멸망의 책임을 돌리는 것이 아니라 힘을 믿고 이웃과 가까이 지내지 않으면서 唐을 끌어들인 新羅에게 근본적인 책임이 있다고 생각하며, 그 新羅에 대해 강한 적개심을 가지고 맨손으로 부흥운동에 나선 百濟人들의 현실인식이 엿보이고 있다.

따라서 이러한 종류의 기사는 무시한 채 위 인용문의 내용들만 액면 그대로 인정하는 행위는 곧 왜곡된 역사관에 의해 이루어진 勝者들의 논법을 그대로 추종하는 것 밖에 되지 않는다. 역사의 진상을 규명하기 위해서는 原史料가 지니고 있는 한계와 그 문제점에 대한 인식을 분명히 하면서 보다 균형 잡힌 시각을 가지고 연구에 임해야 할 필요가 있다. 義慈王과 관련되어 있는 대부분의 현존 사료는 義慈王 정권 붕괴 후 勝者나 勝者의 시각을 따르는 사람들에 의해 쓰여진 것이기 때문에, 義慈王에 관한 진실은 왜곡의 바다 위에 떠있는 작은 섬과 같이 극히 단편적으로만 산재해 있을 가능성이 크다. 이와 같은 상황을 이해하지 못하고 사료상의 표면적인 내용을 그대로 받아들이는 경우 義慈王에 관한 연구는 왜곡의 악순환만 되풀이 할 것이라 생각한다.

그렇다면, 義慈王에게 적용되고 있다고 위에서 지적했던 바의 "天命思想"에는 어떠한 함정이 자리잡고 있을까? "天"에 대한 인식은 思想史的으로 중요한 의미가 있다고 보지만 그 實在性은 인정하기 힘든 것이 사실이다. 따라서 義慈王이 거역한 것으로 주장되어지는 "天"의 실체는 무엇일까 궁금해진다. 필자는 "天"의 실체에 대한 해답을 唐 高宗이 651년 義慈王에게 보낸 國書의 내용에서 찾고 싶은데, 그 안에는 "朕은 代天理物(하늘을 대신해 만물을 다스림)한다"는 주장이 있다.29) 다시 말해 중국의 皇帝는 자신의 뜻이 곧 天命과 통한다고 자부하고 있는 것이다. 결국, 義慈王에게 적용되고 있는 "天命"이란 중국 皇帝의 권위나 명령과 통하는 것으로 볼 수 있겠다.

그러므로 중국의 뜻에 따르지 않은 義慈王의 행위는 곧 天命을 거역하여 君主로서 지켜야 할 도리를 잃어버린 것이 되며, 그리하

---

29) 『三國史記』, 卷28, 百濟本紀 6, 義慈王 11년 참조.

여 天命에 의해 응징되어야만 하는 것으로 해석될 수밖에 없었다. 義慈王의 정치가 많은 문제를 내포하고 있었던 것처럼 묘사되고 있는 것이나, 당시 사회가 각종 災異로 가득차 있었던 것으로 나타나고 있는 기록들은 이러한 배경 위에서 출현하게 되었다고 여겨지는 바, 이들 사료에 대한 접근은 이후에도 신중하게 이루어져야만 할 것으로 본다.

다음으로 義慈王 집권 말기에 집중적으로 거론되고 있는 災異記事로는 다음과 같은 내용들이 눈에 뜬다.

(7) (655년) 5월 騂馬(털이 붉은 말)가 北岳의 五含寺에 들어와 절간을 돌며 울다가 數日만에 죽었다.(『三國史記』, 卷28, 百濟本紀 6, 義慈王 15年 夏5月條)

(8) (659년) 2월 많은 여우가 궁중으로 들어오더니, 흰 여우 한 마리가 上佐平의 책상에 올라가 앉았다.(『三國史記』, 卷28, 百濟本紀 6, 義慈王 19年 春2月條)

(9) (659년) 4월 太子宮의 암탉이 작은 참새와 교미를 하였다.(『三國史記』, 卷28, 百濟本紀 6, 義慈王 19年 夏4月條)

(10) (659년) 5월 王都 서남쪽 泗沘河에 大魚가 나와 죽었는데, 길이가 三丈(30尺)이나 되었다.(『三國史記』, 卷28, 百濟本紀 6, 義慈王 19年 5月條)

(11) (659년) 8월 어떤 여자의 시체가 生草津에 떠내려 왔는데, 길이가 18尺이었다.(『三國史記』, 卷28, 百濟本紀 6, 義慈王 19年 秋8月條)

(12) (659년) 9월 궁중의 홰나무(槐樹)가 우는데 사람의 哭聲과 같았고, 밤에 귀신이 宮南路에서 哭하였다.(『三國史記』, 卷28, 百濟本紀 6, 義慈王 19年 9月條)

(13) (660년) 2월 王都의 우물물이 핏빛으로 변하고, 西海 변에 작은 물고기가 나와 죽었는데 백성이 그것을 다 먹어내지 못했고, 泗沘河의 물이 붉기가

핏빛과 같았다.(『三國史記』, 卷28, 百濟本紀 6, 義慈王 20年 春2月條)

(14) (660년) 4월 두꺼비 수만 마리가 나무 위에 모여들었고, 王都의 시민들이 까닭없이 놀라 달아나는데 마치 잡으려는 사람이 있는 것처럼 놀라 쓰러져 죽은 사람이 백여 명이고 재물을 잃어버린 사람은 이루 헤아릴 수 없었다.(『三國史記』, 卷28, 百濟本紀 6, 義慈王 20年 夏4月條)

(15) (660년) 5월 風雨가 사납게 일어나고 天王寺와 道讓寺 두 절의 탑에 벼락이 떨어졌으며, 또 白石寺의 講堂에도 벼락이 치고, 검은 구름이 龍과 같이 일어나서 東西의 공중에서 서로 싸웠다.(『三國史記』, 卷28, 百濟本紀 6, 義慈王 20年 5月條)

(16) (660년) 6월 王興寺의 중들이 모두 배가 큰물(大水)을 따라 절문(寺門)으로 들어오는 것과 같은 것을 보았고, 개 모양을 한 들 사슴 한 마리가 서쪽에서 泗沘河 언덕으로 와서 왕궁을 향해 짖다가 갑자기 간 곳을 모르게 사라졌는데, 王都의 많은 개들이 길 위에 모여 혹은 짖기도 하고 혹은 울기도 하다가 조금 뒤에 흩어졌다. 어떤 귀신 하나가 궁중으로 들어와 큰 소리로 "百濟는 망한다. 百濟는 망한다"라고 부르짖고는 땅 속으로 들어가기에 王이 괴이하게 여겨 사람을 시켜 땅을 파보게 하니 깊이 三尺쯤 들어가서 거북이 한 마리가 있는데, 그 등에 글이 써있기를 "百濟同月輪 新羅如月新"이라 되어 있었다. 王이 그 뜻을 무당에게 물어보았더니, 말하기를 "同月輪이란 찬 것이니 차면 곧 이지러지고, 如月新이란 차지 않은 것이니 차지 않은 것은 곧 점점 차게 되는 것입니다"라고 하자 王은 노하여 그를 죽였다. 어떤 사람이 말하기를(或曰) "同月輪이란 왕성한 것이고 如月新이란 쇠미한 것이니, 그 뜻은 國家(百濟)는 왕성해지고 新羅는 점차 쇠미해진다는 의미가 아니겠습니까?"라고 하자 王은 기뻐하였다.(『三國史記』, 卷28, 百濟本紀 6, 義慈王 20年 6月條)

불길한 징조들로 가득 채워져 있는 위의 災異에 대한 기록들은 百濟가 망하기까지 내부모순이 중요한 원인으로 자리잡고 있었다는 암시의 예로서 내세워졌다고 판단된다. 그러나 문제는 이러한 災異 記事나 說話의 대부분이 실재성보다 허구성을 강하게 지닌 기록 또는 이야기라는 사실 자체를 부정할 수는 없는 만큼, 이들이 역사서나 사람의 입에 오르내리게 된 시대배경 및 그것이 유언비어의 수

준을 벗어나 어느 정도의 현실성을 지닐 수 있는 것인가의 문제를 간과해서는 안 되겠다는 점이다. 앞서 살펴 본 인용문 (2)의 『三國史記』金庾信傳에 "民이 원망하고 神이 노하여 災怪가 번번이 나타났다"라고 한 내용에서 느낄 수 있듯이 災異論 속에는 天人感應의 天命思想이 사실 강하게 자리잡고 있다. 그렇다면 이들 災異記事 역시 (1)~(6)의 인용 사료들이 지니고 있는 것과 똑 같은 형태의 문제점, 즉 勝者 중심의 역사관이 저변에 깔려 있는 논법에 의해서 쓰여졌다고 보아야 할 것 같다. 따라서 災異에 대한 기록이 지닌 암시성은 인정하지만, 그 암시 속에 담겨 있는 실재를 찾아내기 위해서는 왜곡의 껍데기를 한 겹 벗겨내야만 하리라고 본다. 다시 말해 허구적이거나 견강부회적인 성격을 강하게 지니고 있는 이들 기록의 사실 여부를 논하는 것 자체는 별 의미가 없고, 오히려 이러한 기사가 언제 누구에 의해서 왜 만들어졌을까의 문제에 관심을 기울여야 할 것 같다.

妖說과 怪所聞이 중심을 이루고 있는 상기한 災異記事의 출현배경을 정확히 밝혀내기는 어렵지만, 두 가지 가능성으로 압축시켜 볼 수는 있을 것 같다.

첫째, 현존하는 이들 기록이 정복자의 입장에 동조적인 성격을 지니고 있음을 감안한다면, 그것은 정복자들이 자신의 행위의 정당성을 주장하는 동시에 百濟 멸망의 필연성을 강조하기 위한 목적에서 의도적으로 위조하거나 과장하여 남겨놓았을 수 있다는 가능성이다.

百濟를 무력으로 정복한 勝者의 입장에서 볼 때, 정치적 야욕의 소산으로 귀결될 수밖에 없는 전쟁이라는 군사 활동의 결과만을 가지고 百濟의 멸망을 설명하면 결국은 자신들이 모든 역사적인 책임을 떠안는 것이 된다. 때문에 百濟가 스스로 망할 수밖에 없는 문제점을 내부적으로 지니고 있었다는 설명을 인위적으로 만들어 그 것을 부각시켰을 가능성도 충분히 존재한다. 다시 말해 왕조 멸망 의 원인을 그 왕조의 내부적인 모순 속에서 찾아 후속 왕조의 합법 성과 정통성을 제공해주는 중국의 전통적인 역사서술 방법이 百濟 의 경우에도 그대로 적용됨으로써 義慈王의 失政을 강조하며 이것 을 儒敎的인 天命思想이나 災異說과 결부시키게 되었고, 그리하여 결과적으로 義慈王에 대한 부정적인 서술 및 여러 가지 멸망조짐에 대한 유언비어들이 만들어져 기록으로 전해지게 되었을 수도 있다 는 것이다. 唐의 陵州長史 判兵曹로 있던 賀遂亮이 義慈王 정권의 붕괴와 거의 동시에 작성한 것으로서 이미 위에 인용해 놓은 바 있 는 (1) "大唐平百濟國碑銘"의 내용이나 劉仁軌가 지은 (3) 就利山의 盟約文 등은 百濟 역시 멸망 초기부터 勝者들에 의해 이러한 논법 이 가해지고 있었음을 알게 해 준다.

둘째, 百濟 멸망기에 실재로 각종 災異에 대한 소문이 떠돌아다 녔기에 그것이 기록으로 남겨졌을 수도 있는데, 이러한 가능성이 첫째 경우보다 컸을 것 같기도 하다. 다만 문제는 이와 같은 상황 이 벌어진 배경을 어떻게 이해해야 할 것인가에 있다고 하겠다.

天人感應說 속에서 "人"의 잘못에 대한 "天"의 경고 및 응징적 성격으로 인식될 수 있는 妖說과 怪所聞들이 그것을 믿는 民心을 뒤흔들어 왕조의 동요를 가져오게 만드는 좋은 수단으로 활용될 수 있다는 점은 의심의 여지가 없다. 그렇다면 新羅와 같은 적대국가 가 전략적인 필요에서 첩자를 이용해 百濟社會 내부에 이들을 유포 시켜 놓았을 가능성도 생각해 볼 수 있겠고, 아니면 655년 이후 새 롭게 전개된 義慈王의 정계 개편작업에 찬성하지 않거나 여기에서 소외된 반대세력 또는 불만분자가 義慈王의 정치에 반감을 품고 퍼 뜨린 유언비어일 수도 있을 것이다. 표현을 바꾸어 말하면, 첩보전

혹은 공작정치의 산물로서 妖說과 怪所聞들이 난무했을 가능성도 있을 수 있다는 점이다. 百濟 武王이 왕위에 오르기 전 新羅의 善花公主를 부인으로 맞기 위해 몰래 新羅로 가서 "薯童謠"를 유포시켰다는 『三國遺事』의 내용은 그것의 실재성이나 역사적인 의미 등에 관한 탐구가 앞으로 더 있어야 할 것으로 보이기는 하지만, 당시인들이 필요한 경우에 헛소문이나 유언비어를 조작하여 혼란을 야기시키는 방법을 실재로 활용하고 있었음을 암시해주는 예임에는 틀림이 없다고 본다.

　　三國이 서로 첩자를 파견하거나 敵陣의 사람을 매수하여 정보를 입수하고 있는 모습은 여러 자료에서 확인이 가능하다.

　　高句麗의 경우, 長壽王은 道琳이라는 중을 百濟에 첩자로 들여보내 흉계를 꾸미게 함으로써 결국 百濟의 수도 漢城을 점령하고 蓋鹵王을 죽이게 되었다는 내용이 있고,[30] 寶藏王 때에는 구원병을 요청하기 위해 高句麗에 온 金春秋를 억류하여 金庾信이 勇士 3천 명을 출병시키려 하자 高句麗 첩자인 중 德昌이 이러한 사실을 高句麗에 알려 왔다고도 하며,[31] 또 高句麗가 白石이란 자를 新羅에 첩자로 파견하여 金庾信을 제거하려 했다는 逸話도 전해온다.[32]

　　百濟의 경우는, 義慈王이 항복한 후 新羅가 毛尺과 黔日이라는 新羅人을 처형하고 있는 기록이 눈에 띄는데, 大耶城 전투시 百濟를 도와 城이 함락되도록 했다는 것이 그들의 죄목이다.[33] 新羅人과의 내통 사실을 보여주는 이러한 예를 통해 百濟 역시 첩보전이

---

30) 上揭書, 卷25, 百濟本紀 3, 개로왕 21년 9월.
31) 上揭書, 卷41, 列傳 1, 金庾信 上. 卷5, 新羅本紀 5, 선덕왕 11년에는 결사대 1만 명을 거느리고 가 구원하려 했다고 되어 있어 동원 군대의 수에서 차이가 나타나고 있다.
32) 『三國遺事』, 卷1, 紀異 1, 金庾信.
33) 『三國史記』, 卷5, 新羅本紀 5, 태종무열왕 7년 8월 2일.

나 공작정치에 힘을 기울였음을 확인해 볼 수 있겠다.

　新羅는 夫山縣令으로 있다가 百濟와의 전투에서 포로가 되어 佐平 任子의 집에 종으로 배당된 租未坤을 이용해 任子를 포섭한 뒤 百濟 안팎의 사정을 알아내고 있는 모습이 보인다.[34] 任子는 충직하게 일하는 租未坤을 신임하여 집밖을 자유로이 드나들게 했다고 한다. 하루는 租未坤이 新羅로 도망해 金庾信에게 百濟의 형편을 낱낱이 고해 바쳤는데, 金庾信은 다시 그를 百濟로 보내 任子를 포섭하도록 하고 있다. 그리하여 百濟로 돌아온 租未坤은 任子의 포섭에 성공하고는 또 新羅로 돌아가 百濟의 국내 사정을 자세히 보고함으로써 金庾信은 百濟의 내정을 꿰뚫어 보게 되었고, 그 결과 군사공격까지 결심하게 되었다는 것이다. 佐平 任子는 655년 이후 새롭게 전개되던 義慈王의 정치에 반대하거나 정계개편 작업에서 소외되어 불만을 갖게 된 인물로 볼 수 있을 것 같다. 新羅의 金庾信은 첩자를 활용하여 모종의 공작을 진행시키면서 이러한 인물을 매수하고 있음이 눈에 띄는데, 百濟 말기의 災異에 관한 각종 소문들 역시 이들 첩자나 첩자에게 매수된 내부인들이 유포시킨 공작정치의 산물이었을 가능성도 배제할 수는 없다. 百濟에서 災怪가 빈번하게 나타나고 있다는 내용을 金富軾이 『三國史記』 金庾信傳에도 소개해 놓고 있는 것은[35] 시사하는 바가 크다고 하겠다.

　百濟 말기 義慈王에 대한 부정적인 서술과 각종 멸망의 조짐에 대한 기록을 어떻게 받아들여야 하는가는 후대인들의 몫이다. 현재는 이들 기록이 사실을 반영한다고 보는 분위기가 강한 것 같다. 그러나 현존하는 대개의 기록은 百濟보다 승리자인 唐이나 新羅의 편에 서서 쓰여진 것임을 주목할 필요가 있다. 즉, 義慈王 말기의

---

34) 上揭書, 卷42, 熱戰 2, 金庾信 中 참조.
35) 上同.

정치에 대한 사료상의 내용은 여러 가지 가능성을 생각하며 그 진위 여부를 판단해야 하는데, 百濟 멸망의 조짐으로 해석되는 각종 災異에 대한 『三國史記』의 기사는 유언비어적인 성격이나 과장이 심하여 사실성을 결여하고 있는 것이 분명한 만큼 상기한 바와 같은 가능성 속에서 승자 또는 적대세력이나 불만분자, 첩자 등에 의해 조작되었을 확률이 다른 어느 경우보다 크다고 보아야 하겠다.

VI. 義慈王과 百濟 멸망에 대한 평가 문제

百濟의 멸망하면 우선적으로 떠오르는 것이 義慈王의 술(酒)로 인한 타락과 방탕한 생활 및 삼천궁녀의 한이 얽힌 낙화암의 고사일 것이다. 이들 고사는 많은 사람들 사이에 폭 넓게 퍼져 자주 화제의 대상이 되고 있는데, 여기에서는 이들을 중심으로 하여 이루어지고 있는 義慈王의 정치와 百濟 멸망에 대한 후대인들의 평가 문제를 다루어 보고 싶다.

高麗의 金富軾은 『三國史記』에서 義慈王을 宮人과 더불어 淫荒하고 耽樂하며 飮酒를 그치지 않은 인물로 묘사해 놓았고, 一然도 이후 『三國遺事』에서 義慈王이 酒色에 빠져 政事를 어지럽히고 나라를 위태롭게 했다고 지적한 바 있다.36) 『朝鮮王朝實錄』에서 百濟와 관련되어 있는 기사를 찾아보면, 義慈王이 술을 좋아하며 충신의 말에 귀를 기울이지 않았기 때문에 百濟가 망했다는 지적이 한결같이 거론되고 있는데,37) 이러한 인식은 『三國史記』나 『三國遺事』와 같은 高麗時代 歷史書의 영향 위에서 형성된 것으로 보아야

---

36) 『三國遺事』, 卷1, 紀異 1, 太宗 春秋公.
37) 『扶餘實錄－조선왕조 실록의 부여관계 기사』(부여문화원, 1998), 71～73쪽 참조.

하지 않을까 생각한다. 그리고 이와 같은 朝鮮時代의 百濟史 認識이 그대로 이어져 오늘날까지 전해 온 느낌이다.

그러나 高麗時代 이전의 百濟 멸망기에 쓰여진 것으로 볼 수 있는 義慈王에 관한 기사에서는 술과 관련된 문제를 지적하고 있는 예가 눈에 띄지 않는다. "大唐平百濟國碑銘", "劉仁願紀功碑", "就利山 盟約文", "扶餘隆墓誌銘", 『日本書紀』 등에서 義慈王의 문제점으로 지적되고 있는 내용을 찾아보면, "天"을 거스르는 無道한 행위, 이웃 나라와의 불화, 忠臣을 핍박하고 阿諂을 좋아한 일, 天子의 뜻을 거역한 일, 妖女가 國權을 찬탈하고 賢良을 誅殺한 일 등이 전부이다. 물론 이들 기록은 전술했듯이 百濟를 貶毁시키려는 승자들의 일방적인 주장일 가능성이 크다. 따라서 만일 義慈王이 애초부터 술 때문에 많은 문제점을 지니고 있었다면 그 내용 또한 빠트리지 않고 당연히 지적되었을 것이다. 그런데 이들 초기의 기록에는 그러한 사실이 보이지 않다가 高麗時代의 역사기록에 와서야 비로소 언급되기 시작하고 있다. 이로써 볼 때 술과 관련되어 전해오는 義慈王의 방탕한 생활에 대한 이야기는 사실과 다르며, 義慈王의 부정적인 인간상을 강조하려 한 후대인들이 의도적으로 부풀려 놓은 것임을 알 수 있겠다.

다만, 義慈王이 술을 좋아한 것은 사실일 수 있다. 또한 그렇기 때문에 이러한 개인적인 기호를 후대인들이 확대 해석하여 百濟 멸망의 원인으로 몰아갔을 가능성도 있다. 그런데 술의 역할이 왕조의 몰락과 연결될 수 있는 것만은 아니라는 사실을 주목할 필요가 있겠다. 중국의 역대 皇帝 중에는 술을 좋아한 宋 太祖와 같이 술자리를 이용하여 國家事를 성공적으로 경영한 皇帝의 예도 존재한다. 義慈王의 경우 역시 그가 설령 술을 좋아했다고 하더라도 그 술과 관련된 부분을 너무 민감하게 받아들여 그것을 부정 일변도로 바라보는 행위는 勝者 중심의 시각에 동조하는 것으로서 인정하기 힘들다고 본다. 집권 말기까지 이어진 것으로 나타나는 그의 의욕적인 정치활동 모습을 생각할 때, 義慈王의 생활을 술과 연관시켜 지나치게 비난하는 태도는 다분히 의도성을 가지고 개인적인 취향을 폄훼수단으로 삼은 것이라 볼 수도 있기 때문이다.

義慈王과 연결시켜 생각할 수 있는 落花岩과 三千宮女에 얽힌 이야기도 분명한 이해를 필요로 한다.

高麗 말기에 활동한 李穀이 扶餘를 懷古하며 쓴 詩에서 "千尺翠岩名落花(천척 푸른 바위 낙화라 이름했네)"라고 표현하고 있듯이 落花岩이란 명칭은 이미 高麗時代에 사용되고 있었다. 그러나 三千宮女에 대한 내용은 고려시대의 기록에서 찾아볼 수가 없다. 三千이란 숫자가 들어간 첫 기록은 朝鮮時代인 15세기 후기에 金訢이 落花岩에 대한 詩를 쓰며 "三千歌舞委沙塵(삼천궁녀들이 모래에 몸을 맡기니)"이라는 표현으로 나타나고 있고, 이어서 16세기 초에 閔齊仁이 「白馬江賦」에서 "望三千其如雲(구름같은 삼천궁녀 바라보고)"이라는 표현을 쓰고 있는 것이 주목된다. 결국 落花岩과 관련시켜 三千宮女라는 표현을 쓰고 있는 예는 朝鮮時代에 들어와서야 비로소 눈에 띄며, 그것도 詩的인 문장 속에서 나타나고 있음을 볼 수 있다.

中國의 문학작품에서는 많다는 의미의 극적인 표현을 위해 "三千"이란 용어가 자주 등장한다. 예를 들어, 唐代의 경우 李太白의 詩에서 "飛流直下三千尺"은 매우 높은 곳에서 떨어지는 폭포의 모습, "白髮三千丈"은 하얗고 긴 머리털, "江上三千雁"은 강 위에 있는 수많은 기러기의 詩的인 표현으로 사용되고 있다. 楊貴妃를 노래한 白居易의 「長恨歌」에서도 "後宮佳麗三千人 三千寵愛在一身(후궁에 미녀들 삼천이 넘건만 삼천 후궁이 받던 총애를 한 몸에 받는 구나"이라고 하여 많은 수의 여인을 나타내기 위해 三千이란 용어가 쓰여지고 있다.

墮死岩 전설에 대한 『三國遺事』의 소개에서도 나타나듯이, 義慈王 政權이 붕괴되던 당시 落花岩에서 많은 수의 宮人이 뛰어내려 죽은 것은 사실로 여겨진다. 물론 그들의 수가 얼마나 되었는지 밝힐 수는 없지만, 이러한 슬픈 역사적 사실을 金訢이나 閔齊仁 같은 朝鮮時代 文人들이 詩의 소재로 삼으면서 "三千"이라는 중국의 문학적인 표현수법을 동원하여 극적인 효과를 꾀한 것으로 보아야 하겠다. 따라서 우리가 오늘날 일반적으로 사용하고 있는 "三千宮女"라는 말은 文學的인 표현에서 시작된 것이라는 사실과 함께 그것이 결코 實數를 염두에 두거나 사실 그 자체를 밝히기 위해 나오게 된 것이 아님을 인식할 필요가 있다.

요컨대, 義慈王의 생활을 술과 관련시켜 방탕하게 묘사하기 시작한 것은 高麗時代부터였고, 三千宮女와 落花岩에 대한 이야기는 朝鮮時代에 들어와서야 출현하고 있다. 과도한 飮酒와 三千宮女를 밑그림으로 하고 있는 義慈王의 생활상은 그의 집권 시기로부터 멀리 떨어진 高麗時代나 朝鮮時代의 사람들에 의해 그려져서 지금까지 전해오게 되었음을 알 수가 있겠는 바, 그 내용이 지니는 역사성은 그만큼 떨어지기 때문에 사실 여부를 논하는 것 역시 큰 의미를 지니지 못한다고 보아야 할 것이다.

그러면, 百濟 멸망의 실상과 그 성격은 어떻게 평가해 주어야 할 것인가의 문제를 다시 생각해 볼 필요가 있을 것 같다.

이 문제를 다루기 위한 전제로서 먼저 唐에 의한 百濟 정벌은 義慈王 정권의 몰락을 가져와 百濟 멸망의 단서를 제공해 주기는 했지만 그것이 곧 百濟의 멸망을 의미하는 것은 아니었고, 百濟가 역사의 무대에서 완전히 멸망하여 사라진 것은 新羅에 의해 웅진도독부가 해체되고 泗沘城에 所夫里州가 설치된 671년으로 볼 수도 있다는 사실을 지적해 놓고 싶다. 이러한 전제 위에서 泗沘城 함락 뒤 義慈王이 쉽게 항복한 이유도 찾아볼 수 있지 않을까 생각한다.

義慈王의 항복과 거의 동시에 전개되기 시작한 부흥운동의 모습을 보면 百濟는 여전히 저력이 남아 있었던 것으로 여겨지는데, 義慈王은 왜 쉽게 항복하였을까 궁금해진다. 이에 대해서는 여러 가지 이유를 생각해 볼 수 있을 것이다. 첫째 唐과 義慈王 사이에 어떤 밀약이나 묵계가 있었던 것이 아닐까 여겨지기도 하고, 둘째 唐과 百濟 사이에 벌어진 전쟁의 성격에서 원인을 찾을 수도 있을 것이며, 셋째 당시의 상황이 義慈王으로 하여금 너무 큰 힘의 차이를 느끼게 하여 불가항력으로 모든 것을 포기하고 항복했을 수도 있다.

물론, 이러한 가능성을 내세우는 설명만으로는 여전히 義慈王이 쉽게 항복한 이유에 대한 궁금증을 말끔히 씻어버릴 수가 없다. 좀 더 근본적인 이유가 제시되어야 할 것 같기도 한데, 본고에서는 그 이유를 주로 위의 두 번째와 세 번째 내용에서 찾고 싶다.

羅唐 연합군의 기습적인 대 공세 앞에서 老王이라 표현될 정도로 이미 나이를 먹은 義慈王이 불가항력적인 힘의 차이를 느꼈기 때문에 모든 것을 포기하고 자신의 패배를 인정한 채 항복했으리라는 것에는 의문의 여지가 없다. 문제는 그가 對新羅戰에서의 階伯처럼 죽음으로 항거하지 않고 왜 항복을 선택했는가에 있다고 본다. 배후에 무엇인가 중요한 이유가 자리잡고 있지 않았을까 여겨지는데, 그 이유를 찾기 위해서는 무엇보다도 먼저 바로 당시에 벌어지고 있던 전쟁의 성격을 주목해 보아야 할 것 같다.

영토소유권 문제가 직접적으로 개입되어 있는 百濟와 新羅의 싸움은 국가와 국가 간의 사활이 걸린 전쟁으로서의 성격이 강하였다고 볼 수 있다. 그러나 唐과 百濟의 싸움은 국가 간의 전쟁이라기보다 정권 장악을 둘러싼 政爭, 즉 정권쟁탈전 성격이 강했던 것으로 나타난다. 義慈王의 정권을 둘러싸고 義慈王은 그 정권을 지키려 하고 唐은 그것을 빼앗으려는 싸움이었지 唐이 근본적으로 百濟를 완전히 멸망시켜 그 존재 자체를 없애려던 것은 아니었으며, 따라서 朝貢과 冊封의 주종관계를 정상화시켜 百濟에서의 완전한 영향력 확보가 唐의 궁극적인 목적이었다고 판단된다. 扶餘隆을 熊津都督, 신라왕을 鷄林州大都督으로 삼아 두 나라를 명목상 평등한 관계로 위치지어 주면서 동시에 唐의 주선으로 熊津 就利山에서 동맹의 맹세를 맺게 하고 있는 역사적인 사실을 통하여 볼 때, 唐의 의도는 중국 중심의 동아시아 국제질서를 회복하려던 것이었음을 알 수가 있겠다. 唐의 對百濟 공격도 결국은 동아시아질서의 파괴범인 義慈王 政權에 대한 공격이었지 百濟 자체에 대한 공격이었다고는 보여지지 않는다. 義慈王 역시 이러한 전쟁의 성격을 알고 있었기에 스스로 政爭에서의 패배를 인정하는 마음으로 쉽게 항복한 것이라 받아들여지기도 한다.

다시 말해, 唐의 對百濟 공격은 영토소유권 확보가 아니라 정권교체를 통한 親唐政權 構築이 목적이었다. 그리하여 義慈王 자신 또한 政權을 빼앗긴다 해도 자신의 나라인 百濟 자체가 완전히 망하는 것은 아니라는 사실을 인식하고 있었기에, 국가멸망에 대한 부담을 갖지 않고 政爭의 패배자임을 자인하는 정치적인 입장에서 쉽게 항복하였다고 해석해야 당시의 상황과 가장 잘 부합되는 것이 아닐까 생각한다.

다만, 百濟人들에게는 羅唐 연합군에 의한 義慈王 政權의 붕괴가 곧 百濟의 멸망으로 받아들여져 부흥운동을 전개한 것으로 사료된다. 百濟人의 부흥운동은 百濟地域에 정복군으로 주둔하여 초기에 위협적인 모습과 행동을 보여준 외부세력의 압력 및 간섭에 대한 저항운동으로 보아야 할 것 같다. 蘇定方이 義慈王을 가둔 뒤 군사를 내어 크게 노략질하자 항복했던 黑齒常之가 도망하여 부흥운동을 일으켰다는 내용이나[38] 福信 등이 劉仁願에게 使者를 파견하여 본국으로 돌아가라는 전갈을 보냈다는 내용은 잘 알려져 있다.[39] 그러나 이후 전개된 羈縻政策을 주요내용으로 하는 唐의 百濟支配는 부흥운동군의 正體性을 약화시키는 방향으로 작용하여 결국 부흥운동은 오래 가지 못하고 진압된 것으로 나타난다.

Ⅶ. 결 어 : 義慈王의 정치와 百濟 멸망의 성격

마지막으로, 지금까지 살펴 본 내용들을 통하여 義慈王의 정치와 百濟 멸망의 성격에 관한 문제를 검토해 보면서 글을 마무리 짓기로 하겠다.

義慈王의 內治는 적대국인 新羅로부터 强國이란 말을 들을 정도로 성공을 거두고 있었다. 그러나 外治에서는 동아시아의 새로운 강자로 군림하게 된 唐의 권위를 인정하지 않고 독자 노선을 고집한 그의 자주적인 노력이 당시 중국을 중심으로 형성되어 있던 국제관계의 현실적인 한계를 극복하지 못하였기 때문에 자신의 몰락은 물론 더 나아가서는 百濟의 멸망을 불러오게 되었던 것이다. 따라서 百濟를 패망시킨 승자들에 의해 義慈王 內治의 문제점으로 묘사되어 오늘날까지 전해오고 있는 義慈王 개인의 無能力이나 暴政 등과 같은 도덕성 결핍을 강조한 역사기록은 그 바탕에 중국의 전

---

38) 『三國史記』, 卷44, 列傳 4, 黑齒常之.
39) 上揭書, 卷28, 百濟本紀 6, 義慈王.

통적인 天命思想이 깔려있는 것으로서 사실과는 거리가 있는 내용으로 받아들여야 하겠다.

　義慈王 관련 사료의 분석을 통하여 필자가 얻게 된 결론은 唐이라는 외부세력의 개입 및 이로 인해 심각한 국력의 위축을 가져온 百濟에 대한 新羅의 적극적 공세라는 외적인 요인이 百濟 멸망의 중요한 요인으로 작용하였다는 것이다. 다만, 이와 연결시켜 생각해 볼 수 있는 내적인 요인을 추가해 본다면 義慈王의 외교능력 문제와 그로 인한 外治의 실패를 지적해 볼 수는 있을 것 같다.

　義慈王이 한 나라의 왕으로서 지니고 있던 대내적인 통치 능력은 인정받을 만하다고 본다. 그러나 수시로 변화하는 국제관계를 치밀하게 분석하여 효과적으로 대처하지 못했다는 점에서 義慈王의 한계를 느낄 수 있고, 이러한 점에서 대외적인 외교능력은 부족했다고 말할 수도 있다. 成忠의 견의를 받아들이지 않아 百濟가 망하게 되었다고 義慈王 스스로 후회하였다는 내용은 아마도 중국과의 외교 문제에서 뛰어난 식견을 지니고 있던 成忠의 충언을 듣지 않고 배척한 과거의 잘못에 대해 王 자신이 뼈아픈 고백을 한 말이라 보아도 좋겠다. 이 말은 오늘날까지 전해오는 義慈王에 의해 남겨진 유일한 말이기에 더욱 눈길을 끄는데, 義慈王의 이러한 능력문제가 百濟를 패망의 길로 접어들게 한 내적인 원인이라고 해석해 볼 수도 있을 것이다.

　『三國史記』 義慈王本紀의 論贊에서도 지적하고 있듯이, 義慈王은 新羅와의 원한을 풀라는 唐 天子의 두 번에 걸친 권유도 따르지 않고 위반할 정도로 고집과 용기가 있었다. 따라서 義慈王은 중국 입장에서 볼 때 국제적인 문제아로 비칠 수 있었고, 그리하여 현존 사료에 보이는 바와 같이 행동이 도리에 어긋났다든지 大國에 죄를 지어 패망한 것이 당연하다는 평가도 나타나게 되었다고 본다.

그러나 百濟 입장에서 볼 때는 사정이 달라진다. 義慈王이 新羅에 대해 강경한 태도를 보일 수밖에 없었던 내면에는 百濟와 新羅사이에 오래 전부터 해결되지 못하고 이어져 내려온 영토문제가 자리잡고 있었다. 그리고 이 문제는 양국 모두 양보할 수 없는 첨예한 사안이었기 때문에 이를 둘러싼 각축전도 그만큼 심하였으며, 이는 중국의 힘으로도 해결하기 힘든 뜨거운 감자와 같은 것이었다. 중국이 이러한 양국의 문제에 개입하여 新羅에게 유리한 조건을 강요함으로써 義慈王은 결국 중국과 등을 지고 新羅에 대한 강경책을 밀고 나갈 수밖에 없었던 것이다. 따라서 百濟의 입장에서는 이러한 상황변화에 대한 모든 책임과 원망을 중국 쪽으로 돌릴수도 있는 일이었다.

이상과 같은 국제관계의 변화 외에 義慈王 후기의 정치에서 왕조 말기적 현상으로 볼 수 있는 내용, 즉 위정자가 정치를 돌보지 않아 농민경제가 파탄에 빠짐으로써 생활의 어려움으로 流民化 현상이 나타났다거나 반란 또는 그 징후가 있었음을 직접적으로 보여주는 기록은 찾아보기 힘들다. 만일 백성들 사이에 이러한 움직임이 있었다면 義慈王이나 百濟 말기의 사회분위기를 조금이라도 더부정적인 모습으로 형상화시켜 놓으려 노력했을 정복자들이 그것을빠트렸을 리가 없다. 義慈王 政治의 문제점이 하나 더 추가되도록이용하였을 것이 분명한데, 이와 관련하여서는 유언비어성의 믿기어려운 지적들만이 산발적으로 보일뿐 증거를 갖추고 있는 구체적인 기록은 없다. 오히려 階伯將軍과 같이 百濟와 최후를 함께하겠다는 비장한 각오나 백제 멸망 뒤 蘇定方이 나이 많은 義慈王을 가두고 노략질하자 이에 반발해 百濟 부흥운동을 일으켰다는 黑齒常之의 예처럼 각지에서 일어난 부흥운동으로 정복자들이 곤란을 겪는 상황이 기록으로 나타난다.

이러한 내용은 역시 義慈王의 政權이 붕괴되기 바로 전까지도 민심이 義慈王과 百濟의 편에 서 있었음을 보여주는 것이라 하겠다. 義慈王은 그와 같은 백성들의 지지 위에서 659년에도 新羅를 공격하는 등 적극적인 통치행위를 지속시켜 나갈 수가 있었다고 보는바, 백제 멸망 당시의 인구수가 "大唐平百濟國碑銘"에 620萬口로 나타날 정도로 충실하였던 것도 義慈王의 정치가 내부적으로 성공을 거두고 있었음을 대변해 주는 좋은 증거이다. 『日本書紀』에 소개되어 있는 高句麗 승려 道顯의 전하는 말과 같이 百濟가 自亡하였다는 기록이나 견해도 있지만, 만일 唐의 간섭이 없었다면 어떠했을까. 망하는 쪽으로 나간 것이 아니라 발전을 거듭해 나가는 속에서 新羅가 많은 어려움을 겪었을 것으로 여겨지기도 한다. 따라서 백제의 멸망은 내부적인 문제보다 국제관계의 변화라는 새로운 시대상황 속에서 중국의 唐이라는 외부세력의 개입 및 이를 적절히 활용한 新羅의 百濟에 대한 군사공격으로 인해 초래되었다고 보아야 할 것 같다.

당과 백제의 전쟁 : 배경과 성격

韓 昇 중국 復旦大學 敎授

1340년 전인 서기 663년에 당나라가 신라를 이끌고 백제를 멸망시킨 후, 일본의 대규모 군사적인 간섭으로 쌍방간에 백강에서 격전이 벌어져 한반도의 전쟁은 동아시아세계의 대전으로 바뀌게 되었다. 이 전쟁의 원인과 배경, 영향은 국가간의 입장 차이에 따라 서로 다르게 이해되고도 있지만, 동아시아국가의 공동 노력에 의해 한자, 유학, 율령, 불교 등을 기초로 하는 동아시아문화권이 형성되는 계기가 되었다는 점에서는 각국의 학자들이 비교적 일치된 견해를 보이고 있다.

한대(漢代)와 비교할 때, 당대(唐代)의 동아시아문화권은 더욱 넓고 견고한 문화기반을 지니고 있었다. 한반도의 전쟁은 동아시아문화권이 신속하게 발전하고 성숙될 수 있는 계기를 만들어 주었다는 점에서 깊이 연구해 볼만한 가치가 있다. 여기에서, 본인은 당나라가 백제를 멸망시킨 배경과 성격에 대해 한국이나 일본의 학자들과 함께 분석하고 토론해 보고 싶거니와, 각국의 학자들이 밀접한 학술교류와 국제적인 공동 연구를 전개하여 동방문화를 발전시키는데 노력하기를 진심으로 희망한다.

一

당나라는 왜 백제와 전쟁을 하려했을까?

그 당시와 현재 모두 여러 가지 논의가 있을 수 있겠으나, 본인은 백제에 주둔한 당나라의 대방주자사 유인궤의 말에서 중요한 단서를 찾을 수 있다고 본다. 660년 당나라의 명장 소정방은 수군을 거느리고 바다를 건너와 백제를 멸망시킨 후에 유인원과 유인궤를 잔류시켜 백제를 지키게 하고, 본국으로 회군하여서는 당군을 거느리고 북방전선에서 고구려에 대한 정벌을 대대적으로 벌려 평양까지 진격하였는데, 전쟁을 끝내지 못한 상태에서 661년 9월에는 요동으로 철수하였다. 당나라 남방전선의 유인원과 유인궤는 백제 부흥운동세력의 강력한 압력을 받고 있었는데, 소정방이 철수한 뒤에는 더욱 고립되게 되었다. 따라서 고종은 그들이 전선을 축소시키던지 아니면 군대를 본국으로 철수시키던지 두 가지 방법 중에서 하나를 알아서 선택하도록 허락해 주었다.

平壤軍回, 一城不可獨固, 宜拔就新羅. 若金法敏藉卿留鎭, 宜且停彼 ; 若其不須, 卽宜泛海還也.[1]

유인궤는 이 두 가지 방법이 타당하지 않다고 생각하여, 회군하

---

1) 『資治通鑑』 卷200, "高宗龍朔二年七月"條, 6329쪽, 中華書局校点本 (以下同).

기를 원하는 장령(將領)들에게 당시의 형세를 다음과 같이 분석하며
말하였다.

A. 主上欲滅高麗, 故先誅百濟, 留兵守之, 制其心腹；雖余寇充斥而守備甚嚴,
宜厲兵秣馬, 擊其不意, 理無不克. 旣捷之后, 士卒心安, 然后分兵据險, 開
張形勢, 飛表以聞, 更求益兵. 朝廷知其有成, 必命將出師, 聲援才接, 凶丑
自殲. 非直不弃成功, 實亦永淸海表. 今平壤之軍旣還, 熊津又拔, 則百濟余
燼, 不日更形, 高麗逋寇, 何時可滅？且今以一城之地居敵中央, 苟或動足,
卽爲擒虜, 縱入新羅, 亦爲羈客, 脫不如意, 悔不可追. 况福信凶悖殘虐, 君
臣猜離, 行相屠戮, 正宜堅守觀變, 乘便取之, 不可動也.[2]

이 내용은 고위급 장령들 내부의 전황분석이고 전군의 생사존망
과 관계가 있는 것이기 때문에 사실 그대로이며 외교적인 수식어는
아니라고 하겠다. 『삼국사기』권7의 기록으로서 648년에 당 태종이
당 조정에 와있던 신라의 재상 김춘추에게 한 말, 즉 "朕今伐高麗,
非有他故, 怜你新羅, 攝乎兩國, 每被侵陵, 靡有宁歲."이라 한 내용은
확실히 외교적인 수식어에 속한다.

주의할 만한 사실은 유인궤가 당나라의 백제정벌 목적에 대해
한번 말하는 것으로 그치지 않았다는 것인데, 앞뒤의 말이 모두 일
치하고 다르지 않음을 볼 수 있다. 예를 들어 664년 10월 유인궤가
조정에 보고한 내용 중에는 다음과 같은 기록이 있다.

B. 陛下留兵海外, 欲殄滅高麗. 百濟、高麗, 旧相党援, 倭人雖遠, 亦共爲影響,
若无鎭兵, 還成一國. 今旣資戍守, 又置屯田, 所藉士卒同心同德, ……[3]

이 때는 백강전쟁이 끝나고 당군은 백제에서 확고한 기반을 마

---

2) 『資治通鑑』 卷200, "高宗龍朔二年七月"條, 6329～6330쪽.
3) 『資治通鑑』 卷201, "高宗麟德元年十月"條, 6341쪽.

련했기 때문에, 조정에서는 전선의 병사들을 교체시키려고 이전에 귀국한 유인원으로 하여금 신군(新軍)을 거느리고 가서 유인궤의 구진(舊鎭) 병사들과 교대하도록 하려 했는데, 유인궤는 유인원에게 다음과 같이 말하였다,

> C. 國家懸軍海外, 欲以經略高麗, 其事非易. 今收獲未畢, 而軍吏与士卒一時代去, 軍將又歸. 夷人新服, 衆心未安, 必將生變. 不如且留舊兵, 漸令收獲, 辦具資糧, 節級遣還 ; 軍將且留鎭撫, 未可還也.[4]

유인궤가 이상과 같이 세 번의 중요한 시점에서 말한 내용은 모두 백제에 출병한 목적이 고구려를 평정하기 위함이었다는 것을 지적하고 있다. 이는 고종이 백제에 주둔하고 있는 당군에게 내린 지시를 통해서도 증명이 가능하다. 고구려 전선의 당군이 철수할 때, 고종은 백제의 당군에게 신라로 물러나 있던지 아니면 본국으로 직접 철수하던지 두 가지 방법 중에서 하나를 선택하도록 하고 있다. 이 두 가지 방법은 모두 다음과 같은 사실을 시사해 준다고 할 수 있다. 즉, 당나라가 백제와 전쟁을 한 것은 북방의 고구려에 대한 정면 공격을 위한 것이고, 따라서 백제와의 전쟁은 하나의 보조적인 것에 불과했기 때문에 군사상 중요하기는 하지만 꼭 필요한 것은 아니었으며, 그리하여 당나라는 감당할 수 있는 범위 안에서만 행동을 했다는 것이다.

당과 고구려와의 관계는 백제나 신라와의 관계와는 완전히 다른 것이었다. 고구려와 북조와의 관계는 결코 좋지 않았으니, 첫째는 요하 유역의 영토문제 때문이고, 둘째는 고구려 역시 동아시아의 강국 중 하나였던 때문이며, 셋째는 북방의 각 왕조와 땅이 접해있던 때문이다. 따라서 중국이 통일왕조를 형성하고 동아시아세계의

---

4) 『資治通鑑』 卷201, "高宗麟德元年十月"條, 6341~6342쪽.

국제질서를 세우려 할 때에는 고구려와의 정면충돌이 쉽게 발생하였다. 북위시대에는 대규모의 전쟁이 벌어질 뻔했는데, 이에 대해서는 본인이 이미 분석해 놓은 것이 있다. 북주가 북방을 통일하자 고구려는 일찍이 출병하여 북제의 잔여세력인 고보녕(高保寧)을 지원하여 북주와의 충돌을 야기시켰다. 수나라는 대규모 고구려 정벌을 벌이다가 망하기까지 하였다.[5] 당나라가 건국된 후에도 마찬가지로 고구려와 첨예하게 대립하여, 당 태종은 고구려를 정벌해 수나라가 요동에서 당한 치욕을 씻고 자제들의 원수를 갚으려 하였다. 결론적으로 말해 당나라도 만일 고구려를 신복시키지 못한다면 동아시아 국제질서를 확립할 방법이 없었다.

고구려를 신복시키는 과정에서, 당나라는 처음에는 동아시아의 다른 국가들, 즉 백제, 신라, 심지어는 일본과도 연합하여 고구려에 공동으로 대항하려 하였다. 따라서 당 태종 때에는 공격대상이 시종 고구려로 국한되어 있었다. 정관(貞觀) 17년(643) 9월, 신라 사신이 당나라에 와서 백제의 침입을 호소했지만, 당 태종은 오히려 사농승 상리현장을 파견해 다음의 내용처럼 조처하였다. "司農丞相里玄獎賚璽書賜高麗曰: '新羅委質國家, 朝貢不絕, 爾与百濟各宜戢兵; 若更攻之, 明年發兵擊爾國矣!'"[6] 비록 고구려와 백제가 연합하여 신라를 공격하는 것을 막을 수는 없었지만, 당 태종은 여전히 공격대상이 백제로 확대되는 것을 원치 않으면서 고구려로 엄격히 제한하였다.

고구려를 공격하면서 신라와 연합하여 백제와 일본을 쟁취하는 것이 동아시아국제질서를 다시 세우기 위한 당 태종의 기존 정책이

---

5) 拙稿, 「隋と高句麗の國際政治關係をめぐって」, 『中國古代の國家と 民衆』, 日本國汲古書院 199月版 참조.
6) 『資治通鑑』 卷197, "貞觀十七年九月"條, 6204쪽.

었으니, 일석이조의 커다란 포부는 훌륭하다 할 것이다. 그러나 당 태종은 백제의 신라에 대한 원한이 이렇게 풀기 힘들고 태도가 이렇게 완강하리라고는 생각하지 못했다. 사실, 백제는 중국의 분열시기에 남조와 밀접한 관계를 맺으면서 북조와는 별로 교류하지 않았고 수와 당 두 왕조에 대해서도 친근감이 없었으니, 수나라가 고구려를 공격할 때에도 백제는 수수방관했던 모습이 『수서(隋書)』의 백제전에 보인다. 수나라가 고구려를 공격하다 망한 것은 백제로 하여금 당나라 역시 고구려를 이기지 못할 것이라 생각하도록 했고, 그리하여 고구려를 방패로 삼아 당나라에 저항하면서 신라를 공격하여 현실적인 이익을 추구하도록 만들었다.

당 태종은 대국의 영수로서 전략적인 안목이 동아시아세계 전체를 꿰뚫어 보고 있었다. 백제는 소국으로서 관심이 한반도상의 국가이익에 머물러 있었다. 따라서 쌍방이 일치점을 찾기는 매우 어려웠다.

당 태종은 고구려의 역량을 충분히 계산하지 않고 고구려를 친정했다가 비로소 고구려의 완강함을 체험하게 되었기 때문에, 고구려에 대한 전략을 장기전으로 바꾸었다. 고종이 뒤를 이은 후, 몇 차례 고구려를 공격했지만 특별한 수확이 없이 전국이 교착상태로 빠지자, 백제는 점점 더 두려움을 잊고 당나라에 대한 태도를 수정하여 공개적으로 대항하기에까지 이르렀다. 그리하여 고종은 어쩔 수 없이 먼저 약소국인 백제를 공격하여 군사적으로 신라와의 합병을 실현시킨 뒤, 공동으로 남쪽 전선으로부터 고구려에 대한 압박을 강화하여 형세를 타파함으로써 고구려를 평정한다는 전략목표를 세우기로 결심하게 되었던 것이다.

그러므로, 바다를 건너가 백제를 평정한 것은 고구려에 대한 작전으로부터 나온 군사적인 고려였지, 백제점령 자체를 목표로 한 정치행위는 아니었다. 이것은 곧 유인궤가 재차 강조한 백제주둔의 의미이기도 하다.

二

고구려를 정벌하는 전쟁을 통해 강한 힘을 제거하고 약소국을 단결시키며 따르지 않는 자들을 혼내주어서 한번에 동아시아세계질서를 세우는 것은 당나라의 최고 정책결정자가 묘당(廟堂)에서 정한 바의 커다란 구상이었다. 그러나 위에서 지적했듯이 백제의 복종문제에서부터 방해를 받았고, 심지어 마지막에는 군대가 서로 싸우는 지경에까지 이르렀다.

그러면, 신라 쪽은 또 어떠했는가?

신라는 당 태종시기에는 완전히 당나라에 의지하였다. 643년 신라가 당나라에게 위급함을 알렸을 때 당 태종은 신라에 대한 지지를 분명히 했기 때문에, 이후 신라는 당나라 일변도의 정책을 채택하여 국내에 당나라의 제도와 문화를 끌어들이며 획기적으로 개혁을 진행해 나갔다. 중앙집권화의 정치체제 개혁 과정에서 647년 김춘추와 김유신이 이끄는 중앙세력은 비담(毗曇)의 대표적인 경주문벌세력의 반란을 분쇄했던 바, 고구려와 달리 신라가 발전가도를 달리게 된 것은 중앙에서 이끈 집권화체제의 개혁 때문이었다고 할 수 있다. 648년 김춘추가 당나라에 들어가 "請詣國學, 觀釋奠及講論. …… 又請改其章服, 以從中華制. "하고 귀국한 뒤, 649년 신라는 "始服中朝衣冠"; 650년 "始行中國永徽年号"; 651년 "賀正之礼始于此"했으며, 654년 김춘추가 즉위한 후에는 곧 "命理方府令良首等, 詳酌律

令, 修定理方府格六十余條"하여[7] 국가체제의 개혁을 완성시켰다. 이러한 개혁은 신라와 당나라 사이의 연맹이 튼튼한 기초를 다지도록 해주었을 뿐만 아니라 신라가 당나라의 국제관계체제 속에 완전히 편입되도록 만들어 주었다.

그러므로, 당나라는 장차 고구려에 대한 작전을 전개할 때에 신라가 남쪽의 우방(南翼)이 되어 남북의 협공을 통해 고구려를 완전히 타도하기를 희망하였다.

그러나 실재상황은 대단히 복잡하였다. 먼저, 고구려는 신라가 당나라에 복종할 때의 위험성을 충분히 인식하고 있었기 때문에, 당과의 정면 전쟁에서는 방어태세를 고수하면서 남쪽 전선에서는 백제와 적극적으로 연합해 신라에 대한 공격을 강화함으로써 신라를 정복해 배후의 위협을 없애려고 하였다. 고구려와 백제의 협공에 의해 신라는 당나라와 함께 고구려를 협공하기는커녕 오히려 당나라의 대대적인 지원을 받지 않으면 안될 상황에 놓이게 되었다. 이로 인해 당나라가 고구려와 백제에 보내는 사신은 거의 모두가 신라의 위기를 해소시켜주기 위함에 있었으며, 백제로 하여금 신라에 대한 공격을 멈추고 당나라 편에 서도록 힘써 권유하였다. 그리고 이러한 외교노력이 효과가 없을 때 당나라는 신라를 보호하기 위해 직접 개입할 수밖에 없었으니, 이러한 의미에서 보면 당나라의 백제에 대한 공격은 당시의 형세가 그렇게 만들었다고 하겠다. 다시 말해 신라는 남쪽 전선에서 고구려를 협공하는 임무를 수행할 수 없었을 뿐만 아니라 자신을 지키기에도 힘들었기 때문에, 당나라가 어쩔 수 없이 직접 나아가 신라를 도와주며 남쪽 전선을 개척하는 작전을 실현시키게 되었던 것이다.

물론, 남쪽전선을 개척해야 했던 것은 고구려의 완강한 저항과

---

7) 『三國史記』 新羅本紀 第5.

밀접한 관계가 있으니, 고구려의 완강함은 북방전선에서 당나라가 고구려를 정복하는 것을 거의 불가능하게 만들었다.

또한, 당나라가 고구려를 오래도록 공격했어도 정복하지 못하자 백제는 점점 더 당나라의 말을 듣지 않게 되었는데, 신라가 일단 패하면 동아시아국제질서를 수립하려는 당나라의 노력은 더욱 어렵게 된다. 따라서 백제에 대한 공격에는 전략상의 고려도 있었다고 하겠다.

다음으로, 당나라가 직접 출병하여 백제를 점령한 후에도 남쪽 전선에서 신라와의 작전은 뜻대로 되지 않았다. 이러한 사실은 『삼국사기』신라본기 7에 수록되어 있는 문무왕이 설인귀에게 보낸 답서에서도 어느 정도 드러나 있다. 예를 들어 661년에는 다음과 같은 기록이 있다.

熊津請兵, 日夕相継. 新羅多有疫病, 不可征發兵馬, 苦請難違, 逐發兵衆, 往圍周留城. 賊知兵少, 逐卽來打, 大損兵馬, 失利而歸. 南方諸城, 一時總叛, 幷屬福信. 福信乘胜, 夏圍府城, 因卽熊津道斷.

확실히, 당군이 백제에서 백제부흥운동군에 의해 포위 공격을 받고 있을 때 신라는 적극적으로 돕지 않고 소수의 부대만을 보내 적당히 때우고 있는데, 상황이 이렇게 갑자기 바뀐 상태에서 당군과 신라의 연합작전이 제대로 이루어지기는 힘들었다.

이 해에 당나라는 북쪽에서 고구려를 대거 공격했으나, 남방전선에서 당군과 신라군이 전력을 다한 연합을 할 수 없었기 때문에, 북쪽전선의 당군은 아무 공도 세우지 못하고 돌아왔으며, 고종은 전술했듯이 백제주둔군 사령관인 유인원과 유인궤에게 신라로 물러가 있든지 본국으로 철수하든지 두 가지 방법 중 하나를 채택하는 제안을 하였다.

이 해에 신라에 역병(疫病)이 발생했는지 안했는지 정확히 파악할 수는 없지만, 『삼국사기』 신라본기 6에 전혀 기록이 없는 것을 볼 때 아마도 심각한 역병은 없었던 것 같다. 따라서 역병은 일종의 평계라고 할 수 있겠다.

662년, 북방전선의 고구려에 대한 작전을 지원하는 일에도 신라는 역시 소극적이었으니, 고구려와 잠깐의 교전만 갖고 곧 군대를 되돌려 돌아왔다. 심지어 이적(李勣)이 고구려를 마지막으로 총공격할 때에도 신라는 거의 힘을 보태지 않은 것 같다. 그리하여 전쟁후에 이적은 "漏云 : 新羅前失軍期, 亦須計定"이라 말했다는 내용도 보인다.[8]

이로써 볼 때, 신라는 의도적으로 실재 힘을 유지하면서 가급적이면 당군을 어려움에 처하도록 하여 강적을 약화시킴으로써 미래의 일에 대비하려 했던 것 같다. 이는 당나라와 신라의 목표가 각기 달랐기 때문에 필연적으로 나타날 수밖에 없는 추세였다고 할 수 있겠다.

신라의 주요 목표는 당나라의 힘을 빌려 백제를 점령한 후 한반도의 남부를 통일하는 것이었다. 이러한 의도는 위에서 인용한 문무왕이 설인귀에게 보낸 답서 중에도 분명하게 드러나 있다.

先王貞觀二十二年入朝, 面奉太宗文皇帝恩敕 : "朕今伐高麗, 非有他故, 怜你新羅, 攝乎兩國, 每被侵陵, 靡又寧歲. 山川土地, 我非所貪, 玉帛子女, 是我所有. 我平定兩國, 平壤已南, 百濟故土, 并乞你新羅, 永爲安逸."

글 중에는 평양 이남의 토지를 차지해야 한다는 노골적인 요구가 들어 있으니, 곧 남부를 통일해야 한다는 것이다. 이것은 당 태종과 김춘추의 약속이었다고 말해지고 있지만, 아마도 신라의 문무

---

8) 『三國史記』 新羅本紀 第7, "答薛仁貴書" 참조.

왕이 만들어낸 것이라 여겨진다. 첫째, 이 때 당 태종과 김춘추는 이미 죽어서 세상을 떠났으니 아무런 증거가 없다. 둘째, 이렇게 중요한 전과의 배분을 겨우 구두로 약속하였을 뿐이니 믿을 수가 없다. 셋째, 약속의 내용으로 나오는 위의 글귀는 분명히 당나라 사람이 쓴 것이 아니라 신라인이 쓴 한어(漢語)이다. 넷째, 정관 22년 김춘추가 당나라에 들어가 구원병을 청할 때에 당의 제도와 문화 등을 전면적으로 실시하는 내정개혁을 승낙 받아 당 태종을 기쁘게 함으로써 쌍방이 종속관계를 맺었기 때문에, 당 태종이 김춘추와 백제를 나누는 것을 논의하는 일 자체가 불가능하다. 다섯째, 당나라는 이 때 백제를 여전히 수중에 넣고 있었기 때문에 백제를 공격할 계획이 없었다. 여섯째, 당 태종이 고구려를 정벌한 것이나 당 고종이 백제를 정벌한 것은 모두 동아시아국제질서를 수립하기 위한 전략적 차원에서 진행된 것이다. 당나라는 보통 주변의 민족국가를 직접 점령하는 방법을 쓰지 않고 기미제도의 테두리 속에서 원래의 체제를 유지시키며 친당(親唐)인물을 양성하여 정치를 맡기고, 약탈은 하지 않았을 뿐만 아니라 오히려 늘 지원을 해주었다. 그러므로 "山川土地, 我非所貪, 玉帛子女, 是我所有"이라는 패도적(覇道的)인 탐욕의 말은 사용하는 것이 불가능하다. 그러나 이러한 패도적인 말이 근거가 없지는 않은 것 같다. 당 고조 이연(李淵)이 태원에서 기병할 초기에 돌궐이 침범하자 이연은 돌궐의 가한(可汗)에게 글을 보내 다음과 같이 말하였다.

我今大擧義兵, 欲寧天下, 遠迎主上, 還共突厥和親, 更似開皇之時, 豈非好事. 且今日陛下雖失可汗之意, 可汗寧忘高祖之恩也？若能從我, 不侵百姓, 征伐所得, 子女玉帛, 皆可汗有之. 必以路遠, 不能深入, 見与和通, 坐受宝玩, 不勞兵馬, 亦任可汗. 一二便宜, 任量取中.[9]

---

9)『大唐創業起居住』卷1, 上海古籍出版社, 1983年版, 19쪽.

이것은 부득이한 상황 하에서 무식한 강적 돌궐의 가한에게 한 말이다. 신라의 문무왕이 설인귀에게 보낸 답서의 글귀는 이와 거의 비슷하니, 이 고사를 모방하여 만들었을 가능성도 있으며, 신라의 전략목표가 우선 당나라의 힘을 빌려 한반도 남부를 통일하는 것이었음을 그대로 보여준다고 하겠다.

당나라와 신라의 전략목표와 국가이익은 달랐기 때문에 전쟁에서의 상호 연합은 뜻대로 잘 되지 않았다. 더욱이 당나라가 자신들이 심어놓은 백제정권과 맹약을 체결하도록 신라에게 요구했을 때 계속 거절하다가 마침내 압력에 못이겨 맹약을 맺기는 했지만 끝내는 지키지 않았다. 다만, 쌍방은 고구려와 백제의 정권을 붕괴시켜야 한다는 점에서 이익이 일치했기 때문에 신라는 계속 당나라에게 복종하였던 것이다.

멀리 장안에 있는 당 고종은 신라의 미묘한 입장에 대해서 잘 몰랐을 것이기에, 고종은 신라에 대해 비교적 낙관적인 태도를 가지고 당군이 신라로 물러가 있으라는 건의도 했던 것 같다. 다만, 전선에 나가 있는 당의 장군 유인궤는 정치가이기도 했기 때문에 일찍부터 신라의 의도를 눈치채고 부대가 신라로 철수하는 것을 반대하였다. 그가 "脫不如意, 悔不可追"(前引史料A)라고 예언한 것은 일종의 완곡한 표현이라고 할 수 있는데, 신라와 당나라 사이의 모순이 아직 겉으로 드러나지 않아서 이정도의 말로 그친 것일 뿐 그 뜻은 이미 분명하다. 그가 백제를 굳게 지켜야 한다고 강하게 주장한 것은 고구려에 대한 작전과 백제의 옛 세력이 다시 등장하는 것을 고려한 것 외에도 동아시아 형세에 대한 깊은 판단이 자리잡고 있었던 것이다.

三

　유인궤의 동아시아 형세에 대한 더욱 깊이 있는 판단은 일본의
동향에 대한 파악에서 느껴볼 수 있다.

　일본은 한반도에 중요한 국가이익을 가지고 있으면서, 백제, 신
라, 심지어는 고구려와도 오랜 기간 관계를 맺어오며 때로는 싸우
고 때로는 화친하는 복잡한 모습을 보여주었다.

　신라는 한반도 남부의 임나(任那)를 정복한 후 일본과의 관계가
악화되었다. 일본은 백제와의 관계를 강화시켜 나가며 줄곧 한반도
남부로의 출병을 계획해 왔다.

　당나라가 백제를 점령한 것은 한반도로 진군하려는 일본의 계획
에 커다란 타격을 주었을 것이 분명하다. 그러나 660년 당나라가
백제를 공격할 때부터 663년에 이르는 오랜 기간 동안 일본은 백제
의 멸망을 좌시하며 기본적으로 군대를 움직이지 않았다. 다만 백
제의 남은 세력 및 일본으로 유망한 백제 왕실과 귀족들이 전개한
부흥운동을 도우며 군비만 제공해줄 뿐 직접적인 군사개입은 회피
하였다. 이로부터 일본은 다른 사람을 위해 싸우는 일은 하지 않는
다는 것을 알 수 있다.

　663년에 이르러, 유인궤가 거느린 당군이 백제에 굳게 버티고
있을 뿐 아니라, 또 백제의 남은 세력이 내분 속에서 스스로 쇠약
해짐에 따라 전쟁의 형세는 날로 당나라에게 유리해져 갔다. 특히
당나라의 손인사가 대규모의 원군을 이끌고 바다를 건너오자 전황
은 근본적인 변화를 보이게 되었다. 이 때 일본은 갑자기 백제로
대거 출병하여 백촌강에서 당군과 대규모의 전투를 일으켰다.

　이때의 일본 출병은 한반도형세에 대한 판단에 기초를 둔 것이
었다. 간접적인 지원으로는 당군을 물리치지 못하고, 형세는 갈수록

당군의 백제점령이 공고해져 간다는 소식만 들려오므로, 백제의 부흥운동세력이 진압되면 일본은 더 이상 한반도에 손을 내밀 기회가 없어질 것으로 여겨졌기 때문에, 일본은 마침내 출병을 결정한 것이다. 분명히 알 수 있는 사실은, 663년에 이르러 일본이 비로소 백제에 출병한 것은 완전히 일본 자신의 이익을 계산하여 결정한 것이지, 진심으로 백제부흥운동을 지원하려는 뜻이 있었던 것은 아니라는 것이다.

또 시기적인 선택에 대해서도 연구해 볼만하다. 전쟁이 이렇게 오래 진행되어 교전 각국의 손실이 적지 않고 피로에 지쳤을 때이니, 이 때가 가장 유리한 시기였다고 할 수 있다.

그러나 『일본서기』의 기록을 보면, 한반도 전선에 대한 일본의 정보는 별로 정확하지 않았던 것 같다. 한반도에 군사개입을 하면서 첫째로, 당군의 해상작전능력을 낮게 평가하였다.

둘째로, 전황파악이 제대로 안되어 있어서 판단에 실수가 있었다. 일본은 주로 백제와 고구려에 의존해서 군사정보를 얻고 있었는데, 고구려와 백제의 남은 세력들은 일본의 직접 참전을 끌어내기 위해 당연히 군대의 사정을 거짓으로 제보하고 과장을 하였다. 예를 들면, 고구려는 일본을 향해 승리를 장담하며 "高麗士率胆勇雄壯, 故更取唐二壘, 唯有二塞, 亦備夜取之計. 唐兵抱膝而哭, 銳鈍力竭而不能拔, 噬臍之耻非此而何" 등등의 말을 하여 일본으로 하여금 기회가 왔다고 생각하게 만들었다.

셋째로, 일본의 한반도에 대한 야심은 위급한 상황을 틈타 인질로 있던 여풍장(餘豊璋)의 귀국을 돕고 신녀(臣女)를 처로 삼게 하여 백제를 통제해보려는 것이었다. 662년 일본은 승려 도현이 점을 쳐서 말한 내용, 즉 "釋道顯占曰 : '北國之人將附南國, 盖高麗破而屬日本乎'",[10]에서 일본의 숨은 의도를 엿볼 수 있다.

당군이 백강의 해전에서 일본에게 승리를 거둘 수 있었던 하나
의 중요한 원인은 당군의 사령관 유인궤의 동아시아형세에 대한 통
찰력에서 찾을 수 있으니, 그는 일찍이"百濟 , 高麗, 旧相党援, 倭人
雖遠, 亦共爲影響, 若无鎭兵, 還成一國."(前引史料B)라고 하였다. 따
라서 당군은 일본에 대해 고도의 경계를 계속 유지하면서 일본군이
위협적이지 않던 때부터 일찍이 준비를 하였기 때문에 대승을 거두
었던 것이다.
　　반드시 집고 넘어가야 할 것은, 일본의 한반도에 대한 군사개입
이 한반도 남부에서의 이익을 빼앗기 위함이었지, 당나라에 전면적
으로 대항하려던 것은 아니었다는 것이다. 때문에 백강전쟁 이후에
양국은 신속히 우호관계를 회복할 수 있었다. 일본의 개입은 한반
도 전쟁을 동아시아세계의 대전으로 바꾸어 놓았으며, 객관적으로
볼 때 당나라에 의한 동아시아국제질서의 수립을 가속화시켰다. 그
러나 일본은 전쟁 후에 아픔을 딛고 일어서서 한편으로는 성책(城
柵)을 쌓아 방어를 강화하면서도 다른 한편으로는 국내 정치체제의
개혁을 가속화시켰으며, "임신의 란(壬申之亂)"이라는 대규모의 내
전을 거친 후 몇몇 모순투쟁을 극복하고 당나라 제도를 모방한 율
령제를 확립하였는데, 이러한 기초 위에서 중국과 일본은 오랜 기
간 동안 우호관계를 　맺는 새로운 시대를 열게 되었다.

四

　　당나라가 백제를 공격한 전쟁은 당 고종시기에 고구려에 대한

---

10)『日本書紀』天智天皇紀 참조.

작전의 필요성과 백제가 나날이 고구려 등에게로 기울어져 가는 추세에 따라서 만들어지게 된 새로운 결정사안이었다. 당 태종이 고구려만을 공격하던 방침을 어느 정도 고친 것이었다. 이러한 변화는 당나라가 동아시아국제관계를 새롭게 확립하려 계획하고 실천해 나가는 과정에서 복잡한 문제와 압력 등을 뜻하지 않게 만남으로써 만들어진 것이다.

당나라의 전략목표는 국내정치를 안정시키고 당나라에 복종하는 국제환경을 수립하는 데에 있었는데, 고구려와 백제에 대한 전쟁이나 후에 신라와의 사이에 있게 되는 충돌과 타협은 모두 이러한 동아시아세계전략을 둘러싸고 전개된 것이었다.

당나라 대외관계의 전략원칙은 당나라를 중심으로 한 국제질서를 세우는 데에 중점을 두었는바, 그 전형적인 형식은 대량으로 거행된 기미제도로서 이것은 한나라 때의 직접적인 점령과는 구별되는 것이었다.

그러나 한제국의 붕괴 이래로 동아시아에는 오랫동안 권위를 갖춘 국가나 확실한 국제질서가 없는 상태에서, 각국이 실행한 것은 모두 실력위주의 정책으로서 국가이익을 실력으로 쟁취하는 것이었다. 따라서 당나라와 같이 하나의 새로운 강력한 권위가 출현하여 당나라를 중심으로 하는 동아시아국제질서를 수립하려고 착수하자, 동아시아 국가들 사이에는 거대한 이합집산이 출현하게 되었는데, 각 국마다 자신들의 국가이익이 있기 때문에 그들은 자신의 이익에 따라 어떤 경우는 수와 당을 추종하기도 하고 어떤 경우는 당 왕조에 반항하기도 했으며, 복종하는가 하면 모순을 겪기도 했다.

당나라가 추구했던 것은 일종의 국제환경이었다. 따라서 구체적인 국가이익의 충돌을 처리할 때에 방법은 여러 가지였지만, 관건은 당나라에게 복종하도록 하는 데에 중심을 두었다. 바로 이러한 원칙 위에서 세워졌기 때문에 당나라는 결국 신라의 한반도 통일도 인정해주고, 일본과도 더욱 폭 넓은 국제관계를 수립하게 되었던 것이다.

　당나라가 백제를 공격한 것과 뒤에 일어난 백강전쟁은 동아시아세계가 형성되는 전환점이었다. 이 전쟁은 각국의 서로 다른 이익과 입장을 드러내 주고, 동아시아세계의 형성과정을 관찰해볼 수 있도록 해주는바, 앞으로 더욱 많은 구체적인 연구가 이루어져 보다 더 깊은 인식과 개발이 있기를 기대해 본다.

번역 / 양종국(공주대학교)

삼국시대에 삼국이 한반도내의 분쟁해결을 위해 중국에게 정치적인 개입과 군사요청을 하고 있는 내용을 보면 당시 동아시아 국제질서가 중국의 관념과 권위를 중심으로 형성되고 있었음을 알게된다. 중국 역시 이와 같은 국제질서를 유지해 나가면서 주변 국가들에 대한 영향력을 행사하려 했던 것으로 나타나는데 중국의 경쾌은 한반도내에서 영토소유를 꾀하려 한 것이 아니라 군사적·외교적인 영향력으로 대친중국적 관계설정이 親中國 정권이 제한된 한반도 유지되도록 만들어 놓으려 했던 것이 궁극적인 목적이었다고 할 수 있다.

2장 백제 부흥운동의 재조명

復興百濟國의 성립과 몰락

노중국 계명대학교

I. 머리말

백제가 멸망한 후 일어난 부흥군과 나당점령군과의 전쟁은 고구려는 물론 신라·당·일본 등 고대동아시아의 국가들이 관여하고 이들에게 영향을 미친 전쟁이다. 우리 역사에서 외침에 의해 왕조가 멸망한 후 그 故地에서 부흥국을 세운 것은 復興百濟國이 유일하며 3년 동안 점령군과 치열한 전투를 벌린 것도 특징적이라 할 수 있다.

그런데 『구당서』와 『신당서』 백제전 및 唐劉仁願紀功碑와 이를 거의 그대로 轉載한 『삼국사기』 백제본기에는 백제부흥군과 나당군과의 전투를 모두 전승국인 신라와 당의 입장에서 서술하고 있다. 그 결과 부흥군을 賊徒 또는 賊黨으로 표현하면서 부흥백제국을 王國으로 인정하지 않고 있다. 그러나 부흥군과 나당군과의 전투 과정을 보면 특히 초기에는 부흥군이 그 주도권을 완전히 장악하였고 留鎭당군은 이에 대응하기에 급급한 실정이었다. 또 『일본서기』에는 중국 사서와는 달리 부흥백제국을 당당한 왕국으로 인정하고 있다.[1]

따라서 부흥군의 활동과 그 실체를 파악하기 위해서는 부흥백제국을 당당한 왕국으로 인정하고 나당군 중심의 서술을 부흥군 중심으로 재해석하는 것이 필요하다. 또 3년이라는 짧지 않은 기간에 부흥백제국이 나당군과 치열한 전투를 전개할 수 있었던 것은 병력 동원과 필요한 군수물자 보급이 원활히 이루어졌기 때문이다. 따라서 군수물자의 보충이나 병력 동원 및 군사운용 방법이 어떠하였는가를 파악하는 것도 필요하다.

백제 멸망 후 부흥군의 활동은 크게 3시기로 나누어 볼 수 있다. 제1기는 660년 8월에서 661년 8월까지로서 사방에서 일어난 부흥군이 백제국을 부흥시키기 위해 나당군과 치열한 전투를 전개한 시기이다. 제2기는 661년 9월부터 663년 9월까지 부흥백제국이 성립되어 나당점령군을 몰아내기 위한 전투를 전개하다가 마침내 멸망한 시기이다. 제3기는 부흥백제국이 멸망한 후에도 일부 세력이 최후까지 저항한 시기이다. 이렇게 보면 부흥군들이 부여풍을 왕으로 옹립하기 이전까지 나당군과 벌인 전투는 백제를 부흥시키기 위한 전투로 파악할 수 있게 되며, 부여풍을 왕으로 옹립한 이후부터 부흥군은 이제 부흥백제국의 군대가 되었으므로 이후의 전투는 나당

---

1) 그러나 『일본서기』에는 제명기 6년조에 "百濟國遣供天朝王子豊璋"이라 한 표현, "百濟國窮來歸我"라는 표현 및 천지기 원년조에 "送豊璋於百濟國 宣勅以豊璋等 使繼其位 又予金策於福信 而撫其背 襃賜爵祿 于時 豊璋等與福信 稽首受勅 衆爲流涕"라 한 표현 등에서 보듯이 倭朝廷의 입장을 과시하기 위해 왜곡하고 윤색한 표현도 적지 않다. 따라서 가필되거나 윤색된 부분에 대해서는 엄정한 비판이 가해져할 것이다.

점령군을 몰아내기 위한 전쟁 즉 故土回復戰爭이라고 할 수 있다. 이러한 관점에서 본고는 부흥백제국을 중심으로 하여 부흥군의 활동을 3시기로 나누어 살펴보고자 한다.[2]

Ⅱ. 제1기 : 초기 부흥군의 봉기와 활동

1. 부흥군 蜂起의 배경

백제 멸망 후 얼마 지나지 않아 각처에서는 많은 復興軍이 일어났다. 豆尸原嶽에서 正武가 일으킨 부흥군, 任存城을 중심으로 한 복신과 도침이 일으킨 부흥군, 久麻怒利城을 근거로 한 餘自進이 거느

---

2) 부흥군 문제를 집중적으로 다룬 연구는 다음과 같다.
  ① 池內宏, 1934, 「百濟滅亡後の動亂及び唐・羅・日三國の關係」『만선사연구』
    상세 제2책 所收.
  ② 전영래, 1982, 「삼국통일전쟁과 백제흥복운동 – 주류성・백강의 군사지리학
    적 고찰」『군사』4, 국방부 전사편찬위원회 및 1996『백촌강에서 대야성까
    지』, 백제 최후 결전장의 연구, 신아출판사.
  ③ 山尾幸久, 1989, 「百濟復興戰期の日朝關係」『古代の日朝關係』塙書房 및 1992
    「7세기 중엽의 동아시아」, 『백제연구』23집.
  ④ 심정보, 1989, 「백강」의 위치에 대하여」『한국상고사학보』2, 한국상고사학
    회 및 1999 「백제 주류성고」『백제문화』28, 공주대 백제문화연구소.
  ⑤ 정효운, 1995, 「'백강전투'와 신라의 한반도 삼국통일」『고대 한일정치교섭
    사 연구』, 학연문화사.
  ⑥ 노중국, 1995, 「백제 멸망후 부흥군의 부흥전쟁 연구」『역사의 재조명』한림
    과학원.
  ⑦ 유원재, 1999, 「백제 흑치씨의 흑치에 대한 검토」『백제문화』28, 공주대 백
    제문화연구소.
  ⑧ 이도학, 1999, 「백제 부흥운동의 시작과 끝, 임존성」『백제문화』28, 공주대
    백제문화연구소.

린 부흥군 등이 그것이다. 이처럼 각처에서 부흥군이 봉기하고 많은 遺民들이 호응하게 된 배경은 다음의 몇 가지로 정리해 볼 수 있다.[3]

첫째는 나당점령군의 횡포와 약탈이 백제 유민들을 봉기하도록 하는 촉발제가 되었다는 점이다. 『舊唐書』 黑齒常之傳에 의하면 소정방은 사비성에서 의자왕의 항복을 받은 후 군대를 풀어 성내의 집들을 劫掠하게 하였고 이에 군사들은 재물을 약탈하고 부녀자들을 겁탈하고 나아가 젊은이들을 붙잡아 죽이는 등 온갖 行悖를 자행하였다. 이처럼 나당점령군에 의한 재산의 약탈과 부녀자의 겁략, 인명의 살상은 都城民들을 극도의 불안과 공포로 몰아 넣었고 이러한 상황은 부흥군이 일어날 수 있는 결정적인 계기를 마련해 준 것으로 볼 수 있겠다.

두 번째는 의자왕이 항복하였을 때의 굴욕적이고도 비참한 모습도 촉발제가 되었을 것이라는 점이다. 降服禮를 행하는 자리에서 의자왕은 堂下에서 무릎을 꿇고 잔을 받들어 올렸는데 이런 치욕적인 모습을 지켜본 백제의 군신들은 오열을 멈추지 못하였던 것이다. 이러한 모습은 이를 보거나 들은 자들에게 義憤을 불러일으켰을 것이며 이 義憤의 감정은 곧 나당군에 대한 저항으로 촉발되어 갔을 것이다.

세 번째는 문화적 차이에 따른 백제유민과 점령군과의 사이에 일어난 갈등이다. 『삼국사기』 최치원 열전에 의하면 당은 사비성에 扶餘都督府를 두고 유민들을 招緝·慰撫하면서 漢人 관료로 하여금 유민들을 감시하게 하였는데 습속과 생활풍속이 서로 맞지 않아 갈등을 일으켰다고 한다.[4] 아마도 唐軍은 정복자로서의 優越의식을 가지고 백제유민들의 삶을 무시하고 깔아뭉개는 등의 행위를 하게

---

3) 이에 대해서는 노중국, 앞의 논문 참조.
4) 『삼국사기』 권제46 열전제6 최치원전.

되었고 이로 말미암아 갈등이 누적되면서 백제유민들은 당군에 항거하게 된 것으로 볼 수 있겠다.

　네 번째는 백제 유민이 가진 興亡繼絶의 정신이다. 부흥군이 흥망계절을 주창한 것은 唐劉仁願紀功碑에 '自謂興亡繼絶'에서 찾아볼 수 있다. 그런데 중국 고전에서 말하는 興亡繼絶은 어디까지나 승자가 패자에 대해 베풀 수 있는 아량에 지나지 않지만 백제유민들이 말하는 '興亡繼絶'은 망해버린 백제왕조를 다시 일으키겠다는 뜻이다. 따라서 이 흥망계절의 정신은 부흥군의 정신적인 토대가 되었다고 하겠다. 옹산성을 지키고 있던 부흥군 장군과 그 군사들이 신라 김유신이 賞으로 달래기도 하고 죽음으로 어르기도 하였지만 '兵食俱足'하고 '士卒義勇'하다고 하면서 차라리 전사할지언정 살아 항복하지 않을 것이라고 대답한 것은 바로 '興亡繼絶' 정신의 발로라고 하겠다.

2. 부흥군의 활동

　제1기에 일어난 부흥군들이 나당군과 벌인 전투 가운데 중요한 것으로는 임존성 전투, 사비성 부근에서의 전투, 웅진강구 및 두량윤성 전투 등을 들 수 있다. 임존성 전투는 660년 8월 26일에 일어났는데 부흥군의 장군은 복신과 도침 및 흑치상지였고 당군의 지휘관은 총사령관인 소정방이었다. 이 전투에서 부흥군은 당군의 공격을 물리치는데 성공하였고 반면에 전투에서 실패한 소정방은 의자왕 등을 포로로 하여 9월 3일 회군하고 말았다. 이리하여 사비성에는 1만여명의 당군과 7천명의 신라군이 주둔하게 되었다.

　사비성 전투는 660년 9월 23일부터 11월 5일까지 지속되었다. 이때 부흥군은 泗沘南嶺에 4～5개의 柵을 세우고 사비성을 포위하면서 주변의 성읍을 초략하였다. 이리하여 尒禮城 등 20여성이 부흥군에 합류하였다. 상황이 이렇게 전개되자 삼년산성에 머물고 있던 신라 무열왕은 군대를 돌이켜 부흥군 공격에 나섰다. 부흥군과 신라군은 이례성, 사비남령책, 왕흥사잠성 등에서 싸웠는데 부흥군은 결국 패배하여 수천명의 사상자를 내고 말았다.[5]

웅진강구전투와 두량윤성전투는 661년 2월에서 4월에 걸쳐 일어났다. 이 시기 임존성에 근거를 두었던 복신과 도침은 사비성을 공격하기로 하고 도침이 거느린 군대는 熊津江口에 진을 쳤고, 복신은 두량윤성에 주둔하면서 배후지원을 맡은 것 같다. 이리하여 도침이 거느린 부흥군과 당군 사이에서 웅진강구 전투가 벌어졌다. 도침군은 두 柵을 세운 뒤 당군을 공격하였으나 도리어 패배하였고 퇴각하던 군사들은 강을 건너다가 물에 빠져 죽는 등 많은 병력의 손실을 입었다.

한편 복신이 거느린 부흥군과 신라군 사이에 벌어진 전투가 두량윤성 전투이다. 신라는 부흥군이 사비성을 공격해 오자 大幢장군 品日을 비롯하여 11명의 장군으로 하여금 대군을 거느리고 가게 하였다. 신라군은 두 길로 나누어 大幢軍은 두량윤성으로 가고 나머지는 고사비성으로 향하였다. 그러나 두량윤성으로 간 대당군의 선발대가 패배하자 고사비성으로 간 신라군은 모두 두량윤성으로 집결하였다. 복신이 거느린 부흥군은 이 신라군을 맞아 1달여 동안 싸워 성공적으로 막아내었다. 이 전투에서 실패한 신라군은 회군하는 도중 또 賓骨壤에서 부흥군의 공격을 받아 많은 군수품을 빼앗기는 패배를 당하였다. 퇴각하던 신라군이 거둔 성과는 角山의 屯堡를 함락시키는데 그쳤다.

---

5) 사비성을 포위 공격한 부흥군의 장군이 누구였는지는 분명하지 않으나 좌평 餘自進이 아니었을까 한다.

두량윤성 전투에서 부흥군이 승리하자 이제까지 사세를 관망하던 여러 지역의 세력들이 부흥군에 가담하게 되었다. 흑지상지 열전에 남방의 200여성이 부흥군에 호응하였다고 한 것은 이 당시의 상황을 반영해 주는 것으로 생각된다. 반면에 신라는 이 전투에서의 패배로 감히 다시 군대를 동원할 수 없을 정도로 전의를 잃게 되었다.

3. 복신 · 도침의 부흥군의 統領

부흥군이 일어났을 초기에는 부흥군 장군들은 독자적으로 활동하였던 것 같다. 좌평 餘自進과 복신이 각각 一營을 세웠다고 한 것이라든가[6] 흑치상지가 처음에 本部 즉 風達郡으로 돌아와서 亡逸한 자들을 불러모아 起兵하였다고 한 것이 그것이다. 이렇게 독자적인 활동을 하던 부흥군들은 점차 복신 · 도침을 중심으로 결집하게 되었는데 그 배경은 다음의 몇 가지로 정리해 볼 수 있다.

첫째는 흑치상지가 別部將 沙吒相如와 함께 복신에 呼應하였다는 점이다. 흑치상지는 처음에는 당군에 항복하였지만 당군의 약탈과 횡포를 보고는 이탈해 나와 풍달군을 근거로 부흥군을 일으켰던 것이다. 그후 그는 자신의 세력기반이 있었던 덕산 지역으로 와서[7] 임존성을 근거로 한 복신군에 호응하였다. 흑치상지군의 참여는 복신군의 군세를 크게 늘렸을 뿐만 아니라 다른 세력들로 하여금 복신군에 가담하게 하는 계기가 되었다고 할 수 있다.

둘째로 복신은 백제가 멸망할 당시 살아남은 왕족 가운데 왕실

---

6) 『일본서기』 권26 제명기 6년조.
7) 兪元載, 1999, 「百濟 黑齒氏의 黑齒에 대한 檢討」『百濟文化』 28, 公州大百濟文化研究所.

과 가까운 사람의 하나였다는 점이다. 그는 비록 왕족 부여씨에서 분지하여 나와 鬼室氏를 칭하였지만 바로 무왕의 조카요 의자왕과는 사촌간이었다. 당시 의자왕과 그의 嫡子들 대다수가 당나라에 포로로 잡혀갔고 또 일부는 왜국에 머물러 있던 상황에서 의자왕의 사촌이면서 한때 對唐외교 활동을 벌였던 그의 위치는 부흥군 내에서도 상대적으로 높았다. 이러한 조건은 그로 하여금 부흥군의 핵심이 될 수 있게 하였던 것으로 보인다.

셋째로 그의 위상을 결정적으로 높이게 된 것은 두 번에 걸친 나당군과의 전투에서의 대승이다. 복신·도침군은 660년 8월 26일에 벌어진 임존성 전투에서 소정방이 직접 군대를 독려한 당군의 공격을 잘 막아내어 큰 승리를 거두었다. 이 승리는 부흥군들에게 나당군과 대적하여 이길 수 있다는 자신감을 심어주었고 지휘한 장군에 대한 信賴도 높였다. 또 661년 3~4월의 두량윤성 전투에서의 승리는 백제유민들이 부흥군에 호응하도록 한 매우 값진 승리였다. 그리하여 자연히 복신·도침군의 위상이 높아지게 되면서 부흥군 각 세력들은 복신·도침군 중심으로 결집하게 되었던 것이다.

III. 제2기 : 부흥백제국의 성립·활동과 몰락

1. 부흥백제국의 성립

1) 福信의 豊王 擁立 배경

임존성 전투에서 승리를 거둔 복신과 도침은 곧바로 끊어진 國脈을 잇기 위해 왕조 재건에 박차를 가하였다. 왕조재건의 핵심은 왕의 옹립인데 그 대상자가 바로 扶餘豊이었다. 이때 부여풍은 의자왕의 아들로서 왜에 파견되어 있었다.[8] 의자왕이 부여풍을 왜에 파견한 목적이 무엇이고 그 시기가 언제인지 분명하지 않으나 즉위 초기에 親衛정변 단행으로 축출된 翹岐가[9] 왜로 건너가자 왜가 그를 일정하게 대접함으로 말미암아 껄끄러워진 관계를 우호관계로 매듭짓기 위한 것이 아니었을까 한다. 그렇다고 하면 그가 왜국에 파견된 시기는 백제가 왜국과 通好한 의자왕 13년(653) 경으로 추정해 볼 수 있다.

이 시기에 복신·도침이 누구를 왕으로 옹립하느냐 하는 것은 백제 유민들의 민심을 얻을 수 있느냐의 여부와 직결될 뿐만 아니라 부흥군의 권력구조에도 미치는 영향이 크다. 따라서 이 문제는 백제유민의 동향, 부흥군 내부의 力關係라고 하는 정치적 관계, 왜와의 관계라고 하는 국제적 상황과도 밀접한 연관성을 가진다고 할 수 있다. 이러한 점을 염두에 두면서 복신·도침이 倭에 가 있는 扶餘豊을 왕으로 옹립한 배경에 대해 몇 가지로 추론해 보고자 한다.

첫째 부흥왕조의 왕은 백제유민들로부터 정통성을 인정받아야 한다는 점이다. 의자왕이 항복한 후 왕과 태자를 비롯하여 여러 왕자들과 고위귀족들이 당에 포로로 붙잡혀 갔기 때문에 백제에서는 공식적으로 왕위를 이를 適任者가 없는 상황이 되었다. 이러한 상황에서 부여풍은 비록 태자는 아니었지만 의자왕의 적자로서 왕위에 오르는데는 아무런 하자가 없었다.

둘째 倭에 체류하고 있던 扶餘豊을 옹립함으로써 왜로부터 원군을 받는 것이 쉬웠을 것이라는 점이다. 이 시기 부흥군은 독자적인 힘으로 나당점령군을 격퇴할 수 없는 상황이었기 때문에 왜의 군사원조를 절실히 필요로 하였다. 따라서 부흥군의 입장에서 볼 때 부

---

8) 『續日本記』 권27 稱德기 天平神護 2년조.
9) 『일본서기』 권24 황극기 원년조.

여풍은 왜의 지원을 얻는데 매우 적절한 존재라고 하겠다.

셋째 扶餘豊이 倭國에 나가 있었기 때문에 국내에서의 기반이 상대적으로 미약하였다는 점이다. 그래서 복신 등은 그를 왕으로 옹립한다고 하더라도 정국 운영에서 자신들의 입지를 유지하는데 그다지 어려움이 없을 것으로 생각하지 않았을까 한다.

이렇게 볼 때 복신 등은 부여풍을 옹립함으로써 정당한 왕위계 승자를 옹립하였다는 명분도 얻고 왜로부터의 지원도 유리하게 교섭할 수 있다는 판단과 아울러 국내에서의 기반이 별로 없는 풍왕을 옹립하면 향후 부흥군 내에서의 자신의 입지를 보다 강화할 수 있다는 판단을 하였던 것 같다. 그리하여 복신은 扶餘豊을 부흥백제국의 왕으로 옹립하였던 것으로 보인다.

2) 풍왕의 卽位와 부흥백제국의 성립

복신은 660년 10월에 왜에 사신을 보내 부여풍의 귀국을 요청하였다. 그가 귀국한 시기에 대해『三國史記』百濟本紀 의자왕 20년조와『舊唐書』백제전과 유인궤전에는 660년 의자왕의 항복의례를 기술한 후에 복신·도침이 곧바로 풍왕을 迎立한 것으로 기록하고 있다. 그러나 이때는 부흥군의 전열도 제대로 정비되지 않았고 왜도 扶餘豊을 보낼 준비가 되어 있지 않았기 때문에 660년에 그가 귀국하였다고 보기는 어렵다. 한편『일본서기』천지기 稱帝前期조에는 그가 661년 9월에 귀국한 것으로 나오고 천지기 원년조에는 662년 5월에 귀국한 것으로 나온다. 그런데『舊唐書』백제전에 의하면 부여풍이 이미 661년에 활동하고 있고,『日本書紀』천지기 원년(662) 3월조의 백제왕은 풍왕이 분명하다는 것, 또『일본서기』제명기 6년 동십월조의 細注에는 왜가 왕자 풍장과 그 처자 및 숙부 충승 등을 정식으로 백제에 發遣한 시기는 7년(661)조에 보인다고 기록하고 있는 사실 등에서 미루어 볼 때 풍왕의 귀국 시기는 661년 9월로 파악하는 것이 타당할 것이다.[10]

부여풍이 귀국하자 복신은 그를 왕으로 옹립하고 국가 통치와 관련한 모든 사항을 풍왕에게 맡겼다. 이렇게 정통성을 지닌 豊王이 즉위함으로써 새로운 왕국이 탄생하게 되었다. 필자는 이렇게 탄생한 왕국을 復興百濟國으로 부르는 바이다. 풍왕이 왕이 됨에 따라 부흥군 장군들은 풍왕의 신하가 되었고 그에 따라 復興軍은 이제 羅唐軍에 단순히 저항하는 세력이 아니라 끊어진 왕조를 다시 이은 부흥국의 군대가 되었다. 풍왕을 옹립할 당시 복신은 이미 거점성을 임존성에서 주류성으로 옮긴 후였다.[11] 이리하여 주류성은 부흥백제국의 왕도가 되었다. 『일본서기』에 주류성을 王城이라고 표현한 것은 이를 반영해 준다.

3) 관등과 관직

부흥왕조가 조정을 이루려면 지배조직이 만들어져야 한다. 이 시기 지배조직의 핵심은 관등과 관직이다. 부흥백제국의 관등 조직에 대해서는 체계적인 기록은 없다. 그러나 풍왕이 왕위에 오른 이후에도 부흥백제국의 장군이나 관료들은 여전히 달솔, 좌평 등의

---

10) ① 山尾幸久, 1989, 『古代の日朝關係』, 塙書房, 411~412쪽.
　　② 鄭孝雲, 앞의 논문, 214쪽.
11) 복신과 도침의 초기 거점성에 대해 『舊唐書』 권199 열전 백제전과 『新唐書』 권220 열전 백제전에는 周留城으로 나오고 있지만 唐劉仁願紀功碑와 『일본서기』 권26 제명기에는 임존성 혹은 任射岐山(任叙利山)으로 나온다. 이로 말미암아 초기 부흥군의 거점성에 대해서는 주류성설과 임존성설이 나오게 되었다. 필자는 당유인원기공비가 그 당시에 만들어진 것이라는 점에 주목하여 부흥군의 초기의 중심지는 任存城이었고 그후 어느 시기에 그 거점을 주류성으로 옮긴 것으로 파악하는 바이다. 그렇다고 하면 『구당서』와 『신당서』 및 『자치통감』 唐紀의 주류성설은 주류성이 처음부터 거점성이 되었던 것으로 오인한 결과라 하겠다.

관등을 사용하고 있는 것으로 나온다. 이러한 사실은 부흥백제국은 별도의 관등을 새로이 만든 것이 아니라 백제 당시의 16관등제를 그대로 활용하였음을 보여주는 것이다. 다만 이들이 지닌 관등 가운데 佐平과 達率이 많이 나오는 것은 이 관등이 고위 관등이기 때문이기도 하지만 부흥왕조가 성립되는 과정에 참여한 장군이나 관료들에게 포상적 차원에서 고위 관등을 빈번하게 수여한 결과가 아닐까 한다.

부흥백제국의 관청의 존재는 『구당서』 백제전에 道琛이 留鎭장군 유인궤가 보낸 사신을 外館에 두었다고 한 기사에서 짐작해 볼 수 있다. 이 外館은 외국의 사신을 접대하는 관청으로 보이는데 外館의 존재는 內館의 존재를 추정하게 한다. 그렇다고 하면 부흥백제국에는 外館과 內館이 있어서 외국의 사신을 접대하는 업무를 수행하였던 것으로 볼 수 있겠다. 한편 부흥백제국이 설치한 관직의 구체적인 사례로는 將軍職을 들 수 있다. 부흥군이 일어난 초기에는 도침이 領軍將軍을 칭하고 복신이 霜岑將軍을 칭한 것처럼 부흥군 지도자들은 장군호를 자칭하였다. 그러나 풍왕이 왕으로 옹립된 이후부터 장군직은 풍왕이 수여함으로써 부흥백제국의 정식 관직이 되었다. 이 장군직은 『일본서기』에 '諸將' 또는 '諸將軍等'에서[12] 보듯이 복수로 설치되었다. 이외에 일반 서정을 담당하는 관청과 관직들이 있었을 것이지만 구체적인 명칭은 알 수 없다.

2. 軍事編制와 軍需조달

1) 군사편제
부흥백제군의 군사편제는 기본적으로 백제 당시의 것을 바탕으

---

12) 『일본서기』 권27 천지기 2년조.

로 하되 상황에 따라 일부 변형하여 운영하였던 것 같다. 부흥백제
군의 군사조직에서 주력을 이룬 兵種은 步兵이었고 이외에 騎兵과
船軍 및 특수 부대 등이 있었다. 기병부대를 유지하기 위해서는 훈
련된 騎兵과 더불어 무엇보다도 軍馬가 필요하다. 군마의 조달은
목장과 연계시켜 살펴보아야 한다. 백제 당시 목장이 어디에 설치
되어 있었는지를 보여주는 자료는 없다. 그러나 신라의 경우 섬을
목장으로 활용하고 있는 것에서13) 미루어 볼 때 백제 당시에도 섬
에 목장을 설치하였다고 할 수 있다. 『신증동국여지승람』에 의하면
조선초기까지 충청도·전라도 지역의 목장들의 대다수가 섬이나 해
안가에 위치하고 있는 것으로 나온다. 이러한 사실은 백제의 목장
도 상당수가 섬에 설치되었을 것이라는 가능성을 뒷받침해 준다고
하겠다.14) 부흥백제국은 이러한 목장의 말들을 이용하여 기병대를
편성하고 운영해 나갔을 것이다.

백제의 水軍은 『대동지지』에 백제가 沔川郡 石頭의 동쪽에 창고
를 설치하여 곡식을 저장한 후 水軍의 軍資로 사용하였다고 한 것
에서15) 그 존재를 확인할 수 있다. 그런데 수군의 활동에는 좋은
항구도 필요하다. 『신증동국여지승람』에 의하면 나주목의 黑山島,
강진현의 九十浦, 해남현의 古於蘭浦, 만경현의 羣山島, 임피현의
鎭浦, 부안현의 蝟島 등은 해박처로 유명한 것으로 나온다. 이 포구
들은 백제 당시에도 활용되었다고 보아도 무방할 것이다.

한편 부흥백제군에는 특수한 병기를 다루는 부대들도 편제되어
있었다. 이를 보여주는 것이 唐劉仁願紀功碑에 '布柵連營 攻圍留連
雲梯俯瞰 地道旁通 擊石飛矢'라 기사이다. 이 기사는 부흥백제군이

---

13) 『신당서』 권220 열전 신라전에 '海中畜牧山'이라 한 기사 참조
14) 백제의 22부 가운데 내관 12부의 하나인 馬部는 왕실에서 소요되는 말을 조달
    하고 왕실 직속의 목장도 관리하였을 것이다.
15) 『대동지지』 권5 충청도 면천군 典故條.

雲梯를 사용하기도 하고 '擊石飛矢'라는 표현에서 보듯이 石投를 전문으로 하는 부대와 화살을 전문으로 하는 부대도 사용하였음을 보여준다. 따라서 부흥백제군에는 雲梯를 사용하는 부대, 石投을 전문으로 하는 부대, 弓手隊 등이 있었다고 하겠다. 이외에 승려 도침이 군대를 거느린 사실에서 미루어 볼 때 僧軍으로 편성된 부대도 있었던 것으로 보인다.

2) 軍需조달

부흥군이 나당군과의 전쟁을 지속적으로 수행해 나가기 위해서는 무엇보다도 병력동원이 원활해야 한다. 부흥군 장군들이 처음 起兵을 하였을 때는 흩어진 公兵들을 모으거나[16], 기왕에 거느리고 있던 군사조직을 활용하거나, 자신의 영향력 하에 있는 民들을 규합하여 부대를 조직하였다. 그러나 전쟁이 계속되면서 부흥군도 많은 사상자를 내게 되었다. 661년 泗沘南嶺 전투에서 1,500명이 전사하였고[17] 또 熊津江口 전투에서는 1만 여명이 전사하였다는 것이[18] 이를 단적으로 보여준다. 때문에 부흥군 장군들은 손실된 병력을 보충하여야 하였고 그러기 위해서는 보다 조직적인 병력충원 방법이 모색되어야 했다.

이와 관련하여 주목되는 것이 백제 당시의 方城이나 郡城 등에 주둔하고 있던 군사력이다. 나당군이 백제를 공격할 때 기본작전은 王都로 곧장 진격하여 사비성을 함락시키는 것이었다. 왕도만 함락하면 여타 지역은 쉽게 평정할 수 있을 것으로 생각하였기 때문이다. 그 결과 나당군이 진격하는 길목에 위치한 성들은 점령당하고

---

16) 『일본서기』 권26 제명기 6년조의 '誘聚散卒'이라 한 기사 참조.
17) 『三國史記』 권제5 신라본기 무렬왕 7년조.
18) 『三國史記』 권제28 백제본기 의자왕 20년조 및 『舊唐書』 권199 열전 백제전.

말았지만 이 進擊路에서 벗어난 대다수의 성들은 직접적인 충돌이 없었기 때문에 상대적으로 피해를 덜 입고 그 세력을 온존시켜 갈 수 있었던 것이다.

이러한 군사력은 옛 백제의 在地세력들에 의해 장악되어 있었다. 당이 5도독부를 두고 그 아래에 주현을 둔 후 옛 백제의 渠長들을 발탁하여 도독과 자사 및 현령으로 삼은 것도 渠長으로 표현되는 재지세력들이 그 지역의 병력을 일정하게 장악하고 있었음을 보여주는 것이라고 하겠다. 그런데 이 渠長들은 나당점령군의 위세가 강할 때는 그 지배체제내에 편제되어 들어갔지만 그렇지 않을 경우 언제든지 그 통제망에서 벗어날 소지는 다분히 지니고 있었다. 부흥군이 두량윤성 전투에서 승리하자 200여성이 호응해온 것이 그 예가 되겠다. 따라서 부흥군의 장기적인 항쟁은 각 지방의 세력들이 부흥군에 호응하고 병력을 충원해 주었기 때문에 가능하였던 것으로 생각된다.

부흥군이 일어난 초기에 부흥군은 나당군으로부터 軍資를 빼앗아 사용하거나 부족한 병기를 왜로부터 지원받기도 하였다.[19] 그러나 이러한 조처는 일시적인 수요를 충족시킬 수는 있어도 장기적인 항전에는 한계가 있기 마련이다. 때문에 부흥군은 자체적으로 兵仗器 조달 방법을 강구할 필요가 있었다. 무기의 공급과 관련하여 여기서는 화살대의 공급 문제를 논급해 두기로 한다.『삼국지』동이전에 의하면 화살대의 재료로는 대나무와 싸리나무가 나오는데[20] 남쪽 지방의 경우 대나무가 주된 재료였을 것이다. 이 대나무를 箭竹 또는 竹箭이라 하는데 삼과 같이 곧게 자라는 대나무이다.[21]

---

19)『일본서기』권26 제명기 6년조 및 권27 천지기 원년 정월조.
20)『삼국지』권30 위서 동이전 읍루전에는 싸리나무가, 왜전에는 대나무가 나온다.
21)『대동지지』권11 부안현 산수조에 '又箭竹如麻'라 한 기사 참조.

『신증동국여지승람』에는 충청도·전라도 지역에 죽전=전죽의 생산지가 명기되어 있다. 대나무가 해안을 따라 해발이 낮은 양지바른 곳에 주로 서식한다고 하는 사실로 미루어 볼 때 특별한 기후 변화가 없는 한 조선초기의 전죽의 棲息地 가운데는 백제 당시의 것도 있었을 것이다. 그렇다고 하면 부흥백제국은 이러한 전죽을 활용하여 필요한 화살을 만들고 弓手隊를 운영하였을 것이다.

한편 나당점령군과의 전투를 수행하기 위해서는 군량 조달도 원활하여야 하였다. 약탈적인 방법에 의한 군량조달이라든가 타국으로부터의 원조를 통한 조달은 일시적으로는 가능하지만 항구적인 방법은 되지 못하였기 때문이다. 백제 당시의 보급조직의 핵심은 軍倉이다. 부흥백제국은 백제 당시에 주요 산성에 설치된 이러한 군창들을 활용하였을 것으로 보인다. 甕山城의 부흥군이 '兵食俱足'이라고 한 말이 이를 단적으로 보여준다. 한편 부흥군은 山城에 설치된 군창 외에 군현에 설치된 儲倉을 이용하기도 하였다. 백제 당시의 儲倉은 『大同地志』에 백제가 沔川에 창고를 설치하고 곡식을 저장하여 水軍의 軍資로 삼았다고 한 것에서 그 존재를 알 수 있다.

3. 羅唐점령군과의 전쟁

1) 運糧道 차단과 進退兩難의 당군

부흥군의 留鎭당군에 대한 작전은 기본적으로 사비성으로 군량이 공급되는 것을 차단하는 것이었다. 그로 말미암아 유진당군과 신라는 감내하기 어려운 상황에 처하게 되었다. 특히 두량윤성 전투 이후 남방지역과 동방지역이 부흥군에 가담하였기 때문에 유진당군이 직접 지배할 수 있는 지역은 매우 제한되었다. 이로 말미암아 유진당군은 군량보급을 거의 신라에 의존할 수밖에 없게 되었다. 이리하여 신라는 熊津府城에도 군량을 보내야 하고 또 고구려 평양성을 공격하고 있던 당나라 군대에게도 군량을 공급해야 하였다.

한편 이 시기의 당은 백제를 멸망시킨 이후 고구려를 공격하는 군대를 일으켰다. 그러나 소정방이 이끈 이 공격군은 결국 실패하고 662년 2월에 회군하고 말았다. 상황이 이렇게 전개되자 당나라는 부흥백제군에 의해 공격을 받고 있는 留鎭당군의 문제도 시급히 처리하지 않으면 안되게 되었다.

이때 당나라 조정이 내린 결정은 留鎭당군에게 웅진 한 성만으로는 견디기 어려우니 신라에 들어가 기대거나 아니면 회군해도 좋다는 것이었다. 당조정의 이러한 조처는 백제 고지를 포기하는 것과 마찬가지이다. 이에 留鎭당군의 대다수가 '將士咸欲西歸'22)라 한 기사에서 보듯이 본국으로 돌아가기를 희망하자 지휘부는 회군하느냐, 신라에 기대느냐, 아니면 그대로 유진하느냐 등 어느 쪽으로 결정을 내려야 하였다. 이때 부흥백제국은 유진당군이 처한 진퇴양난의 상황을 이용하여 그들의 철군을 종용하기도 하였다. 즉 철군하면 공격하지 않고 돌아갈 수 있게 해 주겠다고 하였던 것이다. 이러한 정책은 계속 留鎭할 마음이 없는 당나라 군사들로 하여금 철군하도록 유도하기 위한 것이라고 하겠다. 이는 곧 심리적 전술의 구사라고 할 수 있겠다.

이러한 진퇴양난의 어려운 상황을 정리한 사람이 유인궤이다. 그는 군사들의 귀환 요구에 강력히 제동을 걸고 설득에 나섰다. 그가 군사들을 설득한 논리는 당나라가 백제를 멸망시킨 것이 고구려를 멸망시키기 위한 전단계로서 취해진 조처라는 것, 소정방의 고

---

22) 『구당서』 권84 열전 제34 유인궤전. 동일한 내용이 『資治通鑑』 권200 당기16 고종 용삭 2년 추7월조에 실려있다.

구려 정벌이 실패로 돌아갔다고 하여 웅진에 주둔한 당군마저 회군하면 백제가 다시 살아난다는 것, 백제가 다시 살아나면 고구려 멸망을 가늠하기 어렵다는 것, 웅진성이 적의 중심에 자리하고 있어 잘못하면 적에게 포로가 되고 설혹 신라에 기댄다고 하더라도 坐客의 신세를 면하기 어렵다는 것 등이다.[23] 유인궤의 이러한 강력한 설득에 대다수의 군사들이 동의함으로써 당군은 그대로 유진하게 되었다.

2) 주요 전투의 전개과정

가. 662. 7 : 支羅城·及尹城·大山柵·沙井柵 전투

유인궤의 강력한 주장과 설득으로 그대로 유진하기로 한 당군은 전열을 새로이 정비하여 부흥백제군에 대해 적극적인 공격에 나섰다. 그리하여 662년 7월에 벌어진 전투가 支羅城·及尹城·大山柵·沙井柵 등에서의 전투이다. 이 지역들은 江東지역의 요충지인데 지라성은 회덕현 산천조에 나오는 迭峴으로서[24] 옥천 방면과 文義－淸州로 가는 방면 및 懷仁－報恩에 이르는 통로이며, 사정책은 대전시 사정동의 沙井洞山城에 비정되는데[25] 珍山에서 대전을 거쳐 儒城으로 가는 길목에 해당된다.

이 城柵들은 나당군에 의해 일제히 공격받고 있는 것에서 미루어 볼 때 서로 멀리 떨어지지 않아 掎角之勢를 이루고 있었던 것 같으며 군사의 수도 '殺獲甚衆'이라는 표현에서 보듯이 적지 않았던 것 같다. 이중에서 제일 중요한 전투는 지라성 전투였다. 이 전

---

23) 『구당서』 권84 열전 제34 유인궤전. 동일한 내용이 『資治通鑑』 권200 당기 16 고종 용삭 2년 추7월조에 나온다.
24) 심정보, 앞의 논문, 169~170쪽.
25) 성주탁, 1974, 「대전부근 고대산성고」 『백제연구』 5집, 충남대 백제연구소.

투에서 당군은 細作들을 이용하여 성내의 방비가 제대로 갖추어지지 않은 상황을 간파한 후 기습 공격을 감행하였다. 불의의 공격을 당한 부흥백제군은 당군에 변변히 대적하지도 못하고 패배하여 큰 타격을 입게 되었다. 그 시기는 662년 7월 30일로 추정해 볼 수 있다.[26] 나당군이 이 전투에서 승리를 할 수 있었던 중요한 요인 중의 하나는 후술하는 바와 같이 이 시기에 부흥군 내에서 복신과 도침 사이에 틈이 생기기 시작하였다는 점이다. 이러한 갈등으로 말미암아 복신은 도침을 살해하였는데 이는 도리어 군사들의 사기를 떨어뜨렸고 기강을 해이하게 하였던 것이다. 『자치통감』에 '仁願仁軌知其無備 急出擊之'이라 한 기사는 부흥군의 방어 태세가 매우 이완되었음을 단적으로 보여주는 것이다. 나당군은 부흥군 내부의 이러한 상황을 이용하여 기습공격을 해와서 성공을 거두었던 것이다.

나. 662. 8 : 眞峴城 전투

支羅城 등의 거점성 함락은 부흥백제국이 이제까지 유지해온 운량도 차단 작전에 큰 차질을 가져왔다. 이에 대한 대비를 하기 위해 부흥백제국은 眞峴城의 군비를 특별히 강화하였다. 眞峴城은 대덕군 기성면 흑석리와 용촌리에 걸쳐있는 黑石里山城에 비정되는데 대전에서 연산에 이르는 고대 교통로의 요충지였다. 복신 등은 이 진현성의 중요성을 인식하고 군대를 증원하여 지키도록 하였다. 이 때 증원된 군대는 이 성이 함락되면서 800여명이 참수되었다고 한 것에서 미루어 볼 때 1,000여명을 넘었던 것 같다.

진현성에 주둔한 부흥군은 臨江高險한 이 성의 지리적 이점을 이용하여 나당군의 공격을 잘 막아내었다. 그러나 초반의 이러한

---

26) 이는 이 기사가 『자치통감』 권200 당기 16 고종 용삭 2년(662) 추칠월 丁巳조에 기록된 것에서 알 수 있는 바이다.

성공적인 방어는 도리어 부흥군의 경계심을 허물어뜨리게 된 것 같다.[27] 유인궤는 防守軍의 이러한 허점을 파악한 후 신라군을 앞세워 밤중 공격에 나섰다. 그리하여 부흥군은 800여명에 달하는 전사자를 내고 성은 함락되고 말았다. 진현성까지 함락함으로써 나당군은 신라로 연결되는 運糧道의 안전을 기할 수 있게 되었다.

다. 662. 8 : 內斯只城 전투

지라성 등과 진현성이 나당군에 의해 함락되어 큰 타격을 입게 된 부흥백제국은 內斯只城을 근거로 하여 신라에 대한 공격을 단행하였다. 내사지성은 月坪洞 성재에 있는 석축산성인 유성산성이다. 이 전투와 관련하여 당군의 존재는 보이지 않으며 동시에 중국측 사서에도 이 전투와 관련한 기사는 없다. 따라서 이 전투는 부흥백제군과 신라군과의 사이에 벌어진 전투라고 할 수 있다. 한편 이 기사에서는 부흥군의 활동을 '作惡'으로 표현하고 있는데 이는 신라 중심의 관점의 표출에 지나지 않으며 이를 부흥군 중심의 시각으로 보면 作惡의 실체는 부흥군이 신라군에 대해 공격과 습격을 한 것을 보여주는 것이라 하겠다.

부흥백제군이 내사지성을 근거로 하여 습격을 해오자 신라는 대군을 일으켜 이 성에 대한 공격에 나섰다. 이 군대를 지휘한 자들은 김유신의 동생인 欽純을 비롯한 19명의 장군이었는데 두량윤성 전투에 동원된 11명 보다 많다. 신라가 이처럼 대규모의 군대를 일으켰다는 것은 내사지성에 주둔한 부흥백제군의 규모도 적지 않았음을 시사해 준다. 내사지성에 진을 치고 있던 부흥백제군은 신라군의 공격에 완강히 저항하였지만 마침내 討破되고 말았다. 이리하

---

27) 『資治通鑑』 권200 당기 16 고종 용삭 2년 추칠월조에 '仁軌伺其稍懈'라 한 기사가 그것을 보여준다.

여 부흥백제군은 웅진 동쪽의 거점성들을 모두 상실하고 말았다.

라. 663. 2 : 居列城·居勿城·沙平城 전투

이처럼 동방의 거점성들이 함락되면서 전투의 주도권은 나당군이 장악하게 되었다. 이러한 상황에서 벌어진 것이 居列城·居勿城·沙平城 등에서의 전투이다. 이 지역은 661년 3월의 두량윤성 전투에서 부흥군이 크게 승리하자 부흥군에 호응한 南方諸城 가운데 중심적인 성들이라 할 수 있다. 이중 거열성은 경남 거창으로서 신라 수도와 그렇게 멀지 않은 곳에 위치하였기 때문에 신라로서는 매우 위협적인 존재라 하지 않을 수 없다. 그렇지만 이제까지 신라는 당의 요구에 의해 고구려를 공격하거나 군량로를 확보하기 위해 웅진동쪽 지역을 공격하는데 군대를 투입하다 보니 이 지역으로 미처 손을 쓸 사이가 없었던 것 같다. 그러다가 진현성·내사지성 등을 함락하여 熊津府城으로 통하는 運糧路를 확보하게 되자 신라는 부흥군의 후방기지적 역할을 해온 남방지역에 대한 공격을 개시할 수 있게 되었던 것이다.

663년 2월 欽純·天存 등이 거느린 신라군이 공격해 오자 居列城에 주둔한 부흥백제군은 완강히 저항하였지만 견디지 못하고 마침내 700여명의 전사자를 내면서 성은 함락되고 말았다. 전사자가 700명이나 되었다는 사실은 이 지역에 둔친 부흥군의 규모도 적지 않았으며 또 이들의 저항도 만만치 않았음을 보여준다고 하겠다. 거열성을 함락시킨 신라군은 다시 居勿城과 沙平城을 공격하여 함락시켰다. 그 결과 부흥군의 남방거점도 모두 신라군의 수중에 들어가고 말았다. 『日本書紀』 천지기에 신라가 南畔 4州를 불태워버렸다고 한 것은[28] 거열성 등의 평정 모습을 보여주는 것이라 하겠

---

28) 『日本書紀』 권27 천지기 2년 2월조.

다.

마. 德安城 전투

거열성 등 백제의 남방거점들을 장악한 신라군은 그 여세를 몰아 德安城을[29] 공격하였다. 덕안성은 오늘날의 논산으로서 백제 5방의 하나인 東方의 方城이었으며 당이 5도독부의 하나인 덕안도독부를 설치한 곳이기도 하다. 따라서 이 성은 물산도 풍부하고 주둔한 군대도 많았으며 군사적으로 행정적으로 요충지였다. 그런데 신라군이 거열성 등을 함락시킨 후 논산까지 진격해 가는 동안 백제부흥군의 저항이 있었다는 기록은 나오지 않는다. 이는 이 지역세력들이 事勢가 기울어진 것으로 생각하고 더 이상 부흥군에 협조하지 않은 것을 반영해 주는 것이기도 하다. 그리하여 신라군은 별다른 저항도 받지 않고 논산까지 진격할 수 있었던 것이 아닐까 한다.

전략적 요충지로서의 이 덕안성은 부흥백제국의 새 수도인 避城과도 인접한 지역이었다. 따라서 진군해 오는 신라군을 덕안성에서 막을 수 있느냐의 여부는 부흥백제군으로서는 매우 심각한 상황이라고 하지 않을 수 없다. 때문에 덕안성을 지키고 있던 군대는 신라군의 공격에 강력하게 저항하였지만 1070명의 전사자를 내면서 함락되고 말았다. 덕안성이 함락되자 이와 보조를 같이 하던 주변의 성들도 신라군에 격파되고 말았다.

덕안성의 함락으로 부흥백제국의 수도인 避城도 신라군의 공격권내에 들어오게 되었다. 이는 부흥백제국 지도부에게는 큰 충격을 주었다. 이리하여 풍왕은 주류성으로 還都하지 않을 수 없었다. 그 결과 663년 2월 이후 부흥백제군의 지배영역은 웅진 서쪽에 한정되

---

29) 『日本書紀』 권27 천지기 2년 2월조에는 安德으로 나오는데 이는 德安의 倒置이다.

게 되었고 남아 있는 주요 거점성은 주류성, 가림성, 임존성 등에 불과하게 되었다. 이리하여 나당연합군의 본격적인 합동 공격이 가능하게 되었다.

4. 부흥백제국의 몰락

1) 지도부의 內紛

복신과 도침은 초기에는 倭國에 가 있던 扶餘豊을 모셔다가 왕으로 옹립하여 부흥군의 정통성을 확립하였다. 그러나 661년 3월의 熊津江口 및 豆良尹城 전투 이후 점차 부흥백제군 지도부 사이에 내분이 일어나게 되었다. 그러한 내분의 첫 번째로 들 수 있는 것이 복신이 동지였던 도침을 제거한 사건이다. 복신이 도침을 살해한 원인은 분명하지 않지만 도침이 661년 3월의 熊津江口 전투에서의 패배에도 불구하고 최고사령관과 같은 행세를 한 것이 주요 원인이 되지 않았을까 한다. 복신과 도침이 장군을 칭할 때 領軍장군을 칭한 도침의 이름이 먼저 나오고 있는 것에서 보듯이 그는 복신을 제치고 冒頭의 서열을 차지한 것 같다. 그리고 유인궤가 보낸 사신을 外館에 두고 만나보지도 않는 등 고답적인 자세를 취하였다.[30] 이러한 도침의 행동은 결국 두 사람 사이의 갈등을 고조시키고 권력 암투를 촉발시키게 된 것 같다. 그 결과 복신은 마침내 동지였던 도침을 살해하지 않았을까 한다.[31] 도침을 죽인 후 복신은 그가 거느리고 있던 군대마저 수중에 넣었다.

---

30) 『구당서』 권84 열전 유인궤전.
31) 복신이 도침을 죽인 시기가 언제인지 분명하지 않다. 그런데 풍왕이 즉위한 것이 661년 9월이고 662년 7월에 도침은 이미 죽고 복신이 전권을 행사하고 있다. 이로 미루어 볼 때 복신이 도침을 죽인 것은 661년 9월 이후에서 662년 7월 이전의 어느 시기라고 하겠다.

도침이 제거됨으로써 국가운영의 실권은 복신에게로 집중되었지만 풍왕은 복신과 일정하게 호흡을 맞추면서 부흥백제국을 운영해 나갔다. 이 시기에 두 사람의 관계는 유인원이 '外合內離'라 표현한 것처럼 표면상으로는 큰 충돌을 보이지는 않았으며 이러한 관계는 662년 후반까지 지속되어진 것 같다. 그런데 풍왕은 662년 12월에 피성으로의 천도를 단행하고 있다. 그가 피성으로 천도한 것은 그곳의 땅이 기름져서 물자가 풍부하기 때문이라는 이유에서였지만 여기에는 정치적 고려도 작용한 것 같다. 즉 풍왕은 자신의 主導下에 천도를 단행함으로써 자기의 세력기반을 확대하는 계기를 마련하려고 하지 않았을까 한다.[32] 그러나 피성은 지대가 낮아 적을 방어하기 어려운 한계성이 있었는 데다가 설상가상으로 신라가 德安城까지 함락하여 압박을 강화하여 왔기 때문에 풍왕은 2개월 뒤에 다시 주류성으로 환도할 수 밖에 없었다.

避城으로의 천도가 이처럼 실패로 끝나게 되면서 풍왕의 立地는 더욱 좁아지게 되고 반면 복신은 군사적 實權뿐만 아니라 정치적 實權까지 장악하게 되었다. 이리하여 그는 倭에 사신을 보내거나 당의 포로를 보낼 때 자신이 주체가 되어 보내는 등[33] 외교권도 행사하였다. 이로써 국가운영의 全權은 복신이 행사하게 되었고 풍왕은 祭祀만 주관하는 實權없는 존재가 되었다.[34] 이로 말미암아 비록 外合內離한 속에서도 공존을 도모해 왔던 두 사람의 사이는 벌

---

32) 풍왕의 피성으로의 천도에 대해서는 지금까지의 부흥운동을 실질적인 백제국가의 부흥운동에로의 전환의 움직임이 포함된 것, 즉 장기전을 위한 안정책의 일환으로서 전시체제의 재정비를 위한 것이라는 견해(鄭孝雲, 1991, 「7世紀代의 韓日關係의 研究(下)－白江口戰에의 倭軍派遣 動機를 중심으로－」『歷史考古學志』제7집 215쪽 注 29)도 있다.

33) 『日本書紀』권27 천지기 원년 12월 是月條.

34) 『舊唐書』권199 열전 백제전에 '扶餘豊但主祭而已'라는 기사와 『신당서』권220 열전 백제전에 '豊不能制'라 한 기사가 이러한 상황을 단적으로 보여준다.

어지게 되고 풍왕은 점차 복신을 猜疑하게 되었다. 상황이 이렇게 되자 복신은 모반심을 품고[35] 거짓으로 병든 채 하여 풍왕이 문병 오는 것을 기회로 잡아죽이려고 하였다. 그러나 복신의 음모를 사전에 눈치챈 풍왕은 복신의 계교를 역으로 이용하여 복신을 급습하여 사로잡았다.[36] 그가 데려간 심복이 누구인지 분명하지 않으나 복신의 專斷을 못마땅하게 생각하고 있던 풍왕의 동생 紃解도 이 거사에 참여하지 않았을까 한다. 이로써 복신은 파란의 일생을 마치게 되었고 부흥백제국의 實權은 일단 豊王이 장악하게 되었다.

2) 濟倭연합군의 패배

가. 豊王의 작전과 나당군의 작전

복신을 제거함으로써 풍왕은 권력을 장악하였지만 '良將'으로 표현되는 복신의 피살은 부흥백제군의 사기를 크게 沮喪시킨 것 같다. 이러한 상황은 나당군에게 부흥군을 공격할 수 있는 절호의 기회를 제공해 주었다. 이에 유진당군과 신라군은 戰力을 증강하면서 주류성을 곧바로 공격할 계획을 세웠다. 그러나 풍왕도 나당군의 이러한 움직임을 미리 간파하고 고구려와 왜에 구원병을 파견해 줄 것을 긴급히 요청하였다. 풍왕의 원군 요청에 고구려는 군대를 파견하지 않았지만 왜는 上毛野君稚子 등에게 2만 7천명의 군대를 거느리고 출병하도록 하였다.[37]

왜가 원군을 파견하자 풍왕은 諸將을 불러놓고 작전을 논의하였

---

35) 『日本書紀』 권27 천지기 2년조에 "六月...百濟王豊璋嫌福信有謀反心"이라 한 기사 참조.
36) 『구당서』 권199 열전 백제전에 "福信稱疾臥於窟室 將候扶餘豊問疾 謀襲殺之"이라 한 기사 참조.
37) 『日本書紀』 천지기 2년 추8월조.

다. 이 작전회의에 참석한 諸將들은 아마도 주요 거점성들을 지키고 있던 장군들이었을 것이다. 이때의 기본 작전은 왜군과 합동으로 나당군에 대항하는 것이었다. 그리하여 풍왕은 제장들에게 '應預圖之' 즉 '각자가 맡은 임무를 마땅히 미리 알아서 도모하라'는 작전 명령을 내린 것 같다. 풍왕이 이런 조치를 취하게 된 배경에는 나당군이 주류성을 곧장 공격하기보다는 외곽지역을 먼저 공격한 후 주류성을 공격할 것이라는 상황판단이 작용한 것 같다. 이점은 후술하는 바와 같이 대다수의 당나라 장수들이 가림성을 먼저 공격하자고 말한 것에서 입증이 되지 않을까 한다. 이리하여 풍왕은 諸將들로 하여금 각자의 지역을 철저히 방비하도록 한 후 자신은 왜의 원군을 맞이하러 백강으로 갔던 것이다.

한편 留鎭당군의 병력은 孫仁師가 거느린 7천명이 가세함으로써 더 늘어나게 되었고 여기에 신라군도 합세하였다. 문무왕이 거느린 신라군은 出征 장군의 수가 28명이나 되는 것에서 보듯이 대규모였다. 신라가 이처럼 대규모의 군대를 동원한 것은 이 때를 부흥백제국을 멸망시킬 수 있는 절호의 기회로 생각하였기 때문일 것이다. 웅진성에 모인 문무왕과 당나라 장군들은 작전회의를 개최하였다. 이때 羅唐수뇌부 내부에서는 가림성을 먼저 공격할 것인가 아니면 주류성을 먼저 공격할 것인가 하는 문제로 논란이 벌어졌다. 가림성을 먼저 공격하자는 측은 가림성이 수륙의 요충지이므로 이를 내버려두고 주류성을 치면 배후로부터 공격을 받기 쉬울 것이라는 점을 염려하였던 것 같다.

그러나 유인궤는 가림성 보다는 주류성을 먼저 공격할 것을 강력히 제안하였다. 그 이유는 두 가지로 정리할 수 있다. 하나는 가림성은 險固하므로 공격하면 많은 사상자를 내게 될 것이고 공격하지 않고 지킨다면 이를 함락시키는데 많은 시간이 걸린다는 것이고, 다른 하나는 주류성은 부흥백제국의 심장부이므로 이 성을 함락하면 다른 성들은 자연히 항복해 온다는 것이었다. 유인궤의 이러한 주장 가운데 주목되는 것이 '兵法避實擊虛'이다. 여기서 '實'은 가림성을 말하는 것이고 '虛'는 주류성을 말하는 것인데 이는 주류성의 방비가 가림성보다는 상대적으로 허술하였음을 시사해 준다. 유인궤는 주류성의 방비가 이처럼 허술하다는 것을 미리 간파하고 주류성을 먼저 공격할 것을 주장하였던 것 같다. 이렇게 볼 때 나당군의 주류성 直攻은 부흥백제국의 意表를 찌르는 것이 되었다고 하겠다.

나. 白江口 海戰의 패배

백강으로 친히 가서 왜군을 맞이한 풍왕은 왜군과 합세하여 진영을 정비하였다. 이 합동작전은 백제의 정예 기병이 왜선을 보호하는 형태로 이루어졌다. 한편 주류성을 먼저 공격하기로 방침을 정한 나당군은 孫仁師·劉仁願·文武王이 육군을 이끌고 劉仁軌·杜爽·扶餘隆이 수군을 이끌고 각각 웅진성을 출발한 후 백강에서 합세하여 주류성으로 진군하기로 하였다.[38]

웅진강을 출발한 당의 수군은 663년 8월 17일에[39] 백강에 도착하여 진열을 갖추었다. 이리하여 나당수군과 왜 수군 사이에 전투가 벌어지게 되었다. 이것이 白江 전투이다. 이 백강 전투는 두 단계로 이루어졌다. 제1차 전투는 8월 27일에 당나라 장군 유인궤가 거느린 兵船 170척과 倭의 先發隊將 蘆原君臣이 거느린 1만여 명의 수군 사이에서 벌어졌다. 이 전투에 왜군이 입은 타격이 좀더 컸지만 당군도 일방적인 우세는 아니었던 것 같다.

---

38) 『구당서』 권84 열전 유인궤전.
39) 이 점은 『일본서기』 권27 천지기 3년 8월조에 日干支가 戊戌로 나오는 것에서 알 수 있는 바이다.

제2차 전투는 이튿날인 8월 28일에 왜의 본군과[40] 나당 수군과의 사이에서 벌어졌다. 이 전투에서는 모두 4차례의 접전이 있었는데 濟倭연합군이 모두 패배하고 말았다. 제왜연합군이 패배하게 된 원인은 다음의 몇 가지로 정리해 볼 수 있다. 첫째는 『일본서기』에 '不觀氣象'이라 한 기사에서 보듯이 제왜연합군은 氣象을 고려하지 않았다는 점이다. 이때의 氣象은 화공과 연결시켜 볼 때 風向을 의미하는데[41] 濟倭연합군의 지휘부가 기상을 고려하지 않은 것은 이 지역의 海路와 기상 변화를 잘 안다고 하는 방심에서 비롯된 것인지도 모르겠다. 둘째로 제왜연합군은 나당연합군의 군사력을 過小評價하였다는 점이다. 이는 『일본서기』에 '我等爭先 彼應自退'라 한 기사에서 짐작할 수 있다. 제왜연합군의 지휘부의 이러한 과소평가는 나당연합군의 병선의 수가 170척인데 비해 왜군의 병선은 1000척이나 되므로 병선과 병력의 수가 많다고 하는 중과부적의 심리에서 나온 것 같다. 그리하여 제왜연합군의 지휘부는 자신들이 먼저 공격하면 나당군은 숫자에 밀려 스스로 물러갈 것으로 오판하지 않았을까 한다. 셋째로 제왜연합군은 진열이 제대로 갖추어지지 않은 채로 나당군을 공격하였다는 것이다. 한번 공격에서 실패하였으면 전열을 가다듬고 난 후에 재공격에 나서는 것이 일반적이다. 그럼에도 불구하고 濟倭연합군의 지휘부는 대오가 흩어진 中軍의 병졸들을 다시 투입하였던 것이다.

왜의 지휘부가 이렇게 상황을 오판한 것과는 달리 나당군은 상당히 철저한 대비를 한 것 같다. 첫째 나당군은 기상 변화를 예의

---

40) 이 전투에서 나당군과 싸운 相對에 대해 『구당서』와 『신당서』의 유인궤전과 『자치통감』 당기에는 倭兵 또는 倭人으로 나오나 『구당서』와 『신당서』의 백제전에는 扶餘豊之衆 또는 豊衆으로 나온다. 전자는 나당군에 대항한 주된 세력이 왜병인 것을 강조함에서 나온 것이고 후자는 풍왕의 군대를 강조함에서 나온 것으로 생각된다.
41) 卞麟錫, 1994, 『白江口전쟁과 백제·왜 관계』, 도서출판 한울, 171~175쪽.

주시하고 이를 효과적으로 활용하였던 것 같다. 그리하여 火攻을 써서 왜선을 격파하였다. 둘째로 당군은 병력의 수가 劣勢라는 것을 인식하고 陣地를 굳건히 하여 수적 열세를 보완하였다. 이리하여 나당군은 적은 수의 군대로 많은 수의 왜군에 대적할 수 있었던 것이다. 셋째로 나당군은 좌우 협공의 작전을 구사하였다. 이것이 가능하였던 것은 나당수군이 백강구에 먼저 도착하여 유리한 위치를 점하였기 때문이다. 나당수군이 백강에 도착한 것은 8월 17일인데 왜군의 선발대가 이곳으로 온 것은 8월 27일이었다.[42] 10일간의 시간은 나당수군이 지리적 이점을 충분히 이용할 수 있는 시간이라고 할 수 있겠다. 이리하여 나당수군은 지리적으로 유리한 위치를 先占하여 왜선을 夾擊할 수 있었던 것으로 보인다. 넷째로 당군은 견고한 戰船을 건조하여 사용하였다는 사실이다. 이 시기 당나라의 主力艦은 樓船, 蒙衝, 走舸, 游艇, 海鶻船이었는데 이중 해골선은 迴頭가 연속적으로 이루어지는 車船이고 敵船을 搏擊하는 拍竿을 장비하였으며 接近戰에 유리하게 고안된 戰船이라고 한다.[43] 당의 수군은 이러한 우수한 전선으로써 撞破작전을 수행하였기 때문에 왜수군을 격파할 수 있었던 것으로 보인다.

네 번에 걸친 접전 끝에 제왜연합군은 나당연합군의 火攻과 夾攻을 받아 마지막에는 변변히 싸워 보지도 못하고 대패하고 말았다. 이 과정에서 수많은 군사들이 죽임을 당하거나 바다로 뛰어들었다가 익사하였다. 그리고 무수한 전선은 船首를 돌릴 수 없어 나당군의 撞破작전과 화공으로 400척이나 불타고 말았다. 중국 측 사서에 나오는 '煙焰漲天'이니 '海水爲丹' 또는 '海水皆赤'이라 한 표현은 당시 엄청난 수의 왜선이 불타는 모습을 잘 보여주는 것이라

---

42) 『일본서기』 권27 천지기 2년조.
43) 해골선에 대해서는 변인석, 앞의 책, 176~185쪽 참조

하겠다.

다. 周留城의 함락

　나당수군이 제왜연합의 수군과 백강에서 전투를 하는 동안 나당 육군은 王城인 주류성을 공격하였다. 나당군의 처음의 계획은 육군과 수군이 함께 주류성으로 진공해 가는 것이었지만 수군이 白江口에서 격전을 벌여야 하였기 때문에 육군만이 먼저 주류성에 이르렀던 것이다. 그 시기는 663년 8월 13일이었다.[44] 이 주류성을 공격한 주력은 신라군이었다. 이는 중국측 자료에는 백강 전투에 대해서는 어느 정도 자세히 기술하고 있는 반면에 주류성 함락에 대해서는 '百濟諸城 皆復歸順'이니 '百濟盡平'이니 하는 형태로 표현하고 있다는 것과 『삼국사기』에는 신라군의 활동이 구체적으로 나오고 있는 것에서 알 수 있는 바이다. 이러한 사실은 『일본서기』에 주류성을 포위한 장군을 賊將이라 표현하고 있는데 이 적장은 바로 신라 장군이라는 사실에서도[45] 입증이 되리라 본다.

　庾信·仁問·天存·竹旨 등이 거느린 신라군이 8월 13일에 주류성으로 오자 부흥백제군은 성을 나와 진을 치고 싸움을 벌였다. 그리하여 양군 사이에 몇 차례의 공방이 있었는데 부흥백제군은 勝機를 잡지 못하고 말았다. 이렇게 되자 부흥백제군은 다시 주류성으로 들어가 농성하였고 신라군은 8월 17일에 주류성을 포위하였다. 이렇게 포위된 상황에서 부흥백제군에게는 8월 28일 백강 전투에서 濟倭연합군이 대패하였다는 것과 풍왕이 고구려로 피신하였다는 소식이 전해진 것 같다. 이러한 소식은 너무나 충격적이어서 부흥백제군은 더 이상 항거할 기력을 잃어버리고 만 것 같다. 그리하여

---

44) 『삼국사기』 권제 40 열전제2 김유신전 중.
45) 이는 당나라 장군을 大唐軍將이라 표현한 것과 비교해 보면 쉽게 알 수 있는 바이다.

왕자 忠勝 등은 왜군과 함께 신라군에 항복하였고 주류성은 마침내 함락되고 말았다. 그 시기는 663년 9월 1일이었다.[46]

이처럼 주류성 전투는 8월 13일에서 9월 1일에 이르기까지 약 보름 넘게 이루어졌다. 이는 662년 3월에서 4월에 걸쳐서 약 1달간 저항하였던 두량윤성 전투 다음으로 오랜 기간동안의 항전이라 할 수 있다. 주류성이 함락되자 두량윤성을 비롯한 주변의 여러 성들도 항복하였다. 이러한 현상은 당나라 장군 유인궤가 주류성이 부흥백제군의 巢穴이므로 이곳만 함락하면 나머지 성들은 자연히 항복해 올 것이라고 예측한대로 되고만 것을 보여주는 것이라 하겠다.

Ⅳ. 제3기 : 최후의 抵抗

1. 任存城의 항거와 함락

1) 遲受信의 신라군 격퇴

백강 해전의 패전으로 풍왕이 고구려로 도피하고, 주류성이 함락되면서 왕자 忠勝을 비롯한 고위 귀족들이 나당군에 항복하였다. 그렇지만 여전히 항복을 거부한 채 나당군에 대항한 성도 있었다. 그 대표적인 것이 임존성이다. 이 성은 당시 장군 遲修信이 지키고 있었다. 그가 임존성의 최후 책임자였다는 사실에서 미루어 볼 때 그는 풍왕의 신임을 받은 인물이었음이 틀림없겠다.

임존성을 둘러싼 양군의 攻防에 대해 문무왕 3년조에는 신라가

---

46)『일본서기』권27 천지기 2년조.

10월 21일에 공격을 시작하여 이기지 못하자 11월 4일에 군사를 돌린 것으로 나오지만 김유신 전 중에는 신라가 三旬이나 공격하였으나 이기지 못하자 이 성을 그대로 둔 채 회군하여 11월 20일에 王京에 도착한 것으로 되어 있어 두 자료 사이에는 약 보름 정도의 차이가 난다. 이러한 시간 차이를 해명하는데 단서가 되는 것이 문무왕이 당나라 장군 薛仁貴에게 보낸 答書에 '南方已定 廻軍北伐 任存一城 迷執不降'이라 한 기사이다. 이 기사의 南方은 웅진성 이남의 성들을 말하는 것이며 北伐의 '北'은 웅진성 이북의 성들을 의미하는 것이다. 이는 나당군이 9월에서 10월에 걸쳐 웅진성 이북의 여러 성들을 공략하였고 임존성을 둘러싸고서도 몇 차례의 공방이 있었음을 보여주는 것이라 하겠다. 그 공방은 약 30일 정도 지속되었는데 이 과정에서 가장 치열하였던 공방이 바로 10월 21일의 攻防이었던 것이 아닐까 한다.

신라군의 공격에는 문무왕이 친히 대군을 거느리고서 참여하였지만 임존성의 부흥군은 항복하지 않고 30일간이나 잘 버티어 마침내 신라군을 물리치는데 성공하였다. 임존성의 부흥군이 이렇게 신라군을 물리칠 수 있었던 것은 임존성은 지세가 험하고 견고할 뿐만 아니라 군량도 풍부하였으며 주둔한 군대의 수도 적지 않았다는 것과 遲受信이라고 하는 뛰어난 지휘관의 작전능력과 군사들의 불굴의 사기 때문이었던 것 같다.

상황이 이렇게 되자 문무왕은 더 이상 공격해 보아야 이길 수 없다고 판단하고 11월 4일 군사를 되돌리게 되었다. 왜냐하면 30일이나 지속된 攻防戰에서 입은 피해가 컸고 또 사졸들도 피곤에 지쳐 더 이상 싸울 수 없었기 때문이다. 그럼에도 불구하고 문무왕이 '大王曰 今雖一城未下 而諸餘城保皆降 不可謂無功'[47]이라 한 것, 즉

---

47) 『삼국사기』 권제42 열전 제2 김유신 중.

'한 성을 비록 함락하지 못하였지만 나머지 성은 모두 항복하였기 때문에 그 공로가 없는 것은 아니다.'라고 한 것은 回軍을 합리화하기 위한 명분에 지나지 않는다고 할 것이다.

2) 任存城의 함락

신라군이 회군한 이후 임존성 공격은 留鎭당군이 맡게 되었다. 대규모의 신라군이 공격하였다가 실패한 것을 본 유진당군은 다른 방법으로 임존성을 함락시키기로 하였다. 그리하여 찾아낸 카드가 黑齒常之와 沙吒相如를 이용하는 것이었다. 이른바 以夷制夷式 방법이라 할 수 있다. 부흥군 초기에 복신·도침 등과 행동을 함께 하였던 흑치상지·사타상여는 663년 9월에 주류성이 함락되자 당군에 항복하였다. 이 흑치상지와 사타상여를 이용하여 임존성을 함락하는 계책을 세운 것은 유인궤였다. 유인궤의 이러한 계책에 대해 孫仁師 등은 반대하기도 하였지만 유인궤는 반대를 무릅쓰고 그들을 앞세워 공격에 나섰다. 유인궤가 이처럼 흑치상지와 사타상여를 적극 활용하고자 하였던 이유는 몇 가지로 생각해 볼 수 있다.

첫째는 그들이 일찍이 임존성을 근거로 하여 부흥활동을 한 경험이 있었기 때문에 그곳의 허실을 잘 알고 있었다고 하는 사실이다. 따라서 임존성을 공격하는 선봉장으로서는 이들이 적격이었다고 할 수 있다. 둘째는 한때 생사고락을 함께 하였던 이들을 앞세우면 임존성에 주둔한 군사들의 마음을 동요시킬 수 있을 것이라는 계산이다. 즉 항복을 하면 흑치상지처럼 대접을 받을 수 있다고 하는 것을 보임으로써 부흥백제군의 사기를 떨어뜨릴 수 있다고 생각하였던 것이다. 셋째로는 흑치상지 등이 거느리고 온 군사들에게 무기와 군량을 주어 선봉에 서게 함으로써 당군의 인적 손실을 최소화할 수 있다는 점이다.

한편 임존성의 遲受信은 비록 신라군의 공격을 잘 막아내었지만 상황은 점차 어렵게 되어갔다. 대다수의 성들이 나당군에 항복하여 버렸기 때문에 지원 세력도 없었으며, 豊王이 고구려로 脫身하고 왕자 扶餘忠勝과 忠志도 나당군에 항복함으로써 구심력도 상실되었다. 여기에 더하여 3년에 걸친 치열한 전투로 백제유민들은 많은 인명의 손실을 입었고 생활도 매우 궁핍하게 되어 지속적인 저항은 불가능하게 되었다.

이러한 시기에 한때 행동을 같이 하였던 흑치상지가 당군의 앞잡이가 되어 군대를 이끌고 공격해 왔고 그 뒤로는 당나라 군사가 진격해 오고 있었다. 이렇게 되자 임존성의 군사들은 크게 동요하게 되고 그 결과 성의 저항은 급격히 무너지게 되었다. 이러한 국면을 도저히 전환시킬 수 없게 되자 遲受信은 처자를 버리고 고구려로 몸을 피하였다.[48] 이로써 부흥군의 첫 蜂起地이자 마지막까지 저항하였던 거점성이었던 임존성은 당나라 군대에 함락되고 말았다.

2. 泗沘山城의 항거

임존성이 함락된 후 당은 '於是百濟之餘燼悉平'[49]이라 한 것에서 보듯이 이제 백제유민의 저항은 완전히 평정된 것으로 보았다. 이후 중국측 사서에는 백제유민의 항거와 관련한 기사는 더 이상 나오지 않는다. 그런데 『삼국사기』 문무왕 4년(664)조에는 백제 殘衆이 사비산성을 근거로 하여 반란을 일으킨 것으로 나온다.[50] 사

---

48) 『구당서』 권84 열전 유인궤전, 『신당서』 권108 열전 유인궤전, 『자치통감』 권 200 당기 16 고종 용삭 3년 9월조.
49) 『신당서』 권108 열전 유인궤전에는 '百濟餘黨悉平'으로 나온다.
50) 『삼국사기』 권제6 신라본기 문무왕 4년 3월조에 '三月 百濟殘衆 據泗沘山城叛

비산성은 그 명칭에서 미루어 볼 때 사비도성 부근의 어느 산성일 가능성이 크다. 이 산성을 근거로 당군에 저항한 백제군의 장군이 누구이며 兵力의 규모나 다시 擧兵하게 된 동기가 무엇인지 역시 분명하지 않다. 그러나 이들이 사비도성 부근에서 일어난 것을 보면 留鎭당군의 가혹한 收取나 주민들에 대한 行悖로 말미암았을 가능성도 생각해 볼 수 있겠다.

이렇게 되자 웅진도독 유인궤는 군대를 파견하여 공격에 나섰다. 사비산성군은 유진당군을 맞이하여 싸웠지만 마침내 깨어지고 말았다. 이리하여 부흥백제국 몰락 이후 남은 세력들에 의한 최후의 抗戰도 완전히 막을 내리고 말았다.

V. 맺음말

필자는 앞에서 백제 멸망 이후 각처에서 부흥군이 일어나 백제를 부활시키고 나당점령군과 치열한 전투를 전개해 나가는 과정에 대해 정리하였다. 지금까지 서술해온 바를 요약함으로써 맺음말에 대신하고자 한다.

백제부흥군의 활동은 3기로 나누어 볼 수 있다. 제1기는 백제가 멸망한 후 백제를 부흥시키기 위해 부흥군이 활동한 시기이고, 제2기는 복신과 도침이 부여풍을 왜로부터 모셔와서 왕으로 옹립하여 부흥백제국을 성립시킨 후 나당점령군을 몰아내기 위해 전투를 전개한 시기이며, 제3기는 지수신을 중심으로 한 부흥군이 임존성을 거점으로 하여 최후로 항전을 한 시기이다.

熊津都督發兵攻破之'이라 한 기사 참조.

백제 멸망 후 각 지역에서 부흥군이 일어나게 된 배경으로는 나당점령군의 약탈과 살육, 의자왕의 비참한 항복례 거행, 백제 유민들의 흥망계절 정신, 나당점령군이 백제 유민을 무시하는 행위 등을 들 수 있다. 이러한 것들이 자극제가 되어 사방에서 부흥군이 일어나게 되었고 많은 유민들이 호응하게 되었던 것이다.

각 지역에서 일어난 부흥군을 전체적으로 통솔하게 된 사람은 복신과 도침이다. 복신은 의자왕의 사촌으로서 왕족이었기 때문에 상대적으로 그 지위가 높았으며 특히 임존성을 근거로 하여 소정방의 군대를 물리쳐서 승리를 거둠으로써 그 위세를 떨쳤다. 이것이 계기가 되어 복신과 도침은 부흥군의 중심적인 존재로 자리잡게 되었다.

복신과 도침은 사신을 왜에 보내 부여풍의 귀환을 요청하였고 그가 661년 9월에 귀국하자 왕으로 옹립하였다. 이로써 부흥백제국이 성립되었다. 복신이 풍왕을 옹립한 하게 된 데는 대다수의 왕족들이 죽거나 당에 포로로 잡혀갔기 때문에 왕위를 이을 적임자가 없었다는 것과 그가 倭國에 장기간 체류하여 국내에서의 기반이 없었다는 점 및 그를 옹립하는 것이 왜로부터의 군사원조를 얻는데 유리하였다고 하는 점 등이 배경으로 작용하였다.

풍왕이 즉위함으로써 주류성은 부흥백제국의 왕도가 되었다. 이 주류성은 부안의 위금암산성으로 비정되고 있다. 풍왕은 즉위 후 백제의 관제를 원용하여 부흥군 장군들에게 관등을 수여하고 장군으로 임명하였다. 그리고 백제 당시에 만들어진 산성에 설치된 軍倉이나 중요 河口와 浦에 설치된 儲倉 등을 이용하여 군량으로 사용하였고, 竹箭을 이용하여 화살을 만들어 弓手隊를 편성하였으며, 섬에 설치된 목장에서 키운 말들로 기병대를 조직하였다.

백제부흥군과 나당점령군 사이에 벌어진 전투 가운데서 가장 치열하였던 전투는 웅진강구 전투와 두량윤성 전투이다. 도침이 거느린 부흥군은 웅진강구에 진을 치고 나당점령군과 싸웠지만 대패하였다. 그렇지만 복신이 거느린 부흥군은 1달 가까이 계속된 두량윤성 전투에서 신라 대군을 크게 격파하였다. 이렇게 되자 이제까지 사세를 관망하던 많은 유민들이 부흥군에게로 호응을 하여왔다. 흑치상지가 200여성을 회복하였다고 하는 것은 이때의 상황을 반영해 주는 것이다. 반면에 신라군의 사기는 크게 떨어지게 되었다.

이후 부흥군은 당군의 군량 수송로를 차단하여 당군을 매우 곤란한 지경으로까지 몰아넣기도 하였다. 이 과정에서 당 조정에서는 661년에 고구려를 공격하던 소정방 군대가 패배하자 백제 지역에 주둔하고 있던 당군에 대해 신라에 의존하든가 아니면 철수해도 좋다는 결정을 내렸다. 이러한 결정은 유인궤의 반대와 설득으로 취소되고 말았지만 당 조정이 이러한 결정을 하였다는 것 자체가 부흥군의 공격이 그만큼 강하였음을 반영해 주는 것이다.

이처럼 성세를 보이던 부흥군은 지도부 사이의 내분으로 혼란에 휩싸이게 되었다. 그 결과 복신은 동지였던 도침을 살해하고 군사권을 장악하고 풍왕을 실권없는 존재로 만들어 나갔다. 이에 풍왕은 이러한 형세를 만회하기 위해 피성으로 천도를 단행하였지만 신라군이 논산지역까지 진격해 옴에 따라 다시 주류성으로 중심지를 옮겨야 하였다. 이렇게 되자 복신은 군사권과 행정권 뿐만 아니라 외교권까지 장악한 후 풍왕을 제거하려는 모의를 하였다. 복신의 모반을 눈치챈 풍왕은 마침내 복신을 죽이고 실권을 장악하였다. 그렇지만 지도부 사이에 벌어진 이러한 내분은 부흥군의 저항력을 크게 약화시키고 말았다.

부흥군의 이러한 내분 상황을 이용하여 나당군은 먼저 지라성, 진현성, 내사지성 등을 공격하여 軍糧道를 확보한 후 대대적인 공격에 나섰다. 이때 나당군은 함락하기 어려운 가림성은 그대로 둔 채 주류성을 집중 공격하는 작전을 세웠다. 그리하여 나당군은 당군이 중심이 된 수군과 신라군이 중심이 된 육군으로 나누어 주류성 공격에 나섰다.

이에 대응하여 풍왕은 고구려와 왜에 군사지원을 요청하였다. 고구려에서는 군대를 보내지 않았지만 왜에서는 2만7천명에 달하는 대군을 파견해 왔다. 당나라 수군과 백제를 구원하러 온 왜의 수군은 금강 하구에서 대접전을 벌였다. 네 번에 걸친 해전에서 당군은 왜군을 크게 격파하고 400척의 전선을 불태우는 전과를 올렸다. 왜군의 대패는 기상관측을 무시하고 군사의 수가 많다는 것을 믿고 밀어붙였다가 당한 결과였다. 백강구 전투에서 패배하자 풍왕은 몸을 빼어 고구려로 피신하였다. 한편 신라군이 중심이 된 육군은 주류성을 공격하여 마침내 함락시켰다. 이로써 부흥백제국은 멸망을 하고 말았다.

그러나 임존성을 지키고 있던 지수신은 끝까지 항복하지 않고 저항하였다. 신라군은 대군을 투입하여 임존성을 공격하였지만 지수신은 이를 잘 막아내었다. 이렇게 되자 신라군은 귀환하고 대신 당군이 임존성을 공격하게 되었다. 당군은 백제부흥군 장군으로 활동하다가 항복한 흑치상지와 사타상여를 앞장세워 임존성 공격에 나섰다. 임존성의 군대는 신라군의 공격을 막는데는 성공하였지만 당군에 대해서는 더 이상 저항할 힘이 없어 마침내 성은 함락되고 말았다. 이로써 3년간에 걸쳐 치열하게 전개된 부흥군의 부흥전쟁도 막을 내리게 되었다.

이상이 본고의 요약이다. 그러나 얼마 되지 않는 사료를 가지고 논지를 전개하다 보니 논리에 비약이 있거나 증거가 불충분한 경우도 있었을 것이다. 이러한 미진한 부분은 질정을 받아 후일 보완할 것을 기약하는 바이다.

웅진 도독부의 백제 부흥운동

김수태 충남대학교

I. 문제의 제기

660년 백제는 나당연합군의 공격으로 멸망하였다. 그러나 백제 유민들은 나라를 다시 일으키고자 치열한 부흥운동을 벌였다. 3년 동안이나 계속된 부흥운동은 당과 신라 모두를 대상으로 한 것이었다. 이때 백제 유민은 군사행동을 통해 백제를 부흥시키려고 하였다. 때문에 백제 부흥운동에 대한 일반적인 이해도 이러한 측면에 초점을 맞추어서 진행되어 왔다.[1]

그러나 백제의 부흥운동은 663년으로 멈춘 것은 아니었다. 이후에도 백제 유민들이 부흥운동을 계속해서 일으키고 있는 사실을 확

---

[1] 백제 부흥운동에 대한 대표적인 연구로는 노중국, 1995, 「백제 멸망후 부흥군의 부흥전쟁 연구」, 『역사의 재조명』가 참고된다. 이러한 까닭에 글의 제목에서 살펴볼 수 있듯이 백제 부흥운동을 백제 부흥전쟁으로 부르기도 한다.

인할 수 있기 때문이다. 663년 이후 나당전쟁에 이르기까지 매우 복잡하게 전개된 국제정세의 변화가 백제유민들의 동향에도 커다란 영향을 미쳤던 것이다. 당시 이러한 움직임을 주도한 사람들은 다름아니라 웅진 도독부에 참여한 백제유민들이었다. 이들은 당과의 연결 속에서 백제를 다시 일으키고자 하였다. 특히 외교적인 측면을 중심으로 백제 부흥을 시도하였다. 따라서 이전의 부흥운동과는 다른 새로운 양상을 보여주었다고 말할 수 있다.

현재 663년 이후 새롭게 전개된 백제의 부흥운동에 대해서는 별다른 관심을 보이고 있지 않다.[2] 그러나 옛 백제지역이 신라에 완전히 편입될 때까지 웅진 도독부를 기반으로 백제 유민들이 보여주었던 움직임은 주목해도 좋지 않을까 한다. 이들의 활동은 신라와 당의 대립을 유발시켜 나당전쟁을 직접적으로 촉발시킨 주된 요인이 되었으며, 나아가 백제유민들에 대한 신라의 처우에 새로운 변화를 낳게 하였기 때문이다. 무엇보다도 기존의 연구에서 크게 소홀히 인식되어 온 웅진 도독부를 백제 유민과 관련시켜 새롭게 이해하도록 해주고 있다.[3] 따라서 웅진 도독부와 관련된 백제유민들의 동향을 구체적으로 파악할 필요가 있을 것이다.

이 글에서는 백제 부흥운동에 대한 기존의 이해에서 벗어나 보다 폭넓은 시각으로 웅진 도독부를 기반으로 일어난 백제의 부흥운동을 새로이 다루어보고자 한다.

---

2) 물론 통일신라 경덕왕대 진표의 활동이나, 후백제 견훤의 활동 및 고려 무인정권기 백제 부흥운동이 언급되고 있기는 하다. 그러나 이것은 웅진 도독부의 부흥운동과는 또 다른 양상이라고 할 수 있다. 웅진 도독부를 중심으로 일어난 백제 부흥운동에 대한 간단한 지적으로는 김수태, 1993, 「문무왕」 ; 1996, 『신라중대 정치사연구』가 있다.

3) 웅진 도독부의 백제계 관료들을 크게 주목한 연구로 이도학, 1987, 「웅진도독부의 지배조직과 대일본정책」, 『백산학보』 34이 있지만, 이후 연구가 더 진행되지 못하였다.

II. 부흥운동의 사례

먼저 663년 이후 백제의 부흥운동이 새로이 일어났는가의 문제를 살펴보고자 한다. 663년 이후 백제가 부흥운동을 벌였다는 사실은 고구려의 멸망 직후인 668년에 들어와서 찾아볼 수 있다. 문무왕이 당나라의 설인귀에게 보낸 편지는 백제 부흥운동을 언급하고 있는데, 당시의 상황을 매우 구체적으로 서술하고 있다.

A- 總長 元年(문무왕 8년)에 ① 백제가 會盟處에 있어 封疆을 옮기고 標界를 바꾸어 田地를 침탈하고, 우리의 노비를 겸병하고, 우리의 백성을 유인하여 內地에 숨겨두어 신라가 자주 求索하여도 필경 돌려보내지 않았다. ② 또 소식을 통하여 말하기를 唐이 船艦을 수리하여 밖으로 倭國을 친다 핑계하나 실상은 신라를 치려 하였으므로 백성들이 듣고 놀라고 불안하였다. ③ 또 백제의 婦女를 신라 漢城 都督 朴都儒에게 嫁與하고 이와 同謀 合計하여 신라의 兵器를 盜取하여 一州의 땅을 습격하려던 중, 일이 다행히 발각되어 도유를 즉각 斬하니 계획이 어그러지고 말았다.(『삼국사기』 7, 문무왕 11년 「문무왕의 答薛仁貴書」)

문무왕은 668년에 들어와서 백제가 신라의 영역을 변경시키려고 노력하였음을 지적한 다음, 백제가 일으키고 있는 일련의 움직임을 알려주고 있다. 백제가 당의 신라 공격설을 유포하는 한편, 신라 도독을 회유 연합하여 신라 땅을 습격하려고 한 사실을 함께 기록하고 있다. 이러한 까닭에 문무왕은 670년에 들어와서

B- 신라의 백성은 다 本望을 잃고 말한다. 신라와 백제는 累代의 큰 원수인데 지금 백제의 情形을 보면 따로 一國을 自立할 모양이니 백년 후에는 자손이 반드시 병탄될 것이다.(「답설인귀서」)

라고 하여, 백제가 다시 국가를 자립하는 것이 아닌가 말하며, 그것

이 신라에게 커다란 위협이 되고 있음을 밝히고 있다. 또한 당시
백제의 동향을 알려주고 있다.

> C- 7월에 왕이 백제 餘衆의 反覆을 의심하여 대아찬 儒敦을 웅진 도독부에 보
> 내 和를 청한 즉, 듣지 않고 司馬 禰軍을 보내어 엿보게 하였다. 왕은 그
> 들이 圖謀하려 함을 알고 이군을 머물러 두어 보내지 아니하고 군사를 들
> 어 백제를 치니(『삼국사기』 6, 문무왕 10년)

　백제 유민의 배반을 의심하였던 문무왕은 그들이 신라를 도모하
려 함을 확인하자 군사를 일으켜 백제를 공격하였음을 밝히고 있
다. 이러한 사실들은 668년 이후 백제가 추진하고 있는 부흥운동의
움직임을 보여주고 있음을 말해준다고 하겠다.
　문무왕에 의하여 크게 주목된 백제 부흥운동의 모습은 또 다른
언급을 통해서도 그 구체적인 양상을 살펴볼 수 있다.

> D- 백제가 없는 사실을 꾸미어 唐에 아뢰어 신라가 배반한다고 하였다. 신라
> 는 앞서 貴臣의 뜻을 잃고 후에 지금은 백제의 讒訴를 입어 進退에 허물을
> 입어 충성을 펴지 못하고 이러한 모함이 날로 聖德을 거르치니 不二의 충
> 심을 일찍이 한번도 통하지 못하였다.(「답설인귀서」)

> E- 殘戕한 백제는 도리어 雍齒의 상을 받고, 당에 희생한 신라는 이미 丁公의
> 誅를 당하였다.(「답설인귀서」)

　백제가 당을 움직여 신라가 당을 배반한다고 모함하였다는 것이
다. 그 결과 백제와 당이 가까워지게 되었는데, 당을 배반하여 멸망
하였던 백제가 다시 당을 이용하여 상을 받고 있는 이러한 형세는
바로 雍齒와 같은 존재라고 한다. 이러한 사실들은 백제가 당을 외
교적으로 이용하고 있음을 보여주고 있다고 하겠다.
　이때 백제가 당을 이용하고 있는 구체적인 목적에 대해서

F- ① 왕이 먼젓번에 백제가 唐에 往訴하고 군사를 청하여 우리나라를 침범할 때 事勢가 급박한 까닭으로 미처 申奏치 못하고 군사를 내어 이를 토벌하였거니와 이로 인하여 大朝에 죄를 얻게 되어 드디어 급찬 원천, 나마 변산, 및 억류 중인 兵船 郞將 鉗耳大候, 萊州 司馬 王藝, 本烈州 長史 王益, 熊州 都督의 司馬 禰軍, 曾山의 司馬 法聰과 군사 107인을 보내 표를 올리어 죄를 乞하되(중략) 그러나 큰 원수인 백제가 臣의 변경에 迫近하여 天兵을 이끌어 우리를 滅하여 恥辱을 雪하려 하므로, 신은 파멸의 지경에 있어 스스로 생존을 구하려고 함이었는데, 잘못 凶逆의 이름을 뒤집어쓰고 드디어 용서키 어려운 죄에 빠지게 되었다.(중략) ② 우리나라는 前代로부터 朝貢을 끊이지 아니하다가 近者에 백제 때문에 職貢을 缺하게 되어 드디어 聖朝로 하여금 聲를 내고 장수를 명하여 나의 죄를 치니 죽어도 여형이 있을 것이다.(『삼국사기』7, 문무왕 12년 9월)

백제가 당을 이용한 것은 당의 군대를 끌어들여 신라를 치기 위한 것이라고 설명한다. 백제의 당에 대한 청병 사실을 지적하고 있다. 즉 백제가 당의 군대를 빌어 백제 멸망의 치욕을 씻으려는 것이라고 한다. 그러므로 이러한 기록을 통하여 668년 이후 백제의 부흥운동이 새로이 일어났음을 충분히 알 수 있을 것이다.

Ⅲ. 부흥운동의 주체

1. 백제의 실체

668년에 들어와서 백제 부흥운동을 주도한 사람들은 어떠한 사람들일까. A를 비롯한 신라측 기록들은 이들과 관련하여 모두 백제라고 언급하고 있다. 이러한 사실은 보다 주목될 필요가 있을 것이다. 왜냐하면 당시 신라의 대웅진 도독부 인식과 대백제 인식을 드러내주는 사실이기 때문이다. 한 예를 통해서 알아보자.

G- 咸亨 원년(문무왕 10년) 6월에 高句麗가 謀叛하여 당의 관리를 죄다 죽일 때 신라는 곧 군사를 발하려 하여 먼저 熊津에 보고하기를 '고구려가 이미 叛하였으니 불가불 쳐야 하겠고, 피차가 모두 황제의 臣民인 즉 事理가 같이 凶賊을 쳐야 할 것이며, 發兵事는 함께 상의할 필요가 있으니 청컨대 官人을 이 곳으로 보내어 서로 회의케 하자'고 하였다. 百濟의 司馬 禰軍이 이곳에 와서 드디어 상의해 가로되 발병한 후에 피차가 서로 의심을 가질 염려가 있으니, 兩處의 관리로 하여금 交質하자고 하였다. 곧 김유돈과 府城의 百濟 主簿 首彌·長貴 등을 府로 보내어 교질의 일을 논의케 하였다. 백제가 비록 교질을 허락하였으나 城中에서는 오히려 兵馬를 집합시키며 그 城下에 이르면 밤에 나와 치기를 주저하지 아니였다.(「답설인귀서」)

웅진, 府城 그리고 백제가 함께 나오고 있다. 웅진 도독부, 특히 당과 관련된 움직임은 웅진 혹은 부성으로, 백제 유민들의 움직임은 백제로 기록하고 있음을 알 수 있다. 이와 같이 백제와 당을 구분하여 이해하고 있다는 사실은 신라가 663년 이후에도 백제 유민들의 동향을 계속해서 예의주시하고 있었음을 나타내준다.

이때 백제로 표현되는 사례를 더 많이 찾아볼 수 있다. 그리고 웅진을 백제로까지 바꾸어 언급하고 있는 예에서 볼 수 있듯이, 신라가 웅진 도독부와 관련된 많은 일을 당의 움직임으로보다는 백제의 활동으로 파악하고 있음을 보여주고 있다.[4] 이러한 사실은 신라에게 백제 유민의 동향이 당의 그것보다 더 커다란 관심사였음을 알려주는 동시에, 백제 유민들의 활동이 그만큼 활발하였음을 보여주는 것으로 이해된다. 따라서 부흥운동과 관련하여 백제로 언급되는 기록은 백제 유민의 움직임을 보여주고 있는 것이라 할 수 있다.

그런데 이들 백제 유민은 대부분 웅진 도독부와 관련되어 있다는 점이 주목된다. F에서 언급되는 웅진 도독부 소속의 이군은 G에서 백제의 이군로 언급된다는 점에서 백제 유민임을 확인할 수 있

---

4) 이러한 사실은 신라가 당의 백제 지배를 인정하고 있지 않는 복합적인 측면을 보여주기도 한다.

다. 『일본서기』 등의 기록은 그에 대하여 보다 구체적으로 알려주고 있다. 백제의 佐平 출신으로, 그는 右戎威 郎將과 上柱國으로 664년과 665년에 걸쳐 웅진 도독부의 대일본외교를 담당한 인물임을 기록하고 있다. 그리고 이군은 C와 G의 기록에 보이듯 신라와의 교섭에 나선 인물이기도 하다.[5]

이군과 비슷한 경력을 가진 인물로 좌평 출신의 沙宅 孫登을 들수 있다. 그 역시 융과 함께 당으로 끌려간 인물인데, 웅진 도독부의 붕괴 이후 671년 일본으로 망명하고 있음을 『일본서기』는 전해주고 있다. 그는 부여 융이 귀국할 때 돌아와서 웅진 도독부에서 활동했을 것으로 생각된다.[6]

G의 기록은 웅진 도독부 소속의 백제 유민으로 수미와 장귀를 또한 전해주고 있다. 그들은 백제의 주부로 언급되고 있다. 그밖에 백제계 인물로 파악되는 인물은 F의 법총이다. 그는 웅진이 아니라 지방에서 활동한 인물이다. 이군 다음에 기록되고 있다는 점에서나 『일본서기』에서 熊山 縣令으로 언급되고 있다는 사실에서 살펴볼수 있다. 『구당서』 백제전에 의하면 당은 백제 유민들을 현령으로 임명하여 옛 백제지역을 통치하려고 하였기 때문이다. 법총은 이군을 도우면서 웅진 도독부의 대일본외교에서 일정한 역할을 담당하였다.[7]

이 밖에 웅진 도독부에서 군사적으로 활동한 백제계 인물을 찾아볼 수 있다.

6월에 장군 죽지 등으로 군사를 거느리고 가서 백제 가림성의 禾穀을 짓밟게

---

5) 이군의 경력에 대해서는 이도학, 앞의 글, 90~95쪽 참조.
6) 이도학, 위의 글, 92쪽.
7) 법총에 대해서는 이도학, 위의 글, 95~99쪽을 참고할 것. 이때 그를 백제 장군으로 파악하고 있는데, 그것은 따르기 힘들다.

하여 드디어 당나라 병사와 石城에서 싸워 敵首 5,300급을 베고, 백제의 장군 두 사람과 당의 果毅 여섯 사람을 사로잡았다. (『삼국사기』 7, 문무왕 11년)

백제의 장군이 두 사람 언급되고 있다. 이들의 이름은 알 수 없지만, 이 역시 백제 유민으로서 웅진 도독부에서 군사적으로 활동하고 있는 인물임이 분명하다. 그러므로 당시 백제의 부흥운동을 주도했던 인물은 웅진 도독부에 소속되어 활동하고 있던 백제계 관료라고 말할 수 있을 것이다.[8]

2. 백제계 관료의 성장

웅진 도독부의 백제계 관료들은 어떠한 과정을 거쳐서 부흥운동을 주도하게 되었던 것일까. 이들의 성장 배경을 알아볼 필요가 있을 것이다.

당은 백제 멸망 이후 옛 백제 지역에 도호부체제를 시도하였으나,[9] 그것이 실패로 끝나자 662년 7월 이후 도독부 체제로 전환시켰다. 이와 같이 형성된 웅진 도독부체제는 크게 세 시기로 나누어서 살펴볼 수 있다. 664년 부여 융이 웅진도독으로 부임하기 이전까지의 시기와 대고구려전의 임무수행과 관련하여 유인원이 당으로 돌아간 668년 이후의 시기로 구분된다. 그러한 변화과정을 통해서 백제 유민들의 성장과정을 파악할 수 있을 것이다.

도호부 체제나 웅진 도독부 체제의 첫 번째 시기에는 당나라 측 인물이 도호나 도독으로서 옛 백제 지역을 통치하려고 하였다. 도호나 도독에 유인궤나 유인원 등이 임명되었던 것이다. 물론 당은

---

8) 이들은 G의 기록에 의하면 관인들로 언급되고 있다.
9) 방향숙, 1994, 「백제 고토에 대한 당의 지배체제」, 『이기백고희기념사학논총』.

그들의 통치를 위해서 백제 유민들을 이용하고자 하였다.

이때에 와서 그 땅에 웅진·마한·동명 등 5 도독부를 두어 각각 주와 현을 설치하여 통괄케 하고 백제출신 酋渠로 都督, 刺史 및 縣令을 삼았다. (『구당서』 『신라전』)

도호부체제의 시행과 함께 백제 출신의 추거를 도독, 자사 및 현령으로 삼고자 하였다. 추거의 경우 자세히 파악하기 어렵지만, 대체적으로 백제의 유력 인물로 생각된다. 당은 이러한 세력을 이용하여 옛 백제 지역을 통치하려고 하였던 것이다. 그러나 당의 이러한 의도는 그대로 이루어지기는 어려웠다. 왜냐하면 전국적으로 치열한 백제 부흥운동이 전개되고 있었기 때문이다.

이러한 옛 백제지역의 사정은 당의 웅진도독 임명에 새로운 변화를 낳게 만들었다. 664년 10월 이후 부여 융이 웅진도독에 새로이 임명된 것이다. 663년 孫仁師와 함께 백제로 돌아온 부여융은 백제 부흥운동을 진압하는 한편, 백제 유민을 위무하는 책임을 맡고 있었다. 그러므로 부여융의 웅진도독 임명은 당의 백제 유민에 대한 정책이 크게 바뀌게 됨을 의미한다.

당의 정책 변화는 웅진 도독부에 백제 유민을 등용하고 있는 데에서 알 수 있다. 부여 융의 웅진도독 임명은 부여융과 함께 당에 포로로 끌려갔던 인물들이 다시 돌아와서 활동할 수 있는 길이 열린 것이다. 사택 손등의 경우가 그러하며, 이군도 그럴 가능성이 매우 높다.10) 이들은 귀국의 조건으로 당의 옛 백제지역의 지배정책에 협력할 것을 약속하였을 것이다. 이에 이들은 웅진 도독부의 관료로서 새롭게 활동하게 되었다.

이러한 변화는 옛 백제지역에 그대로 남아 있던 대부분의 백제

---

10) 이도학, 앞의 글, 92~93쪽.

유민에게도 커다란 영향을 주었을 것이다. 법총의 경우에서처럼 백제 유민들이 현령으로 임명된 사람을 찾아볼 수 있기 때문이다. 당에서 귀국한 백제계 관료들은 이들의 회유에 상당한 노력을 기울였을 것이 분명하다. 왜냐하면 이들의 협조 없이는 옛 백제지역을 제대로 다스릴 수 없기 때문이다. 한편으로 여기에는 당의 백제 재건 약속도 이들의 태도변화에 중요한 요인으로 작용하였을 것이다. 따라서 이들의 등용은 당의 새로운 지배정책이 어느 정도 효과를 거두었음을 말해준다. 즉 이러한 과정을 거쳐서 백제 유민들이 다양한 형태로 웅진 도독부체제에 편입되어 나갔던 것이 아닐까 한다.

웅진 도독부에서 백제계 관료들이 차지하는 위치는 어떠했을까. 기존의 연구에 의하면 웅진 도독부의 요직을 차지한 부여 융과 백제계 관료들이 웅진 도독부를 실질적으로 장악한 것으로 이해하고 있다. 이때 옛 백제지역에 잔류하고 있던 당의 관료들과 당나라 군사는 웅진 도독부를 감시 보위하는 역할만 수행하였다는 것이다.[11] 그러나 이 경우 부여융이 신라의 압력을 이기지 못하여 당으로 665년 8월의 취리산 서맹 이후 곧 바로 돌아갔다고 한다면[12] 백제계 관료들이 웅진 도독부에서 차지했을 독자성이란 아직은 높지 않았던 것이 아닐까 한다. 『일본서기』의 기록을 통해 보더라도 백제계 관료들은 대일본외교를 수행할 때 당나라를 도와주는 종속적인 역할에 그치고 있기 때문이다.

사실 당나라측 인물이 웅진 도독부의 주요 문제를 여전히 주도적으로 이끌고 있었다. 그것은 유인원의 활동을 통해서 살펴볼 수 있다. 그는 668년 웅진 도독부를 떠날 때까지 웅진도독부에 머물면

---

11) 이도학, 앞의 글, 88쪽.
12) 이도학, 위의 글, 88~89쪽. 양기석은 부여 융의 귀국시기를 670년경으로 상정하고 있다(1995, 「백제 부여융 묘지명에 대한 검토」, 『국사관논총』 62, 145~146쪽.

서 외교와 군사의 중요 책임을 지고 있었던 것이다. 唐留鎭將軍으로 문무왕에게 고구려전쟁과 관련된 당 황제의 칙서를 전달하고 있으며, 고구려 내부의 변화상을 알려주기도 하였다. 그리고 그의 이름으로 웅진 도독부의 사신을 일본에 파견하기도 하였던 것이다.[13] 따라서 이들은 백제계 관료들을 전면에 내세워서 비록 간접지배의 형식을 빌고 있지만, 여전히 직접지배를 염두에 두고 있었다고 할 수 있다.[14] 이것은 당시 웅진 도독부가 고구려 정벌이라는 당의 최종 목적을 달성할 때까지 웅진 도독부의 백제계 관료들의 활동을 제한할 수밖에 없는 불가피한 이중구조를 가지고 있음을 보여준다고 하겠다.

그러므로 두 번째 시기에서 백제계 관료들의 활동을 지나치게 강조할 필요는 없을 것 같다. 이 시기에 백제계 관료들은 백제 유민들과의 상호 결합을 다지는 한편, 백제 재건을 위한 토대를 마련하고자 노력했을 것이다. 즉 당나라의 요구에 응하면서 백제 유민들의 세력형성을 도모했던 시기로 이해되는 것이다. 따라서 백제 유민의 이러한 성장이 세 번째 시기에 들어가서 백제부흥운동으로 연결되었던 것이 아닐까 한다.

웅진 도독부의 세 번째 시기는 백제계 관료들이 비로소 독자적인 움직임을 보여주던 시기라고 할 수 있다. 고구려가 멸망되는 668년 8월 이후 웅진 도독부에 보다 커다란 변화가 일어났다. 웅진에 머물면서 백제계 관료들에게 상당한 영향력을 행사하던 유인원이 당으로 소환되어 유배됨으로써 웅진 도독부에 대한 당의 영향력이 그만큼 감소되었기 때문이다.[15] 뿐만 아니라 여기에는 고구려 멸망

---

13) 『삼국사기』 6, 문무왕 7년 12월 및 『삼국사기』 6, 문무왕 8년 6월, 『일본서기』 27, 천지 10년 5월.
14) 방향숙, 앞의 글, 327쪽.
15) 부여 융도 대략 이 시기에 돌아간 것이 아닌가 한다.

이라는 대외정세의 변화도 크게 작용하였을 것이다. 또한 새로운 대신라정책의 마련이 필요한 시기에 당나라 역시 웅진 도독부의 정책에 일정한 변화를 추구하였을 것이다.

이러한 변화 속에서 백제계 관료들의 역할이 크게 증대되었던 것이 아닐까 한다. 이제 백제계 관료들에 의해 웅진도독부가 주도적으로 운영되게 되었을 것이다.[16] 당시 백제계 관료의 구조는 구체적으로 파악하기 힘들다. 그러나 이군이 최상급의 백제계 관료였는가[17] 하는 문제에 대해서는 의문이 있다. 그의 관직과 활동에 대한 분석만으로 바로 파악하기 힘들다. 유인원의 귀국 이후 통수권을 장악한 이군이 너무 쉽게 신라의 요구에 응하여 포로가 되고 있기 때문이다. 그밖에 사택 손등처럼 웅진 도독부가 붕괴될 때까지 활동한 또 다른 중요한 인물을 찾아볼 수 있는 것이다.

이제 백제계 관료들은 백제 부흥운동을 위한 새로운 움직임을 보여주었던 것으로 이해된다. 잘 알려지고 있듯이 이들은 처음에 백제부흥운동을 진압하는데 가담한 인물들이었다. 그러나 이러한 인물들의 입장이 크게 바뀌게 되었다. 백제를 다시 부흥시키고자 노력한 것이다.

Ⅳ. 부흥운동의 전개

웅진 도독부를 기반으로 하는 백제의 부흥운동은 어떻게 전개되었을까. 그 과정을 신라의 대응과 함께 살펴보자.

백제계 관료들이 주도한 백제의 부흥운동은 668년에 나타났다.

---

16) 이도학, 앞의 글, 93쪽.
17) 이도학, 위의 글, 93~94쪽.

A-①에 보이듯 백제가 회맹처에서 강역을 옮기고 경계를 바꾸어 토지를 침탈하였다는 것이다. 이것은 백제 유민들이 신라에게 빼앗긴 영토를 다시 확보하려는 움직임으로 이해된다. 백제와 신라는 664년 2월 웅령 회맹과 665년 8월의 취리산 회맹을 통해서 상호간의 영토가 확정되었는데,[18] 백제는 절반 가량의 지역을 신라에게 빼앗겼던 것이다.[19] 그러므로 백제의 이러한 움직임은 신라에게 빼앗긴 영토를 다시 찾고자 하는 의지의 표현으로 생각된다. 이것은 백제와 신라가 맺은 상호 불가침 약속을 백제가 깨뜨린 것이라 할 수 있다.[20]

그런데 당시 백제와 신라 가운데 누가 먼저 경계를 침범했는가 하는 문제가 있다. 일반적으로 대고구려전 이후 신라가 백제에 대해 적극적인 공세를 전개한 것으로 이해하고 있다.[21] 그 경우 신라의 대백제 선제 공격으로 볼 수 있기 때문이다. 그러나 그 자세한 과정은 검토되지 않은 것 같다. 669년 5월 신라가 김흠순과 김양도를 당에 사죄사로 파견하고 있다는 사실이 하나의 근거가 될 수 있다.[22] 그 내용은 670년 정월 이들을 만난 당 황제가 신라가 백제의 토지와 유민을 약취했다고 비난하고 있는 데에서[23] 살필 수 있다. 신라가 오히려 백제의 영역을 침범했다는 것이다.

그러나 그것은 백제가 신라의 영토를 침범한 시기를 살펴봄으로써 파악할 수 있을 것이다. 백제의 공격은 A에 그 구체적인 내용이 함께 언급되고 있듯이 668년에 시작된 것이며, 이와 달리 신라의

---

18) 「답설인귀서」
19) 이도학, 앞의 글, 86~88쪽.
20) 당시 백제의 군사적 기반은 백제 장군들이 보유하고 있던 군대였을 것으로 생각된다. 따라서 백제 유민의 독자적인 군사적 활동으로 이해할 수 있을 것이다.
21) 양기석, 앞의 글, 145쪽.
22) 『삼국사기』 6, 문무왕 9년 5월.
23) 『삼국사기』 6, 문무왕 10년 정월.

움직임은 669년에 들어와서 일어난 것으로 이해된다.

> 비열성을 신라에게서 빼앗아 고구려에 주었다. 또 비열성은 본디 신라의 것으로 고구려가 취득한지 30여년에 신라가 도로 이 성을 얻어 백성을 옮기고 관리를 두어 수비하였던 것인데, 당이 이 성을 뺏어 도로 고구려에 주었다.(「답설인귀서」)

백제가 영토 회복을 위한 움직임을 보인 시기는 고구려 멸망 직후이다. 고구려 멸망 직후 당은 신라가 차지하고 있던 비열성을 다시 빼앗아 고구려에게 주었던 것이다. 백제 역시 이러한 당의 움직임에 고무되었던 것이 아닐까 한다. 따라서 백제가 신라에게 빼앗긴 영토를 다시 찾고자 한 것은 다름이 아니라 이러한 당의 대고구려 정책에 편승한 것으로 보인다.

668년 백제의 움직임 가운데에서 주목되는 사실은 A-②에 보이듯 백제가 신라를 공격할 때 당이 신라를 치려고 한다는 사실을 유포시킨 점이다. 이것은 당의 신라 공격에 맞추어서 백제가 움직였다는 것을 말해준다. 그러나 고구려 멸망 직후 당이 신라를 곧바로 공격하려고 했는지는 자세히 알 수 없다. 그렇다면 백제가 당을 이용하여 영토회복이라는 목적을 달성하려고 했던 것으로 이해된다. 그러나 이러한 소문은 신라에 커다란 영향을 주었던 것임은 분명하다. A-②, ③에 보이듯 신라 백성들이 놀랐다든지, 또한 한성 도독인 박도유가 백제의 부녀와 혼인하며 신라를 배반하고 있다는 사실에서 충분히 엿볼 수 있기 때문이다. 따라서 웅진 도독부를 중심으로 일어난 부흥운동은 당을 그 배경으로 하고 있음을 알 수 있다.

668년 5월 당에 사죄사를 보내기 이전까지 신라가 백제에 취한 행동은 자세히 알 수 없지만, 신라의 백제 공격은 백제의 움직임에 대한 신라의 반발로 이해된다. 고구려 멸망 이후 비열성을 다시 빼앗기는 등 별다른 실익이 거두지 못한 신라는 당의 정책에 대해 상당한 불만을 가지고 있었다.[24] 이때 백제가 신라의 영토를 침범하자 곧바로 대응한 것으로 생각된다. 백제의 영역 변경 시도란 또 다시 신라의 안정을 크게 침해하는 것이었기 때문이다.

그러나 670년에 들어와서도 백제의 부흥운동을 위한 움직임은 계속되었다. G의 기록은 6월에 고구려 부흥운동이 일어났을 때 신라는 웅진 도독부에 이러한 사실을 알리면서 그 대책을 함께 마련하고자 하였음을 보여주고 있다. 이에 백제의 이군이 신라에 왔으나, 공동으로 대응하는 부분은 순조롭게 결정되지 못하였다. 당시 백제와 신라는 서로를 의심하고 있었으며, 백제가 신라를 수시로 공격하였기 때문이다.

C의 기록은 이러한 상황을 보다 구체적으로 전해주고 있다. 그 다음달인 7월의 기록이다. 신라는 백제의 배반을 의심하여 김유돈을 보내어 화해를 청하였으나, 백제는 이를 듣지 않고 이군을 보내어 오히려 신라측 사정을 엿보며 신라에 대한 공격을 도모하려고 하였던 것이다. 이러한 사실은 백제가 고구려 부흥운동을 통하여 신라의 움직임을 견제하는 한편, 자신들이 바라는 본래의 목적, 즉 영토회복을 위한 노력을 계속적으로 기울였음을 알려준다.

백제의 이러한 시도에 대하여 신라는 보다 강경하게 대응해 나갔다. 여기에는 당의 대백제정책이 크게 작용하였다. 670년 7월에 돌아온 入朝使 김흠순은 장차 경계를 확정할 때 지도를 살펴 백제의 옛 땅을 나누어 돌려주라는 당나라의 말을 전해주었던 것이다.[25] 이것은 B에 언급되고 있듯이 신라로 하여금 백제가 당의 협조 아래 다시 하나의 국가로 자립하는 것이 아닌가 하는 생각을 더

---

24) 「답설인귀서」
25) 「답설인귀서」

욱 갖게 만들었다. 그리고 백제가 언젠가는 신라를 병탄할 지도 모른다는 생각을 가지게 되었다. 따라서 신라는 그러한 후환을 갖지 않고자 노력할 필요가 있었다. 그것은 C의 기록에 7월에 들어와서 신라가 이군을 억류하는 한편, 군대를 동원하여 백제를 공격하였다는 사실에서 살필 수 있다.

> 군사를 들어 백제를 칠 때 품일·문충·중신·의관·천관 등은 63성을 攻取하여 그 인민을 내지로 옮기고, 천존·죽지 등은 7성을 취하여 敵首 2천을 베고, 군관·문영은 12성을 취하여 狄兵을 쳐서 7천급을 베고 戰馬와 병기를 얻음이 매우 많았다. (『삼국사기』 6, 문무왕 10년 7월)

옛 백제 지역에 대한 신라의 대규모 군사동원이라고 할 수 있다. 이때 백제의 82성을 취하고 백제 유민들을 신라 지역으로 옮겼다. 그러므로 신라의 침공은 백제 부흥운동을 도모하는 백제 유민들에 대한 경고가 포함된 것이라고 할 수 있다.

당시 신라가 백제의 움직임을 크게 주목하고 있었다는 사실은 신라의 고구려 부흥운동에 대한 태도변화에서도 살펴볼 수 있다.[26] 백제의 부흥운동이 계속되자 신라는 대고구려 부흥운동을 진압하려는 정책을 바꾸어서 대고구려 부흥운동과 연합하는 정책을 추구하였던 것이다. 그 분기점은 웅진 도독부와 고구려 부흥운동에 대한 대책을 논의하고자 한 670년 6월이다. 고구려 부흥운동을 벌이던 검모잠을 공격하려던 신라의 의도가 웅진 도독부에 의하여 그대로 받아들여지지 않자 신라는 고구려 부흥운동에 대한 대책을 새로이 마련하였던 것이다. 백제 유민들이 주도하는 웅진 도독부가 신라에 매우 비협조적이었기 때문이다. 백제 유민의 새로운 부흥운동으로 많은 어려움을 겪어 오던 신라로서는 검모잠의 요구를 오히려 긍정

---

26) 이하의 내용은 김수태, 「통일기 신라의 고구려 유민지배」, 344~347쪽.

적으로 받아들일 측면이 있었다. 왜냐하면 신라는 백제 유민의 새로운 부흥운동의 움직임을 막기 위해서는 먼저 북쪽으로부터 예상되는 당의 압력을 막아줄 완충세력이 필요하였기 때문이다. 이에 신라는 백제 지역을 집중적으로 공격한 이후인 8월에 안승을 고구려왕으로 책봉하며 안승집단을 받아들였다.27) 신라는 이러한 정책을 통하여 당의 세력을 견제하는 한편, 당에게 일정한 압력을 줄 수 있다고 생각한 것이다. 그래야만 신라는 백제에 전념할 수 있기 때문이다.

이를 바탕으로 신라는 당에 사신을 보내 백제의 움직임을 견제해 줄 것을 요구하려고 하였다. 그러나 670년 9월 이후 두 차례에 걸친 신라의 노력은 해로의 문제 등으로 말미암아 모두 실패로 돌아갔다.28) 그러나 신라의 외교적 노력과는 달리 D에 보이듯 웅진 도독부의 백제계 관료들의 외교적 노력은 오히려 당에게 설득력 있게 받아들여졌다. 백제가 없는 사실을 꾸미어 신라가 배반한다고 당에 아뢰었다는 것이다. 그러나 그것은 백제의 모함이라고 신라는 주장한다. 당이 그 원인을 제대로 묻지 아니한다고 하며, E에서처럼 백제가 옹치의 상을 받는 것이고, 신라는 정공의 해를 입는 것과 같은 것이라고 설명한다. 신라는 취리산 회맹 이후 백제가 간사하여 배반을 잘한다고 의심해 왔는데,29) 당이 그것을 믿었다는 것이다.

당시 백제의 외교적 노력에서 주목되는 것은 당의 군대를 요청한 사실이다. 웅진 도독부의 백제계 관료들은 자체의 힘만으로 백제 부흥을 이룰 수 없다고 생각하여 당을 적극적으로 끌어들이려고

---

27) 『삼국사기』 6, 문무왕 10년 8월.
28) 「답설인귀서」
29) 「답설인귀서」

한 것이다. 즉 당의 군대를 통해서 신라를 견제하는 한편 백제가 목표로 하는 부흥운동을 추구하려고 한 것이다. 이러한 까닭에 F-①에 보이듯 신라는 백제가 당의 군대를 이용하여 백제 멸망을 설욕하려는 것이 아닌가 의심하였다. 실제로 당은 백제의 요구를 그대로 받아들여 신라를 침공하려고 하였다. 이것은 백제 멸망 이후 오랫동안 당이 추구해오던 목표이기도 하였다. 더욱이 백제의 부흥운동이 새롭게 일어나자 신라가 고구려 부흥운동과 연결된다는 사실은 받아들이기 어려운 것이었다. 그것은 설인귀가 문무왕에게 보낸 편지에 잘 나타나고 있다. 당으로서는 오랫동안 준비해오던, 그리고 피할 수 없는 일이 이제 현실화된 것이다. 이에 당은 백제와 연합하여 신라 침공을 계획한다.

한편 신라 역시 671년에 들어와서 백제에 대한 공격을 더욱 진행시키는 한편 당나라 군대와 정면으로 충돌하였다. 671년 정월에 신라는 군사를 동원하여 백제의 웅진 남쪽을 공격하고, 6월에는 가림성을 공격하였다. 그리고 670년에 이미 狄兵을 죽인 신라는 671년 정월에 말갈병을 공격하는 한편, 당나라 군사가 백제를 구원하려 온다는 소식을 듣자 甕浦를 지키게 하였으며, 6월에는 석성에서 당나라 병사와 싸워 5천여 명을 죽였던 것이다.[30] 그리고 7월에 설인귀가 신라를 비난하는 편지를 보내오자, 문무왕은 신라가 파악하는 상세한 사정과 당나라의 정책이 잘못된 것임을 반박하는 편지를 보내게 된다. 그리고 신라는 같은 달에 소부리주의 설치를 선언하였다. 이것은 신라가 옛 백제지역을 실질적으로 지배하게 되었음을 알리는 것이다. 따라서 이제 나당전쟁만이 남게 되었다. 신라와 백제 유민 및 당의 연합군대와의 전쟁이 일어나게 된 것이다. 그러므로 백제계 관료들이 주도한 백제의 새로운 부흥운동은 나당전쟁을

---

30) 『삼국사기』 7, 문무왕 11년.

축발시킨 중요한 원인으로 작용하게 되었다.

한편 백제는 671년에 들어와서 대일본외교를 집중적으로 시도하였던 것 같다. 그것은 역시 당과 마찬가지로 일본에 대해서도 청병을 요청한 것이다.

6월 丙寅朔 己巳에 백제 3部의 사신이 요청한 군사에 관해 선언하였다.[31]

이 역시 백제가 당뿐만 아니라 일본과도 밀접히 연결되면서 백제 부흥을 꾀한 것이라고 말할 수 있다. 664년 이후 웅진 도독부와 일본은 여러 차례 교섭을 가졌는데,[32] 그 연장선상에서 이루어진 것으로 이해된다. 그러나 이러한 백제의 요청에 일본은 별다른 반응을 보이지 않고 있다. 왜냐하면 이미 문무왕은 태종 무열왕의 즉위 이후 단절된 일본과의 관계를 개선하고자 668년 9월에 일본으로 사신을 보내어 외교관계를 재개하였기 때문이다. 이후 문무왕의 재위 기간동안에 모두 12회나 사신이 파견되는 등 매우 활발한 외교관계를 맺게 된다.[33] 따라서 백제의 의도대로 일본의 파병은 이루어지지 못하였다.

이러한 정세 속에서 백제의 부흥운동이 언제까지 계속되었는지는 확실하지 않다. 그러나 늦어도 672년 초반까지 그 움직임이 계속되었던 것으로 이해된다. 그것은 소부리주의 설치시기와도 관련이 있다. 현재 671년 7월설과 672년설로 나누어져 논란이 있다.[34]

---

31) 『일본서기』 27, 천지 10년 6월.
32) 교섭의 의미에 대해서는 이도학, 앞의 글, 105~109쪽에서는 백제 재건과 관련하여 이해하고 있다. 그러나 왜로 하여금 당과의 관계를 개선하도록 요구하는 측면이 보다 강하였을 것으로 생각된다(「문무왕」, 168쪽).
33) 김수태, 「통일기 신라의 고구려 유민지배」, 『이기백고희기념사학논총』, 348~349쪽.
34) 일반적으로 671년설을 받아들이고 있다. 그러나 이도학은 672년설이 타당하다

그러나 671년도 나름대로 의미가 있지 않을까 한다. 그것은 671년에 소부리주의 설치를 선언하였지만, 실제로 총관이 파견된 것은 672년으로 이해되기 때문이다. 왜냐하면 웅진 도독부의 사택 손등이 웅진 도독부가 붕괴된 671년 11월에야 일본으로 망명하고 있다는 사실에서,[35] 그리고 672년 정월에도 부여에서 가까운 지역들이 신라에 의하여 완전히 장악되고 있지 않다는[36] 사실에서이다. 그러므로 671년에 소부리주의 설치는 신라가 백제에 대한 지배권을 선언한 의미로 이해된다. 그리고 신라에 의하여 실질적으로 지배된 것은 672년 정월 이후의 일로 생각된다. 그러므로 신라에 의한 소부리주 설치와 총관 파견은 이제 백제의 부흥운동이 종식된 것으로, 신라의 영토화가 되었음을 의미한다.

그러나 백제의 부흥운동에는 여전히 중요한 변수가 남아 있었다. 그것은 나당전쟁의 결과이다. 그 전쟁이 어떻게 결말을 맺느냐에 따라서 백제의 향방도 새로이 결정지어질 수 있는 것이기 때문이다. 신라와 당의 군사적 충돌은 671년부터 시작되었지만, 문무왕의 소부리주 설치 이후 신라와 당의 전쟁이 본격화되었다. 그러나 6여년간에 걸친 나당전쟁은 신라의 승리로 끝이 났다. 따라서 신라의 승리는 백제 유민으로 하여금 부흥운동을 더 이상 기대하기 어렵게 만들었다.

고 한다(앞의 글, 109~111쪽).
35) 『일본서기』 27, 천지 10년 11월.
36) 『삼국사기』 7, 문무왕 12년 정월.

V. 부흥운동의 영향

웅진 도독부를 중심으로 전개된 백제 부흥운동은 신라의 대백제 유민 정책에 어떠한 영향을 미쳤던 것일까. 나당전쟁이 한창 진행되는 과정에서 신라는 백제 유민에 대한 새로운 정책을 마련하였다.[37]

백제 멸망후 백제유민에 대한 처우가 어떠한 원칙에 입각해서 마련된 것인지에 대해서는 논란이 있다. 그러나 신라가 그 동안 적용해 오던 원칙에 따라서 시행하였던 것이 아닐까 한다.

> 백제인의 인원도 그 재능을 보아 임용하였다. 좌평의 충상, 상영과 달솔 자간에게는 일길찬의 位를 주어 총관의 職에 임명하고, 은솔 무수에게는 대나마의 위를 주어 대감직에 임명하고, 은솔 인수에게는 대나마의 위를 주어 제감직에 임명하였다.(『삼국사기』 5, 태종무열왕 7년 11월)

좌평이나 달솔을 6두품에, 은솔은 5두품에 편입시키고 있는 것이다. 신분상으로는 6두품을, 관등상으로는 일길찬을 상한으로 설정하고 있다. 이것은 신문왕 6년(686) 고구려 유민에 대한 규정과 상당한 공통점을 가지고 있다. 신분적으로는 6두품을 최고로, 관등은 일길찬을 그 상한으로 하고 있기 때문이다. 그러므로 백제 유민에 대해서도 신문왕 6년에 규정된 고구려인조와 같은 원칙이 적용되었다고 할 수 있다.

그러나 백제 유민의 경우 이러한 원칙이 적용되지 않은 사례도 찾아볼 수 있다. 백제 멸망에 협조한 인물이었던 충상에 대하여 661년에 6두품의 최고 관등인 아찬을,[38] 은솔 파가의 경우에는 5두품

---

37) 이하의 내용은 김수태, 1999, 「신라 문무왕대의 대복속민 정책」, 『신라문화』 16을 정리한 것이다.

이 아니라 6두품의 급찬을[39] 주고 있는 것이다. 이것은 예외적인 일이라 할 수 있다. 백제 유민에 대한 이러한 관등 상승은 신라가 백제부흥운동을 신속히 제압하고 신라의 지배하에 두려고 한 바램에서 비롯된 회유책이었던 것이다. 그러나 이러한 신라의 노력은 웅진 도독부를 기반으로 새롭게 전개된 부흥운동으로 말미암아 크게 흔들렸으며, 별다른 효과를 거두지 못하였던 것이 아닐까 한다.

따라서 웅진 도독부에 의한 백제 부흥운동이 진압된 673년에 새로운 조치가 마련되었다. 『삼국사기』 직관지 외위 백제인조를 통해서이다

> 백제인의 位는 문무왕 13년 백제에서 온 사람에게 內外官을 주었는데 그 위의 순서는 本國에서의 官銜을 보아서 하였다. 京官의 大奈麻는 본국 達率에게, 奈麻는 恩率에게, 大舍는 德率에게, 舍知는 본국 扞率에게, 幢은 본국 奈率에게, 大烏는 본국 將德에게 주었으며, 外官의 貴干은 본국 達率에게, 撰干은 恩率에게, 上干은 본국 德率에게, 干은 본국 扞率에게, 一伐은 본국 奈率에게, 一尺은 본국 將德에게 주었다.

671년 소부리주가 설치되고, 그 다음 해에 총관을 파견하고 나서, 그리고 차득공에 의한 옛 백제 지역에 대한 실태파악을 마친 673년에 새로운 정책이 마련된 것이다.

이러한 새로운 조치는 백제 멸망 직후의 그것과 비교할 때 차이가 나고 있다. 경위를 받을 경우 6두품이 아니라, 이제 5두품을 상한으로 하고 있는 것이다. 그리고 달솔의 경우 6두품까지를 받을 수 있었던 것과는 달리 5두품이 상한이 된다. 은솔의 경우에도 대나마가 아니라, 나마로 상한이 새로이 설정되고 있다. 신분이나 관등에서 한 단계씩 떨어지는 현상을 찾아볼 수 있다.

---

38) 『삼국사기』 5, 태종 무열왕 7년 11월.
39) 『삼국사기』 6, 문무왕 원년.

외위의 경우에도 마찬가지이다. 귀간이 그 상한으로 언급되고 있는데, 5두품에 해당된다. 그러나 신라에서 외위를 받는 사람은 嶽干의 경우 일길찬, 즉 6두품에 상응되었는데, 그것과 비교할 때 커다란 차이가 난다. 신라의 외위 대상자와도 차별을 두고 있는 것이다. 원신라인 재지세력이 6두품 상당의 관등의 받을 수 있는데 비하여, 백제 유민은 5두품을 그 상한으로 하는 관등밖에 가질 수 없었던 것이다. 왕경인과 지방인 사이에 차별을 두었던 신라가 지방인 가운데에서도 원신라인과 백제 유민을 또 다시 차별한 것이다.[40] 그러므로 673년의 조치는 새로운 차별책이라고 할 수 있다.

660년과는 달리 673년에 들어와서 다시 백제유민을 차별하게 된 직접적인 원인은 어디에 있었을까. 우선 옛 백제지역의 정치적 위치변화와 직접 관련된 것으로 생각된다. 옛 백제지역은 당에 속한 한 단위인 웅진 도독부에 불과하였다. 이것은 당과 대등한 존재로서의 신라의 위치와는 전혀 다른 것이었다. 그러나 보덕국의 경우를 살펴볼 때 이러한 점에만 주목할 수 없을 것 같다. 안승은 진골로까지 편입되었던 것이다.

그 보다는 역시 백제의 부흥운동에서 찾아야 할 것이다. 웅진 도독부의 백제계 관료들이 당과 신라의 대립관계를 이용하면서 새로이 백제를 부흥시키려고 하는 등 신라에게 많은 어려움을 주었기 때문이다. 이러한 까닭에 671년 이후 옛 백제지역을 실질적으로 지배하게 된 신라는 이들에게 이전과 같은 동등한 관등을 줄 수 없었을 것이다. 이에 신라는 백제 유민에 대한 관등수여에 있어서 그 격을 이전 보다 한 단계 더 떨어뜨린 것이 아닌가 한다.

---

40) 이것은 옛 백제지역의 지방민들이 백제 부흥운동에 크게 호응했다는 사실을 보여주는 것이 아닐까 한다. 670년 신라의 대백제공격으로 많은 백제 유민들이 신라지역으로 사민되었다.

따라서 673년에 마련된 백제 유민에 대한 새로운 차별정책은 웅진 도독부의 백제부흥운동과 직접적인 관련이 있는 것으로 이해된다. 그만큼 백제의 부흥운동이 꾸준히 전개되었음을 말해주는 것이기도 하다. 그러나 두 차례에 걸친 조치를 통해서 백제유민에 대한 처우는 더욱 나빠지게 되었다. 그 결과 신라의 대백제 유민정책은 신라 중대 말 이후 백제 유민들로 하여금 다시금 백제 부흥운동을 일으키게 하는 요인으로 작용하였던 것이 아닐까 한다.

부흥운동기 백제의 군사활동과 산성

서정석 ·공주대학교

I. 머리말

사비도성이 함락된 후 3년 동안 전개된 백제부흥운동은, 사비시대 백제 사회가 갖고 있던 정치·경제·군사력 등 제 요소의 결정체였다. 자연히 부흥운동의 시말 뿐 아니라 사비시대 백제 사회를 복원하는데 더 없이 중요한 자료가 되고 있다. 특히 지방통치의 실상이나 군사활동, 성곽의 존재 양태 등을 살펴보기 위해서는 반드시 검토해야 할 대상이 된다. 그러나 지금까지 부흥운동에 대한 연구는 몇몇 격전지에 대한 위치 비정에만 관심이 기울여져 왔을 뿐 이 방면 연구에는 상대적으로 소홀했던 것이 사실이다.

최근들어 黑齒常之·黑齒俊,[1] 扶餘隆[2] 등의 묘지명이 발견·소

---

1) ① 李道學, 1991, 「百濟 黑齒常之 墓誌銘의 檢討」, 『鄕土文化』 6, 19~37쪽.
② 李文基, 1991, 「百濟 黑齒常之 墓誌銘의 判讀과 紹介」, 『韓國古代史研究會

개되면서 부흥운동의 전개과정에 대한 입체적인 복원이 어느 정도 가능해졌지만3) 부흥운동을 백제사와 연결시켜 보려는 노력은 아직도 미흡한 실정이다. 따라서 여기에서는 이러한 문제의식에서 부흥군의 군사활동을 당시의 성곽과 관련시켜 보고자 한다. 거시적인 관점에서 볼 때 당시의 주요 격전지도 이러한 군사활동의 범위에서 크게 벗어나지 않을 것으로 생각되기 때문이다.

물론 이러한 작업이 소기의 목적을 달성하기 위해서는 우선적으로 백제 故地에 남아 있는 백제 성곽의 실체가 분명하게 밝혀져야 할 것이다. 그래야만 비로소 기록에 남아 있는 군사활동과 성곽을 유기적으로 연결시킬 수 있기 때문이다.

그러나 백제 성곽에 대한 연구는 그 중요성에도 불구하고 조사 자료와 연구자의 부족으로 미흡한 부분이 많이 남아 있는 실정이다. 백제 故地에 남아 있는 성곽들은 지표조사조차 제대로 이루어지지 않고 있다. 그런 점에서 군사활동과 성곽을 연계시켜 보려는 시도는 앞으로 보완의 여지가 많을 것으로 생각된다. 따라서 여기에서는 성곽의 현황 파악이 어느 정도 이루어진 충남지역을 중심으로 하여 성곽과 군사활동의 상관관계를 살펴보고자 한다.

아울러 지역적인 편중에서 오는 오류를 최소화 하기 위해 문헌 기록에 대한 검토를 먼저 진행하고자 한다. 축성 기록을 통해 백제 성곽의 성격을 이해할 수 있다면 당시의 군사활동을 이해할 수 있는 중요한 단서를 확보할 수 있을 것으로 생각되기 때문이다. 논의

報』21.
③ 李文基, 1991, 「百濟 黑齒常之父子 墓誌銘의 檢討」, 『韓國學報』 64, 一志社,
2) 梁起錫, 1995, 「百濟 扶餘隆 墓誌銘에 대한 檢討」, 『國史館論叢』 62, 國史編纂委員會, 135~159쪽.
3) 李道學, 1999, 「百濟 復興運動의 시작과 끝, 任存城」, 『百濟文化』 28, 公州大學校 百濟文化硏究所, 191~204쪽.

의 전개과정에서 나타나는 논리의 비약과 오류에 대해서는 따뜻한 叱正을 기대한다.

Ⅱ. 축성 기사의 검토

주지하는 바와 같이 성곽은 방어시설이다. 축성재료, 위치, 평면형태, 구조, 규모의 다양성에도 불구하고, 성곽이 갖는 기본적인 고유 성격이 방어시설이라는 사실에 대해서는 별다른 이의가 없을 듯하다. 다만, 그러한 성곽도 좀 더 구체적으로 살펴보면 그러한 방어시설로써의 기능 이외에 또 다른 기능을 갖고 있음을 알 수 있다.

예컨대 都城의 경우, 도성도 성곽인 이상 그것이 방어시설임에는 틀림없지만4) 일반적인 산성과 달리 방어 이외에 행정적인 기능도 담고 있음을 부인할 수 없다. 아니 어쩌면 방어시설로써의 의미보다도 그러한 행정 통치의 기능이 더 크다고 해도 지나친 말이 아니다.5) 그래서 성곽은 목적에 의해 행정적인 성곽과 군사적인 성곽으로 나누어 볼 수 있다.6) 都城이나 邑城이 행정적인 측면이 중시되는 성곽이라면 산성은 보통 군사적인 방어시설물로써의 기능이 중시되는 성곽이다. 그런가 하면 방어적인 성격 이외에 성곽이 갖고 있는 공격적인 기능을 강조하는 경우도 있다.7)

---

4) 나당연합군에 의해 사비도성이 함락되는 장면을 살펴보면 "定方令士超堞立唐旗幟"하였다고 한다. 여기에서 보면 城堞의 존재가 보이는데, 이로써 볼 때 사비도성의 성벽에 女墻施設이 있었던 것을 알 수 있으며, 아울러 都城이 갖고 있던 방어기능도 엿볼 수 있다.
5) 예를 들어 近肖古王 26년(371)에 평양성전투를 치루고 나서 '移都漢山' 하거나 慈悲王 18년(475)에 '王移居明活城' 한 것을 보면 좀 더 분명해질 것이다.
6) 孫永植, 1987, 『韓國 城郭의 硏究』, 文化財管理局, 73~74쪽.
7) 井上宗和, 1987, 『城』, 法政大出版局, 290~295쪽.

성곽이 갖는 이러한 다양한 기능 때문에 백제의 군사활동과 성곽을 연결시켜 보기 위해서는 우선적으로 백제 성곽의 성격을 검토해 볼 필요가 있을 듯하다. 만일 백제 성곽이 종류에 따라 각각 다른 기능을 갖고 있다면 그 중 군사적 성격을 띠고 있는 성곽을 통해서 군사활동과 성곽을 연결시켜 볼 수 있기 때문이다.

『三國史記』「百濟本紀」(이하「濟紀」로 略함)에는 都城과 관련된 것을 제외하면 다음과 같은 축성 기록이 남아 있다.

가 - ① (溫祚王 8년)   秋七月 築馬首城 竪瓶山柵
　　 ② (溫祚王 11년)   秋七月 設禿山狗川兩柵 以塞樂浪之路
　　 ③ (溫祚王 13년)   秋七月 就漢山下立柵 移慰禮城民戶
　　 ④ (溫祚王 14년)   秋七月 築城漢江西北 分漢城民
　　 ⑤ (溫祚王 22년)   秋八月 築石頭高木二城
　　 ⑥ (溫祚王 24년)   秋七月 王作熊川柵
　　 ⑦ (溫祚王 27년)   秋七月 築大豆山城
　　 ⑧ (溫祚王 36년)   秋七月 築湯井城 分大豆城民戶居之
　　 ⑨ (溫祚王 36년)   八月 修葺圓山 錦峴二城 築古沙夫里城
　　 ⑩ (多婁王 29년)   春二月 王命東部 築牛谷城 以備靺鞨
　　 ⑪ (蓋婁王 5년)   春二月 築北漢山城
　　 ⑫ (肖古王 45년)   春二月 築赤峴沙道二城 移東部民戶 冬十月靺鞨來攻沙道城
　　 ⑬ (仇首王 4년)   春二月 設二柵於沙道城側 東西相去十里
　　 ⑭ (近肖古王 28년) 秋七月 築城於靑木嶺
　　 ⑮ (辰斯王 2년)   春 發國內人年十五歲已上設關防 自靑木嶺…西至大海
　　 ⑯ (阿莘王 7년)   三月 築雙峴城
　　 ⑰ (腆支王 13년)   秋七月 徵東北二部人年十五已上 築沙口城
　　 ⑱ (蓋鹵王 15년)   冬十月 葺雙峴城 設大柵於靑木嶺 分北漢山城士卒戍之
　　 ⑲ (東城王 8년)   秋七月 重修宮室 築牛頭城
　　 ⑳ (東城王 12년)   秋七月 徵北部人年十五已上 築沙峴耳山二城
　　 ㉑ (東城王 20년)   秋七月 築沙井城 以扦率毗陀鎭之
　　 ㉒ (東城王 23년)   七月 設柵於炭峴以備新羅八月 築加林城 以衛士佐平苩加鎭
　　　　　　　　　　　 之
　　 ㉓ (武寧王 7년)   夏五月 立二柵於高木城南 又築長嶺城以備靺鞨
　　 ㉔ (武寧王 23년)   春二月…徵漢北州郡民年十五已上 築雙峴城
　　 ㉕ (聖 王 4년)   冬十月 修葺熊津城 立沙井柵

㉖ (武　王 6년)　春二月 築角山城
㉗ (武　王 12년) 秋八月 築赤嵒城
㉘ (武　王 33년) 二月 改築馬川城

이상에서 보는 바와 같이 도성을 제외한 성곽·柵의 축조 기사
가 28회에 이르고 있다. 그 중 가)—㉘은 말 그대로 改築한 것인데,
修葺과 달리 改築은 새로이 축성한 것으로 볼 수 있기 때문에 성곽
축조에 포함시켰다.

사료 가)에서 보면 백제에서는 7월과 2월에 축성이 집중되었음
을 알 수 있다. 7월에 이루어진 築城이나 設柵은 13회이고, 여기에
8월에 이루어진 4회까지 합하면 모두 17회에 이른다. 2월에 이루어
진 경우도 그에 못지 않아서 모두 7회에 이른다. 몇 월인지가 분명
하지가 않고, 그냥 봄이나 3월로 기록된 2회까지 합하면 모두 9회
에 이르고 있어 결국 7월(8월)이나 2월(봄, 3월)에 이루어진 築城·
設柵이 90% 이상임을 알 수 있다. 이는 주로 농한기를 이용해서 築
城이나 設柵이 이루어졌음을 의미하는 것으로, 삼국 모두에 공통된
현상이라고 한다.[8]

한편, 「濟紀」에 나타난 백제의 축성 기사를 검토해 보면 몇 가
지 특징을 확인할 수 있다.

첫째, 始祖 溫祚王代에 축성 기사가 집중되어 있다는 사실이다.
「濟紀」의 축성기사를 보면 전체 28개의 축성 기사 중 9개가 온조왕
대에 집중되어 있다. 온조왕대에 축조된 성곽을 실물로 확인할 수
는 없지만, 백제사의 발전과정을 놓고 볼 때 이 시기에 지방통치를
위한 거점성을 축조했다고 보기는 어려울 듯하다. 그런 점에서 이
시기에 이루어진 築城과 設柵은 모두가 군사적 방어시설물로 여겨
진다.

---

8) 兪元載, 1984, 「『三國史記』 築城記事의 分析」, 『湖西史學』 12, 1~25쪽.

둘째, 주로 국경선 근처에 축성이 이루어진다는 사실이다. 가)-②에서 보듯이 禿山·狗川의 兩柵을 설치하여 낙랑으로 통하는 통로를 차단하고 있다. 그런가 하면 辰斯王 7년조에는 "四月 靺鞨攻陷北鄙赤峴城" 이라는 기록도 보인다. 이러한 사실은 대부분의 축성이 국경선 근처에 이루어졌음을 반영하는 것이다. 당연히 국경선 근처에 자리하고 있던 성곽들은 군사적 기능이 우선시 되는 성곽이었을 것이다.

셋째는 동부와 북부에 집중적으로 성곽이 축조되었다는 사실이다. 사료 가)-⑩을 통해 동부에 축성이 이루어졌음을 알 수 있으며, 가)-⑫ 역시 赤峴城이 辰斯王 7년에 北鄙로 표현되고 있는 것으로 보아 북쪽임을 알 수 있다. 가)-⑮와 ⑳ 역시 동부, 혹은 북부에 축성이 이루어졌음을 반영하는 것으로 생각된다.

이렇게 동부와 북부에 축성이 집중될 수 밖에 없었던 것은 가)-②, ⑩, ㉓ 등에서 알 수 있듯이 낙랑, 말갈, 고구려의 침입을 방비하기 위한 것이었다. 물론, 가)-⑥이나 ㉒에서 보듯이 남쪽이나 동쪽에 방어시설을 구축한 것이 전혀 없는 것은 아니다. 다만, 그것이 북쪽이나 동쪽에 비해 극히 미비하고, 그런 점에서 삼한 소국의 영역화를 진행하면서 巡狩와 築城이 이루어진 신라의 축성 과정과는 대비되는 면이 있다.

한편, 흥미로운 것은 熊川柵을 설치하고 나서 마한왕의 항의를 받은 온조왕이 곧바로 柵을 헐어버린다는 사실이다. 瓶山柵에 대한 낙랑태수의 항의에 대해서는 '設險守國'이 '古今常道'임을 들어 失和에까지 이르던 백제가 熊川柵을 바로 철거한 것은 실제로 마한을 공격하기 위한 전진기지와 같은 성격을 띠었던 것이 아닌가 하는 생각을 갖게 한다. 그 다음 해부터 마한을 병탄할 뜻을 갖게 되고, 그 이듬 해에는 마한의 정복이 이루어지고 있기 때문이다.

그렇다면 동·북부와 달리 남쪽에의 築城이나 設柵은 방어시설이라기 보다는 마한 병합을 위한 전진기지와 같은 것이 아닐까 한다. 그러나 더 이상의 축성은 찾아보기 어렵다. 그런 점에서 『三國志』「韓傳」에 보이는 "無城郭"의 의미도 무조건 부정할 필요는 없을 듯하다.

넷째, 성곽에 일정 수의 군대가 배치되었다는 사실이다. 예컨대 「濟紀」 仇首王 4년 2월조에 보면 "設二柵於沙道城側 東西相去十里 分赤峴城卒戍之" 라는 기록이 보인다. 적현성에 배치되었던 일부의 군사가 새로 설치된 沙道城의 柵에 배치되고 있음을 알 수 있다. 물론, 축성이 이루어진 모든 성곽에 이렇게 일정 수의 군대가 배치되었는지는 알 수 없다. 그러나 필요에 의해서 축성이 이루어진 만큼 사정은 동일했으리라 생각된다. 그런 점에서 사비시대에 方城이 축성되고, 方城에 일정 수의 군대가 배치된 것도 동일한 맥락이 아닐까 여겨진다. 아울러 이렇게 일정 수의 군대가 평상시 배치되어 있었던 성곽이라면 그 기능이라는 것도 좀 더 분명해 보인다.

이상과 같이 「濟紀」에 보이는 백제의 築城·設柵을 분석해 볼 때 대부분의 백제 성곽이나 柵은 행정적 기능보다는 군사적 기능 위주의 성격을 띠고 있었던 것으로 판단된다.

Ⅲ. 백제 성곽의 성격

1. 성곽 출현의 배경

주지하다시피 삼국시대의 성곽은 기본적으로 삼한의 小國들이 성장하는 과정에서 축조되기 시작하였다.[9] 따라서 『三國志』에 보이는 城郭을 A.D. 1세기 이래 邑落 중심지에 설치된 방어를 목적으로 하는 土壘나 木柵으로 볼 수도 있지만10) 실질적으로 이 시기의 城柵은 좀처럼 찾아보기 어렵다.

반면에 『三國史記』「新羅本紀」(이하 「羅紀」로 약함)에 의하면 2세기 이후 빈번해지는 소국 정복기사와 더불어 축성기사도 증가하고 있다.11) 이렇게 경주 주변 뿐 아니라 나머지 辰韓 소국을 복속시키는 단계에 축성 기사 역시 증가하고 있다는 사실은, 성곽이 소국의 형성 보다는 소국간의 갈등과 더 큰 관련이 있는 것으로 생각된다. 그렇다면 삼국시대의 성곽은 결국 삼한의 소국을 어떻게 재편하느냐에 따라 그 기능에 차이가 났던 것으로 생각된다.

백제 역시 기본적으로 馬韓의 소국을 정복하면서 성장하였다. 따라서, 마한의 소국을 정복·통치하는 과정에서 필요에 따라 축성이 이루어졌을 가능성을 배제할 수 없다.12) 그러나 백제에서는 실제로 그러한 예를 찾아보기가 대단히 어렵다. 신라와 달리 백제가 마한의 소국을 정복·편제해 간 과정에 대한 별다른 설명이 남아 있지 않기 때문이다. 다만, 남아있는 자료를 통해서 볼 때 신라와는 자못 달랐던 것으로 추측된다. 적어도 왕이 지방을 巡狩하는 기록이 찾아지지 않는 것이 단적이 예가 될 것이다. 그 만큼 신라에 비해 철저한 지방 지배가 이루어지지 못했음을 의미하는 것으로 비쳐진다.

사실, 백제의 초기 관심은 북쪽의 고구려, 말갈, 낙랑이었다. 따라서 王都보다 남쪽에 자리하고 있던 마한 小國의 편제에는 상대적

---

9) 李賢惠, 1984,『三韓社會 形成過程 硏究』, 一潮閣, 148~154쪽.
10) 李賢惠, 1984, 위의 책, 153쪽.
　　실제로 백제의·경우 圓山城과 錦峴城의 존재가 있기는 하다.
11) 서영일, 1999,『新羅陸上交通路硏究』, 學硏文化社, 45~47쪽.
12) 예컨대 온조왕 27년조의 "馬韓遂滅 秋七月 築大豆山城" 같은 것이 그것이다.

으로 큰 관심을 덜 기울일 수 밖에 없었을지 모른다. 「濟紀」온조왕 13년조 기록에 보이는 "國家東有樂浪 北有靺鞨 侵軼疆境 少有寧日"은 비단 온조왕만이 아니라 한성시대 백제가 안고 있었던 근본적인 근심을 표현한 것이다.[13] 실제로 『삼국사기』의 전쟁 기사를 분석해 보면 백제가 수행한 123회의 전쟁 중 공격 71회, 피침 52회인데, 고구려나 말갈에 대해서는 많은 피침을 받은 반면에 신라에 대해서는 일방적인 공격전을 수행한 것을 알 수 있다.[14] 자연히 王都 이남지역의 통치에 대한 관심이 상대적으로 소홀할 수밖에 없었다. 근초고왕 28년에 있었던 禿山城主의 신라로의 도망도 그래서 가능했을 것이다.

더구나 백제는 신라와 달리 目支國을 중심으로 연맹체를 형성하고 있던 마한지역에서 성장하였다. 연맹체의 맹주였던 목지국을 대신하여 연맹체 조직을 '인수'한 셈이다. 그러나 신라(斯盧國)는 이와 달리 진한지역에 목지국과 같은 연맹체의 맹주가 없었기 때문에 주변에 있던 소국들을 하나하나 정복하면서 성장할 수밖에 없었다. 사로국이 정복했던 悉直國[15]과 押督國[16]이 다시 반란을 일으키는 것이라든지 沙伐國이 백제로 귀부해 간 사건[17]이 발생한 것도 그 때문이다.

백제와 신라의 성장은, 결국 삼한시대 이래로 마한지역과 진한지역이 처해 있던 환경의 차이에서 힘입은 바가 크다는 사실을 확인할 수 있다. 다시 말해서 세형동검문화 단계 이래로 나름대로의

---

13) 金起燮, 1991, 「『三國史記』「百濟本紀」에 보이는 靺鞨과 樂浪의 位置에 대한 再檢討」, 『淸溪史學』8, 淸溪史學會, 1~21쪽.
14) 金瑛河, 2002, 『韓國 古代社會의 軍事와 政治』, 高麗大學校 民族文化硏究院, 90~94쪽.
15) 『三國史記』婆娑尼師今 25년조.
16) 『三國史記』逸聖尼師今 13년조.
17) 『三國史記』, 「列傳」, 昔于老. "沙梁伐國舊屬我 忽背而歸百濟"

정치적 질서가 확립됨으로써 소국간의 무력대결이 빈번하지 않았던 馬韓18)과 그렇지 못했던 辰韓의 차이에서 비롯된 것이 아닌가 한다.

따라서 순조롭게 목지국이 누리고 있던 연맹체의 조직을 '인수' 한 백제에서는 상대적으로 완만한 지방통치가 이루어진데 비해 일일이 무력으로 주변의 소국을 정복하면서 성장해야 했던 신라에서는 보다 치밀한 지방통치가 이루어지게 되었다. 더구나 悉直國과 押督國의 반란을 경험했던 斯盧國은 좀더 강력한 지방통치의 필요성을 인식하게 되었고, 정복지역 주민을 徙民시키는 정책까지 강구하게 되었다.19)

신라에서 보다 치밀한 지방통치가 이루어질 수 밖에 없었던 또 다른 원인으로는 신라의 성장 방향이 서쪽과 북쪽이었다는 사실이다. 백제와 달리 王都보다 북쪽, 그래서 고구려나 백제 쪽과도 가까운 거리에 있는 소국들을 정복하면서 영역화 한 관계로 이 지역에 대한 특별한 관리가 필요했던 것이다. 더구나 伐休에서 訖解에 이르는 시기에 백제에 대한 공격전이 2회인데 비해 백제로부터의 피침은 14회에 이르고, 中古期에도 공격 6회, 피침 20회에 이르는 등 일방적인 공격을 받곧 하였다20)는 사실은 백제와 다른 지방 지배질서를 모색하게 했을 것이다.

왕의 巡狩가 백제보다 빈번하게 이루어고, 城·村에까지 지배력이 미치게 된 것21)도 같은 맥락에서 이해된다. 그런 점에서 신라의 축성 사업 역시 백제와는 성격이 다른 것으로 이해된다. 신라의 축

---

18) 李賢惠, 1984, 앞의 책, 150쪽.
19) 韓沽劤, 1960, 「古代國家 成長過程에 있어서의 對服屬民施策 (上)」, 『歷史學報』 12, 102~103쪽.
20) 金瑛河, 2002, 앞의 책, 95~101쪽.
21) 金在弘, 1991, 「新羅 中古期의 村制와 지방사회 구조」, 『韓國史研究』 72.

성사업은 王都 방비만을 목적으로 하는 것이 아니라 새로 영역화한 지역을 통치하는 거점으로 기능하는 성곽도 생겨나게 되었던 것이다.「羅紀」沾解尼師今 15년조에 보이는 "春二月築達伐城 以奈麻克宗爲城主"의 기사는 그런 점에서 시사적이다.

여기에서 보이는 達伐城은 대구지역에 자리하고 있던 것으로 생각되는데, 대구지역이 경주에서 낙동강 중·상류의 소국을 연결하려면 반드시 통과해야 하는 육상교통의 중심지라는 점에서 주변의 제 소국을 통제·감찰하기 위해 축조한 것으로 추정된다.22) 실제로 현재 대구지역에서 확인되는 達城의 존재는 입지나 규모, 주변지역과의 관계 등을 고려해 볼 때 단순히 방어시설이라고만 보기에는 곤란한 것이 사실이다.23) 그리고 그런 점에서 達城의 성격은 오히려 행정적 기능의 성곽이라고 보는 것이 자연스러워 보인다.

물론, 신라에 이러한 '행정적' 기능의 성곽만 자리했던 것은 아니다. 같은「羅紀」婆娑尼師今 8년조에는 "秋七月 下令曰 朕以不德 有此國家 西鄰百濟 南接加耶 德不能綏 威不足畏 宜繕葺城壘 以待侵軼 是月 築加召馬頭二城"이라는 기록이 있다. 여기에서 보이는 加召城과 馬頭城이 어떤 성곽인지 현재 확인할 수는 없지만, 전후 내용으로 보아 이 두 성곽은 행정적 기능의 성곽 이라기 보다는 변방에 축조된 군사적 기능의 성곽임을 쉽게 짐작해 볼 수 있다.24)

---

22) 全德在, 1990,「新羅 州郡制의 成立背景 硏究」,『韓國史論』22, 서울大 國史學科, 15쪽.

23) 물론, 현재의 達城과 기록에 보이는 達伐城을 곧바로 연결하기에는 아직 주저되는 바가 없지 않다. 5세기 이후에 축조되었을 가능성이 제기되고 있기 때문이다(尹容鎭,「韓國 初期 鐵器文化에 관한 硏究」,『韓國史學』11, 韓國精神文化硏究院, 1991). 그러나 達城이 신라시대 城郭이 분명하다면 축조시기에 약간의 차이가 있다 하더라도 그 성격을 이해하는 데에는 큰 무리가 없다고 판단된다.

24) 물론 이 기사의 紀年에는 이의를 제기할 수도 있겠지만 성곽의 성격을 이해하는 데에는 큰 무리가 없다고 생각된다.

이렇게 삼국시대에 축조된 성곽 중에는 크게 보아 두 가지 기능의 성곽이 있음을 알 수 있다. 그런데 신라와 성장 과정을 달리했던 백제는 내륙지방에 축조하였을 행정적 기능을 중시하는 성곽의 존재가 뚜렷하게 확인되지 않는다.[25] 이것은 역시 백제의 마한 소국 해체과정이 불분명한 것과 관련이 깊은데,[26] 신라가 소국을 해체시키면서 성장한 것과 달리 소국연맹체를 그대로 유지하면서 성장한 결과로 풀이된다.

2. 백제의 지방지배와 성곽

앞서 백제와 신라의 성장 과정을 통해서 삼국시대 성곽 출현의 배경을 살펴보았다. 그리고 그 과정에서 행정적 기능을 중시한 성곽과 군사적 기능을 중시한 성곽이 있음을 확인해 보았다. 이러한 사실은 5∼6세기를 통해서도 동일하게 확인된다.

주지하는 바와 같이 5∼6세기는 신라가 소백산맥을 넘어서 한반도 중부지방을 영역화 해 가는 시기다.[27] 아울러, 새로 영역화한 지역에 대한 축성 기사가 『삼국사기』에 보인다. 즉, 4세기대에는 보이지 않던 축성 기사가 5세기에 들어오면 15회로 급증하고 있고, 6세기에도 6회의 축성 기사가 보인다.[28]

그런데 이 시기에 들어 축성한 성곽도 앞선 시기와 마찬가지로 서로 성격을 달리하는 두 종류의 성곽이 새로 영역화한 지역에 축

---

25) 사료 가)−⑧과 ⑨에 보이는 湯井城, 古沙夫里城의 예가 있기는 하지만 기록만으로는 더 이상 성격을 추적하기가 어려운 실정이다.
26) 그런 점에서도 『三國志』「韓傳」의 "無城郭" 기록에 대한 해석은 신중할 필요가 있어 보인다.
27) 양기석, 2001, 「신라의 청주지역 진출」, 『신라 서원소경 연구』, 서경문화사, 11∼56쪽.
28) 兪元載, 1984, 앞의 논문, 9∼10쪽.

조된 것으로 생각된다. 우선 「羅紀」, 태종무열왕 8년 5월 9일조에 보이는 다음과 같은 기록을 보자.

나) 高句麗將軍惱音信與靺鞨將軍生偕合軍 來攻述川城 不克 移攻北漢山城 列抛
　　車飛石 所當陣屋輒壞 城主大舍冬陀川使人 擲鐵蒺藜於城外 人馬不能行 又破
　　安養寺廩廎 輸其材

　　여기에서 보면 고구려 장군 뇌음신이 말갈장군 생해와 더불어 북한산성을 공격해 온 것을 알 수 있다. 이 때 고구려 군사들은 포차로 돌을 날려서 성내의 건물을 파괴시켰으며, 이에 대항해 대사 동타천은 마름쇠를 성 밖으로 던져 사람이나 말이 접근할 수 없도록 하고 있다. 그런가 하면 성내에 안양사라는 사찰이 있었던 것도 알 수 있다.

　　포차를 통해 돌을 날려서 공격할 수 있는 성곽이라면 험산에 자리한 산성은 아니었던 듯하다. 마찬가지로 성내에서 마름쇠를 던져 사람과 말이 성벽에 접근할 수 없도록 한 것 역시 군사적 방어시설로써의 산성과는 거리가 있다. 더구나 성내에 사찰이 자리하고 있었다면 일반적인 산성은 아니었던 것이 더더욱 분명하다. 그런 점에서 사료 나)에 보이는 북한산성은 행정적 기능 위주의 성곽이었던 것으로 판단된다.

　　물론, 신라가 지방을 편제하면서 축조한 성곽들이 모두 이렇게 행정통치를 위한 것만 있었던 것은 아니다.[29] 당연히 군사적 방어

---

29) 여기에서 보이는 北漢山城과 동일한 명칭이 「濟紀」 蓋婁王 5년 2월조에도 보이고 있어 양자를 동일한 산성으로 볼 수도 있지만, 시기 차이가 많은 데다 삼국시대 산성의 경우 시기에 따라 입지와 규모를 달리하는 만큼(서정석, 2002, 「백제산성의 입지와 구조」, 『동북아고문화논총』) 동일한 명칭의 다른 유적으로 보고 싶다. 예를 들어 雙峴城의 경우, 阿莘王 7년 3월에 "築雙峴城"하고 있지만 다시 武寧王 23년에도 漢北州郡民 15세 이상을 동원하여 "築雙峴城"하는 기록

시설로써의 성곽을 축조하기도 하였다. 예컨대 단양적성비에 보면 다음과 같은 기록이 있다.

다) – ① 鄒文村幢主沙喙部導說智及干支
　　② 勿思伐城幢主喙部助黑夫智及干支

여기에서 보면 두 幢主가 보이고 있는데, 지금까지의 이해대로 라면[30] 幢主가 파견되었던 鄒文村과 勿思伐城은 장차 郡으로 개편될 지역으로, 인근의 여러 村들을 지휘하는 입장에 있었을 것이다. 비석이 세워져 있던 赤城 역시 추문촌당주와 물사벌성당주의 지배를 받았으리라 생각된다.[31] 그런데 그런 적성지역에 성곽이 축조되어 있는 것이다.

小國의 국읍이 아니었던 곳에 축성된 赤城은 적어도 행정 중심지로써의 의미를 담고 있는 것은 아닐 것이다. 행정적 기능이 전혀 없었다고는 단언할 수 없겠지만 지방통치보다는 군사적 방어시설로써의 의미가 더 컸던 것으로 생각된다. 그것은 赤城과 達城의 입지, 구조, 규모에 의해서도 입증될 수 있을 것이다.

이렇게 신라에서는 5~6세기에 들어와서도 그 이전과 마찬가지로 두 종류의 성곽, 즉 행정적 기능중심의 성곽과 군사적 방어기능 중심의 성곽이 축조되고 있었다.

그런데 비슷한 시기 백제에서는 신라에서와 같은 행정적 기능 위주의 성곽을 지방에 축조한 예를 찾아보기 어렵다. 앞서 설명한 대로 백제에는 신라에서처럼 소국을 정복하면서 해당 국읍에 성곽

이 보이기 때문이다. 동일 명칭의 다른 유적이 있을 수 있음을 의미하는 것으로 보아진다.

30) 朱甫暾, 1997, 「6世紀 新羅 地方統治體制의 整備過程」, 『韓國 古代社會의 地方支配』, 신서원, 151~152쪽.

31) 李宇泰, 1981, 「新羅의 村과 村主」, 『韓國史論』 7, 서울大國史學科, 98~99쪽.

을 축조하는 기사가 좀처럼 찾아지지 않는다. 다만 다음과 같은 기록은 있다.

　라) 八月 築加林城 以衛士佐平苩加鎭之(『濟紀』 東城王 23년)

이 기사는 흔히 백제의 담로체제를 설명하는 기록으로 거론되는 것이다.[32] 아울러 이러한 담노는 사비시대 方郡城체제로 바뀌면서 郡으로 변해 간 것으로 알려져 있다.[33] 이렇게 소국을 해체하기 위한 성곽보다는 담로제하에서의 축성이 이루어지는 것이 백제 내륙에 축조된 성곽의 특징이다.

그런데 사료 라)에 보이는 가림성의 경우, 『濟紀』에 유인궤의 말을 인용하여 "加林嶮而固"라고 설명하고 있는 것으로 보아 군사적 방어시설로써의 기능이 우선시 되는 성곽이었음을 알 수 있다. 물론 가림성의 예 하나만으로 전체 담노제하의 성곽의 기능을 모두 군사적 기능 위주로 단정할 수는 없지만 東城王 20년에 扞率 毗陀가 파견된 沙井城이 대전시 사정동의 沙井洞山城이라고 한다면[34] 군사적 기능을 배제할 수 없을 듯하다. 그런 점에서 앞으로의 조사를 지켜봐야 하겠지만 백제에서는 신라에서와 같은 행정적 기능 위주의 성곽을 찾아보기는 어려울 것으로 판단된다.

또한, 웅진시대까지 존속했던 담로제가 방군성체제에서 군으로

---

32) 盧重國, 1988, 『百濟 政治史硏究』, 一潮閣, 233~247쪽.
33) ① 盧重國, 1988, 위의 책, 260쪽
　　② 金英心, 1997, 「6~7세기 百濟의 地方統治體制」, 『韓國 古代社會의 地方支配』, 신서원, 84쪽.
34) ① 成周鐸, 1974, 「大田附近 古代 城址考」, 『百濟硏究』 5, 忠南大 百濟硏究所, 16쪽.
　　② 沈正輔, 1983, 「百濟 復興軍의 主要 據點에 關한 硏究」, 『百濟硏究』 14, 169~170쪽.

편제되고, 모든 담노에 성곽이 축조되어 있었던 것이 아니라면 사비시대에 군으로 편제된 곳 중에도 실제로 성곽이 축조되지 않은 곳이 많이 있었을 가능성을 배제할 수 없다. 그것은 사료 가)에서 보듯이 사비시대에 들어오면서 오히려 크게 감소하고 있는 축성 기사로 어느 정도 짐작해 볼 수 있을 듯하다.

이러한 추론이 어느 정도 인정된다면 郡과 領屬관계에 있었던 縣 단위에 축성이 이루어졌을 가능성은 대단히 적어 보인다.[35] 종래에는 부흥운동시 흑치상지가 旬日間에 復取했다고 하는 200성의 존재와 史書에 보이는 각종 '○○城'의 존재를 들어 각 縣단위까지 성곽이 축조되었을 가능성을 예견해 왔지만 이는 '지역단위의 성'과 '방어시설로써의 성'을 구별하지 못한 결과로 생각된다.[36]

백제 성곽의 성격을 이해하는 데에는 다음과 같은 기록도 참고된다.

> 마) 括地志曰…其諸方之城 皆憑山巇爲之 亦有累石者 其兵多者千人小者七八百人 城 中戶多者至五百家 諸城左右亦各小城 皆統諸方(『翰苑』 卷 30, 「蕃夷部」 百濟條)

주지하는 바와 같이 이 기록은 사비시대 백제의 방군성체제를 설명하는 기록인데, 여기에서 보듯이 백제 지방통치의 핵심은 곧

---

35) 이와 달리 縣에 扞率級이 파견되고, 扞率 毗陀의 沙井城 축조에서 보듯이 縣에도 일부이긴 하지만 지방관이 파견되고 築城이 이루어졌을 가능성을 제기하는 견해도 있다(김영심, 앞의 논문, 1997).

36) 최근 발굴조사를 통해 백제 산성에 대한 재검토가 이루어지고 있는 것도 이러한 사실의 연장선상에서 이해될 수 있을 듯하다. 즉, 실제로 발굴조사가 이루어진 산성을 보면 대체로 백제 때 縣으로 편제된 지역에 위치하고 있는 경우가 대부분인데, 그래서 그런지 대부분 이러한 성곽들은 조사 결과 백제 성곽이 아닌 것으로 결론이 나고 있다. 그런 점에서도 백제에 縣 단위에까지 축성이 이루어졌는지는 심히 의심스럽다.

方城이다.

그런데 그러한 方城들이 모두 險山에 자리하고 있었다고 한다. 이러한 사실은 실제로 몇몇 方城의 유력한 후보지가 확인됨으로써 분명해졌다.[37] 그런 점에서 백제 성곽의 성격은 신라 성곽과 달리 '행정적'인 기능보다는 '군사적'인 기능이 더 강했음을 다시 한 번 확인할 수 있다. 적어도 백제의 5방은 지방행정구획이라든가 백제 전역을 5개로 나눈 행정구획이 아니라 5개의 軍事地區였던 셈이다.[38] 백제가 웅진에서 사비로 천도한 이유 중의 하나가 바로 北方城을 편제하기 위함이라는 가설[39]은 그런 점에서 흥미롭다. 아울러 백제가 이렇게 지방에 常設 軍事管區를 둘 수 밖에 없었던 것은 역시 신라와 다른 小國 지배방식에 기인하는 것으로 해석된다.

方城의 위치와 더불어 한 가지 덧붙이고 싶은 것은, 백제의 方領이 중국의 都督에 비견되고 있다는 사실이다. 백제의 方-郡-城은 중국의 州-郡-縣에 비견되는데,[40] 州를 관장하는 刺史가 아닌 都督과 같은 성격으로 묘사되고 있다. 그런데 이 都督은 刺史와 달리 군사적 책임자를 의미한다고 한다.[41] 그런 점에서 백제의 方領을 중국의 都督과 같은 성격으로 설명하고 있는 것은 方領의 성격뿐 아니라 方領이 거처하는 方城의 성격을 엿볼 수 있게 해 주는 좋은 자료가 된다.[42]

---

37) 徐程錫, 2000, 「百濟 5方城의 位置에 대한 試考」, 『湖西考古學』 3, 湖西考古學會.
38) 山尾幸久, 1974, 「朝鮮三國の軍區組織」, 『古代朝鮮と日本』, 龍溪書舍, 167~168쪽.
39) 山尾幸久, 1974, 위의 論文, 166쪽.
40) 金英心, 1997, 앞의 논문, 79~80쪽.
41) 金英心, 1997, 위의 논문, 80~81쪽.
42) 흑치준 묘지명에는 그의 할아버지가 刺史와 같은 성격으로 설명하고 있는데, 이것은 전체적인 문맥으로 보아 黑齒氏 집안이 백제 서방성의 책임자라는 뜻이지, 군사적 책임자의 의미를 부정하는 것은 아니라고 생각된다.

Ⅳ. 군사활동과 산성

부흥운동기에 부흥군들의 군사활동과 산성의 관계를 이해하는 것은 부흥군의 전략·전술을 이해하는 것인 동시에 부흥운동을 입체적으로 복원할 수 있는 단서를 확보하는 작업이다. 이는 또한 사비시대 백제의 군사조직과 방어체계를 이해할 수 있는 좋은 방법의 하나가 되기도 한다.

그런데 부흥운동기 부흥군의 군사활동을 이해하기 위해서는, 백제 故地에 분포하는 성곽이 우선적으로 파악되어야 한다. 백제 성곽에는 어떤 종류가 있고, 이들이 故地內에 어떻게 배치되어 있었으며, 그러한 성곽들 중에서 부흥군들이 어떤 어떤 성곽들을 이용하여 군사활동을 전개했는지가 밝혀져야 한다. 그러나, 정작 중요한 백제 故地內의 백제 성곽의 분포는 아직 불분명한 실정이며, 지표조사 조차 제대로 이루어지지 않고 있다. 따라서 현재로써는 부흥군의 군사활동과 성곽과의 관련성을 이해하는 것이 시기상조임을 자인하지 않을 수 없다.

다만, 백제 성곽의 기본적인 성격을 이해하고, 이 시기 부흥군의 군사활동이 전개되었던 지역을 확인한다면 성곽이라는 구체적인 실물로써 입증되지는 못한다 할지라도 부흥군의 전략과 전술, 나아가 사비시대 백제의 방어체계를 어느 정도 추론해 보는 것은 가능할 것으로 생각된다.

앞에서 살펴본 것처럼 부흥운동이 시작되기 직전까지 사비시대 백제의 성곽은 지방통치체제와 밀접한 관련을 맺으면서 축성되었다. 그런데 당시의 지방통치체제가 軍管區的인 성격을 띠고 있었던 만큼 백제의 성곽 역시 군사적 기능 위주의 성격이었다고 판단된다. 백제 지방통치의 핵심인 方城이 위치나 구조, 입지 등으로 볼 때 군사적 기능 위주의 성격을 띠고 있다는 사실은 사비시대 백제 성곽이 갖는 기본적인 성격을 단적으로 보여주는 것이라 할 수 있다.

따라서 군사적 방어시설의 개념을 담고 있는 백제의 성곽은 지방통치의 요소요소에 배치되기 보다는 실질적으로 방어에 필요한 지역에 최소한의 형태로 자리하고 있을 가능성이 대단히 높다. 그런 점에서 대부분의 성곽은 국경 근처, 그리고 상대국에 이르는 교통로 주변에만 축성이 이루어졌을 가능성이 높다고 생각된다. 소국의 지배를 위해 내륙의 요소요소에도 성곽을 축조하였던 신라와는 다른 점이라고 할 수 있다. 이러한 사실은 부흥운동기의 격전지 및 군사 활동이 이루어지는 지역을 살펴보면 좀 더 구체적으로 확인된다.

주지하다시피 부흥운동 당시 백제 부흥군의 군사 활동 중심지는 任存城과 周留城이었다. 그런데 이 임존성과 주류성은 각각 西方城과 中方城이었을 가능성이 커 보인다.[43)]

사실, 사비시대 백제의 지방군은 方에 소속되어 있었다.[44)] 설령 『北史』[45)]의 기록대로 郡 또한 700~1,200명 정도의 병력을 보유하고 있었다 해도에 각 郡의 병력을 동원할 수 있는 것은 方領이었다.[46)]

실제로 사비시대 백제의 군사조직을 보면, 평상시에는 方城과 鎭城 및 변경 요충지에 분산적으로 상비병이 존재하고, 內地에는

---

43) 徐程錫, 2000, 앞의 논문, 83쪽.
44) 『周書』卷 49,「列傳」41, 異域 上, 百濟. "五方各有方領一人…方統兵千二百人以下七百人以上"
45) 『北史』,「百濟傳」. "方有十郡 郡有將三人 以德率爲之 統兵一千二百人以下 七百人以上…"
46) 金周成, 1992, 앞의 논문, 43쪽.

郡을 단위로 한 城兵이 존재하였는데, 이들이 戰時에 출전하게 되면 方을 軍管區로 하여 결집되어 方領軍을 형성하였다.[47] 이 때 方領軍의 최고 지휘자는 당연히 方領이었고, 郡將은 郡의 城兵으로 이루어진 단위 소부대의 지휘자였던 것으로 생각된다.[48] 지방군의 운용은 方領에 의해서만 가능했고, 그런 점에서 부흥운동 역시 方城을 중심으로 전개될 수 밖에 없었던 것이다. 任存城과 周留城을 方城으로 보는 것도 그 때문이다. 사료 마)에서 보는 바와 같이 方城의 위치와 규모가 구체적으로 기록에 남게 된 것도 그러한 이유 때문일 것이다.

물론, 부흥군의 군사 활동이 方城에서만 이루어진 것은 아니다. 任存城, 周留城과 함께 雨述城, 甕山城, 眞峴城, 支羅城, (及)尹城, 沙井柵, 大山柵 등도 등장하기 때문이다. 이들이 모두 방어시설로써의 성곽을 가리키는 것인지는 더 검토가 있어야 하겠지만 그 위치가 대체로 熊津의 동쪽인 것만은 어느 정도 인정될 수 있을 듯하다.[49] 그 중에서도 특히 주목되는 것이 眞峴城의 존재다.[50]

이 眞峴城에 대하여 『三國史記』「雜志」地理 3, 熊州條에는 "眞嶺縣 本百濟 眞峴縣(眞一作貞) 景德王改名 今鎭岑縣" 이라하여 眞峴縣이 黃等也山郡의 領縣이었던 것으로 설명하고 있다. 아울러 그 위치가 鎭岑縣(대전시 흑석동)임을 밝히고 있다. 실제로 흑석동에는 백제 산성으로 여겨지는 黑石洞山城이 자리하고 있다.[51] 이 산성은

---

47) 李文基, 1998, 「泗沘時代 百濟의 軍事組織과 그 運用」, 『百濟研究』 28, 忠南大 百濟研究所, 303쪽.
48) 李文基, 1998, 위의 논문, 302쪽.
49) ① 성주탁, 1974, 앞의 논문.
    ② 심정보, 1983, 앞의 논문.
50) ① 成周鐸, 1974, 앞의 논문, 56쪽.
    ② 沈正輔, 1983, 앞의 논문, 168~169쪽.
51) ① 沈正輔, 1989, 「大田의 古代山城」, 『百濟研究』 20, 忠南大 百濟研究所, 225쪽.

표고 180m의 성재산 정상부에 자리하고 있는 석성인데, 둘레가 540m에 이른다. 加林城과 더불어 위치 비정을 할 수 있는 가장 확실한 성곽이자, 백제 성곽으로써는 매우 드문 縣城이다.

郡 단위조차 축성 예가 불분명한 백제 성곽의 예에 비추어 볼 때 眞峴城과 같은 縣城의 존재는 대단히 이례적이라고 생각된다. 아울러 이러한 이례적인 예가 나올 수 있었던 것은 진현성이 자리하고 있는 곳이 신라와 통하는 교통의 요충이었기 때문에 가능했을 것이다. 『舊唐書』「列傳」 東夷 백제조에는 이 眞峴城이 "臨江高險 又當衝要"라고 설명하고 있다. 또한 이 진현성의 함락 후에 비로소 "新羅餉道 乃開"라고 하였다. 眞峴城에 대한 요령있는 설명이라고 생각된다.

眞峴城을 중심으로 한 웅진 동쪽이 신라로 통하는 교통 요지라는 사실은, 이곳에 둔취하고 있던 부흥군이 糧道遮斷을 목적으로 하고 있었던 것으로도 짐작할 수 있지만, 성왕의 관산성 전투와 관련지어 보아도 쉽게 유추할 수 있다. 관산성과 인접해 있을 뿐만 아니라 관산성에서 사비를 연결하는 교통로상에 자리하고 있는 것만 보아도 이곳이 백제에서 신라로 통하는 중요한 통로임을 짐작할 수 있기 때문이다. 따라서 백제에서는 東城王 때부터 炭峴에 設柵하여 유사시에 대비하였다.[52] 그런데 그 탄현이 사비시대 때까지 중요한 對新羅 방어선이 되는 것으로 보아 이 지역의 전략적 중요성은 웅진시대에서 사비시대에 걸쳐 별 차이가 없었음을 알 수 있다.

이러한 추론이 어느 정도 성립된다면, 백제에서는 기본적으로 方과 몇몇 郡에만 축성이 이루어졌지만 비록 縣이라 하더라도 신라와 통할 수 있는 교통로상의 요지에는 축성을 통해 만일의 사태에

---

② 徐程錫, 2002, 318～323쪽.
52) 『三國史記』 卷 26, 「百濟本紀」 4, 東城王 23年條. "七月 設柵於炭峴以備新羅"

대비하였던 것을 알 수 있다. 웅진 동쪽에 있는 산성의 존재는 바로 그러한 백제의 축성 원칙을 반영해 주는 것으로 믿어진다. 이 지역의 산성들이 부흥운동기에 신라에서 府城으로 공급되는 糧穀을 차단할 수 있었던 것도[53] 그런 이유 때문에 가능했었다. 그렇다면 부흥운동기에 등장하는 성곽들이 백제 성곽의 전부가 아닌가 생각되고, 부흥군의 활동영역이란 것도 곧 이러한 백제의 성곽 분포지역에서 크게 벗어나지 않는 것으로 생각된다. 부흥군은 결국 기존에 있었던 산성들을 중심으로 부흥운동을 전개하였던 것이다.

V. 맺음말

이상으로 백제의 부흥운동기에 부흥군의 군사활동을 백제의 산성과 관련시켜 살펴보았다. 앞서도 설명하였듯이 부흥군의 군사활동을 정확히 이해하기 위해서는 백제 故地에 분포하는 백제 성곽이 먼저 파악되어야 한다. 그 다음에는 그러한 백제 성곽 중 부흥군이 이용한 성곽과 그렇지 않은 성곽을 가려내야만 부흥군의 전략·전술 및 부흥운동이 입체적으로 설명될 수 있다. 그것은 또한 사비시대 백제의 방비체제를 이해하는 데에도 매우 긴요할 것으로 생각된다. 그런데 문제 해결의 관건이라고 할 수 있는 백제 성곽의 분포도는 물론이고, 백제 故地內에 자리하고 있는 성곽의 소재파악 및 현황도 알지 못하고 있는 실정이다. 그런 점에서 산성을 통해 당시의 군사활동을 살펴보려는 작업은 試論에 그칠 수 밖에 없다.

여기에서는 이러한 한계를 의식해서 보완하기 위한 방법으로 백

---

53) 沈正輔, 1985, 「百濟 復興運動時 「熊津道」에 대한 研究」, 『大田開放大學論文集』 3.

제 성곽의 성격을 확인하는데 주력하였다. 이 또한 고고학적 자료 만으로는 한계가 있기 때문에 문헌 기록에 등장하는 築城·設柵의 예를 통해 백제 城郭(柵)의 기본 성격을 이해하고자 하였다. 그 결과 백제는 마한의 소국을 해체·지배하기 위해 축조한 성곽의 예가 매우 희소하다는 사실을 확인하였다. 아울러 대부분의 축성이 왕도 방비를 위해 그 주변에서 이루어진 것도 알 수 있었다. 그런 점에서 백제 성곽은 기본적으로 군사적 기능을 우선시 하는 방어시설임을 추론해 보았다.

소국의 國邑이나 邑落에 축성이 이루어지기 보다는 국경선에 주로 축성이 이루어지는 예는 웅진시대나 사비시대에도 동일하였다. 부흥운동이 일어나기 직전까지도 백제는 전국을 5方으로 나눈 軍管區적인 조직을 갖고 있었고, 그 핵심은 方城이었던 만큼 방비체제는 方단위로 구축되었다. 자연히 方의 직할지에는 方城이 축조되어 있었는데, 『翰苑』에 보이는 5방성의 위치와 규모는 그러한 백제 方城의 성격을 대변해 주는 것으로 이해된다.

다만, 백제에서 신라로 통하는 요충지, 즉 부여-논산-대전-옥천으로 이어지는 교통로 주변에는 비록 縣으로 편제된 지역이라 하더라도 만일의 사태에 대비한 축성이 이루어지고 있었다. 眞峴城의 존재가 그것이다. 그러나 이러한 진현성과 같은 존재가 충남의 다른 郡縣지역에서는 좀처럼 찾아지지 않는 것으로 보아, 眞峴城의 존재는 매우 이례적인 것이며, 반대로 그러한 이례적인 산성이 등장할 수 있었던 것은 역시 眞峴城주변의 지정학적 관계 때문으로 풀이된다.

이러한 지방통치체제, 즉 방비체제를 갖추고 있었던 시기에 사비도성이 함락되고, 뒤이어 부흥운동이 전개된다. 자연히 부흥운동의 중심은 方城일 수 밖에 없었다. 주된 거점성으로 거론되는 任存

城과 周留城은 바로 그러한 方城으로 판단된다.

사비시대 지방성의 거점이 方城이었고, 方城만이 700명 이상의 일정 병력을 보유하고 있었던 사실을 감안하면 부흥운동의 중심지가 方城이라는 사실은 너무나도 자연스럽다. 郡縣단위에는 성곽도 없는 경우가 많을 뿐만 아니라 설령 있었다 하더라도 특정 郡縣이 다른 郡縣을 아우르면서 부흥운동을 지휘하기는 어려웠을 것이다.

한편, 方城 이외에 부흥군의 움직임이 포착되는 곳은 웅진의 동쪽지역이다. 이곳은 앞서 설명한대로 신라로 통하는 교통 요지로, 백제에서는 이례적으로 郡縣으로 편제된 지역임에도 성곽이 축조되어 있던 곳이다. 따라서 이곳에 있었던 성곽을 근거지로 하여 부흥군은 신라에서 府城으로 전해지는 糧穀을 차단하면서 府城에 남아 있었던 연합군을 고립시켜 갔던 것이다.

이렇게 보면 부흥군의 활동은 당시 백제의 성곽이 있었던 곳을 중심으로 전개되었음을 알 수 있으며, 그런 점에서 반대로 부흥군의 활동이 있던 곳에만 백제의 성곽이 배치되어 있었다고 보아도 큰 무리는 없어 보인다. 이 점은 최근들어 논란이 계속되고 있는 백제 성곽을 확인할 때 크게 유의해야 할 사항이라고 생각된다.

한편, 부흥군의 거점으로 기능하였던 백제의 성곽들은 眞峴城이 '臨江高險', 혹은 '險要'로 설명되고 있고, 方城이 '皆憑山險爲之' 하였다는 것으로 보아 모두가 산성이었던 것으로 믿어진다. 실제로 백제의 축성 기록과 백제 성곽의 일반적인 특징으로 미루어 볼 때 백제에는 평지, 혹은 나즈막한 구릉 위에 축조된 행정적 기능 위주의 성곽은 찾아보기 어렵다. 모두가 군사적 기능 위주의 성곽이었다는 점에서 백제의 성곽은 한 마디로 산성이었던 것이다.

삼국시대에 삼국이 한반도 내의
분쟁해결을 위해 중국에게 정치적인
개입과 군사요청을 하고 갔는
내용을 보면 당시 동아시아
국제질서가 중국을 중심으로
귀위를 중심으로 형성되고
있었음을 알게 된다
중국 역시 이와같은 국제질서를
유지해 나가면서
주변 국가들에 대한 영향력을
행사하려 했던 것이 나타나는데
중국의 정책은 한반도 내에서
영토소유 자체에 대한 것이
아니라 실질적인 정치적인
영향력 ... 한반도
관질서가 한반도
親中國 정권의 계속
유지되도록 만들어 놓으려 했던
것이 궁극적인 목적이었다고 할 수 있다.

3장
백제 부흥운동과 임존성

百濟 復興運動의 시작과 끝, 任存城

이도학 한국전통문화학교

Ⅰ. 머리말

충청남도 예산군 대흥면에 소재한 임존성은 백제부흥운동의 거점으로서 중요한 역할을 하였다. 本稿에서는 백제부흥운동 속에서 임존성이 지닌 역사적 역할을 살펴 보고자 한다. 즉 부흥운동의 동기와 관련한 백제 의자왕의 항복이 지닌 성격을 위시하여 임존성과 연계된 부흥운동의 전개과정을 면밀히 검토할 계획이다. 이와 관련된 史料들을 중심으로 임존성 抗戰의 始末을 고찰하면서, 이러한 부흥운동이 후대 역사 전개에 끼친 영향을 생각해 볼 수 있는 계기로 삼고자 한다.

II. 史料속의 任存城

歷史書와 금석문에 등장하는 임존성에 관한 기록을 찾아 보면 다음과 같다. 대략 연대순으로 記載해 보았다. 물론 후대의 地理書에 게재된 임존성 관련 기사는 제외하였다.

A. 흑치상지는 백제 西部人이다. 신장은 7척이 넘었고, 驍勇하며 智略이 있었다. 처음 백제에 있을 때 벼슬하여 達率 겸 郡將이 되었는데 중국의 刺史와 같다. 顯慶 5년에 소정방이 백제를 토벌하자 常之는 소속 部(所部)를 이끌고 定例에 따라 降款을 보냈다. 그 때 定方이 左王 및 太子 隆 등을 잡아 가두고 거듭 兵士를 놓아 노략질을 하니 丁壯한 사람이 많이 殺戮 되었다. 常之가 두려워서 드디어 좌우의 10여 인과 함께 本部로 달아나 돌아왔다. 도망해 온 사람들을 모아서 함께 임존산을 지켰다. 柵을 쌓아서 스스로를 굳게 지킨지 열흘만에 歸附해 온 자가 3만여 명이었다. 定方이 군대를 보내어 이곳을 공격하였으나 常之가 죽기를 각오한 병사를 이끌고 맞서 싸우니 官軍이 敗績하자 드디어 본국의 200餘 城을 회복하였다. 定方이 토벌하지 못하고는 돌아왔다.(『舊唐書』권 109, 黑齒常之傳)

B. 黑齒常之는 백제 西部人이다. 신장은 7척이 넘었고, 驍毅하며 智略이 있었다. 백제에 있을 때 達率 겸 風達郡將이 되었는데, 唐에서 刺史를 말하는 거와 같다. 소정방이 백제를 평정하자 常之는 소속 部로써 항복하였다. 그러나 정방이 늙은 임금을 가두고 병사들을 풀어 크게 약탈하였다. 常之가 두려워하여 좌우의 酋長 10여 인과 더불어 달아나 흩어져 도망한 사람들을 불러 모아 任存山에 依據하여 스스로를 굳게 지킨지 열흘이 되지 않아 歸附해 온 자가 3萬이었다. 定方이 군대를 정돈하고는 그곳을 공격하였으나 이기지 못하였다. 常之가 드디어 200 餘 城을 회복하였다.(『新唐書』권 110, 黑齒常之傳)

C. 黑齒常之는 백제 西部人이다. 신장은 7척이 넘었고 驍毅하며 智略이 있었다. 백제의 達率로서 風達郡將을 겸하였는데, 唐에서 刺史를 말하는 거와 같다. 蘇定方이 백제를 평정하자 常之는 소속 部로써 항복하였다. 그러나 정방이 늙은 임금을 가두고 병사들을 풀어 크게 약탈하였다. 常之가 두려워하여 좌우의 酋長 10여 인과 더불어 달아나 흩어져 도망한 사람들을 불러

모아 任存山에 의거하여 스스로를 굳게 지킨지 열흘이 되지 않아 歸附해 온 자가 3만 이었다. 定方이 군대를 정돈하고는 그곳을 공격하였으나 이기지 못하였다. 드디어 200餘 城 을 회복하였다. (『三國史記』권 44, 黑齒常之傳)

D. 9月 己亥朔 癸卯, 백제는 達率[이름이 누락되었음]과 沙彌 覺從 등을 보내와서 아뢰기를 [或本에는 도망해 와서 難을 告했다고 한다.] "금년 7월 신라가 힘을 믿고 세력을 만들어 이웃과 친하지 않고 唐人을 끌어들여 백제를 顚覆시켰습니다. 임금과 신하들은 모두 사로 잡혔으며, 노략질로 인해 사람이고 짐승이고 간에 남아 있지 않습니다. [或本에는 금년 7월 10일, 大唐 蘇定方이 船師를 이끌고 尾資津에서 陣을 쳤다. 신라왕 春秋智는 兵馬를 이끌고 怒受利山에 陣을 쳤다. 백제를 挾擊하여 서로 싸운지 3일만에 우리 王城이 함락되었다. 같은 달 13일, 비로소 王城이 擊破되었다. 怒受利山은 백제의 동쪽 경계였다.] 이에 西部 恩率 鬼室福信은 赫然히 發憤하여 任射岐山에 웅거하였습니다. [或本에 北 任敍利山 이라고 한다]. 達率 餘自進은 中部 久麻怒利城에 웅거하였습니다. [或本에는 都都岐留山이라고 한다] 각각 1곳에 營을 두고는 散卒들을 펴어 모았습니다. 兵器는 전번 싸움에서 모두 소모한 까닭에 몽둥이로 싸워 신라군을 격파하였습니다. 백제는 그 兵器를 빼앗았습니다. 이제는 백제 兵器가 번득이고 날카로와져 唐이 감히 들어오지 못하였습니다. 福信 등이 드디어 같은 나라 사람들을 모아서 함께 王城을 지켰습니다. 國人이 존경하여 '佐平 福信과 佐平 餘自進'이라 하였습니다. 오직 福信이 神武한 계략을 내어 이미 망한 나라를 일으켰습니다. (『日本書紀』권 26, 齊明 6년 9월 조)".

E. … 반역한 즉, 가짜 승려 道琛과 가짜 扞率 鬼室福信이 있었다. 민간에서 나와 魁首가 되어서는 미친 듯이 날뛰는 자들을 불러모아 任存에 웅거하여 堡를 지켰는데, 벌떼처럼 모여 있고 고슴도치처럼 일어나서 山谷에 가득차 있었다. 이름을 빌리고 벼슬을 훔쳐 모두 將軍이라 칭하였다. (「劉仁願紀功碑文」)

F. 26일에 任存의 大柵을 공격했으나 군사가 많고 지세가 험하여 이기지 못하고 단지 小柵만을 攻破하였다. (『三國史記』권 5, 太宗武烈王 7년 8월 26일 조).

G. 道琛 등이 熊津江口에 2개의 柵을 세워 官軍에 대항하자 仁軌는 新羅兵과 함께 사방에서 협공하였다. 적들은 退走하여 柵으로 들어 갔지만 물에 막히

고 다리는 좁아 물에 빠지거나 戰死한 사람이 1만여 명이나 되었다. 道琛 등은 이에 仁願의 포위를 풀고 任存城으로 물러나 지켰다. 新羅兵은 군량이 다하여 군사를 이끌고 돌아갔다. 이때는 龍朔 원년 3월이었다.(『舊唐書』권 199, 東夷傳 百濟 條)

H. 龍朔 원년에 仁軌가 新羅兵을 징발하여 구원을 하게 하니 道琛은 熊津江에 다 2개의 壁을 세웠다. 仁軌가 新羅兵과 함께 挾擊하니 (百濟兵은) 달아나 壁으로 쫓겨 들어 갔다. 다투어 다리를 건너다가 빠져 죽은 사람이 1만 명이나 되었다. 신라 군대가 돌아 가자 道琛은 任存城을 지키며 領軍將軍이라 일컫고 福信은 霜岑將軍 이라 일컬었다.(『新唐書』권 220, 東夷傳 百濟 條)

I. … 福信 등은 이에 都城의 포위를 풀고는 퇴각하여 任存城을 지켰다. 新羅人 이 糧穀이 다 떨어져 이끌고 돌아갔는데, 그 때가 龍朔 원년 3월이었다. (『三國史記』권 28, 義慈王 20년 조)

J. 道琛은 이에 府城의 포위를 풀고는 任存城으로 물러나 지켰다.〔임존성은 백 제 西部 任存山에 소재하였다. 考異에서 "實錄에는 혹 任孝城으로 되어 있다" 고 말했다. 어느 것이 옳은지 모르겠다. 지금 그것을 따르는 자들이 많다.〕 (『資治通鑑』권 200, 高宗 上之下).

K. 왕이 김유신 등 28명〔30명이라고도 한다〕의 장군을 거느리고 이들과 더불 어 합세하여 豆陵(良)尹城과 周留城 등 여러 城들을 공격하여 모두 항복시 켰다. 扶餘豊은 몸을 빼어 달아났고 王子 忠勝과 忠志 등은 그 무리를 이끌 고 항복하였다. 홀로 遲受信만이 任存城에 웅거하면서 항복하지 않았다. 겨 울 10월 21일부터 공격하기 시작하여 이기지 못했다. 11월 4일에 이르러 군대를 돌려 舌(后)利亭에 이르러 전공을 논하여 差等있게 賞을 내렸다. (『三國史記』권 6, 文武王 3년 조)

L. … 군대를 나누어 諸城을 공격하여 함락시켰는데, 오직 任存城만이 지세가 험하고 城이 견고한 데다가 또 糧穀이 많았기에 이곳을 공격한지 30일이 되어도 함락시키지 못하였다. 군사들이 피로하여 싸우기를 싫어했다. 대왕 이 말하기를 "지금 비록 1개 城이 함락되지 않았으나 여러 나머지 城들이 모두 항복하였으니 功이 없다고 말할 수 없다"고 하고는 군사들을 정렬하여 돌아 왔다. 겨울 11월 20일에 서울에 이르렀다. 庾信에게는 田 500結을 내렸고, 그 나머지 將卒들에게는 差等있게 賞을 내렸다.(『三國史記』권 42,

M. 신라의 날랜 騎兵들이 唐의 前鋒이 되어 먼저 江岸의 陣을 깨뜨리니 周留城
이 실망하여 드디어 곧바로 항복하였다. 南方이 이미 평정되자 군대를 돌려
北伐을 하는데 任存 한 城만이 迷妄에 잡혀 항복하지 않으므로 兩軍이 힘을
합하여 함께 한 城을 쳤으나 굳세게 지키며 저항하는지라 쳐서 얻지 못하고
新羅가 즉시 돌아오려고 한즉 杜爽이 말하기를 "勅令에 의한다면 (백제를)
평정한 후에는 서로 會盟하라고 하였으나 任存 1개 城이 비록 항복하지 않
았더라도 함께 서로 盟誓하는 것이 가능하다" 라고 하였다. 新羅의 생각으
로는 勅令대로 한다면 '旣平'한 후에야 함께 서로 會盟하라고 했는데 任存이
항복하지 않았으니 '旣平'이라고 할 수도 없다…(『三國史記』 권 7, 문무왕
11년 조의 「答薛仁貴書」)

N. 扶餘豊이 몸을 빼어 달아 났다. 그 寶劍을 획득하였다. 가짜 王子 扶餘忠勝
과 忠志 등이 士女 및 倭 무리와 아울러 耽羅國使 등이 일시에 한꺼번에 항
복하였다 백제 여러 城들이 모두 귀순하여 회복되었는데, 賊帥 遲受信만이
任存城에 웅거하면서 항복하지 않았다. 이에 앞서 백제 首領 沙吒相如와 黑
齒常之는 蘇定方이 回軍한 후부터 모였다가 달아나 흩어져 각각 험한 곳에
웅거하여 福信에 응하였다. 이에 이르러 그 무리를 이끌고 항복하자 仁軌가
恩信으로써 깨우치면서, 스스로 子弟들을 거느리고 任存城을 빼앗도록 명령
하였다. 또 군대를 나누어 그들을 돕고자 하였는데, 孫仁師가 "相如 등은 獸
心이라 믿기 어렵습니다. 만약 甲仗을 준다면 이는 도둑에게 무기를 보태주
는 거와 같습니다" 라고 말했다. 仁軌가 말하기를 "내가 相如와 常之를 보건
대 모두 忠勇하고 智略이 있으며, 은혜에 감사할 줄 아는 사람이다. 나를
따른 즉 성공할 것이며, 나를 배반하면 반드시 멸망한다. 기회가 생겨 功을
세우는 게 이 날에 있으니 모름지기 의심하지 말아라!" 이에 그들에게 糧穀
과 무기를 지급하였다. 군대를 나누어 그들을 따르게 했다. 드디어 任存城
을 빼앗았다. 遲受信은 그 妻子를 버리고 달아나 高麗에 來投하였다. 이에
백제의 殘類들은 모두 평정되었다.(『舊唐書』 권 84, 劉仁軌傳)

O. 이에 이르러 모두 항복하자 仁軌가 眞心을 보여줌으로써 더하여 任存을 取
하여 스스로 功을 나타내게 하려한 즉 무기와 양곡을 지급하였다. 仁師가
"夷狄의 野心은 믿기 어려운데 만약 갑옷과 곡식을 준다면 도둑에게 편의를
주는 거와 같습니다"라고 말했다. 仁軌가 말하기를 "내가 相如와 常之를 보
건대 충성과 智謀가 있어 기회를 얻어 공을 세울 수 있으니 오히려 무엇을

의심하겠는가!"라고 했다. 두 사람이 마침내 그 城을 빼앗자 遲受信이 妻子
를 남기고는 高麗로 달아났다. 백제의 餘黨이 모두 평정되었다. 仁師 등이
군대를 돌려 돌아 왔다.(『新唐書』 권 108, 劉仁軌傳)

Ⅲ. 왜 부흥운동은 일어났는가

위의 任存城 관련 기사는 크게 볼 때 백제 부흥운동이 일어난
동기와, 그 거점이 된 사실, 부흥운동 최후 보루로서의 역할, 성의
함락과 부흥운동이 대단원의 막을 내리게 된 사실이 적혀 있다.

먼저 A·B·C·D는 백제 부흥운동이 일어나게 된 동기를 서술
하고 있는 부분이다. 즉 당나라 장군 소정방이 신라와 연합하여 백
제를 공격해서 의자왕을 비롯한 왕족과 신하들을 생포한 사실을 밝
히고 있다. 이때 達率 관등에 風達郡 郡將이었던 西部 출신의 黑齒
常之도 '所部' 즉 '소속된 部'를 들어 항복하는 대열에 서게 되었다.
이 항복을 A에서 "定例에 따라 降款을 보냈다" 고 하였는데, 아마
도 앞서 항복했던 이들과 동일한 절차를 밟았음을 뜻하는 것으로
해석되어진다. 이는 의자왕의 항복 이후 백제 전국을 구획한 지방
조직인 5部 등에서 일제히 항복하는 절차를 밟았기에, 흑치상지의
경우도 결코 例外가 되지는 않았음을 뜻하는 것으로 보겠다.[1] 즉
의자왕을 필두로 한 臣僚들의 唐에 대한 항복에 이어 전국 지방의
장관들도 그러한 과정을 밟게 된 것이라고 하겠다.

여기서 항복은 국가의 몰락이 아니라 唐軍의 撤收를 담보로 한
唐에 대한 새로운 관계 개선의 성격을 띠고 있었던 것으로 보인

---

1) 백제의 지방 조직은 크게 5방으로 구성되었지만 『三國史記』를 비롯한 『新·舊
唐書』에서는 한결같이 '部'로 표기하고 있다(李道學, 1991, 「百濟 黑齒常之 墓誌
銘의 檢討」, 『鄕土文化』 6, 28~29쪽). 이에 따른 것이다.

다.[2] 백제는 羅·唐軍의 침공을 맞아 몇 차례 唐과의 幕後 交涉을 시도한 바 있다. 이것을 의자왕이 항복하는 상황까지 옮겨 보면 다음과 같다.[3]

7월 11일. (新羅軍과 唐軍이 합류해서 사비도성으로 진격해 올 때였다).
　　　　　백제 王子가 覺伽로 하여금 글을 唐將에게 보내어 退兵을 哀乞했다.
7월 12일. (사비도성이 공격을 받는 상황이었다).
　　　　　백제 王子가 또 上佐平으로 하여금 많은 음식을 보냈으나 蘇定方
　　　　　이 거절하였다.
　　　　　왕의 庶子인 躬이 佐平 6명과 함께 罪를 빌었으나 또 물리쳤다.
7월 13일. 의자왕이 左右를 거느리고 밤에 달아나 熊津城을 지켰다.
　　　　　의자왕의 아들 隆이 大佐平 千福 등과 함께 나와 항복하였다.
7월 18일. 義慈가 太子 및 熊津方領軍을 거느리고 熊津城으로부터 와서 항복
　　　　　하였다.

위의 기사를 볼 때 사비도성이 포위된 절박한 상황에서 백제는 3차례에 걸쳐 蘇定方과의 교섭을 시도했음을 알 수 있다. 그러나 모두 실패로 돌아가고 말았다. 그 이유로서는 신라와 唐의 연합작전인데다가 신라의 김유신이 백제와 唐의 默契를 용인할 수 없는 분위기를 조성했기 때문일 것이다. 사비도성이 소재한 所夫里原에 나갔을 때 蘇定方이 꺼리는 바가 있어 앞으로 나가지 않으므로 金庾信이 달래어 진격을 하였을 정도로, 김유신은 唐軍의 동향을 통제하고 있었기 때문이다.[4]

그런데 의자왕이 7월 18일에 唐軍에 항복하고 있다. 의자왕은

----

2) 의자왕 항복의 성격에 관해서는 李道學, 1996, 『백제 장군 흑치상지 평전』, 98
　~99쪽에 언급되어 있다.
3) 『三國史記』 권 5, 太宗武烈王 7년 7월 조.
4) 당시 신라가 唐軍의 동태에 민감하게 촉각을 곤두세웠음은 李道學, 1994, 「唐橋
　'蘇定方 被殺說'의 歷史的 意義」, 『金甲周教授 回甲紀念 史學論叢』, 171~189쪽
　을 참조하기 바란단.

熊津城이 포위된 상황이 아니었음에도 불구하고 자발적으로 熊津方領軍을 거느리고 熊津城으로부터 사비도성으로 와서 항복하고 있는 것이다. 의자왕은 신라와 당군에 대적할 수 있는 熊津方領軍이라는 무력을 보유하고 있었음에도 선선히 항복의 길을 택했다. 여기에는 兩者間의 어떤 타협이 모색되지 않고서는 생각하기 어려운 측면이 있다고 본다. 사비도성이 공격을 받는 일종의 발등에 불이 떨어진 절박한 상황에서 백제는 이틀 동안 3차례에 걸쳐 집요하게 唐과의 타협을 모색해 왔기 때문이다.

웅진성의 의자왕 역시 5일 동안 방비만 하면서 세월을 보낸 것으로는 생각되지 않는다. 의자왕은 사비도성에 留鎭하고 있는 소정방과 항복을 전제로 한 타협을 모색했던 것으로 보인다. 종전에 백제가 취해 왔던 對唐 관계와는 달리 唐에 크게 讓步하면서 적극 隸屬되는 선에서 타협이 이루어졌던 것으로 생각된다. 그 결과 의자왕은 예하의 臣僚들과 武力 手段을 唐軍에 깨끗이 獻納하는 항복의 길을 통해 멸망의 岐路에 선 국가의 活路를 트고자 했던 것이다. 의자왕은 敵對行爲를 하지 않겠다는 의사를 분명히 보여주었다. 蘇定方의 경우도 백제와 氣를 쓰며 싸워야할 하등의 이유가 없었다. 唐의 宿敵은 고구려였지 백제는 아니었기 때문이다. 백제를 멸망시키는 것은 신라 왕실의 宿願이었다. 唐은 궁극적으로 고구려를 장악하기 위한 동방정책의 일환으로 參戰하게 된 것일 뿐이었다.[5] 그랬기에 唐은 백제 攻略戰에서 消極的으로 對處하였던 것이다. 여하간 의자왕의 항복은 절체절명의 위기에 처한 국가의 생존을 위한 次善策이었다.

그런데 당초의 약속과는 달리 唐軍은 늙은 의자왕을 비롯한 왕족들과 臣僚들을 감금했을 뿐 아니라 병사들을 풀어놓아 대대적인

---

5) 李道學, 앞 논문, 30쪽.

노략질을 감행했다. 그 결과 A에서 보듯이 丁壯한 이들이 대대적으로 殺戮을 당하였다. 이는 道琛이 唐將 劉仁軌에게 "大唐이 신라와 誓約하기를 백제 사람은 老少를 가리지 않고 모조리 죽인 다음에 나라를 신라에 넘겨 준다고 들었소. 죽음을 당할 바에야 어찌 싸우다 죽으려 하지 않겠소! (이것이) 무리를 모아 스스로를 固守하는 까닭이요!!"[6] 라고 한 데서 다시금 확인되어 진다.

IV. 任存城에서의 부흥운동

掠奪과 殺戮의 阿鼻叫喚의 悽慘한 상황에서 항복을 했던 黑齒常之는 두려워하게 되었다.[7] 항복은 전혀 전쟁의 종식과 和平의 前提가 되지 못했다. 무장을 해제하여 무차별 殺戮을 감행하기 위한 欺滿으로 드러났다. 이러니 黑齒常之는 左右 10餘 人과 더불어 달아나게 되었다. 그 동기로는 唐軍의 노략질에 앞서 의자왕과 태자 隆 등을 잡아 가둔 것을 먼저 언급하고 있다. 의자왕 등의 囚禁은 唐과 당초 맺었던 항복 약속에 어긋나는 행위임을 시사하고 있는 것이다. 여기서 '左右十餘人'은 B와 C에서 '酋長'이라고 적혀 있으므로 黑齒常之가 통치하던 風達郡과 연계된 그 隸下지역의 首長을 뜻하는 것으로 보인다.[8]

---

6) 『舊唐書』 권 199, 東夷傳 백제조.
7) 黑齒常之의 生涯는 중국 洛陽의 北邙山에서 출토된 그의 墓誌石을 통해 상당부분 보완되고 있지만, 부흥운동에 관한 기록만은 漏落되었다. 黑齒常之 墓誌銘에 관해서는 李道學, 「百濟 黑齒常之 墓誌銘의 檢討」 19~37쪽을 참조하기 바란다.
8) '左右十餘人'의 左右는 의자왕이 사비도성에서 웅진성으로 빠져나갈 때(『三國史記』 권 5, 太宗武烈王 7년 7월 13일조) 그 측근들을 '左右'라고 하여 보인다.

黑齒常之가 左右의 酋長10여 인과 함께 탈출하여 돌아왔던 곳을 A에서 '本部'라고 하였다. 本部는 黑齒常之가 소속된 본래의 部를 가리키는 게 분명하다. 그러므로 이곳은 黑齒常之의 출신 部인 西部라고 하겠다. '所部'를 들어 항복의 대열에 섰던 흑치상지는 '本部'로 돌아 오게 된 것이다. 本部, 다시 말해 西部로 돌아온 흑치상지는 도망해 온 사람들을 모아서 任存山을 지켰다. 바로 이 任存山에 任存城이 소재하고 있다. J의 註釋에 보면 "任存城은 백제 西部 任存山에 소재하였다"고 하였기 때문이다. 이는 앞서의 기록이나 추론과 모순없이 부합되고 있다. 그러므로 黑齒常之가 탈출해 와서 근거지로 삼은 西部의 任存城은[9] 자신이 風達郡將으로 재임하고 있던 그곳일 가능성을 엿보여 준다.[10] 자신과 연고가 없는 지역이었다면 黑齒常之가 任存城을 거점으로 부흥운동을 주도하기는 어려웠을 것이다.

黑齒常之는 좌우의 추장 10여 인과 함께 지금의 충청남도 예산군 대흥면에 소재한 鳳首山(任存山)을 근거지로 하여 柵을 설치해 지켰다.[11] 여기서 任存城이라고 하지 않고 한결같이 '任存山' 혹은

---

9) 백제의 護國寺刹인 烏合寺와 연계돈 北岳의 위치를 『翰苑』의 '北部 修德寺'라는 기록에 근거하여 禮山의 가야산으로 지목하는 견해도 있다(梁承律, 1988, 「金立之의 '聖住寺碑'」, 『古代硏究』 6, 95~96쪽). 그런데 禮山의 任存山은 西部에 속해 있다. 地理形勢上 同郡에 속한 伽倻山과 任存山이 백제가 전국을 구획한 5部(方)의 北部와 西部로 각각 나뉘어지기는 어렵다. 더구나 修德寺가 북부에 속한다고 하여 가야산이 北岳이 된다는 논리는 성립되기 어렵다. 『翰苑』에 분명히 '北岳 烏山'이라고 나와 있는 烏山은, 누가 보더라도 문헌에 거론되지도 않은 가야산이라기 보다는 烏合寺의 後身인 聖住寺址와 가까운 烏棲山을 가리키는게 합당하다. 烏合寺와 烏棲山은 이름으로도 연결이 되고 있다. 그 뿐 아니라 가야산을 烏山으로 증명하지 않는다면 논리 자체가 성립되지도 않는다. 참고로 伽倻山과 修德寺는 백제 때 今勿縣이었던 조선시대 德山縣 境內에 소재하였다.

10) 李道學, 「百濟 黑齒常之 墓誌銘의 檢討」, 29쪽.

11) 본분의 F에 보면 임존성은 大柵과 小柵으로 구성되었음을 알 수 있다. 여기서

'任射岐山'이라고 한 것을 볼 때 당시에는 城이 없었지만 부흥운동을 하면서 築城하였을 가능성을 내비치고 있다. 그러나 城과 같은 방어시설이 없는 곳을 거점으로 하였을 리는 없다고 판단된다. 그러므로 다른 각도에서 왜 山名이 特記되고 있는 지를 차후 검토해 볼 필요가 있을 듯하다.

黑齒常之는 任存山에서 열흘이 안 되어 3萬에 이르는 주민들을 규합하였다. 백제부흥운동의 첫 烽火가 任存城에서 올려지게 된 것이다. 任存城에는 D에서 보듯이 西部 출신의 恩率인 鬼室福信도 웅거하고 있었다. 鬼室福信은 中部 久麻怒利城에 웅거하고 있는 達率 출신의 餘自進과 연계하면서 散卒들을 수습하였던 것이다. 임존성에서 규합된 3萬명 가운데는 唐軍의 蠻行이 발단이 되어 義憤으로 蹶起한 일반 주민들도 당연히 있었다. 그러나 新羅·唐軍과 대결했다가 開戰 초기에 붕괴되었던 백제군 散卒들을 根幹으로 하여 무장했던 것으로 보인다.

백제부흥운동은 西部의 任存城과 中部의 久麻怒利城을 중심으로 하여 散卒들을 수습하면서 戰列을 정비하였다. 이들은 당초에는 무장 상태가 취약하기 그지 없었지만 D에서 보듯이 신라군과의 전투에서 무기를 탈취하여 제대로 무장할 수 있었던 것이다. 그랬기에 뒤이어 부닥친 전투에서 唐軍을 격파할 수 있었다. 이러한 가운데 福信과 自進이라는 부흥운동의 영웅이 탄생하게 되었다.

그러면 임존성에서의 첫 전투는 언제 발생하였는가? 그리고 그 첫 전투 대상은 누구였을까? 첫 전투는 F에 적혀 있듯이 8월 26일

大柵은 임존성을 가리키는 것이고, 小柵은 예산군 대흥면 상중리 石城이나 대흥면 발록재 土城 가운데 하나로 보인다. 이처럼 主城 주변에 副城을 배치하는 형식은 "沙道城 곁에 2개의 柵을 설치했는데, 東西간 서로 10리 떨어져 있다 (『三國史記』권 24, 仇首王 4년 조)"고한 백제 城制의 한 특징이었다(李道學, 1995, 『백제 고대국가 연구』, 359쪽).

에 발생하였으며, 그 전투 대상은 D에서 시사하고 있듯이 신라군에서 당군으로 바뀌고 있는 것이다. 실제로 F의 기록은 신라가 임존성을 공격한 기록이다. 8월 26일에 임존성에 대한 신라군의 공격이 단행되었으나 이기지 못하고 퇴각한 것이다. 그리고 A・B・C의 기록에 따르면 蘇定方 역시 임존성을 공격했으나 이기지 못하고 철수한 것으로 되어 있다. 蘇定方이 義慈王 등 신하 93명과 백성 1만 2천여 명을 이끌고 唐으로 귀환한 것은 9월 3일이었다.[12] 그러므로 唐軍은 8월 26일에서 9월 3일 사이에 신라군에 이어 임존성을 공격하였음을 짐작할 수 있다.[13] A・B・C에 따르면 唐軍과의 전투에 승리함으로써 부흥군은 200여 개의 城을 일거에 회복하였다고 한다. 이 전투에서 부흥군이 大勝을 거둠에 따라 백제 諸城들의 거취에 큰 영향을 미쳤음을 알 수 있다.

그러한 임존성이 부흥운동의 거점이 되었던 시기는 적어도 8월 26일 이전인 것만은 분명하다. 8월 2일에 堂下의 의자왕과 그 아들 扶餘隆은 堂上의 太宗武烈王과 蘇定方에게 술잔을 치게 하였다. 이 광경을 目睹하였던 백제의 좌평을 비롯한 群臣들은 목이 메어 울지 않는 이가 없었다고[14] 하였을 정도로 敗戰의 현실은 苛酷하기 그지없었다.

늙은 義慈王을 囚禁하고 술잔을 치게 하는 모욕을 안겨준 것은 백제인들을 크게 자극시키고도 남았다. 의자왕이 끝까지 對敵하지 않고 항복한 것은 국가생존을 위한 한 방편이었지만, 현실은 무자비한 약탈과 그로 인한 阿鼻叫喚의 生地獄 뿐이었다. 부실하기는 하지만 여전히 무장력을 갖추고 있던 백제의 散卒들은 南岑과 貞峴

---

12) 『三國史記』 권 5, 太宗武烈王 7년 9월 3일 조.
13) 新羅軍과 唐軍의 임존성 공격을 별개의 전투가 아니라 合同作戰으로 간주하는 견해도 있으나 그것을 명확히 밝혀주는 근거는 없다.
14) 『三國史記』 권 5, 太宗武烈王 7년 8월 2일 조.

등지의 城에 집결하였고, 佐平 正武같은 이는 무리를 모아 頭尸原 嶽에 주둔하면서 신라군과 唐軍을 습격하였다.[15] 이러한 상황에서 8월 26일에 신라군이 임존성을 공격한 것에 미루어 그 이전에 이미 임존성이 부흥운동의 중심으로 그 大長征의 旗幟를 크게 올렸음을 짐작하게 한다.

任存城의 위상은 부흥운동의 첫 봉화지인 동시에 그 거점이기도 하였다. 부흥운동을 지휘했던 福信과 道琛, 그리고 黑齒常之가 이곳 에 雄據하였기 때문이다.[16] G・H・I・J에서 보듯이 熊津府城을 공 격했다가 퇴각한 부흥군의 지도자 道琛이 지켰던 곳이 任存城이었 다. 이는 적어도 661년 3월까지는 부흥운동의 총본영이 任存城이었 음을 뜻하는 것이다. 아울러 唐軍의 사령부격인 熊津府城은 泗沘都 城을 가리킴을 알 수 있다. I의 '都城'과 J의 '府城'은 동일한 城을 가리키는데, 都城은 泗沘都城을, 府城은 熊津府城이기 때문이다. 물 론 唐軍은 사비도성 포위를 풀고 난 직후에 熊津府城을 방어에 유 리한 熊津으로 옮겼다.[17] 그만큼 부흥군의 공세가 감당하기 어려울 정도로 猛烈했음을 뜻한다.

그런데 倭國에 체류하던 豊 王子가 還國하여 擁立됨에 따라 부 흥운동의 거점이 周留城으로 이동하게 되었다.[18] 부흥운동의 거점 이 任存城에서 周留城으로 이동하는 시점을 경계로 부흥운동을 前 期와 後期로 나누어 살필 수 있다. 그런데 부흥운동의 거점인 周留 城의 위치에 관해서는 여러 가지 說이 제기되고 있지만, 종래 通說

---

15) 『三國史記』 권 5, 太宗武烈王 7년 8월조.
16) 『新增東國輿地勝覽』 권 20, 大興縣 古跡條에 "任存城은 백제 福信 遲受信 黑 齒常之 등이 劉仁軌에 抗拒하였다"고 하여 이들 이름이 일부 보인다.
17) 『資治通鑑』 권 200, 高宗 龍朔 2년 秋七月條.
18) 豊王의 還國 시기에 대해서는 661년 9월설과 662년 5월설로 나누어진다(李道學, 1997, 『새로쓰는 백제사』, 239~240쪽).

을 이루었던 서천의 乾芝山城은 현재 그 가능성이 전혀 없는 것으로 결론이 나고 있다. 일단은 부안의 位金岩山城과 홍성설 그리고 연기설 가운데 位金岩山城說을 따르고자 한다.[19] 그렇다고 할 때 물론 다른 이유도 있었겠지만, 주류성은 任存城보다는 당장 지원을 받을 수 있는 倭國과 지리적으로 좀더 가까울 뿐 아니라 해변에 위치하여 倭國과의 교섭에 유리하다는 강점을 지녔기에 부흥운동의 總本營인 王城이 되지 않았을까 생각해 본다.

V. 부흥운동의 終焉과 任存城

3년을 끌었던 백제 부흥운동은 주지하듯이 內紛으로 인해 붕괴 일로를 달리고 있었다. 福信이 道琛을 殺害하고, 福信은 또 豊王에게 피살되었던 것이다. 내분의 와중에서 黑齒常之는 唐營으로 투항했다. 『舊唐書』에 따르면 "龍朔 3년, 高宗이 사신을 보내어 그를 불러 타이르자, 常之는 그 무리를 모두 이끌고 항복했다"[20]고 하였다. 좀 더 구체적으로 말한다면 黑齒常之는 唐營의 劉仁軌에게 투항했던 것이다.[21] 여기서 龍朔 3년은 663년이므로, 부흥운동이 가파른 언덕을 넘어 내리막 길로 곤두박질 치고 있을 때였다. 그러한 시점으로 볼 때 黑齒常之는 내분의 연장선상에서 唐에 투항한 것으로 짐작된다. 이러한 黑齒常之의 唐營으로의 투항은 정녕 變節임은 분

---

19) 周留城의 위치에 대한 檢討로서는 李道學, 1997, 『새로쓰는 백제사』, 241~247 쪽을 참조하기 바란다.
20) 『舊唐書』 권 109, 黑齒常之傳.
   黑齒常之가 龍朔 3년에 唐에 투항했음은 『冊府元龜』 권 997, 外臣部 42, 狀貌條에도 보인다.
21) 『三國史記』 권 44, 黑齒常之傳.

명하였다. 그랬기에 "黑齒常之는 백제를 滅한 제 2의 罪人이다"는 비난이 퍼 부어졌다. 물론 그 제 1의 罪人은 豊王으로 지목되어졌다.[22]

그러나 黑齒常之의 投降은 亂麻처럼 얽히고 설킨 內紛의 소용돌이에서 나온 것인만큼 快刀亂麻式의 단순 평가는 어렵다. 丹齋 申采浩가 일찍이 언급했듯이 당시 백제 땅에는 일종의 2개 정권이 들어서 있었다. 唐軍 陣營의 義慈王 아들인 扶餘隆을 중심으로 한 親唐政權과, 周留城의 豊王을 首班으로 하는 復興軍 政權이었다. 黑齒常之는 부흥운동의 선두에서 福信 등과 더불어 무수한 戰功을 세우며 활약을 했었다. 그런데 倭國에 있던 豊王이 還國한 후부터 福信과 道琛의 雙頭體制는 트로이카體制로 바뀌면서 갈등이 불거져 나왔고 결국 부흥운동의 破局을 초래하였던 것이다. 이러한 주변의 搖動치는 상황에 黑齒常之 역시 超然할 수만은 없었을 게 자명하다.

인간에게는 항시 選擇이 기다리고 있게 마련이다. 즉 選擇의 岐路에 서는 경우가 많다. 갈등하며 고뇌하는 黑齒常之에게 운명의 손짓을 하는 사람이 있었다. 唐營에 있는 義慈王의 嫡子 扶餘隆이었다.[23] 黑齒常之의 人品과 정황에 비추어 볼 때[24] 순전히 살아 남기 위한 '私利'라는 차원보다는 扶餘隆이 제시했던 백제를 재건할 수 있는 일종의 靑寫眞을 보고는 向背를 결정한 것으로 판단된다. 扶餘隆이 曲盡하게 그에게 呼訴한 것이 奏效했을 것임은 의심할 나

---

22) 申采浩, 1987, 「朝鮮上古史」, 『丹齋申采浩全集』, 改訂版, 上, 354쪽.

23) 扶餘隆은 의자왕 4년에 太子로 책봉되었으나 의자왕 15년의 政變을 거치면서 太子位에서 축출되었다. 그의 人生流轉에 관해서는 李道學, 1997, 「『日本書紀』의 百濟 義慈王代 政變記事의 檢討」, 『韓國古代史研究』 11, 413~418쪽과 李道學, 『새로쓰는 백제사』, 271~274쪽을 참조하기 바란다.

24) 黑齒常之의 탁월한 인품에 관한 일화는, 李道學, 『백제장군 흑치상지 평전』, 63~66쪽에 잘 서술되어 있다.

위없다.25) 실제로 부흥운동이 終焉을 告한 후 비록 괴뢰정권이기는 하지만, 扶餘隆을 首班으로 한 또 다른 형태의 백제 재건작업이 진행되었던 것만은 사실이었다. 바로 이 熊津都督府에 黑齒常之도 참여하였던 것이다.26) 어쨌든 黑齒常之의 唐營 投降은 차제에 任存城의 운명을 결정지었다.

백강전투에는 백제 땅에 주둔하고 있던 唐將 劉仁願의 군대 외에 劉仁軌의 군대까지 增派되었다. 여기에 孫仁師의 40만 唐兵이 합세하였다.27) 이와 더불어 金庾信이 이끈 신라군이 加勢한 상황이었다. 이에 반해 백제 부흥군은 왜군 2만 7천 명의 지원을 받아 對敵하고 있었다. 그러므로 부흥군이 압도적으로 劣勢에 놓여 있었음은 말할 나위없다. 663년 8월 28일의 白江戰鬪와 9월 7일의 周留城 함락을 거치면서 부흥군 主力은 潰滅되고 말았다.

부흥운동의 旗幟를 내걸면서 마지막까지 抗戰했던 城들도 豊王의 고구려 亡命과 일본 열도로의 집단 이주와 같은 지도층의 空洞으로 인해 士氣가 급속히 꺾인 관계로 일제히 무너졌다. 그러나 오직 1개 城만이 搖之不動으로 끄떡없이 버티고 있었다. 任存城이었다.

任存城이 최후까지 抗戰할 수 있었던 요인은 "지세가 險하고 城이 견고한데다가 또 糧穀이 많았기" 때문이었다. 게다가 F에서 언급했듯이 군사도 많았다. 우리 역사상 최고의 名將 班列에 드는 金庾信이 직접 지휘했지만 任存城은 잘 버티었다. 任存城은 遲受信이 지키고 있었던 것이다. 遲受信의 빼어난 統率力과 勇戰奮鬪가 큰

25) 李道學, 앞책, 173~176쪽.
26) 熊津都督府에 관해서는 李道學, 1987, 『熊津都督府의 支配組織과 對日本政策」, 『白山學報』 34을 참조하기 바란다. 참고로 필자는 백제부흥운동을 1차와 2차로 나누고 있는데, 웅진도독부에 의한 통치기간을 2차 부흥운동으로 설정한 바 있다.(李道學, 1997, 『새로 쓰는 백제사』, 20~21쪽·70쪽.
27) 『三國史記』 권 6, 文武王 3년 5월조.

몫을 했다고 평가되어진다. 또 A에서 "죽기를 각오한 병사를 이끌고 맞서 싸우니"라고 하였듯이 任存城 兵士들의 드높은 氣槪를 꼽지 않을 수 없다.

新羅軍에 이어 唐軍이 배턴을 이어 받아 任存城을 공격했지만 역시 難攻不落이었다. 이때 唐將 劉仁軌는 妙手를 떠 올렸다. 夷以制夷策을 생각한 것이었다. 劉仁軌는 孫仁師의 만류에도 불구하고 '忠勇하고 智略이 많은' 黑齒常之와 沙吒相如에게 唐軍을 딸려 보내 任存城을 공격하게 했다. 누구보다 任存城을 잘 알 뿐 아니라 당대의 名將인 黑齒常之가 공격함에 따라 任存城은 끝내 함락되었다. 遲受信은 妻子를 남긴 채 城을 빠져 나와 주군인 豊王이 그러했던 것처럼 고구려로 들어갔다. 얼마나 경황이 없었으면 그 운명이 빤한 妻子를 버리고 任存城을 탈출했는가를 상상할 수 있게 된다.

이러한 遲受信의 氣魄과 忠節은 높이 사야할 것이다. 그렇다고 그와 대비하여 黑齒常之를 罵倒할 수는 없다고 본다. 黑齒常之 역시 자신의 의지와는 무관하게 7세기 후반 동아시아의 거친 波高에 부대끼면서 波瀾萬丈하게 살다가 千秋의 恨을 품고 異域에서 自決했던, 어떻게 말한다면 한 시대의 피해자였기 때문이다. 결과적인 입장에서의 후대 評價가 어쨌든간에 黑齒常之는 그 나름대로 愛國의 길을 걷고자 煩悶하면서 무진 노력했음은 부인하기 어렵다.[28] 다만 最善이 안되었을 때 次善의 길을 따랐는데, 그것이 바로 '變節'로 말해 지고 있는 것이다.

흑치상지에 대해서만 苛酷한 평가를 한다면 묻고 싶다. 始終 唐

---

28) 후대 평가와 관련해 黑齒常之는 조선 전기에 신라의 김유신 · 김인문, 고구려의 을지문덕과 함께 春秋의 東郊 祭禮時 配享이 건의되었을 정도로(『世宗實錄』 2년 3월 정유 조) 忠節의 功臣으로 인식되었음을 想起시키고 싶다.

營에 있었던 扶餘隆과 內紛의 張本人이었던 豊王은 왜 비판을 加하지 않는지?

VI. 맺음말

지금까지 任存城이 점하는 역사적 위치와 의미를 살펴 보았다. 任存城은 백제 부흥운동의 첫 烽火가 올려졌던 곳인 동시에 백제부흥운동의 최후 抗戰地였다. 또 前期 백제 부흥운동의 總本營이었다. 그러한 任存城이 마지막으로 함락됨에 따라 M과 O에서 알 수 있듯이 3년 이상을 지속했던 부흥운동은 대단원의 幕을 내리게 되었다.

任存城에서 부흥운동의 첫 烽火가 올려지던 순간 열흘만에 3만 명이 집결하여 勇躍 조국을 되찾는 抗戰의 隊列에 서게 된 것이다. 强制에 의한 것이 아닌 義憤의 산물로서, 그러한 氣槪와 精神은 우리 나라 義兵運動의 뿌리가 되었다는 점에서 그 역사적 의미를 들 수 있지 않을까 한다.[29]

任存城 抗戰은 문헌에 전하는 것만 본다면, 첫 번째 전투는 660년 8월 26일의 신라군 공격을 격퇴한 것이다. 두 번째 전투에서는 660년 8월 26일~9월 3일 사이에 蘇定方이 이끌거나 보낸 唐軍의 공격을 물리쳤다. 唐軍과의 전투에 승리함으로써 부흥군은 일거에 200여 개 城을 회복하였다. 백제가 잃었던 국가를 재건할 수 있었던 요인이 任存城에서의 두 번째 勝戰이라고 하겠다. 663년 10월 21일~11월 4일에 걸친 세 번째 전투에서는 文武王과 金庾信이 지휘하는 신라군의 攻勢를 격퇴시켰다. 마지막 네 번째 전투는 663년 11

---

29) 백제 부흥운동을 義兵運動으로 그 성격을 처음 규정했던 이는 申采浩였다. 그는 福信을 '義兵將'으로 표현하기까지 했다(申采浩, 앞책, 341~342쪽).

월 4일 이후 어느 때 있었는데, 黑齒常之와 沙吒相如를 앞세운 唐軍의 공격으로 결국 任存城이 함락되었다. 그러고 보면 任存城은 최소한 3년 3個月 이상을 부흥운동의 거점으로서 국가 부흥의 임무가 존재했던 〔任存〕 名과 實이 부합되는 城이었다.

任存城 蜂起는 우리나라 의병운동의 뿌리가 되었다. 任存城에서 비롯된 救國의 의로운 정신은 內浦 땅에 면면히 계승되어 왔다. 그랬기에 조선 후기의 천주교 박해시 죽음을 두려워하지 않고 신앙의 志操를 감연히 지키는 수많은 순교자와 聖人들을 배출할 수 있었다. 우리나라 최초의 신부인 김대건 신부 또한 內浦 출신이 아니었던가? 한말의 최익현 선생을 필두로 김좌진·윤봉길·한용운 등등 일제하에 수많은 의사와 지사를 배출한 고장이었다.

그러면 內浦 땅에서 수많은 憂國之士가 배출될 수 있었던 이유는 무엇일까? 任存城에서 일어났다가 스러져간 民草들의 기상과 식지 않은 열정이 이어져 왔다는 것을 말하는 것이 아니고 무엇이랴? 이것을 통하여 역사는 결단코 단절될 수도 없으며 단절되어지지 않는다는 秋霜같은 교훈을 얻게 된다. 그러한 의미에서 우리는 나라가 위기에 처했을 때마다 용약 일어났던 자랑스러운 의병운동의 뿌리였던 任存城을, 역사교육의 도량으로 활용하는 작업이 추진되기를 바라 마지 않는다.30)

---

30) 李道學, 1997, 「우리 나라 의병운동의 뿌리, 임존성」, 『內浦文化情報』 2, 32쪽.

禮山 鳳首山城(任存城)의 現況과 特徵

이남석 공주대학교

I. 序言

성곽은 축조에 많은 시간과 비용, 그리고 인력이 소모되는 것이기 때문에 高塚古墳과 더불어 일찍부터 古代國家의 출현을 의미하는 상징적 존재로 이해되어 왔다. 이는 비단 우리 나라 뿐만 아니라 이웃한 중국에서도 마찬가지여서 중국에서 주변에 있는 다른 민족들의 문화수준을 가늠하는 척도로써 성곽의 有無를 자주 거론하기도 한다. 예컨대 중국 사서의 「東夷傳」속에는 중국 주변에 있는 여러 민족들을 소개하면서 반드시 城郭의 有無를 기록하고 있는 것이 그 좋은 예일 것이다.[1)

이처럼 성곽은 일찍부터 古代國家의 출현을 의미하는 상징물로

---

1) 『三國志』, 「東夷傳」, 韓條. "馬韓…無城郭…辰韓…有城柵…弁辰…亦有城郭"이 그것이다.

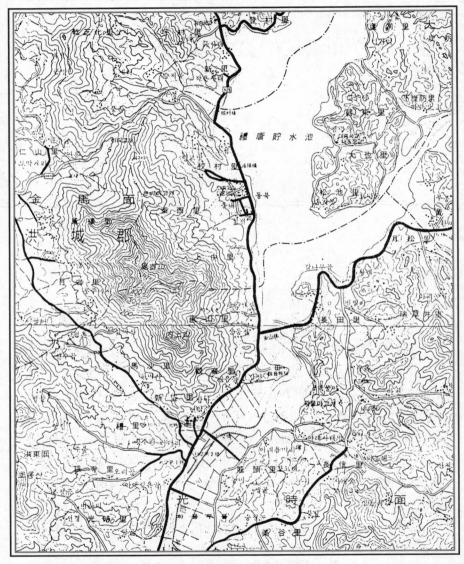

도면 1. 鳳首山城의 位置

이해되어 왔을 뿐만 아니라 고대국가가 성립된 후에는 이러한 성곽을 단위로 하여 지방 통치조직이 정비되기도 한다. 『三國史記』기록에 자주 등장하는 築城에 관한 기록은 바로 이러한 성곽을 통한 지방 통치조직의 정비 과정을 보여주는 것이다. 때문에 성곽은 단순한 방어시설로써 하나의 城을 지칭하는 용어일 뿐만 아니라 그러한 방어시설물을 둘러싼 일정지역의 공간을 지칭하는 의미로 사용된 것도2) 실은 이처럼 성곽을 중심으로 지방 통치조직이 정비되어 있었기 때문이다.

여기서 살펴보고자 하는 鳳首山城도 결국 이러한 일반적인 고대 성곽의 구조 및 특징과 결코 다를 바 없을 것이다. 다 아는 바와 같이 鳳首山城은 大興面 上中里와 光時面 東山里 사이의 鳳首山 정상에 축성되어 있는 석축산성이다. 그리고 지금까지 鳳首山城은 『三國史記』에 등장하는 "任存城"으로 알려져 왔다. 여기에서는 고대의 산성이 갖는 일반적 특징을 고려하면서 鳳首山城의 현황과 특징을 살펴보고자 한다. 鳳首山城의 특징을 살펴보는 것은 鳳首山城이 과연 史書에서 말하는 任存城인가에 대한 고고학적인 증거를 찾아보기 위해서임은 말할 것도 없다.

II. 鳳首山城에 대한 記錄의 檢討

鳳首山城에 대한 고고학적인 특징을 살펴보기에 앞서 산성과 관련된 기록을 먼저 살펴볼 필요가 있다. 鳳首山 및 鳳首山城 혹은 임존성과 상관관계를 살펴볼 수 있는 기록으로는 조선시대 후기의

---

2) 李宇泰, 1981, 「新羅의 村과 村主 - 三國時代를 中心으로 -」, 『韓國史論』 7, 서울大 國史學科.

것이지만『大東地志』를 주목할 수 있다.『大東地志』의 大興縣 城池
條에 보면

> 任存城은 鳳首山에 있는데, 둘레가 5천 1백 94척이고 우물이 3개 있다. 百濟
> 의 高福信과 黑齒常之가 이곳에서 劉仁軌와 맞서 싸웠다3)

라고 되어 있다. 鳳首山城이 곧 백제의 任存城이라는 의미다. 그리
고 여기에서 보이는 鳳首山이 과연 현재의 鳳首山과 동일한 것일까
의 문제는 같은『大東地志』의 山水條에 "鳳首山은 서쪽으로 5里 되
는 지점에 있다"4) 라고 하여『大東地志』에서 말하는 鳳首山이 현재
의 鳳首山과 동일한 산임을 설명하고 있다. 즉,『大東地志』의 撰者
는 鳳首山에 축성되어 있는 鳳首山城을 백제의 부흥운동 과정에서
핵심 據城의 하나였던 任存城으로 파악하고 있었던 것이다.
　　물론 鳳首山城에 대한 기록은『大東地志』보다 이른 시기에 편찬
된 史書에서도 찾아볼 수 있다. 즉, 조선 초기에 편찬된『新增東國
輿地勝覽』에 의하면

> 任存城은 즉 백제의 福信과 遲受信, 黑齒常之등이 劉仁軌와 맞서 싸운 곳인데,
> 현재의 縣에서 서쪽으로 13里 되는 지점에 石城이 하나 있어 둘레가 5천 1백
> 94척이고 성내에 우물이 3곳 있다5)

라는 것을 볼 수 있다. 다만 여기에서 任存城이 있는 위치가 정확
하게 설명되어 있지 않고,『大東地志』와는 약간의 거리 차가 있어

---

3)『大東地志』,「大興縣」, 城池條. "任存城 在鳳首山 周五千一百九十四尺 井三 百
　濟高福信 黑齒常之 拒劉仁軌于此"
4)『大東地志』,「大興縣」, 山水條. "鳳首山 西五里"
5)『新增東國輿地勝覽』,「大興縣」, 古跡條. "任存城 卽百濟福信遲受信黑齒常之等
　拒劉仁軌處 今縣西十三里 有古石城 周五千一百九十四尺 內有井三"

『新增東國輿地勝覽』이 말하는 任存城과 『大東地志』에서 말하는 鳳首山城(任存城)이 동일한 것인지는 확인할 수는 없다. 그러나 성의 둘레가 같은 것으로 보아 일단 다 같이 현재의 鳳首山城을 가리키는 것으로 믿어진다.

한 가지 주목되는 점은 현재의 鳳首山城에 대한 최초의 기록이라고 할 수 있는 『新增東國輿地勝覽』에서 처음부터 鳳首山城을 백제의 任存城으로 보고 있다는 사실이다. 『新增東國輿地勝覽』의 撰者가 무엇을 근거로 하여 이처럼 현재의 鳳首山城을 백제의 任存城으로 판단했는지는 정확하지 않다. 다만 한 가지 추측을 한다면 大興縣의 建置沿革을 기록하면서

> 大興縣은 본래 백제의 任存城(혹은 今州라고도 한다)이다. 신라가 任城郡으로 고치고, 고려 초에 현재와 같은 大興으로 다시 고쳐 불렀다. 고려 顯宗 9년에는 運州에 속하였으며, 明宗 2년에는 監務를 두었다. 조선조에 들어와서는 太宗 13년에 다른 지역의 例에 따라 縣監을 두었다[6]

라고 하고 있는데, 여기에서 보듯이 鳳首山城이 자리하고 있는 大興地域이 백제시대에 任存城이라고 불리던 지역이기 때문에 鳳首山城을 任存城으로 부른 것이 아닌가 일단 추측된다. 사실, 鳳首山城이 자리하고 있는 현재의 大興地域이 백제시대 때 任存城이라고 부르던 곳임은 『三國史記』를 통해 널리 알려진 사실이다.

> 任城郡은 본래 백제의 任存城으로 景德王이 改名하였으며, 현재의 大興郡이다.[7]

---

6) 『新增東國輿地勝覽』, 「大興縣」, 建置沿革條. "本百濟任存城(一云今州) 新羅 改任城郡 高麗初改今名 顯宗九年屬運州 明宗二年治監務 本朝太宗十三年 例爲縣監"
7) 『三國史記』, 「雜志」, 地理 3. "任城郡 本百濟任存城 景德王改名 今大興郡"

위의 『三國史記』 기록을 통해서 알 수 있는 바와 같이 현재의 大興地域이 백제시대 때에는 任存城으로 불리다가 景德王 때 任城郡으로 바뀌었으며, 고려시대 때에는 다시 大興으로 改名되어 현재에 이르고 있음을 알 수 있다. 그런데, 중요한 것은 大興地域이 백제 때의 任存城 이라는 것은 알 수 있지만 그 任存城이 현재의 鳳首山城 즉, 任存城으로 전해오는 바로 그 산성인가에 대해서는 이렇다할 설명이 없다. 이러한 설명은 앞에서 본 바와 같이 오직 조선시대에 들어와서 편찬된 諸地理書에만 남아 있을 뿐이다. 그런 점에서 기록의 任存城이 현재의 鳳首山城인지의 여부는 앞으로 정밀한 현장조사를 통해서 밝혀져야만 할 것이다.[8]

Ⅲ. 鳳首山城의 現況

鳳首山城은 다 아는 바와 같이 大興面 上中里와 光時面 東山里 사이에 솟아 있는 표고 484m의 鳳首山 정상부에 축성되어 있는 석축 산성이다. 鳳首山은 이 일대에서 가장 높은 산에 해당되기 때문에 성에 오르면 주변지역이 한눈에 조망된다. 북쪽으로는 禮唐貯水池와 無限川이 한눈에 보이며, 멀리 禮山邑內도 시야에 들어온다. 서쪽으로는 洪城郡과 경계를 이루고 있기 때문에 洪城郡 金馬面·洪北面·洪東面·長谷面 일대가 한눈에 조망되며, 멀리 洪城邑內도 건너다 보인다. 동쪽으로는 차령산맥이 병풍처럼 이어져 전망이 좋지 못

---

8) 물론, 沈正輔教授는 이와 같은 관련기록과 백제 부흥운동의 내용을 기록한 諸史書를 면밀히 검토하고, 鳳首山城에 대해서도 지표조사를 실시하여 『三國史記』 등 諸史書에 보이는 任存城이 현재의 鳳首山城임을 입증하고 있다(沈正輔, 1983, 「百濟 復興軍의 主要 據點에 關한 研究」, 『百濟研究』 14, 忠南大百濟研究所, 143~194쪽).

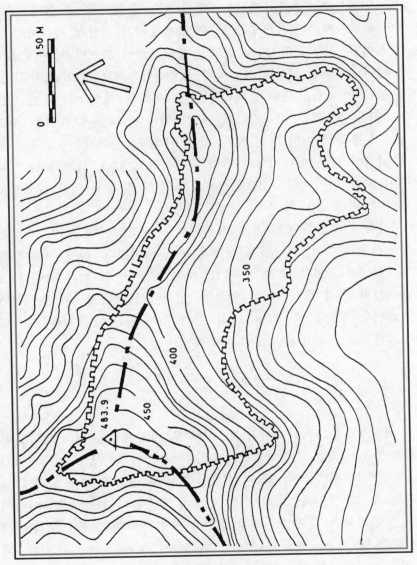

150 M

0

350

400

450

483.9

도면 2. 鳳首山城의 平面圖

하나 남쪽으로는 無限川과 그 주변을 한눈에 굽어볼 수 있다. 다만 성의 동남쪽과 서북쪽으로는 또 다른 봉우리가 가깝게 자리하고 있어 시야가 막혀 있다. 다시 말해서 봉수산성에 오르면 사방을 골고루 내려다 볼 수 있지만 동남쪽과 서북쪽만은 시야가 가려져 있다.

성은 약 900m 정도의 거리를 두고 동서로 서로 마주보고 있는 두 개의 봉우리를 에워싸면서 축성되었는데, 圖面에서 보는 바와 같이 봉우리 사이의 능선 보다 약간 아래쪽을 지나지만 북쪽이 높고 남쪽이 낮은 삼태기형의 평면형태를 하고 있다. 북쪽이 높고 남쪽이 낮게 되어 있는 것으로 보아 성의 주 방향은 역시 남쪽으로 보아야 할 것 같다.

성벽은 자연지형을 잘 이용하면서 축성되었는데, 이미 대부분 무너진 상태이며, 따라서 현재는 일부만 남아있다. 성벽 이외에 봉수산성에서는 城門, 建物址, 雉城, 女墻, 우물 등의 성과 관련된 부대시설의 흔적이 확인되고 있으며, 성내에서는 곳곳에서 토기편과 기와편을 수습할 수 있다. 이를 성벽과 부대시설로 나누어 좀 더 구체적으로 현황을 살펴보면 다음과 같다.

1. 城 壁

봉수산성은 다른 산성과 마찬가지로 자연지형을 최대한으로 이용하면서 성벽을 축성하였다. 예컨대 성벽 아래쪽으로 낭떠러지가 이어지도록 성벽을 축성하여 성벽을 높이지 않고도 쉽게 성벽에 접근할 수 없도록 하였는가 하면 성벽이 통과할 지점에 자연 암반이 크게 자리하고 있으면 이러한 암반을 적절히 이용하면서 그 위에서 성벽을 쌓아 최소한의 노력으로 최대한의 효과를 거두고 있다. 이렇게 자연지형을 잘 이용하면서 성벽을 축성하는 것은 우리 나라

산성에서 일반적으로 확인되는 사실이다.

성벽은 대부분이 이미 붕괴된 상태이지만 일부에서는 성벽이 남아 있어 축성법을 확인할 수 있었는데, 여기에서 보면 성벽은 할석을 이용하여 축성하고 있음을 알 수 있다. 대부분의 구간에서는 자연할석 내지는 할석을 그대로 축성에 이용하고 있지만 일부구간에서는 할석을 일정한 크기로 다듬은 다음 축성에 사용하고 있는 곳도 있다. 다듬은 성돌로 축성한 곳은 성돌의 크기도 일정하고, 성돌과 성돌의 이가 잘 맞아 성돌 사이에 틈새가 거의 없는 반면에 자연할석으로 축성한 구간은 크기와 모양이 일정하지 않은 데다가 성돌 사이에 틈새가 크게 생겨 쐐기들을 사용하고 있다.

이렇게 축성법이 서로 다른 것은 아직 확실한 이유를 알 수 없지만 일단 성벽을 初築한 후에 修·改築이 이루어진 결과로 이해된다. 축성법이 다를 경우 성벽의 하단은 거의 일정하게 다듬은 성돌로 축성하고 있는데 비해 성벽의 상단은 자연 할석으로 면만 맞추면서 축성하고 있기 때문이다. 이로 볼 때 상단의 조잡한 성벽은 初築 성벽이 무너진 다음에 修築한 것으로 판단되며, 이 경우 다듬은 성돌로 축성한 것이 하단에 놓이고, 그렇지 않고 자연할석으로 축성한 것이 상단에 놓이는 것으로 보아 다듬은 성돌로 축성한 것이 자연할석으로 축성한 것보다 이른 시기의 축성법임을 알 수 있다.

성벽은 지형적인 조건에 따라 일부 구간에서는 內托, 혹은 夾築의 흔적도 보이지만 대부분의 경우 片築式으로 축성하였다. 片築式으로 축성한 구간이 많기 때문에 자연히 성내에는 回廊道가 돌려져 있으며, 內托한 구간에서는 內濠의 흔적이 보인다.

1) 東壁

東壁은 표고 420m의 동쪽 봉우리 정상부에서 능선을 타고 내려오는 구간이다. 동벽의 북쪽 부분은 비교적 급경사면을 일직선에 가깝게 내려오고 있는데 비해 남쪽부분은 완만한 경사면을 지형에 따라 "S"자의 형태로 이어지고 있다.

성벽은 片築式으로 축성되었는데, 대부분의 성벽이 이미 붕괴된 상태이다. 더구나 이 동벽쪽에는 칡넝쿨과 잡목, 가시덤불이 성벽을 완전히 뒤덮고 있어 정확한 구조를 확인하기 어렵다. 남아 있는 성벽은 마치 土城처럼 보이지만 이것은 성벽이 붕괴된 다음에 성내에서 흘러내린 흙이 성벽을 뒤덮었기 때문이고, 실제로는 다른 구간의 성벽과 마찬가지로 石城으로 축성되어 있었던 것으로 판단된다.

성벽이 片築式으로 축성되어 있어 성내에는 回廊道가 돌려져 있는데, 급경사면을 내려오는 북쪽 부분은 回廊道가 그다지 넓지 못하나 남쪽 부분은 10m 이상 되는 매우 넓은 回廊道가 펼쳐져 있어 建物址와 같은 다른 시설물이 있을 가능성도 높아 보인다. 성내에서 흘러내린 흙이 성벽을 완전히 뒤덮고 있기 때문에 城門이나 女墻施設 등과 같은 흔적을 찾기가 매우 어려웠으나 앞으로 정밀조사가 이루어지면 이러한 시설물의 흔적이 추가로 확인될 가능성이 높다고 판단된다.

한편, 동벽과 남벽이 만나는 동남쪽 성벽중에는 일부 夾築으로 축성한 부분도 남아 있는데, 이곳은 능선을 가로지르면서 성벽이 축성되어 있는 만큼 성벽 바깥쪽으로 비교적 완만한 경사면이 이루어지고 있어 방어에 어려움이 많은 지역인 만큼 방어력을 높이기 위해 특별히 夾築式으로 성벽을 축성한 것으로 판단된다.

2) 南壁

東壁과 이어지는 남벽은 성내에서 가장 낮은 지점에 해당된다. 鳳首山城 자체가 北高南低形으로 되어있고, 동벽과 서벽사이를 이어주는 것이 남벽이기 때문에 성내에서 가장 낮은 곳을 지나고 있는 것이다. 남벽에 서면 光時面 일대와 無限川 상류가 내려 보이기는 하지만 그다지 전망은 좋지 못한 편이다.

성벽은 자연지형을 최대한으로 이용하면서 축성되었는데, 그 때문에 계곡과 능선을 여러 차례 통과하면서 지그재그 식으로 성벽이 이어지고 있다. 다른 구간의 성벽이 대체로 일직선에 가깝게 이어지고 있는데 비해 남벽이 특히 凹凸이 심한 것은 성벽이 여러 개의 계곡과 능선을 통과하고 있기 때문이다.

남벽 역시 石城으로 축성되어 있는데, 대부분의 구간이 붕괴되고 일부만 남아 있다. 남아 있는 성벽을 통해서 보았을 때 성벽은 片築式으로 축성되었으며, 극히 일부에서만 夾築式의 흔적이 확인되고 있다. 夾築式의 흔적이 확인되는 곳은 예외없이 성벽 바깥쪽으로 능선이 이어지고 있는 것이다. 이렇게 성벽 바깥쪽으로 능선이 이어지고 있으면 성벽에 접근하기가 용이한 것이 사실인데, 이 때문에 취약한 방어벽을 극복하기 위해 이 부분은 특별히 夾築式으로 축성한 것으로 판단된다.

성벽의 대부분은 이미 붕괴되었지만 일부 구간에서는 성벽의 흔적을 그대로 남기고 있는 곳도 있다. 여기에서 보면 성벽의 축성법에는 두 가지가 있다. 하나는 비교적 크기가 일정한 할석을 이용하여 한단 한단 수평을 맞추면서 바른층 쌓기 방식으로 성벽을 쌓아 올리는 것이고, 다른 하나는 크기와 모양이 일정하지 않은 할석을 이용하여 허튼층 쌓기 방식으로 성벽을 축성하는 것이다. 바른층 쌓기 방식으로 성벽을 쌓아 올린 곳은 성돌과 성돌이 이가 잘 맞아 쐐기돌 같은 것이 별 필요 없는 반면에 허튼층 쌓기 방식으로 성벽을 쌓아 올린 곳은 성돌과 성돌 사이에 틈새가 크게 남아 쐐기돌로 메우고 있는 것이 특징이다. 이렇게 볼 때 이 두 가지 축성법은 서로 성격을 달리하고 있는 것으로 볼 수 있는데, 그렇다면 남벽은 최소한 한번 이상의 修築이 이루어졌음을 알 수 있다.

바른층 쌓기 방식으로 축성된 것이 성벽의 하단이고 허튼층 쌓기 방식으로 축성된 것이 성벽의 상단인 것으로 보아 원래 남벽은 바른층 쌓기 방식으로 축성되어 있었는데, 初築 후에 성벽이 붕괴되자 다시 허튼층 쌓기 방식으로 補修가 이루어진 것으로 판단된다.

한편, 이 남벽에서는 일부 구간이기는 하지만 女墻의 흔적도 확인된다. 女墻施設의 흔적이 확인되는 곳은 남벽의 중간쯤에 해당되는데, 현재 너비 약 130cm의 크기로 높이 약 25m 정도가 남아 있다. 완전히 붕괴된 상태에서 성벽 위쪽에 일부만 흔적이 남아 있는 것이어서 정확한 女墻의 크기와 구조는 알 수 없지만 女墻施設의 흔적인 것만은 분명하다.

3) 西壁

서벽은 남벽과 이어지면서 능선을 타고 표고 484m의 봉수산 정상을 향해 이어지고 있다. 이 구간 역시 동벽과 마찬가지로 경사면을 따라 일직선에 가깝게 이어지고 있는데, 정상에 가까운 구간은 급경사를 이루고 있다.

성벽은 대부분 붕괴되고 일부만 남아 있다. 남아 있는 성벽은 역시 片築式의 특징을 보이고 있는데, 능선을 타고 내려오는 관계로 일부에서는 內托式의 흔적도 확인된다. 대부분의 성벽이 이미 완전히 붕괴된 상태이지만 일부에서는 성벽의 築城法을 확인할 수 있을 정도로 성벽이 남아 있는 곳도 있는데, 여기에서 보면 성벽은 남벽과 마찬가지로 일정한 크기로 다듬은 석재를 이용하여 한단 한단 수평을 맞추면서 바른층쌓기 방식으로 쌓아 올리고 있는 것이 확인된다. 성벽을 이렇게 지형에 맞추어 쌓지 않고 평탄면이든, 아니면 경사면이든 간에 수평을 맞추어서 쌓아 올리는 것은 성벽이 쉽게 붕괴되는 것을 방지하기 위해서이다. 경사면을 축성할 때 경사대로 성벽을 축성한다면 가장 아래쪽에 있는 성돌에게 성벽의 모든 하중이 집중되기 때문에 이 부분의 성돌은 쉽게 붕괴되고 만다. 따라서 이러한 성벽의 붕괴를 방지하기 위해 성벽이 경사면을 통과하는 경우에도 수평을 맞추면서 한단 한단 쌓아 올리고 있는 것이다. 그런 점에서 별다른 특징은 발견되지 않는다.

다만, 서벽이 鳳首山의 최고점을 통과하는 부분에 높은 台地가 조성되어 있는데, 이 台地는 주변을 감시하기 위한 高臺와 같은 것이 있었던 흔적이 아닌가 짐작된다. 이러한 高臺址는 동벽과 북벽이 만나는 지점에서도 확인되는데, 역시 주변지역을 쉽게 내려다 볼 수 있는 지점에 자리하고 있는 것으로 보아 주변을 감시하기 위한 시설물이 자리하고 있었던 곳으로 여겨진다.

4) 北壁

북벽은 동서로 마주보고 있는 두 산봉우리를 에워싸면서 축성되었다. 다만 이럴 경우 두 산봉우리를 연결한 능선을 따라서 성벽이 축성되는 것이 보통이지만 鳳首山城의 경우에는 이 능선에서 약간 아래쪽을 에워싸고 있는 것이 특징이다. 따라서 언뜻 보아서는 이른바 馬鞍形을 하고 있다고 볼 수도 있지만 이 경우에는 馬鞍形이 아니다.

성벽은 역시 자연지형을 최대한으로 이용하면서 축성되었는데, 성벽 아래쪽으로는 수십 길의 낭떠러지가 이어지고 있어 성벽에 접근하기가 매우 어렵게 되어 있다. 이 때문에 종래에 鳳首山城에 대해서 조사한 연구자들은 鳳首山城이 북에서 남으로 내려오는 외적을 방어하기 위해서 축성한 것으로 보아왔지만 이는 앞으로 좀 더 검토해 볼 필요가 있어 보인다.

성벽은 이미 완전히 붕괴된 데다가 성내에서 흘러내린 토사가 성벽을 완전히 뒤덮고 있어 외관상으로는 마치 土城처럼 보이지만 이 구간 역시 石城으로 축성한 것으로 보아야 할 것 같다. 일부에서나마 石城으로 축성한 흔적이 남아 있기 때문이다 북벽을 이렇게 石城으로 축성한 것으로 볼 경우 다른 구간과 마찬가지로 片築式으로 축성하였음을 알 수 있다. 다만 일부 구간은 內托式의 흔적도 보인다. 특히, 봉수산 바로 북쪽에 있는 봉우리와 연결되는 능선을 통과하는 구간의 경우에는 內托式으로 축성한 흔적이 뚜렷이 남아 있으며, 그 안쪽으로는 內濠의 흔적도 보인다. 그러나 대부분의 구간은 片築式으로 축성하였으며, 그 대신 回廊道가 매우 좁게 남아 있다. 성벽이 이렇게 크게 파괴된 관계로 성벽의 축성법을 확인하기는 매우 어려운 편인데, 다만 동벽과 북벽이 만나는 東北隅에 일단의 성벽이 남아 있었다. 여기에서 보면 성벽은 약 10m 정도가 남아 있는데, 현재 약 4m의 높이를 유지하고 있다. 이러한 성벽의 높이는 현재 남아 있는 성벽 중에서 가장 양호한 부분이라고 할 수 있다. 여기에서 보면 성벽은 납작한 형태의 일정한 크기로 잘 다듬은 화강암을 이용하여 한단 한단 바른층쌓기 방식으로 쌓아 올리고 있다. 이미 바른층쌓기 방식은 남벽에서도 확인되었지만 이 북벽의 경우에는 남벽보다 훨씬 정교하게 다듬은 성돌을 이용하여 성벽을 축성하고 있는 것이 특징이며, 그런 의미에서 앞으로 정밀 조사를 통해 남벽과 북벽의 축성법을 면밀히 검토해 볼 필요가 있다고 판단된다. 정밀 조사를 거쳐 남벽과 또 다른 축성법으로 밝혀질 경우, 전체적으로 鳳首山城의 성벽은 적어도 2회 이상의 修築을 거쳐 오늘에 이르고 있음을 확인할 수 있게 될 것이기 때문이다.

2. 附帶施設

봉수산성에서 확인할 수 있는 성곽 관련 부대시설로 城門과 建物址, 雉城, 女墻, 그리고 우물지 등을 들 수 있다.9) 이외에 성벽을 설명하면서 언급하였듯이 성벽의 귀퉁이에 高臺의 흔적도 나타나고 있는데, 이에 대해서는 지표조사만으로는 명확하게 그 성격을 확인할 수 없는 것이기 때문에 일단 좀 더 정밀한 조사를 기다릴 필요가 있을 것 같다.

1) 城門

鳳首山城의 성문은 北門址와 南門址가 확인되고 있다. 북문지는 동서 양쪽에 솟아 있는 봉우리의 가운데에 해당되는 부분에 자리하고 있는데, 비교적 통행이 용이한 곳을 택해 성문을 만들었음을 알 수 있다. 門址와 관련된 별다른 시설물은 확인되지 않고 단지 성벽이 약 6m 정도의 간격을 두고 끊겨져 있어 門址로 추정되는 것인데, 門址 주변에 별다른 석축시설이 없어 시간이 지날수록 성문 출입구 좌우의 성벽이 심하게 유실되고 있는 실정이다. 남아 있는 형태로 보아 성문은 平門式의 구조를 하고 있으며, 발굴조사를 거치지 않아 정확한 것은 아니지만 開据式의 형태로 판단된다.

南門址는 동쪽에 있는 봉우리에서 남쪽으로 뻗어내리고 있는 능선을 가로 지르는 부분에 자리하고 있는데, 능선의 정상에서 약간 동쪽으로 치우친 지점에 해당된다. 계곡과 능선의 線上部를 피해서 城門이 자리하고 있는 셈이다. 北門址와 달리 南門址는 전체를 돌로 축성하고 있는데, 출입구의 폭은 2.1m로 매우 좁은 편이나 출입구의 길이는 9.8m에 이르고 있어 반대로 대단히 길게 되어 있음을

---

9) 충남발전연구원, 2000, 『禮山 任存城』.

알 수 있다. 이렇게 출입구의 길이가 길게 되어 있는 것은 城門의 방어력을 높이기 위한 것으로 판단된다 .즉, 남문은 북문과 마찬가지로 平門式의 형태를 하고 있는데, 어긋문의 형태는 아니지만 출입구를 중심으로 서쪽의 성벽은 약간 안쪽으로 들어오고 있는 반면에 동쪽의 성벽은 밖으로 길게 이어지고 있어 결국은 어긋문과 같은 효과를 내고 있는 것이다. 이러한 특이한 구조의 성문은 성문의 출입구 길이를 길게 하여 성문을 통해 침입하는 적을 효과적으로 방어하기 위한 것으로, 성문이 방어에 취약지점인 만큼 방어력을 높이기 위해 고안해 낸 것으로 여겨진다. 城門의 폭이 다른 일반적인 성문의 폭보다 훨씬 좁게 되어 있는 것도 실은 방어력을 높이기 위한 방안이라고 보아야 할 것이다. 城門의 출입구 위에 門樓가 있었는지는 확인하지 못하였다. 그러나 출입구의 폭이 대단히 좁게 되어 있는 것으로 보아 門樓가 있었을 가능성을 전혀 배제할 수는 없을 것 같다.

2) 建物址

봉수산성은 성내 곳곳에 建物址가 남아 있다. 初築된 이후 장기간에 걸쳐 사용된 산성인 만큼 필요할 때마다 建物址가 추가되었던 것으로 생각된다. 대부분의 建物址는 주로 남쪽에 남아 있는데, 남벽의 안쪽에서부터 鳳首山의 정상 가까이에 이르기까지 남쪽면 거의 전체에 걸쳐 建物址가 조성되어 있었던 것으로 판단된다.

대부분의 建物址가 주로 南斜面에 ·자리하고 있는 관계로 위쪽에서 흘러내린 土砂에 매몰되어 礎石이나 석축 기단, 담장시설과 같은 적극적인 증거는 확인하지 못했지만 일정 면적만큼 평탄면이 조성되어 있는 것은 확인할 수 있었는데, 어떤 것은 30×10m 크기의 매우 큰 建物址도 있다. 이러한 建物址 주변에서는 예외없이 많은 양의 유물을 수습할 수 있었는데, 대부분이 土器片과 瓦片이었다. 수습된 瓦片은 등쪽에 線條文이나 魚骨文, 기타 複合文 등이 施文되어 있는 것이 대부분이었는데, 그중에는 "任存", 혹은 "任存官" 등과 같은 銘文이 새겨져 있는 것도 있어서 주목된다. 이러한 銘文 瓦片은 어떠한 형태로든지 鳳首山城의 築城 時期 및 性格과 관련이 있을 것으로 판단되는데, 앞으로 정밀조사를 거쳐 좀 더 많은 양을 수습하여 정확한 제작 시기를 밝혀볼 필요가 있을 것이다.

3) 雉城

鳳首山城에서는 雉城도 확인되었다. 지금까지 鳳首山城에 대해서는 간단한 현장조사가 몇 차례 이루어졌지만 이 雉城에 대해서는 별다른 설명이 없던 것으로, 이번에 처음으로 확인·보고하는 것이다.

현재까지 확인된 바로 雉城은 남벽에 1개소가 자리하고 있는데, 南門址에서 서쪽으로 약 30m 정도 떨어진 지점에 자리하고 있다. 이곳은 鳳首山의 정상에서 남쪽으로 뻗어 내리고 있는 능선을 가로지르면서 성벽이 축성되어 있는 곳인데, 능선을 가로지르면서 성벽이 축성되어 있기 때문에 성벽 바깥쪽으로는 비교적 완만하게 능선이 이어지고 있어 다른 구간에 비해 성벽에 접근하기가 용이한 곳이다. 따라서 이러한 방어상의 취약점을 극복하기 위해 이곳에 雉城을 설치한 것으로 판단된다.

雉城 역시 현재는 대부분의 성벽과 마찬가지로 크게 파괴된 상태이다. 그러나 성벽을 자세히 보면 남벽과 수직으로 이어지면서 남쪽 성밖으로 돌출되어 있는 雉城의 존재를 확인할 수 있다. 성밖으로 돌출된 길이는 380cm이며, 여기서 다시 성벽과 평행하게 동쪽으로 약 710cm가 이어지고 있다. 길이보다 너비가 넓게 장방형의

형태로 雉城이 마련되어 있는 셈이다. 이미 붕괴되어 정확한 雉城의 높이는 알 수 없지만 성벽의 높이와 동일한 높이를 유지하였을 것이다. 이러한 雉城의 존재는 비록 1개소만 남아 있기는 하지만 앞으로 鳳首山城의 築城 時期를 추정할 때 반드시 고려해야 할 요소라고 판단된다.

4) 女墻

女墻은 성벽 상부에 담장시설처럼 추가로 더 쌓아올려 만든 방어시설의 일종인데, 鳳首山城의 경우 성벽이 이미 완전히 붕괴된 상태이기 때문에 女墻의 흔적을 확인하기란 대단히 어렵게 되어 있다 그러나 실제로 성벽 상부에 女墻施設이 있었다면 발굴조사를 통해 충분히 확인해 볼 수 있을 것이다.

현재 봉수산성에서는 남벽 일부에서 女墻施設의 흔적이 확인된다. 앞에서도 설명하였듯이 봉수산성의 성벽이 대부분 붕괴된 상태이기 때문에 성벽 상부에서 자리하고 있던 女墻施設 역시 대부분이 완전히 붕괴된 상태인데, 남벽에서 女墻施設의 하단부 일부가 확인되었다. 남아 있는 것이 극히 일부에 불과하여 정확한 女墻의 구조나 크기는 알 수 없었지만 너비 약 120~130cm 크기로 성벽 위쪽에 있는 담장처럼 남아 있는 것으로 보아 女墻施設의 흔적이 분명해 보인다. 현재 남아 있는 높이는 20~30cm 정도인데, 원래는 1m 이상 되었던 것으로 판단된다. 앞으로 정밀조사를 통해 女墻의 구조와 규모가 확인된다면 이 또한 鳳首山城의 축성 시기를 판단하는데 또 하나의 참고자료로 활용될 수 있을 것이다.

5) 우물

원래 鳳首山城 내에는 3개소의 우물이 있었던 것으로 알려져 있다.10) 산성이 산성으로써 기능하기 위해서는 당연히 水源을 확보하는 것이 급선무인데, 鳳首山城 역시 3개소의 우물을 통해 필요한 식수를 조달하였던 것으로 짐작된다. 물론, 이 3개소의 우물이 얼마나 컸었는지는 알 수 없고, 그런 점에서 성의 규모에 비해 우물 수가 적은 것으로 볼 수도 있는데, 3개소의 우물로 필요한 물을 조달할 수 없었다면 우물 이외에 貯水池와 같은 또 다른 시설물이 있었을 것이다. 이러한 貯水池에 대해서는 기록에 보이지는 않지만 북벽과 서벽이 만나는 서북쪽 귀퉁이에는 貯水施設의 흔적이 남아 있어 앞으로 이에 대한 정밀 조사를 진행한다면 우물지 이외에 貯水池와 같은 새로운 시설물의 존재를 확인할 수 있을 것이다.

기록에는 모두 3개소의 우물이 있었던 것으로 되어 있지만 현재 실제로 확인할 수 있는 우물지는 2개소이다. 2개소 모두 남벽 가까이에 몰려 있는 것이 특징인데, 그 중 1개소는 현재도 수량이 풍부하여 겨울철에도 마르지 않고 물이 솟아나고 있다. 나머지 1개소는 확인하지 못하였지만 앞으로 정밀조사를 진행한다면 추가로 확인할 수 있을 것으로 기대된다.

3. 收拾遺物

鳳首山城은 장기간에 걸쳐 기능했던 산성인 만큼 성내 곳곳에 유물이 남아 있는데, 특히 瓦片과 土器片이 많이 남아 있다. 그러나 대부분 수습된 土器는 작은 파편에 불과한 것이어서 器形이나 器種을 알기는 어려웠다. 수습된 土器片 대부분이 고운 점토를 사용한 회청색 경질토기였는데, 格子文이 施文된 것도 있고, 표면에 돌대가 돌려진 것, 그리고 頸部에 波狀文이 돌려진 것 등이 있었다. 기와

---

10) 『新增東國輿地勝覽』, 「大興縣」 古跡條. "任存城…內有三井"

역시 작은 편들만 수습되었는데, 細砂粒이 섞인 비교적 정선된 胎土를 사용한 것과 砂粒이 많이 섞인 거친 胎土의 瓦片이 각각 발견되었다. 등쪽에는 線條文, 魚骨文, 複合文 등의 施文이 남아 있었으며, 안쪽에는 布痕이 남아 있지만 어떤 것은 빗질같은 것을 통해 布痕을 지운 것도 있었다.

<탁본 1-①>은 등쪽에 글자가 새겨진 銘文瓦片이다. 기와의 앞쪽면과 뒤쪽면은 이미 떨어져 나가고 가운데 부분만 남아 있는 수키와편이다. 안팎면 모두 적갈색을 띠고 있는데, 등쪽면에 "官"字가 새겨져 있다. 글자는 길이 4cm, 너비 2.5cm의 크기를 하고 있다. 전체적인 기와의 형태로 보아 그 앞쪽에 또 다른 글자가 있었을 것으로 생각되지만 앞쪽면이 떨어져 나가 그 앞에 있었던 글자는 알 수 없다. 글자 아래쪽으로는 細線文이 施文되어 있다. 안쪽면에는 布痕이 매우 뚜렷하게 남아 있다. 남은 길이 10.8cm, 두께 1.5cm.

<탁본1-②> 역시 등쪽에 글자가 새겨진 銘文瓦片이다. 기와의 앞쪽면과 뒤쪽면은 이미 떨어져 나가고 가운데 부분만 남아있는 수키와편이다. 안팎면 모두 회청색을 띠고 있는데, 등쪽면에 "任存"字가 새겨져 있다. 글자 크기는 2.5×2cm로 탁본 ①의 글자 보다 작은 편이다. 앞쪽과 뒤쪽으로 또 다른 글자가 있었는지는 명확하지 않다. 안쪽면에는 布痕이 매우 뚜렷하게 남아 있다. 측면에는 瓦刀로 자른 흔적이 보이는데, 瓦刀를 안에서 밖으로 넣은 후 측면의 절반 정도를 자르고 분리시켰다. 남은 길이 5.4cm, 두께 1.5cm.

<탁본1-③>도 등쪽에 글자가 새겨진 銘文瓦片이다. 기와의 앞쪽면과 뒤쪽면은 이미 떨어져 나가고 가운데 부분만 남아 있는 암키와편이다 안팎면은 황갈색, 속심은 붉은 적갈색을 띠고 있는 軟質瓦片이다. 등쪽면에 "存官"이라고 새겨진 글자가 남아 있는데 원

래는 그 앞쪽에 "任"字가 더 있어서 "任存官"이라고 새겨졌던 것으로 판단된다. 글자는 대체로 4×4cm의 크기이다. 안쪽면의 布痕은 이미 剝離되었으며, 측면에는 안에서 밖으로 瓦刀를 넣은 후 측면의 절반 정도를 자르고 분리시킨 흔적이 남아 있다. 남은 길이 14.7cm, 두께 1.8cm

<탁본 1-④>는 등쪽에 "任存"자가 새겨진 銘文瓦片이다. 등쪽은 적갈색, 안쪽면은 진한 회색을 띠고 있는 암키와편이다. 글자크기는 2.5×2cm의 크기로, 탁본 ②와 字體, 크기 등이 동일한 것이다. 안쪽면에는 완성된 후에 빗질 같은 것을 통해 布痕을 지운 흔적이 뚜렷하게 남아 있다. 남은 길이 10.3cm, 두께 1.7cm.

<탁본 1-⑤>는 앞쪽면과 뒤쪽면이 모두 떨어져 나가고 가운데 부분만 남아 있는 수키와편이다. 砂粒이 많이 섞인 泥質土를 사용하고 있다. 등쪽에는 全面에 걸쳐 線條文이 施文되어 있는데, 0.3cm~0.5cm의 간격을 두고 0.5cm 내외 굵기의 線條文을 서로 방향을 달리 하면서 施文하였다. 안쪽에는 布痕이 비교적 잘 남아 있다. 측면에는 瓦刀로 자른 흔적이 보이는데, 안에서 밖으로 瓦刀를 넣은 후 측면의 절반 정도를 자르고 분리시켰다. 남은 길이 16.2cm, 두께 1.8cm.

<탁본 1-⑥>도 앞쪽면과 뒤쪽면이 모두 떨어져 나가고 가운데 부분만 남아 있는 수키와편이다. 안팎면 모두 적갈색을 띠고 있는 軟質의 瓦片이다. 胎土는 泥質土를 사용하고 있는데, 砂粒이 많이 섞여 있다. 등쪽에는 全面에 걸쳐 線條文이 施文되어 있는데, 短斜線文을 서로 방향을 달리하여 施文함으로써 線條文 같기도 하고, 魚骨文 같기도 한 複合文의 형태를 하고 있다 안쪽에는 布痕이 비교적 잘 남아 있다. 측면에는 瓦刀로 자른 흔적이 보이는데, 안에서 밖으로 瓦刀를 넣은 후 측면의 절반 절도를 자르고 분리시켰다. 남

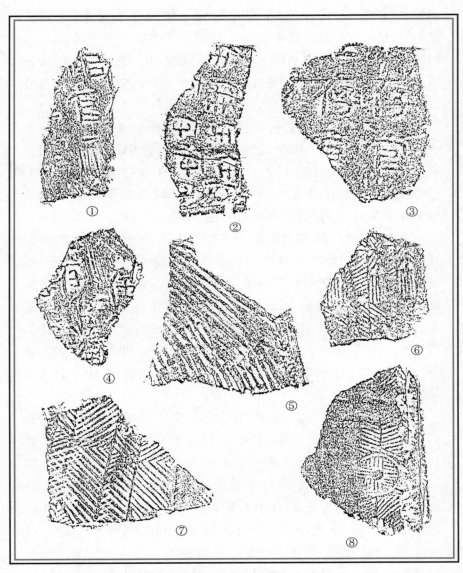

도면 3. 봉수산성 출토 명문와 및 기와

은 길이 10.8cm, 두께 1.4cm.

<탁본 1-⑦>은 일부만 남아 있는 암키와편이다. 細砂粒이 섞인 비교적 정선된 泥質土를 사용하고 있다. 등쪽에는 全面에 걸쳐 무늬가 施文되어 있는데, 먼저 縱 방향으로 2.5~3.5cm 너비의 선을 그어 구획한 다음 그 안에 短斜線을 서로 방향을 달리하여 施文함으로써 橫走 魚骨文의 형태를 하고 있다. 안쪽에는 빗질 같은 것을 통해 布痕을 지운 흔적이 뚜렷이 보인다. 남은 길이 12.7cm. 두께 1.4cm.

<탁본 1-⑧>은 砂粒이 많이 섞인 泥質土를 사용한 암키와편이다. 전체적으로 회청색을 띄고 있는 硬質의 수키와편인데, 등쪽에는 全面에 무늬가 施文 되어 있다. 施文된 무늬는 車輪文도 있고, 短斜線을 방향을 달리하여 魚骨文과 같은 형태를 하고 있는 것도 있다. 안쪽에는 布痕이 남아 있으나 완성된 후에 빗질 같은 것을 통해 지운 흔적이 보인다. 한쪽 측면에는 瓦刀로 자른 흔적이 남아 있는데, 전체의 1/4 정도를 자르고 분리시켰다. 남은 길이 15.7cm, 두께 2.1cm.

IV. 鳳首山城의 特徵

이상에서 살펴본 바와 같이 鳳首山城은 몇 가지 특징을 갖고 있다. 그러한 특징이 결국은 고고학적인 측면에서 보았을 때 鳳首山城이 축조된 時期와 봉수산성의 性格을 대변해 주는 것이라고 볼 수 있는 것들인데, 여기에서는 그 특징을 몇 가지만 간단히 살펴보고자 한다.

먼저, 鳳首山城이 갖는 특징으로써 입지조건을 들고자 한다. 우리 나라는 산성의 나라라고 할 수 있을 정도로 전국 방방곡곡에 걸쳐 많은 수의 산성이 남아 있는데, 이러한 많은 산성들은 입지조건에서 서로 차이를 보인다. 즉, 성곽이 처음 출현한 시기의 것들은 보다 낮은 구릉이나 야산의 정상부에 축조되는 경우가 대부분이지만 시간이 지남에 따라 점차 성이 자리하고 있는 산의 높이가 높아지고 규모도 대규모로 변하고 있는 것이 일반적인 특징이다. 예를 들어 朝鮮時代에 축성된 산성들은 三國時代에 축성된 산성들보다 높이도 높은 곳에 자리하고 있고, 또 규모도 훨씬 크다. 그런 점에서 봉수산성이 갖는 입지 조건을 통해 鳳首山城이 어느 단계에 해당되는 산성인지 알아볼 필요가 있을 것이다.

앞에서도 설명하였듯이 鳳首山城은 표고 484m의 鳳首山 정상에 축성되어 있다. 이러한 위치는 대단히 높은 것이라고 하지 않을 수 없다. 실제로 예산지역에 남아 있는 많은 산성 중에서 가장 높은 위치에 자리하고 있는 산성이 이 鳳首山城이다. 물론, 아직까지 百濟時代의 대부분의 산성들이 얼마만한 높이의 산봉우리에 자리하고 있는지는 정확하게 밝혀지지 않고 있다. 그러나 필자는 얼마 전에 天安에서 百濟時代의 土城을 조사한 일이 있는데, 그 土城은 놀랍게도 표고 120m의 야산 정상부에 자리하고 있었다.11) 이 산성은 성내에서 나온 試料를 통해 연대측정을 해본 결과 6세기초를 전후한 시기로 나타났는데, 그런 점에서 이 산성은 백제 중기의 하나의 기준이 될 수 있는 자료라고 생각된다. 또한, 공주는 다 아는 바와 같이 백제 중기의 首都이고, 따라서 주변에 많은 산성이 남아 있는데, 이 산성들은 대체로 표고 150m를 전후한 높이에 자리하고 있는 것이 특징이다.12) 이처럼 백제산성들은 우리가 생각하고 있는 것처럼

---

11) 李南奭, 1988,「天安 白石洞土城의 檢討」,『韓國上古史學報』29.
12) 公州大學校 博物館, 1997,『公州文化遺蹟』.

그렇게 높지 않은 곳에 자리하고 있는 것이 하나의 특징이다. 물론, 이보다 약간 더 높은 곳에 자리하고 있는 것도 있기는 하다. 예를 들어 林川에 있는 聖興山城은 표고 250m에 자리하고 있고,[13] 大田 寶文山城은 표고 300m 정도 되는 山頂에 자리하고 있다.[14] 그러나 그렇다고 하더라도 鳳首山城이 자리하고 있는 鳳首山의 높이는 다른 일반적인 백제산성의 높이보다는 높은 것이 사실이다. 마치 雲住山城(460m)의 높이와 비슷하다는 인상을 갖게 된다.[15] 물론, 任存城이 일반적인 다른 백제산성과는 입지를 약간 달리했을 가능성이 전혀 없는 것은 아니다. 다 아는 바와 같이 백제 부흥운동시에 핵심적인 據城중의 하나였던 만큼 다른 산성 보다 좀더 험준하고, 규모도 더 큰 산성이었을 蓋然性을 고려하지 않을 수 없다. 그런 점에서 鳳首山城을 아무런 의심없이 백제시대의 任存城으로 比定할 것이 아니라 좀더 구체적인 자료가 확보될 때까지 고고학적인 조사를 진행할 필요가 있지 않을까 생각하고 있다.

다음으로는 산성의 주방향과 지형을 살펴보고자 한다. 三國時代 山城은 대부분의 다른 유적, 예컨대 古墳이나 寺刹 등과 마찬가지로 당시의 수도 주변에서 가장 전형적인 모델이 찾아져야 할 것이라고 생각하고 있다. 그런 점에서 공주지역의 산성들을 살펴보면 하나같이 적이 침입해 오는 방향을 향해 있는 것이 특징이다. 예를 들어 적이 서쪽에서 침입해 온다면 서쪽을 향해 동쪽이 높고 서쪽이 낮도록 성벽이 축성되어 있으며, 남쪽에서 적이 침입해 온다면 남쪽이 낮고 북쪽이 높도록 성벽이 축성되어 있다. 언뜻 생각하면 적이 침입해 오는 방향으로 성벽을 높게 쌓았을 것으로 생각되지만

---

13) 安承周・徐程錫, 1996, 『聖興山城門址發掘調査報告書』, 忠南發展研究院,.

14) 李達勳 外, 1994, 『寶文山城發掘調査報告書』, 大田市.

15) ① 李南奭・徐程錫, 1996, 『雲住山城』, 公州大學校 博物館.
　　② 公州大學校 博物館, 1997, 『雲住山城發掘調査報告書』.

공주지역에 남아 있는 대부분의 산성은 그 반대로 이처럼 적이 오는 방향을 향하여 성이 축성되어 있는 것이 특징이다. 그런데, 공교롭게도 鳳首山城은 북쪽이 높고 남쪽이 낮은 北高南低의 형세를 하고 있다. 鳳首山城의 주방향은 남쪽을 향하고 있는 셈이다. 이러한 鳳首山城의 주방향은 기존에 鳳首山城에 대해서 이해해 왔던 것과는 약간 다른 것이다.

아울러, 삼국시대 산성이 갖는 또 한 가지 특징을 들자면 산성이 산봉우리에 가려서 안보이는 곳에 숨어 있는 것이 아니라 사방이 탁 트인 곳에 자리하고 있어 주변지역을 한눈에 감시할 수 있는 곳에 자리하고 있다는 사실이다. 산성에서 산 아래를 한눈에 내려다 볼 수 있는 만큼 산 아래에서도 산성 주변 어디에서나 산성을 한눈에 알아볼 수 있도록 되어 있다. 이 역시 우리가 쉽게 생각하면 주변에서 전혀 안보이는 곳에 산성이 자리하고 있을 것으로 생각하기 쉽지만 사실은 그렇지 않고 주변지역 어디서나 볼 수 있도록 개방되어 있는 것이 특징이다. 그것은 아마도 산성이라는 것이 위급시에 단순히 피난해 들어가는 장소로써만 기능한 것이 아니라 적의 길목을 차단하는 적극적인 의미의 방어시설로써 기능하였기 때문일 것이다. 다시 말해서 산성이라는 것이 적이 침입해 왔을 때 적의 예봉을 일시적으로 피하기 위해 도망해 들어가서 籠城하는 수동적인 방어의 장소가 아니라 산성의 위치를 적에게 알려주고, 길목을 차단하여 적의 진격을 저지하려는 적극적인 방어의 장소로 기능하였기 때문이 아닐까 한다. 산성은 피난장소가 아니라 전투하는 곳이었다는 의미이다. 그런데 鳳首山城은 이러한 일반적인 삼국시대의 산성과는 달리 동북쪽과 서남쪽에 각각 또 다른 산봉우리가 자리하고 있어 시야가 크게 제약되어 있는 것이 특징이다. 아울러 이러한 특징은 鳳首山城이 일반적인 다른 三國時代 산성과는 다른 지형 조건을 갖추고 있음을 의미하는 것이다. 이렇게 다른 지형조건을 하고 있는 것이 무엇을 의미하는 것인지는 현재로써는 확실하지 않다. 이것은 역시 鳳首山城이 축성된 시기가 밝혀져야만 어떠한 시대적 배경하에서 이러한 지형조건의 산성이 탄생하게 되었는가를 생각해 볼 수 있을 것이기 때문이다. 그런 점에서 앞으로 하루 빨리 鳳首山城에 대한 고고학적인 조사가 진행되어 축조시기에 대한 단서가 마련될 수 있기를 기대한다.

세 번째는 역시 성내에서 출토되는 遺物을 들 수 있는데, 앞에서도 설명하였듯이 鳳首山城 內에는 많은 建物址가 자리하고 있고, 그 때문에 遺物도 성내 곳곳에서 쉽게 찾아볼 수 있다. 수습되는 유물은 土器片, 瓦片에서 白磁片에 이르기까지 매우 다양하여 鳳首山城이 오랜 기간동안 山城으로써 기능하였음을 간접적으로 말해주고 있다. 그런데, 수습된 유물 중에서 三國時代로 소급될 만한 유물은 아직 발견하지 못하였다. 물론, 칡넝쿨이나 가시덤불, 잡목 등으로 성 전체가 뒤덮여 있어 유물을 수습할 수 있는 곳은 극히 일부에 한정되어 있었던 것이 사실이지만 수습된 유물 중에서 삼국시대 유물은 찾아보기 힘들었다. 수습된 瓦片중에 "任存官"이라고 쓰여진 銘文瓦도 있었지만 이 역시 三國時代 瓦片은 아니었다. 물론, "任存"이라는 글자의 존재로 미루어 鳳首山城이 任存城일 가능성을 전혀 배제할 수 없게 되었지만 정작 글자가 새겨진 瓦片이 三國時代 것이 아니라는 문제의 어려움이 있다. 그런 점에서 앞으로는 鳳首山城 전체에 대한 정밀한 發掘調査가 이루어질 필요가 있다고 생각된다.

V. 結言

禮山郡 大興面 上中里와 光時面 東山里 사이에 솟아 있는 표고 484m의 鳳首山 정상부에 자리하고 있는 鳳首山城은 일찍부터 백제 의 任存城으로 주목받아 왔다. 任存城은『三國史記』기록에 나와 있 는 바와 같이 백제가 멸망된 후 3년 동안 전개된 백제 부흥운동시 周留城과 더불어 핵심적인 據城중의 하나였다. 따라서 任存城의 위 치를 밝히는 것은 백제 부흥운동 뿐만 아니라 百濟史를 밝히는 데 에도 대단히 중요한 작업이라고 하지 않을 수 없다. 학계에서 그 동안 任存城을 주목하였던 것도 실은 이러한 이유 때문이었다. 특 히, 周留城과 달리 任存城이 鳳首山城이라는 사실은 조선시대에 편 찬된 여러 地理書에 자세한 설명과 함께 위치 비정이 되어 있어 일 찍부터 아무런 의심없이 "鳳首山城 = 任存城"이라는 생각이 자연 스럽게 학계에 받아들여졌고, 현재도 다수설을 이루고 있는 것이 사실이다.

그러나, 鳳首山城이 백제의 任存城이라고 기록되어 있는 조선시 대의 諸地理書들은 백제가 멸망된 후 천년 가까운 시간이 지난 다 음에 기록된 것이어서 기록을 그대로 믿기에는 주저되는 면이 없지 않은 것 또한 사실이다. 설령, 이 기록이 사실이라고 하더라도 임존 성처럼 역사적으로 대단히 중요한 유적을 간단한 몇 줄의 설명만으 로 위치 비정을 끝맺어서는 않될 것으로 생각된다. 이러한 역사적 현장은 단순히 역사를 전문적으로 연구하는 사람들만이 아니라 좁 게는 地域住民들, 그리고 좀 더 넓게는 우리 국민 모두의 관심사이 기 때문이다. 다시 말해서 地域住民, 나아가 全國民이 任存城과 같 이 대단히 중요한 역사적 현장을 잘못 이해하거나 왜곡되게 이해해 서는 안될 것이다. 그러기 위해서는 鳳首山城을 둘러싼 역사적 진실이 먼저 객관적으로 밝혀져야 할 필요가 있다. 이번에 鳳首山城의 현황을 조사하고, 거기에서 느껴지는 몇 가지 특징을 살펴본 것도 사실은 그러한 이유 때문이다. 鳳首山城이 언제 築城되었고, 왜 축성된 것인가에 대해서는 역시 간단한 몇줄의 설명보다는 고고학적인 조사를 통해서 만이 좀더 객관적인 자료가 확보될 수 있을 것이다. 물론, 이번 조사는 鳳首山城의 규모에 비해 대단히 미미한 조사임을 自認하지 않을 수 없다. 이렇게 큰 규모의 산성을 단시간내에 한 개인이 조사하기에는 역시 무리가 많다. 다만, 이러한 고고학적인 조사가 봉수산성의 築城 時期와 性格을 논할 때 반드시 전제되어야 함에도 불구하고 지금까지 별다른 조사가 이루어지지 않은 채 객관성이 떨어지는 자료들을 바탕으로 논의만 무성하게 전개되고 있어 주의를 喚起시키고자 하는 의도에서 무리임을 알면서 조사를 진행해 보았다. 따라서 앞으로는 모두가 적극적으로 鳳首山城에 대해 관심을 갖고 장기적인 안목으로 地表調查와 發掘調查를 벌여 鳳首山城에 대한 객관적인 자료를 확보하고, 이를 바탕으로 역사적 논의와 鳳首山城에 대한 정비 계획이 논의될 수 있기를 기대한다.

사진 1. 봉수산성 전경

사진 2. 봉수산성 성벽 1

사진 3. 봉수산성 성벽2

사진 4. 봉수산성 성문 1

사진 5. 봉수산성 성문2

사진 6. 봉수산성 치성

사진 7. 봉수산성 여장흔적

사진 8. 봉수산성 우물

사진 9. 봉수산성 출토유물1

사진 10. 봉수산성 출토유물2

百濟復興運動과 任存城

심정보 대전 한밭대학교

I. 序言

　任存城은 백제부흥운동과 관련하여 史書에 등장하는 지명이다. 백제 멸망 후 흑치상지가 복신, 도침과 더불어 이 任存城에서 백제 유민을 규합하여 부흥운동을 전개하여 백제 전역으로 확산시키는 계기를 마련하였으며, 또한 백제부흥군의 王城인 周留城 함락이후에도 지수신이 마지막까지 항거하였던 百濟遺民의 최후의 거점으로, 백제부흥운동의 전 기간에 있어서 始終一貫 중요시되었던 역사적인 현장이다.

　이 任存城의 위치에 대하여는 『삼국사기』지리지를 비롯한 역대의 지리지에 예산 대흥면에 축조되어 있음을 기록하고 있으며, 『대동지지』에는 任存城이 鳳首山에 있으며 百濟 福信과 黑齒常之가 이곳에서 劉仁軌에 항거하였다고 고증하고 있다.

백제 멸망 후 바로 백제부흥군이 봉기하여 羅·唐軍을 抄掠하기 시작한 지명과 중심인물로는 南岑, 貞峴 등지의 城에서 백제유민이 궐기하고 있으며, 豆尸原嶽에서는 佐平 正武[1]가, 久麻怒利城에서는 達率 餘自進[2]이, 任存城에서는 福信[3], 道琛[4], 黑齒常之[5] 等이 나타나고 있는데, 豆尸原嶽에서 부흥군을 일으킨 佐平 正武와, 久麻怒利城에서 봉기한 達率 餘自進의 국내 활약상에 대하여서는 더 이상 상세하게 밝혀진 것은 없으나, 任存城에서 결집한 福信과 道琛 및 黑齒常之의 행적에 대하여서는 비교적 상세하게 기록하고 있으며, 부흥운동 초기에 활약상을 보이다가 말기에 唐軍에 투항하여 任存城을 공격하여 함락시킨 黑齒常之에 비하여서 福信과 道琛은 시종 일관 백제부흥운동 과정의 중심에 나타나고 있어 핵심인물로 부각되고 있다.

그러나, 흑치상지가 봉기하여 任存城에 의거하자 열흘만에 3萬餘名이 모여들었다고 기록하고 있는 것은 흑치상지의 영향력과 함께 당시 백제 유민들의 祖國을 되찾겠다는 신념이 매우 강하였다는 것을 단적으로 보여주는 것이라고 하겠다.

본 발표문에서는 문헌 및 고고학 자료를 통하여 任存城의 위치 비정에 대한 재검토와 임존성을 중심으로 전개하였던 백제부흥운동의 역사적 의미에 대하여 조명해보고자 한다.

---

1) 『三國史記』「新羅本紀」太宗武烈王 7年 8月條「百濟餘賊 據南岑貞峴□□□城 又佐平正武聚衆 屯豆尸原嶽 抄掠唐羅人」

2) 『日本書紀』齊明紀 9月己亥朔癸卯條「西部恩率 鬼室福信 赫然發憤 據任射岐山 (或本云 北任敍利山也) 達率餘自進 據中部久麻怒利城(或本云 都都岐留山) 各營一所 誘聚散卒」

3) 註2) 및 『劉仁願紀功碑』「反逆卽有僞僧道琛, 僞扞率鬼室福信. 出自閭巷爲其魁首, 招集狂狡, 堡據任存, 蜂屯蝟起, 彌山滿谷.」註2)의 기사에는 任存城을 任射岐山 (或本云 北任敍利山也)으로 기록하고 있다.

4) 『唐劉仁願紀功碑』

5) 『舊唐書』「列傳」黑齒常之條

Ⅱ. 任存城에서의 蜂起 및 展開

임존성에서 흑치상지를 중심으로 백제부흥운동이 일어나는 과정과 계속하여 전개되는 당시 백제 유민의 활약상에 대하여서는 비교적 문헌에 상세하게 나타나고 있다.

A. 黑齒常之는 백제 西部人이다. 신장이 7척이 넘었고 굳세고 결단력이 있으며 智略이 있었다. 처음 백제에 있을 때 벼슬하여 達率 겸 郡將이 되었는데 중국의 刺史와 같다. (唐)顯慶 5년에 蘇定方이 백제를 토벌하여 평정하자 常之는 소속된 바의 部를 이끌고 例에 따라 降款을 보냈다. 이 때 定方이 左王 및 太子 隆 등을 잡아 가두고 거듭 兵士를 풀어놓아 노략질을 하니 丁壯으로 殺戮된 자들이 많았다. 常之가 두려워하여 드디어 좌우의 10여 인과 함께 달아나 本部로 돌아와 도망한 사람들을 모아서 함께 任存山을 지켰다. 柵을 쌓아서 스스로 굳게 방비하니 열흘만에 돌아와 따르는 자가 3만여 명이었다. 定方이 군대를 보내어 그곳을 공격하자 常之가 죽기를 각오한 병사를 이끌고 맞서 싸우니 官軍이 연이어 敗하였다. 본국의 200여 성을 회복하기에 이르렀으나 定方이 능히 토벌하지 못하고 돌아왔다[6].

B. 黑齒常之는 백제 西部人이다. 신장이 7척이 넘었고 굳세고 용감하며 智略이 있었다. 백제 達率 겸 風達郡將이 되었는데, 唐에서 刺史를 말하는 것과 같다. 蘇定方이 백제를 평정하자 常之는 소속 部를 이끌고 항복하였다. 그러나 定方이 늙은 임금을 가두고 병사들을 풀어 크게 약탈하자 常之가 두려워하여 左右의 酋長 10여 인과 더불어 달아나 흩어져 도망한 사람들을 불러 모아 任存山에 의거하여 스스로 굳게 지킨지 열흘이 되지 않아 歸附해 온 자가 3만이었다. 定方이 군대를 정돈하고는 그곳을 공격하였으나 이기지 못하였다. 常之가 드디어 200여 城을 회복하였다[7].

C. 黑齒常之는 백제 西部人이다. 신장이 7척이 넘었고 굳세고 용감하며 智略이 있었다. 백제 達率 겸 風達郡將이 되었는데, 唐에서 刺史를 말하는 것과 같다. 蘇定方이 백제를 평정하자 常之는 소속 部로써 항복하였다. 그러나 定

---

6) 『舊唐書』 卷107, 「列傳」 第57, 黑齒常之條
7) 『新唐書』 卷110, 「列傳」 第35, 黑齒常之條

方이 늙은 임금을 가두고 병사들을 풀어 크게 약탈하자 常之가 두려워하여 左右의 酋長 10여 인과 더불어 달아나 흩어져 도망한 사람들을 불러모아 任存山에 의거하여 스스로 굳게 지킨지 열흘이 되지 않아 歸附해 온 자가 3만이었다. 定方이 군대를 정돈하고는 그곳을 공격하였으나 이기지 못하였다. 드디어 200여 城을 회복하였다[8].

D. 9월 己亥朔 癸卯, 백제는 達率〔이름이 누락되었음〕과 沙彌 覺從 등을 보내 와서 아뢰기를 〔或本에는 도망해 와서 難을 고했다고 한다〕 "금년 7월 新羅 가 힘을 믿고 세력을 만들어 이웃과 친하지 않고 사리판단 없이 唐人을 끌 어들여 百濟를 顚覆시켰습니다. 임금과 신하들을 모두 사로잡고, 노략질에 사람과 짐승을 가리지 않았습니다. 〔或本에는 금년 7월 10일, 大唐 蘇定方 이 船師를 이끌고 尾資津에서 진을 쳤으며, 신라왕 春秋智는 兵馬를 이끌고 怒受利山에 주둔했다. 백제를 挾擊하여 서로 싸운지 3일만에 우리 王城이 함락되었고, 같은 달 13일에 비로소 王城이 攻破되었다. 怒受利山은 백제의 東쪽 경계이다.〕 이에 西部 恩率 鬼室福信은 赫然히 發憤하여 任射岐山에 웅거하였습니다. 〔或本에 北 任敍利山이라고 한다〕. 達率 餘自進은 中部 久 麻怒利城에 웅거하였습니다.〔或本에는 都都岐留山이라고 한다〕. 각각 1곳에 營을 두어 흩어진 군사들을 이끌어 모았습니다. 兵器는 전번 싸움에 모두 없어졌기 때문에 몽둥이로 싸워 新羅軍을 격파하였습니다. 百濟는 그 兵器 를 빼앗았습니다. 그리하여 백제의 兵器가 도리어 날카로와져서 唐이 감히 들어오지 못하였습니다. 福信 등이 드디어 同國의 사람들을 모아서 함께 王 城을 지켰습니다. 國人들이 존경하기를 佐平 福信, 佐平 自進이라 하였습니 다. 오직 福信이 일으킨 뛰어난 武德의 힘으로 이미 망한 나라를 일으켰습 니다[9].

E. 거듭 반역을 도모하였으니 즉 가짜 승려 道琛과 가짜 扞率 鬼室福信이 있어 스스로 민중에서 나와 거짓으로 그 魁首가 되어서는 미친 듯이 날뛰는 자들 을 불러모아 任存에 堡를 쌓고 웅거하니, 벌떼처럼 진을 치고 고슴도치처럼 일어나서 마침내 山谷에 가득하였다. 이름을 빌리고 品位를 훔쳐 單馬로 군 사를 지휘하여 城을 깨뜨리고 고을을 攻破하여 점차 中部로 들어갔다[10].

---

8) 『三國史記』 卷 第44, 「列傳」 第4, 黑齒常之條
9) 『日本書紀』 卷 第26, 齊明紀 6年 9月己亥朔癸卯條
10) 『唐劉仁願紀功碑』「仍圖反逆 卽有僞僧道琛 僞扞率鬼室福信 出自閭巷 僞其魁首 招集狂狡 堡據任存 蜂屯蝟起 彌山滿谷 假名盜位 單[馬麾:筆者 註]軍 隳城破邑 漸入中部」

F. 26일에 任存의 大柵을 공격했으나 군사가 많고 지세가 험하여 이기지 못하고 단지 小柵만을 공격하여 함락시켰다[11].

史料 A, B, C는 모두 黑齒常之條에 수록된 내용으로 原典은 A의 『舊唐書』로 B의 『新唐書』는 黑齒常之가 風達郡將이라는 사실을 첨가하고는 있으나 대체로 A의 내용을 축약하여 수록하고 있고, C의 『三國史記』는 B의 내용을 彼我關係만 고쳐 거의 그대로 수록하고 있음을 볼 수 있다. 이 내용에서 주목되는 것은 黑齒常之가 任存城에서 擧兵하게된 동기에 대하여 수록하고 있는데, 즉 義慈王이 항복한 이후 蘇定方이 左王 및 太子 隆 등을 잡아 가두고 계속하여 兵士들을 풀어서 노략질을 함으로 인하여 15세에서 60세에 해당할 丁壯으로 殺戮된 자들이 많음을 보고서 도망한 사람들을 모아서 任存城에서 항거하게 되었음을 적시하고 있다.

이 때 10일이 채 되기도 전에 任存城에 집결된 군사를 3만이라고 하고 있어, 百濟를 다시 일으키려는 百濟遺民들의 욕망이 매우 강하였음을 알 수 있는데, 이는 흑치상지의 영향력과도 무관하지 않을 것으로 판단된다. 즉 흑치상지의 묘지명에 의하면, '그 선조의 出自는 扶餘氏인데 黑齒에 봉해짐에 자손들은 이로 인하여 흑치를 성씨로 삼았다.'고 하고 있는데, 그 封地인 흑치는 예산, 덕산지역을 중심으로 한 지역으로 비정되고 있다[12]. 따라서 임존성은 흑치상지의 세력 근거지였기 때문에 호응도가 높았을 것으로 판단되는 것이다.

그리하여 공격해 온 蘇定方軍을 물리치고 있음을 볼 수 있는데, 이에 대하여 F에 의하면 羅·唐軍이 任存城을 공격한 것은 660年 8月 26日임을 명시하고 있다. 이는 蘇定方이 9月 3日에 唐으로 歸還

11) 『三國史記』卷 第5, 「新羅本紀」太宗武烈王 7年 8月條
12) 兪元載, 1999, 「百濟 黑齒氏의 黑齒에 대한 檢討」, 『百濟文化』第28輯, 2~7쪽

하고 있어[13] 蘇定方이 철수하기 이전에 이미 백제부흥군이 任存城에서 蜂起하고 있음과 백제부흥운동의 구심점인 義慈王을 호송하여 唐으로 급히 돌아가고 있음을 알 수 있는 것이다.

또한 D의『日本書記』에는 西部 恩率 鬼室(亡한 王族: 筆者 註)福信이 任存城에 해당하는 任射岐山(任敍利山)에 웅거하여 망한 나라를 다시 일으키는 것으로 수록되어 있다. 이에 대하여는 E의『唐劉仁願紀功碑』에 福信과 道琛이 任存城에서 거병하고 있음과 이 城을 거점으로 점차 中部로 침입하고 있음을 기록하고 있어 任存城에서 福信과 道琛, 그리고 黑齒常之 등이 백제부흥군을 일으키고 있음을 알 수 있게 한다.

한편『唐劉仁願紀功碑』에서 福信과 道琛과 任存城에서 거병하여 점차 中部로 進入하고 있다는 사실은 蘇定方이 이끈 羅唐軍을 격퇴한 후 자신감을 갖게된 백제부흥군이 泗沘都城을 회복하기 위한 전략상의 조치임을 파악할 수 있다. 이때 百濟復興軍이 실행에 옮긴 조치들을 살펴보면 첫째는 倭에 가 있는 扶餘豊을 귀환토록 하여 百濟 王統을 잇게 한 것이다. 王을 비롯한 王子들이 唐으로 끌려간 상태에서 王族인 福信이 復興軍 내에서 신망 받고 있음[14]에도 불구하고, 倭에 머물고 있어 시간이 걸릴 수밖에 없는 扶餘豊을 귀환토록 하여 百濟 王統을 잇도록 하고 있는 것은 자칫 正統性 문제에 휘말려 國論이 양분되는 것을 방지하기 위한 조치였음을 짐작할 수 있다. 둘째는 王城을 현재의 舒川郡 관내에 해당하는 周留城으로

---

13) 『三國史記』「新羅本紀」太宗武烈王 7年條「九月三日 郞將劉仁願以兵一萬人留鎭 泗沘城 王子仁泰與沙湌日原 級湌吉那以兵七千副之 定方以百濟王及王族臣寮九十三人 百姓一萬二千人 自泗沘乘船廻唐」

14) 「國人들이 존경하기를 佐平 福信, 佐平 自進이라 하였습니다. 오직 福信이 일으킨 뛰어난 武德의 힘으로 이미 망한 나라를 일으켰습니다(『日本書紀』卷 第26, 齊明紀 6年 9月己亥朔癸卯條)」라고 한 데에서 유추하여 볼 수 있다.

옮긴 것이다. 百濟復興軍이 周留城을 王城으로 하고 비중을 두게 된 것은 周留城이 입지하고 있는 위치가 錦江口 부근에 해당하기 때문에 唐의 援軍이 진입하는 것을 저지하기에 용이하고, 倭 및 高句麗와의 유대를 위한 원활한 교통로를 확보할 수 있는 요충지이기 때문이다. 셋째는 泗沘都城을 수복하기 위하여 바로 이를 압박할 수 있는 요충지인 豆陵(良)尹城에 백제부흥군을 집결시킨 것이라 하겠다.

즉 661년 2月 百濟復興軍이 泗沘城(府城)을 공격하게 되자, 唐은 劉仁軌를 출동시키면서 新羅에 원군을 요청하게 되었다. 이에 武烈王은 在位 8年 2月에 品日 등 11將軍을 파견하게 되었으며, 品日 등이 곧바로 豆陵(良)尹城을 치게 되었다. 그러나 1個月 6日間에 걸친 攻擊이 실패로 돌아가고 식량이 다하여 歸還하게 되는데, 이 歸還中 新羅는 막대한 피해를 입고 말았다. 이에 놀란 武烈王은 將軍 金欽純 등을 원군으로 출동시키고 있으며, 이들은 本軍이 돌아오고 있다는 소식을 듣고 이내 돌아오게 되었다[15]. 品日이 거느리는 大軍團이 도착하자 「王은 諸將의 敗積을 들어 罰을 論하되 差等이 있었다[16].」는 기사의 내용에서 더욱 示唆하는 바가 크다고 하겠다. 이 사실은 백제부흥군이 泗沘城 주위뿐만 아니라 百濟故地 전역에 걸쳐서 活動하고 있었음을 알 수 있는 것이다. 이와 같이 劉仁願의 唐軍 및 金仁泰 휘하의 新羅軍이 주둔하고 있는 泗沘城을 解圍시키기 위하여 신라군이 豆良尹城을 공격하고 있는 것은 이 豆良尹城이 泗沘城을 압박할 수 있는 요충지에 해당함을 알 수 있는 것이다.

任存城을 중심으로 일어난 백제부흥군이 주요 거점을 周留城 및 豆良尹城으로 옮기고 있는 것은 任存城이 입지하고 있는 지정학적

---

15) 『三國史記』 卷 第5, 「新羅本紀」 太宗武烈王 8年條.
16) 上同

인 위치가 敵의 공격에 방어하기에는 용이하나, 王城이었던 泗沘城을 수복하기 위한 공세를 펼치기에는 거리상의 문제점이 있음을 감안한 것이라 하겠다.

그러나, 661년 2월에 있었던 泗沘城에 대한 공세가 唐에서 건너온 劉仁軌軍과 新羅軍의 협공으로 실패하고, 백제부흥운동의 핵심 인물 중의 한 사람인 道琛이 泗沘府城의 포위를 푼 뒤 다시 任存城으로 물러서 지키고 있음을 보여주고 있으니, 이것은 이 城이 계속 중요시되고 있음을 알 수 있다. 이에 대한 문헌을 살펴보면 다음과 같다.

G. 道琛 등이 熊津江口에 2개의 柵을 세워 관군을 막으니 仁軌는 新羅兵과 함께 사방에서 협공하였다. 적의 무리들이 退走하여 柵으로 들어가는데 물에 막히고 다리가 좁아 물에 빠지거나 전사한 사람이 1만여 명이었다. 道琛 등은 이에 仁願의 포위를 풀고 任存城으로 물러나 지켰다. 新羅軍은 군량이 다하여 군사를 이끌고 돌아가니 이때는 龍朔 元年 3월이었다. 이에 道琛은 스스로 領軍將軍이라 칭하고 福信은 스스로 霜岑將軍이라 칭하며 배반하여 달아난 자들을 꾀어 모으니 그 세력이 더욱 확장되었다[17].

H. 龍朔 元年에 仁軌가 新羅兵을 징발하여 구원을 하게 하니 道琛이 熊津江에 2개의 壁을 세웠다. 仁軌가 新羅兵과 함께 그들을 挾擊하니 달아나 壁으로 들어가는데 다투어 다리를 건너다가 빠져 죽은 사람이 1만 명이었다. 신라 군대가 돌아가자 道琛은 任存城을 지키며 領軍將軍이라 칭하고 福信은 霜岑將軍이라 칭하였다[18].

I. 福信 등이 熊津江口에 2개의 柵을 세워 그들을 막으니 仁軌는 新羅兵과 함께 연합하여 공격하니 우리 군사들이 退走하여 柵으로 들어가는데 물에 막히고 다리가 좁아 물에 빠지거나 전사한 사람이 1만여 명이었다. 福信 등은 이에 都城의 포위를 풀고는 퇴각하여 任存城을 지켰다. 新羅人이 糧穀이 다 떨어져 이끌고 돌아갔는데, 그 때가 龍朔 元年 3월이었다. 이에 道琛은

---

17) 『舊唐書』 「列傳」 第149, 東夷 百濟條
18) 『新唐書』 「列傳」 第145, 東夷 百濟條

스스로 領軍將軍이라 칭하고 福信은 스스로 霜岑將軍이라 칭하며 많은 무리들을 불러모으니 그 세력이 더욱 확장되었다[19].

J. 百濟는 熊津江口에 2개의 柵을 세우니 仁軌가 新羅兵과 함께 연합하여 攻擊하여 그들을 깨뜨리니 죽거나 물에 빠져 죽은 자가 1만여 명이었다. 道琛은 이에 府城의 포위를 풀고 任存城으로 물러나 지켰다[任存城은 百濟 西部 任存山에 소재하였다. 考異에 이르기를 實錄에는 或「任孝城」으로 되어 있다고 하였으니 어느 것이 옳은지 알지 모르겠다. 지금 그것을 따르는 자들이 많다][20].

G의 『舊唐書』 百濟條에는 熊津江口에 木柵을 세우고 劉仁軌軍의 원군을 저지한 백제부흥군을 道琛이 지휘한 것으로 수록하고 있으며, 『新唐書』와 『資治通鑑』도 이를 따르고 있다. 그러나 『舊唐書』의 내용을 거의 그대로 채용하고 있는 「百濟本紀」에는 그 주체를 福信으로 기록하고 있다. 이와 같이 劉仁軌의 원군과 맞서 싸운 백제부흥군의 지휘자를 달리하여 기록하고 있는 것은 『三國史記』 撰者의 의도가 개입된 것으로 보인다. 즉 金富軾이 『三國史記』를 편찬하면서 儒家的인 歷史觀에 근거하였기 때문에 僧侶인 道琛을 의도적으로 제외시키고 王族이며 唐에 使臣으로 다녀온 바 있는 福信의 활약으로 나타내려 하였던 것으로 보인다. 그러나 후술할 周留城戰鬪에서 福信이 주도적으로 활약하고 있고, 이 전투이후 南方의 諸城이 福信에게 歸屬하게 되었다고 기록하고 있는 것으로 보아 道琛은 熊津江口戰鬪이후 任存城으로 물러나 지키고 있었으며, 福信은 周留城을 지키고 있었음을 짐작할 수 있다.

熊津江口전투이후 唐軍은 東쪽 지방을 침략하는 부흥군을 공격하기 위하여 熊津의 唐軍 1千名이 출병하였으나 이들은 대패하여

---

19) 『三國史記』 「百濟本紀」 義慈王 20年條
20) 『資治通鑑』 「唐紀」 16, 高宗龍朔元年 3月條

한 사람도 돌아오지 못하였다[21]고 기록하고 있는데, 이 唐軍은 劉仁軌軍이 원군으로 도착하여 泗沘城의 위기를 해소시킨 후에 熊津城으로 들어가 지키고 있다가 백제부흥군이 新羅로부터 軍糧供給線인 熊津道[22]를 차단하여 고립상태에 빠지게되자 이를 해소시키기 위하여 출동하였다가 전멸하게된 것이다. 이를 볼 때 劉仁願軍은 泗沘城에 劉仁軌軍은 熊津城에 각각 留陣하고 있었음을 알 수 있다.

熊津의 唐軍 1千名이 출병하였다가 전멸한 이후 劉仁軌는 신라에 원군을 요청하게 되었으며, 그리하여 唐의 계속된 請兵[23]으로 신라는 金欽등을 보내어 백제부흥군의 중심거점인 周留城을 공격하여 부흥군을 분산시켜 熊津城의 孤危를 풀려고 하였으나, 오히려 福信에게 대패하게 되었다. 그리하여 南方의 諸城이 福信에게 歸屬하게 되었으며, 金欽이 돌아온 이후 신라군은 감히 다시 나가려고 하지 않았다[24]고 기록하고 있는 것으로 보아 신라군의 피해상황이 매우 컸음을 짐작할 수 있다 하겠다. 이에 復興軍은 승리에 편승하여 다시 府城을 포위하고 熊津道를 차단하게 되었다[25]. 이와 같이 상황이 유리하게 전개되자 道琛은 領軍將軍, 福信은 霜岑將軍을 일

---

21) 『三國史記』「新羅本紀」文武王 11年 7月 26日條 文武王報書.
22) 이 熊津道는 신라에서 熊津에 이르는 도로를 말함이니, 이는 熊津에 주둔 중인 唐軍에게 軍糧 등을 지원하여 주는 보급로를 의미하는 것이다. 『三國史記』「新羅本紀」文武王 11年 文武王報書에 의하면 「(熊津의) 漢兵(唐軍)이 4년동안 新羅에 의하여 衣食하였으니, 劉仁願이하 兵士들이 皮骨은 비록 漢地에서 출생하였으나, 血肉은 모두 新羅에 의하여 養育된 바 되었다」고 하여, 이와 같은 사실을 집약적으로 표현하고 있다. 이에 대한 것은 沈正輔, 1985, 「百濟復興運動時의 「熊津道」에 대한 硏究」, 『大田開放大學論文集』3을 참조.
23) 이때 熊津으로부터의 請兵이 밤낮으로 계속되었다 한다(註21)上揭書).
24) 註21)上揭書 및 『資治通鑑』「唐紀」高宗 龍朔元年 3月條.
25) 이 때 熊津道가 차단되어 城안에 소금과 된장이 떨어졌으므로 즉시 장정들을 모집하여 몰래 소금을 보내어 그들의 困乏을 구하고 있다(註21)上揭書).

컬으며 백제 유민들을 모아 들여 그 세력이 더욱 커지게 되었다. 그리하여 劉仁軌에게 使者를 보낼 정도로 여유를 갖게 되었으며, 答書를 가지고 온 劉仁軌의 使者를 관직이 낮다고 하여 홀대하여 돌려보내고 있다[26].

Ⅲ. 任存城의 陷落

663年 6月에 백제부흥군의 지도층에는 다시 내분이 일어나게 되었다. 이때 福信이 이미 兵權을 모두 장악하여 豊王과 서로 시기하여 사이가 나빴다고 하는 것으로 보아[27] 주도권 쟁탈 싸움이 벌어지게 되었던 듯하다. 즉 福信은 國內에 기반을 두고 있었기 때문에 많은 추종세력이 있었던 터에 道琛을 살해하고 그 휘하의 군사들을 아울러 장악하고 있었기 때문에, 그 세력정도가 상당하였을 것은 이미 짐작되고도 남음이 있다. 그러나, 倭에 기반을 두고 있었던 豊王은 국내에 기반이 없었기 때문에 군사적인 기반이 없어 상대적으로 무력감을 느꼈을 것이다. 그리하여 豊王은 자기의 세력기반을 확충하기 위하여 倭와 高句麗에 원군을 요청하려고 하였을 것으로 보인다. 결국 이 문제로 하여 豊王과 福信은 의견 충돌이 있게 되어, 豊王이 福信을 살해하기에 이르렀을 것으로 예상된다. 이 것은 豊王이 福信을 살해하고 바로 倭와 高句麗에 원군을 요청하고 있음[28]에서 미루어 짐작할 수 있다. 이로 인하여 復興軍의 세력은 더욱 弱化되었고, 사기는 크게 떨어지게 되었다.

---

26) 『舊唐書』「列傳」東夷 百濟條.
27) 『舊唐書』「列傳」, 東夷 百濟條
28) 上同

이에 反하여, 熊津府城의 唐軍에는 응원군인 左威衛將軍 孫仁師의 七千軍[29]이 합세하여 사기가 크게 진작되었다. 이때에 扶餘隆이 백제 유민을 위무하고 부흥군을 토벌하기 위해 孫仁師가 거느리는 증원군의 일원으로 백제에 도착하였다[30]. 이것은 唐이 전통적인 以夷制夷政策에 의하여 백제부흥군을 양분시켜 약화시키려는 의도에서 扶餘隆을 이용하려 한 것이다. 즉 豊王과 扶餘隆을 대립시켜 부흥군을 와해시키려는 것이다. 이와 관련된 문헌 기록과 함께 임존성의 함락기사를 살펴보면 다음과 같다.

K. 王이 金庾信 등 28〔30명이라고도 한다〕將軍을 거느리고 이들과 더불어 합세하여 豆陵(良)尹城과 周留城 등 여러 城들을 공격하여 모두 항복시켰다. 扶餘豊은 몸을 빼어 달아났고 王子 忠勝과 忠志 등은 그 무리를 이끌고 항복하였다. 홀로 遲受信만이 任存城에 웅거하면서 항복하지 않았다. 겨울 10월 21일부터 이를 공격하였으나 이기지 못하고 11월 4일에 군사를 돌이켜 舌利亭에 이르렀다. 공적을 논의하여 賞을 내리되 차이가 있었다. 죄인들을 크게 사면하고 의복을 만들어 留鎭 중인 唐軍에게 지급하였다[31].

L. …군대를 나누어 諸城을 공격하여 함락시켰는데, 오직 任存城이 지세가 險하고 城이 견고하였으며, 또한 糧穀이 많았으므로 이곳을 공격한지 30일이 되었으나 함락시키지 못하였다. 군사들이 피로하여 싸우기를 싫어했다. 대왕이 말하기를 「지금 비록 1개 城이 함락되지 않았으나 모든 나머지 城들이 모두 항복하였으니 功이 없다고 할 수 없다.」고 하고는 군사들을 정돈하여 돌아 왔다. 겨울 11월 20일에 서울에 이르렀다. 庾信에게는 田 500結을 내렸고, 그 나머지 將卒들에게는 差等있게 賞을 내렸다[32].

---

29) 『三國史記』「新羅本紀」文武王 3年 5月條에는 右威衛將軍 孫仁師가 40萬軍을 거느리고 熊津府城으로 들어갔다고 기록하고 있으나, 『舊唐書』에는 唐 高宗이 溜州・靑州・萊州・海州의 군사 7千名을 징발하여 左威衛將軍 孫仁師를 파견하였다고 하고 있어 이를 취한다.
30) 梁起錫, 1995, 「百濟 扶餘隆 墓誌銘에 대한 檢討」, 『國史館論叢』62, 143쪽
31) 『三國史記』「新羅本紀」文武王 3年條
32) 『三國史記』「列傳」第2, 金庾信(中)條

M. 신라의 날랜 騎兵들이 唐의 前鋒이 되어 먼저 언덕의 陣을 깨뜨리니 周留城
이 담력을 상실하여 드디어 곧 항복하였다. 南方이 이미 평정되자 군대를
돌려 北伐을 하는데 任存 한 城이 고집하고 명민하지 못하여 항복하지 않으
므로 兩軍이 힘을 합하여 함께 한 城을 쳤으나 굳게 지키고 저항하므로 공
격하였으나 얻지 못하고 新羅가 군사를 돌이켜 돌아가고자 한즉, 杜大夫가
이르기를「勅令에 의한다면 (백제를) 평정한 후에는 서로 會盟하라고 하였
으니 任存 한 城이 비록 항복하지 않았으나 함께 서로 盟誓하는 것이 가능
하다.」고 하였다. 新羅로서는 勅令대로 한다면 이미 평정한 후에야 함께 서
로 會盟하라고 했는데 任存이 아직 항복하지 않았으니 이미 평정한 것이라
고 인정할 수 없다[33].

N. 扶餘豊이 몸을 빼어 달아났다. 그 寶劍을 획득하였다. 가짜 王子 扶餘忠勝
과 忠志 등이 士女 및 倭 무리들과 耽羅國使를 함께 이끌고 일시에 모두 항
복하였다. 百濟의 모든 城들이 모두 다시 귀순하였는데, 賊帥 遲受信만이
任存城에 웅거하면서 항복하지 않았다. 이에 앞서 百濟 首領 沙吒相如와 黑
齒常之는 蘇定方軍이 회군한 후부터 모였다가 달아나 흩어져 각각 險한 곳
에 웅거하여 福信에 호응하였다. 이에 이르러 그 무리를 이끌고 항복하니
仁軌가 恩信으로써 설득하고, 스스로 子弟들을 거느리고 任存城을 攻取하
도록 명령하였다. 또 군대를 나누어 그들을 돕고자 하였는데, 孫仁師가 말
하기를「相如등은 獸心이라 믿기 어렵습니다. 만약 甲仗을 준다면 이는 도
둑에게 무기를 지급하는 것과 같습니다.」라고 하였다. 仁軌가 말하기를「내
가 相如와 常之를 보건대 모두 忠勇하고 智略이 있으며, 은혜에 감사할 줄
아는 사람이다. 나를 따른 즉 성공할 것이며, 나를 배반하면 반드시 멸망할
것이니, 이로 인하여 證驗할 기회가 이 날에 있으니 모름지기 의심하지 말
아라」이에 그들에게 糧穀과 무기를 지급하고 군대를 나누어 그들을 따르게
하여 드디어 任存城을 쳐서 빼앗았다. 遲受信은 그 妻子를 버리고 달아나
高(句)麗에 투항하였다[34].

O. 오직 추장 遲受信이 任存城에 웅거하여 항복하지 않았다. 비로소 定方이 百
濟를 공파하니 추장 沙吒相如와 黑齒常之가 달아나 흩어진 군사들을 불러모
아 거느리고 險한 곳에 웅거하여 福信에 호응하였으나 이에 이르러 모두 항
복하였다. 仁軌가 그들에게 眞心을 보여줌으로써 더하여 任存을 취하여 스
스로 證驗케 하였다. 곧 젊은이들에게 갑옷과 무기와 양곡을 지급하였다.

---

33)『三國史記』「新羅本紀」文武王 11年條, 文武王報書
34)『舊唐書』「列傳」第34, 劉仁軌條

仁師가 「夷狄의 野心은 믿기 어려운데 만약 갑옷과 곡식을 준다면 도둑에게 편의를 주는 거와 같습니다.」라고 말했다. 仁軌가 말하기를 「내가 相如와 常之를 보건대 忠誠스럽고 謀策이 있어 기회를 얻어 공을 세울 것인데 오히려 무엇을 의심하는가」라고 하였다. 두 사람이 마침내 그 성을 쳐서 빼앗자 遲受信이 처자를 버리고 고(구)려로 달아났다. 百濟의 나머지 무리들이 모두 평정되었다. 仁師 등이 군대를 돌려 돌아 왔다[35].

P. 百濟王 扶餘豊은 몸을 빼어 고(구)려로 달아났고 王子 忠勝과 忠志 등은 그 무리를 이끌고 항복하였다. 오직 別將 遲受信만이 任存城에 웅거하면서 항복하지 않았다. 처음에 百濟 西部人 黑齒常之가 신장은 7척이 넘었고 굳세고 결단력이 있으며 智略이 있었다. …定方이 능히 이기지 못하고 돌아왔다. 常之와 더불어 別部將 沙吒相如가 각기 險한 곳에 웅거하여 福信에게 호응하였으나 百濟가 이미 敗함에 모든 장수들이 그 무리와 항복하였다. 劉仁軌가 常之와 相如로 하여금 스스로 그 무리를 이끌고 任存城을 함락시키고자 거듭 糧仗으로써 그들을 도왔다. 孫仁師가 말하기를 「이들은 獸心에 속하거늘 어찌 믿을 수 있겠습니까」하였다. 仁軌가 말하기를 「내가 2人을 보건데 모두 忠勇하고 謀策이 있으며 信義가 두텁고 무게가 있다. 다만 지난번에는 기탁할 바의 그 사람을 아직 얻지 못하였으나 지금은 바르게 갖추어짐에 감격하여 공을 세울 때인데 의심하여 쓰지 않을 것인가」 드디어 양식과 무기를 지급하고 군사를 나누어 그들을 따르게 하여 任存城을 공격하여 함락시키니 遲受信이 妻子를 버리고 高(句)麗로 달아났다[36].

百濟復興軍內에 內紛이 있었음을 간파한 羅·唐軍은 水陸兩面으로 周留城을 공격하게 되었다. 史料 K에서 보듯이 新羅는 文武王이 친히 金庾信 등 28將軍(혹은 30將軍)을 거느리고, 7月 17日에 征討次 출발하여 熊津州에서 劉仁願의 군대와 합세하고 있다[37]. 이때 諸將이 모여 의논하는데, 「어떤 사람이 말하기를 加林城은 水陸의 요충이라 먼저 치기를 요청하자, 劉仁軌가 말하기를 加林城은 험하

---

35) 『新唐書』「列傳」 第 33, 劉仁軌條
36) 『資治通鑑』「唐紀」, 高宗 龍朔 3年條
37) 『三國史記』「新羅本紀」 文武王 3年 5月條 및 同書「列傳」, 金庾信(中) 龍朔 3年 癸亥條

고 단단하여 급히 공격하면 軍士들이 상하여 缺損이 있을 것이고, 굳게 지키면 시일을 많이 허비하게 될 것이니, 먼저 周留城을 공격함만 같지 못하다. 周留는 적의 소굴로 흉포한 무리들이 모여 있는 곳이니, 惡의 根本을 제거하기 위해서는 모름지기 그 근원을 뽑아야 된다. 만약 周留를 평정한다면 나머지 모든 城들은 스스로 항복할 것이다38)」라고 하여, 周留城 攻擊路上에 있는 水陸要衝의 加林城을 피하여 周留城을 먼저 공격하게 된 것이다. 白江口戰에서 倭水軍이 패하자 豊王은 9月 1日에 高句麗로 도망하고, 9月 8日에는 결국 周留城도 함락되었다39).

그러나 史料 K에서 P에 이르기까지 遲受信이 任存城을 거점으로 항거하고 있는 것을 볼 수 있다. 이 때 新羅는 10月 21日부터 任存城을 공격하였으나 이기지 못하고 11月 4日에 군사를 돌이켜 舌利亭으로 철수하고 있는데(史料 K), 그 철수 이유는 任存城을 공격한지 30일이 되었으나 함락시키지 못하게 되자 군사들이 피로하여 싸우기를 싫어했기 때문이었다(史料 L). 이를 볼 때 任存城에 대한 新羅軍의 공격 개시일은 10月 4日경으로 짐작된다. 그런데 史料 M에 의하면 「任存 한 城이 고집하고 명민하지 못하여 항복하지 않으므로 兩軍이 힘을 합하여 함께 한 城을 쳤으나 굳게 지키고 저항하므로 공격하였으나 얻지 못하고 新羅가 군사를 돌이켜 돌아가고자 하였다」고 하고 있어, 任存城에 대한 공격은 羅唐軍이 연합하여 공격하고 있음을 볼 수 있다.

결국 任存城이 함락된 것은 안타깝게도 任存城에서 부흥운동을 일으켰던 黑齒常之와 沙吒相如에 의해서이다(史料 N·O·P). 앞에서도 언급했듯이 唐의 以夷制夷政策에 철저하게 말려든 것이다. 혹

---

38) 『舊唐書』「列傳」劉仁軌條
39) 이에 대하여는 沈正輔, 1999, 「百濟 周留城考」, 『百濟文化』第28輯, 9~41쪽 참조

치상지가 唐에 항복하게된 배경에 대해서는 정확하게 밝혀진 바가 없다. 다만 任存城을 근거로 하여 활약하였던 흑치상지가 扶餘隆이 귀국한 이후 唐에 항복하여 扶餘隆과 행동을 같이하고 있는 것이다[40]. 이와 같은 흑치상지의 행동은 豊王보다는 扶餘隆을 택하게 되었기 때문이라고 볼 수 있다. 흑치상지의 이러한 갈등은 豊王이 倭에 머물다가 귀국하였다는 거리감도 있었겠지마는 福信을 살해한 데에 대한 반발이 크게 작용하였을 것으로 짐작된다. 또한, 흑치상지는 扶餘隆 또는 劉仁軌로부터 豊王이 이끄는 百濟復興軍을 진압시키면 唐과의 屬國關係일지언정 扶餘隆을 중심으로 한 百濟의 실체를 보장받았을 가능성이 예상된다. 이것은 史料 M에서 杜爽이 「勅令에 의한다면 (백제를) 평정한 후에는 서로 會盟하라고 하였으니 任存 한 城이 비록 항복하지 않았으나 함께 서로 盟誓하는 것이 가능하다」고 한 데에서 엿볼 수 있다. 즉 唐은 백제부흥운동을 진압시킨 후에는 扶餘隆을 중심으로 한 傀儡政府를 수립하여 新羅를 견제하려는 야심을 품고 있었던 것이라 하겠다. 이에 따라 흑치상지는 자신의 세력 근거지이며 이를 중심으로 직접 부흥운동을 일으켜 전개하였던 任存城을 스스로 공격하여 함락시켰을 것으로 판단된다.

그리하여 史料 N·O·P는 任存城에서 마지막까지 항거하던 遲受信이, 降將 黑齒常之에게 城이 攻陷되자, 高句麗로 투항하고 있음을 보여주고 있다. 이상의 諸事實로 볼 때, 이 任存城은 百濟復興軍 蜂起의 始發地로서, 또한 백제유민의 最後의 據點으로 始終一貫 중요시되고 있었음을 살필 수 있다.

---

40) 百濟復興運動이 종식된 후 扶餘隆은 黑齒常之와 함께 孫仁師軍을 따라 唐으로 들어가고 있으며, 664年 劉仁軌의 추천에 의하여 熊津都督으로 귀환할 시에도 折衝都尉라는 직책으로 黑齒常之가 동행하고 있다.(梁起錫, 1995, 「百濟 扶餘隆 墓誌銘에 대한 檢討」, 『國史館論叢』62, 143～144쪽)

Ⅳ. 任存城에 대한 考古學的 調査

임존성에 대한 기초적인 고고학적 조사는 忠南發展硏究院 歷史
文化센터 조사팀에 의하여 1999년 11월부터 2000년 6월까지 8개월
에 걸쳐 정밀지표조사가 실시되었다[41].

任存城은 행정구역으로는 禮山郡 大興面 上中里 및 光時面 東山
里와 洪城郡 金馬面에 걸쳐 있으며, 사방 20㎞~30㎞ 정도의 주변
지역을 조망할 수 있는 요충지에 위치하고 있다.

임존성은 봉수산 정상부에서 남쪽으로 250m 정도 떨어져 있는
표고 470m의 봉우리와 동쪽으로 550m 정도 떨어져 있는 표고 420
m의 小峯을 에워싸고 남쪽으로 완만한 경사면을 감싸고 있는 테뫼
식 석축산성으로 성의 둘레는 2,426m이다. 지형은 北高南低의 형태
이며, 동쪽으로는 無限川이 흐르고 있는데 현재 동북쪽으로 예당저
수지가 조영되어 있다.

성벽은 대부분이 붕괴된 상태인데, 북벽의 일부는 성벽이 완전
히 붕괴된 데다가 성내에서 흘러내린 토사가 성벽을 뒤덮고 있어
마치 토성처럼 보일 정도이다. 다만 일부 구간은 성벽이 원형에 가
깝게 잘 남아 있는데, 이렇게 남아 있는 성벽을 통해서 볼 때 대체
로 4가지 정도의 서로 다른 축성법이 있음을 알 수 있다. 하나는 북
벽에서 확인되는 것으로 일정한 크기로 다듬은 화강암 석재를 사용
하여 성벽을 바른층 쌓기 방식으로 한단 한단 쌓아 올리는 방법이
고, 두 번째는 할석을 이용하여 성벽을 쌓아 올리되 성벽의 상단부
와 하단부의 성돌 크기를 같게 한 방법이고, 세 번째는 할석과 자
연석을 이용하여 외면만 맞추면서 쐐기돌로 메우는 방식이다. 그리

---

41) 忠南發展硏究院, 2000, 『禮山 任存城』

고 마지막 하나는 성벽 하단부에 큰 성돌을 사용하고, 상단부로 올라 갈수록 작은 성돌을 사용하여 역학적인 안정감을 꾀하는 방식이다. 이러한 성벽의 잔존 상태를 통해서 볼 때 임존성은 적어도 시축된 후 3번 이상의 개·수축이 이루어졌을 것으로 파악된다.

성벽은 片築式으로 축조하고 석재로 뒷채움하였는데 高臺址로 추정되는 구간에서는 夾築式에 의해서 축조되었다. 남벽과 북벽에서는 한쪽 면만을 직각으로 돌출시켜 'ㄱ'자 형태로 축조하여 雉城의 기능을 할 수 있도록 축조하고 있어 특이하다. 北壁은 봉수산의 정상부에 해당하는 해발 470m지점에서부터 동쪽의 또 다른 봉우리인 해발 420m의 봉우리를 에워싸면서 축조되었다. 자연지형을 이용해서 축조한 북벽의 전체 길이는 773m이다. 북벽과 동벽이 만나는 구간은 성벽이 3m~4m정도의 높이로 남아 있는데 화강암 석재를 다듬어 바른층쌓기 방식으로 쌓아 올렸는데 경사도가 10° 정도로 거의 수직에 가깝게 축조하였다. 이 구간에서는 성벽을 보강하기 위하여 시설한 45° 경사도의 基壇補築이 확인된다.

東壁은 해발 420m의 동쪽 봉우리 정상부에서 능선을 타고 내려오다가 계곡부를 끼고 성벽이 내만하면서 남으로 이어지는 구간으로 전체 길이는 190m정도이다. 남벽은 성내에서 가장 낮은 지점에 해당하며, 전체 길이는 1,090m이다. 성벽은 대부분 편축식으로 축조되었으나 능선이 이어지고 있는 지점에서는 협축식으로 축조하였다. 서벽은 봉수산 정상부를 향하여 급경사면을 올라가면서 북벽과 이어지고 있는데, 1번이상의 수·개축이 있었음이 확인된다.

임존성의 부대시설로는 門址 2개소가 확인되었으며, 20개소의 건물지, 3개소의 우물지, 5개소의 高臺址, 1개소의 水口施設, 그리고 남벽에서 女墻의 흔적이 확인되었다.

성문은 남문지와 북문지가 확인되는데 둘 다 開据式 城門의 형

태를 하고 있다. 북문지는 북벽의 중간부분에 시설하였는데, 출입구
의 너비는 약 5.7m로 추정된다. 남문지는 남벽상에서 약간 동쪽으
로 치우친 지점에 위치하는데, 문폭은 2.4m이며, 10m의 긴 통로가
시설되어 방어력을 높이고 있다.

建物址는 성내 곳곳에서 20개소가 확인되었다. 이렇게 많은 건
물지가 남아 있는 것은 임존성 내에 무기고나 저장시설 외에도 많
은 군사들이 주둔했던 사실을 방증하는 동시에 장기간에 걸쳐 기능
한 산성임을 간접적으로 말해 주는 것이라고 할 수 있다. 우물은 3
곳에서 확인되었는데, 이것은 조선시대에 편찬된 지리지에 기록된
내용과 그대로 부합되는 것이다.

高臺는 성벽의 네 모서리와 서벽상에 1개소가 있어 모두 5개소
가 확인된다. 이 고대에서는 다량의 기와편과 토기편이 산재하고
있어 角樓가 있었을 가능성이 크다고 하겠다.

배수구는 남벽의 가장 낮은 부분인 계곡부에 시설되어 있는데,
성벽 기저부에서 1.8m 높이에 조성하였다. 배수로의 통수단면은 계
단상으로 축조하여 올라가고 있는 것이 확인된다. 배수구를 이루는
상하 석재는 길쭉한 세장방형의 석재를 사용하였는데, 규모는 길이
70cm, 높이 30cm이다.

이 성내에서 수습된 유물은 기와와 토기편이 주류를 이루는데,
기와편 중에는 백제 瓦片과 함께 '任存', '存官', '任存官' 등 銘文
瓦[42]가 포함되고 있어 백제 부흥운동의 시발지로 사서에 나타나는
임존성임을 말해 주는 물적 증거로 이해된다[43]. 이와 같은 예로 抱

---

42) 李南奭은 임존성의 위치에 대하여 諸地理書의 기록보다는 고고학적 조사를 토대
   로 논의하여야 한다고 문제 제기를 하면서도, '任存'이라는 글자의 존재로 미루
   어 봉수산성이 임존성일 가능성을 배제할 수 없게 되었다고 하고 있다(李南奭,
   1999, 「禮山 鳳首山城(任存城)의 現況과 特徵」, 『百濟文化』 第28輯, 223~225쪽).
43) 徐程錫은 『海東地圖』에서 임존성과 봉수산성을 별도로 표기한 것과, 『新增東國

川 半月山城에서는 '馬忽'이라는 銘文이 있는 統一新羅代의 기와편이 출토되었는데, 각종 地理志에 의하면 포천군은 본래 高句麗 馬忽郡으로 나타나고 있어 마찬가지로 삼국시대의 행정지명을 답습하고 있는 것이다[44]. 여기에서 李道學은 기와명문의 '馬忽'에 관하여 지금의 경기도 抱川郡 일대를 가리키는 것으로 파악하고 있다.

이번 조사의 成果는 성벽조사에서 확인된 4가지 축성법 중 일정한 크기로 다듬은 화강암 석재를 사용하여 성벽을 바른층 쌓기 방식으로 한단 한단 쌓아 올리는 방법은 백제시대의 축조기법으로 판단되며, 百濟瓦片과 함께 '任存官' 등의 銘文瓦가 수습되어 임존성에 대한 諸記錄과 종래의 인식을 입증시켜 준 것이라 하겠다. 앞으로 지속적인 발굴조사가 이루어지면 임존성에 대한 초축시기와 성

興地勝覽』에서 治所에서 봉수산까지의 距離 차이 등을 들어 임존성을 봉수산성으로 보지 않고 홍성군 장곡면 산성리에 위치하고 있는 학성산성에 비정하고 있다(徐程錫. 2002, 「5방성의 위치와 군현성」, 『百濟의 城郭』, 학연문화사, 269~283쪽). 그러나 『海東地圖』는 우리나라 지도 발달의 전환기에 제작된 지도로서 註記 내용의 상세함이 道에 따라 상이하고, 호구·전결 등의 내용도 일정한 시기에 조사된 내용이 아니며, 여러 곳에 첨지를 붙여 수정한 것 등으로 정서본이 아님을 밝히고 있고(楊普景, 1995, 「郡縣地圖의 發達과 『海東地圖』」, 69~73쪽), 함경도·충청도 등에는 거의 모든 지도에서 군현에 '備圖'와 비교를 한 첨지가 붙어 있는데, 大興郡地圖에는 첨지에 鳳首山城이 기록되어 있음을 볼 수 있다. 따라서 지도 제작자가 임존성과 봉수산성을 별개의 위치로 혼동하고 지도 완성 후 봉수산성을 별도로 그려 놓아 어색하게 표기되어 있음을 볼 수 있는 것이다. 또한 『新增東國興地勝覽』의 산천조와 고적조에서 治所에서 봉수산까지의 距離에 차이를 나타내고 있는 것은 산천조의 거리가 대흥읍성 내에 치소가 있었을 시의 거리 표기로 파악된다. 『新增東國興地勝覽』성곽조에는 대흥읍성이 당시 이미 폐한 것으로 기록되고 있다. 참고로, 학성산성은 성 둘레가 1174.7m로 성 내부의 면적이 2만 3천평에 달하지만 성 내부에는 평지가 거의 없고, 경사가 급하기 때문에 대규모의 인원이 상주하기에는 협소하다는 느낌을 준다(상명여자대학교 박물관, 1995, 『洪城郡 長谷面 一帶 山城 地表調査報告書』, 96~97쪽)고 조사자의 의견을 개진하고 있다.

44) 李道學, 1997, 「抱川 半月山城 出土 '고구려'기와 銘文의 再檢討」, 『高句麗研究』 제3집, 고구려연구회, 31쪽.

격이 좀더 명확하게 밝혀질 것으로 기대된다.

V. 結語

　　任存城은 백제부흥운동과 관련하여 史書에 등장하는 지명이다. 백제 멸망 후 흑치상지가 복신, 도침과 더불어 이 任存城에서 백제 유민을 규합하여 부흥운동을 전개하였으며, 초기에 이를 진압하려던 소정방이 거느리는 나·당군을 격퇴시킴으로써 이에 놀란 소정방은 구심점을 제거하기 위한 목적으로 義慈王 등을 포로로 하여 급히 唐으로 귀환하게 되었고 백제부흥운동이 전역으로 확산되게된 계기를 마련하게 되었다. 또한 이 임존성은 백제부흥군의 王城인 周留城 함락이후에도 지수신이 마지막까지 항거하였던 百濟遺民의 최후의 거점으로, 백제부흥운동의 전 기간에 있어서 始終一貫 중요시되었던 역사적인 현장이다.

　　黑齒常之가 임존성을 중심으로 백제부흥군을 규합하게 된 것은 예산, 덕산지역이 흑치씨의 세력 근거지였기 때문에 가능했을 것으로 파악된다. 백제부흥운동의 불씨를 지핀 흑치상지가 임존성 함락시에 취한 행동은 못내 아쉽지만, 스스로 판단하기를 백제 왕통을 잇는데 있어서 豊王보다는 扶餘隆의 역량에 더 기대를 하였던 것으로 보이며 당시 백제부흥군의 王城인 周留城이 함락된 상태에서 오히려 唐에 협력하여 괴뢰정부라 하더라도 百濟의 명맥을 이어보려는 충정에서 결정한 苦肉之策으로 파악된다.

　　이 任存城의 위치에 대하여는 『삼국사기』 지리지를 비롯한 역대의 지리지에 예산 대흥면에 축조되어 있음을 기록하고 있으며, 『대동지지』에는 任存城이 鳳首山에 있으며 百濟 福信과 黑齒常之가 이

곳에서 劉仁軌에 항거하였다고 고증하고 있다.

임존성은 테뫼식 석축산성으로 성의 둘레는 2,426m이다. 지형은 北高南低의 형태이다. 정밀지표조사 결과 성벽조사에서 확인된 4가지 축성법 중 일정한 크기로 다듬은 화강암 석재를 사용하여 성벽을 바른층 쌓기 방식으로 한단 한단 쌓아 올리는 방법은 백제시대의 축조기법으로 판단되며, 城內에서 수습된 유물은 기와편과 토기편이 주류를 이루고 있는데, 기와편 중에는 百濟時代 기와편과 함께 '任存', '存官', '任存官' 등 銘文瓦가 포함되고 있어 백제부흥운동의 시발지 및 최후의 현장으로 史書에 나타나는 任存城임을 뒷받침하는 고고학적 증거로 판단된다.

4장 백제 부흥운동과 백강전쟁

삼국시대에 삼국이 한반도 내의 분쟁해결을 위해 ○○에게 정치적인 개입과 군사요청을 ○○하고 있는 내용을 보면 당시 동아시아 국제질서가 중국의 ○○ 권위를 중심으로 ○○ 형성되고 있었음을 알게 된다. 중국 역시 이와 같은 국제질서를 유지해 나가려는 ○○ 주변 국가들에 대해 ○○ 황제권을 행사하려 했던 것이 나타나는데 중국의 ○○은 한 ○○ 내에서 영토 소유의 ○○ 국제적인 ○○이 아니라 ○○에 대한 것이 영역이었기 ○○ 친위적인 ○○ 반도 親中國 정권이 계속 유지되도록 만들어 ○○려 했던 것이 궁극적인 목적이었다고 할 수 있다.

白江戰爭과 그 역사적 의의

김현구 고려대학교

Ⅰ. 머리말

오늘날 지역통합이 가속화되고 있는 가운데 동아시아 세계에서
도 그 구조적 관계에 대해서 관심이 높아지고 있다. 동아시아 세계
의 구조적 관계를 파악하기 위해서는 먼저 동아시아 각국이 유기적
으로 관련된 문제들을 검토하여 그 공통점을 추출하는 것도 하나의
유력한 방법이라고 생각된다.[1]

오늘날 동아시아의 중심축을 이루고 있는 국가는 한국·중국·
일본이다. 그 세 나라가 유기적으로 뒤엉킨 대표적인 사건이 663년
의 白江口 싸움,[2] 1592년의 壬辰倭亂, 1894년의 淸日戰爭이다. 그런

---

[1] 동아시아 세계에 대한 구조적인 이해의 문제에 대해서는 菊池英男, 1979, 「總說
  -回顧と展望-」,『隋唐帝國と東アジア世界』, 汲古書院 참조.
[2] 『일본서기』에는 '白村' 혹은 '白村江'이라고 되어 있고,『舊唐書』劉仁軌傳 등

데 세 번의 전쟁은 전부 한일관계에서부터 비롯되었다. 그 중에서도 663년의 백강구 싸움은 세 나라가 유기적으로 뒤엉켜 싸운 최초의 예로서 임진왜란이나 청일전쟁도 그 범주에서 크게 벗어나지 않으리라고 생각된다. 그런 의미에서는 신라·백제·고구려의 3국이 통일되는 과정에서 당과 일본이 참여하여 일어난 백강구 싸움은 백제·일본·고구려와 신라·당 등 당시 동아시아의 모든 나라가 뒤엉킨 싸움으로 동아시아 세계를 구조적으로 이해하는 모델이자 한국·중국·일본이라는 동아시아의 3국이 틀을 잡아가는 과정을 보여주는 좋은 예라고 생각된다. 그러나 백강구 싸움은 그 중요성에도 불구하고 한국을 비롯한 동아시아 각국에서 별다른 연구가 없고, 약간의 연구도 자국사 중심으로 왜곡 서술되어 있다. 공동의 평화와 번영을 추구해야할 동아시아 세계에 있어서 바람직하지 못한 일이라고 생각된다.

Ⅱ. 백강전쟁

663년 8월 27·28 양일에 걸쳐서 백강구에서는 백제부흥을 지원하기 위해서 출동한 일본군과 구백제 땅을 장악하고 있던 당군이 4번 싸워서 당군이 승리했다. 이때 백제부흥군과 신라군은 양 연안에서 일본군과 당군을 엄호하고 있었다. 당시 고구려군은 직접 싸움에 참여한 기록은 보이지 않지만 일본의 백제 구원군이 고구려

에는 '白江'이라고 되어 있으며,『삼국사기』에는 '白沙'라고 되어 있어서 '白村江'이 가장 구체적인 지점을 표현하고 있으므로 '白村江 싸움'이라는 표현이 가장 적합한 표현이라고 생각된다. 그러나 여기에서는 그냥 용어상의 통일을 기하기 위해 '백강전쟁' 혹은 '백강구 싸움'이라는 표현을 쓴다.

구원을 표방하고 있었고,3) 軍務를 고구려에 가서 긴밀하게 상의하고 있었던 점으로 미루어 보아,4) 어떤 형태로든 관여하고 있었다고 생각된다. 백강구 싸움은 당시 동아시아의 모든 나라가 뒤엉킨 싸움이었다고 할 수 있다.

백강구 싸움은 이미 백제의 義慈王이 나당연합군에게 항복한 상태에서 일본이 그 백제부흥군을 지원하기 위해 출병함으로서 시작된 싸움이다. 『일본서기』는 일본군의 규모를 2만 7천, 『삼국사기』는 백제를 구원하러 온 왜의 병선을 1000척, 『구당서』 劉仁軌傳은 백강구에서 만난 왜선 400척을 불태웠다고 기록하고 있다. 일본의 백제 구원군이나 백강구 싸움의 규모가 짐작이 간다.

백강구 싸움의 발단, 즉 일본의 출병은 660년 백제의 멸망에서부터 비롯된다. 泗沘城이 함락되고 의자왕이 항복함으로서 백제가 공식적으로 멸망하는 것이 660년 7월 18일이다. 사비성이 함락되고 의자왕이 항복하자 백제부흥군이 제일 먼저 구원을 청한 나라가 일본이다. 『일본서기』에는 達率(궐명)과 沙彌覺從 등이 660년 9월 5일 최초로 일본에게 백제가 멸망한 사실을 알린 것으로 되어 있다. 그러나 「或本」에는 '逃來告難'으로 당시에 소식을 전한 자가 정식의 사자가 아니고 백제가 멸망하는 틈에 도망친 사람이라고 되어 있다. 백제부흥군의 福信이 佐平 貴智 등을 정식으로 보내서 구원군과 일본에 머무르고 있던 왕자 豊璋의 귀국을 요청하는 것은 사비성이 함락된 지 석 달이 지난 10월이다.

백제부흥군의 구원 요청을 받은 지 두 달 만인 12월 24일 드디어 齊明天皇(655-661, 皇極天皇(642-645)이 齊明天皇로서 재등극)

---

3) 고구려 구원군을 표방한 예는 『일본서기』 天智天皇 卽位前紀 是歲條 및 同書 天智天皇 원년 3월조에 보인다.

4) 일본이 고구려와 군무를 상의한 것은 『일본서기』 天智天皇 2년 5월조의 '犬上 君(闕名)馳 告兵事於高麗以還 見糾解於石城'라는 내용으로도 알 수 있다.

은 출병을 결정하고 오사카의 難波宮에 행차해서 제반 무기를 준비하도록 명하고 특별히 駿河國에 대해서는 배를 만들도록 명한다. 그리고 직접 北九州에 가서 구원군을 지휘하기 위해서 다음해인 661년 정월 6일 북구주의 츠쿠시(筑紫)를 향해서 출항한다. 도중에 시코쿠(四國)의 니키타쓰(熟田津) 등에 들려서 兵을 모으면서 3월 25일에는 북구주의 나노오쓰(娜大津)의 이하세(磐瀬)行宮에 도착하여 잠시 머물다가 5월 9일에는 아사쿠라노 타치바나노 히로하노 미야(朝倉橘廣庭宮)로 옮겨서 본격적인 출병을 준비하다가 7월 24일 급사한다. 齊明天皇이 급사하자 그의 후계자인 皇太子(후의 天智天皇: 662~671) 中大兄이 8월 1일 齊明天皇의 상을 이하세(磐瀬)宮으로 옮긴 다음, 10월 7일 해로를 따라 11월 7일 아스카노 카하라(飛鳥川原)에 도착하여 빈궁을 차리고 9일까지 발애한다. 그 사이에도 출병의 준비는 착착 진행되어 8월에는 출병의 계획이 발표되고, 9월에는 1차로 풍장과 그의 호송군 5천을 먼저 보낸다. 그리고 본대는 663년 3월 출병했다가 5개월 뒤인 8월말에 백강구에서 패배하게 되는 것이다. 백강구 싸움에서 패배한 뒤 확인되는 숫자만으로도 3천여 명 이상의 백제 유민들이 氐禮城을 근거로 하고 있던 일본군을 따라 9월 일본열도로 망명한다. 그들이 일본의 율령국가 건설의 핵을 이룬다.[5]

　당시 60이 넘은 老女帝의 신속한 출병 착수와 직접 모병을 하면서 北九州로 향하던 다급한 모습, 그리고 喪中에도 차질 없이 출병 준비가 진행되던 상황은 백제 구원이 일본에게 얼마나 긴급하고 중요한 문제였는가를 잘 보여 주고 있다. 일본의 백제 구원군이 당군에게 패한 원인은 크게 두 가지로 이야기 할 수 있다. 하나는 당군

5) 출병 준비나 시기에 대해서는 여러가지 설이 있다. 김현구, 2001, 「동아시아세계와 백촌강 싸움」, 『일본학』 제 20집, 동국대학교 일본학연구소 참조.

은 율령에 의거한 군대인데 반해 일본군은 씨족을 단위로 하는 족제적 군대의 형태를 벗어나지 못하고 있었다는 것이다.[6] 다른 하나는 백제부흥군 내부에서 일본에서 귀국한 명목상의 지도자인 풍장과 실질적인 지도자인 복신이 대립하여 일본의 백제구원군이 효과적으로 대처하지 못했다는 점이다. 당시 일본의 백제구원군은 이미 663년 3월에 도착하였음에도 불구하고 부흥군 내부의 주도권이 풍장에게 넘어가는 것을 두려워 한 복신이 백제구원군의 주류성 입성을 꺼림으로서 당시 웅진성과 사비성에서 고립되어 있던 당군을 구축할 수 있는 찬스를 잃어버린 것이다. 백제 구원군은 풍장이 복신을 제거하기를 기다렸다가 백강에 진입했지만 때는 늦어 그 사이에 이미 도착하여 기다리고 있던 孫仁師와 유인궤가 이끄는 당군에게 패배하게 되는 것이다.[7]

종래 백강구 싸움의 성격에 대해서는 크게 두 가지 견해가 있었다. 하나는 백제가 일본의 속국 내지는 조공국이었기 때문에 일본이 출병하게 됐다는 소위 고대제국주의 전쟁설로 주로 일본학자들이 주장하고 있다.[8] 그리고 다른 하나는 당시 야마토정권의 지배층을 구성하고 있던 백제계 사람들이 조국을 해방시키기 위해서 출병했다는 소위 조국부흥전쟁설로 주로 한국학자들이 주장하고 있다.[9]

---

6) 笹山晴生, 1975, 『古代國家と軍隊』, 中公新書.
7) 김현구 외 3인, 『일본서기 한국관계기사 연구(Ⅲ)』, 일지사, 근간
8) 대표적인 것이 백강구 싸움은 당 나라가 중심이 된 大帝國主義와 일본이 중심이 된 小帝國主義가 부딪친 고대 제국주의 전쟁이라는 石母田正, 1971, 『日本の古代國家』, 岩波書店, 70쪽의 설이다. 그 뒤 鬼頭淸明, 1981, 『白村江』, 敎育社, 129쪽은 백제구원이라는 명목으로 조선반도의 상황에 간섭하지 않으면 신라·백제·임나의 조를 받는 입장을 잃어버린다고 하여 石母의 설을 계승하고 있다. 그리고 遠山美都男, 1997, 『白村江』, 講談社現代新書, 204쪽도 이와 같은 입장을 취하고 있다.
9) 대표적인 업적으로는 林宗相, 1974, 「七世紀中葉における百濟·倭の關係」, 『古代日本と朝鮮の基本問題』, 學生社을 필두로 변인석, 1994, 『白江口戰爭과 百

고대제국주의 전쟁설은 백제가 일본의 속국 내지는 조공국이라는 사실을 전제로 하고 있고, 조국부흥전쟁설은 백제에서 건너 간 사람들이 야마토정권의 수뇌부를 구성하고 있었다는 사실을 전제로 하고 있다. 그러나 백제가 일본의 속국 내지는 조공국이었다는 것은 『일본서기』 편자의 사관을 바탕으로 일본이 근대에 동아시아를 침략하던 시각이 투영된 것이고, 백제에서 건너 간 사람들이 야마토정권의 수뇌부를 구성하고 있었다는 것도 막연한 추측으로 확실한 근거가 없다. 따라서 고대제국주의 전쟁설이나 조국부흥전쟁설은 자국 중심, 일국 중심 사관에 지나지 않는 것으로 확실한 사실을 바탕으로 동아시아적 시각에서 재검토 할 필요가 있다고 생각된다.

III. 백강전쟁의 배경과 동아시아 세계

1. 일본의 출병 배경

삼국시대 한반도에서는 3국간의 대립이 격화되면서 백제·신라·고구려 3국은 서로 일본을 자기편으로 끌어들이거나 상대편에 대한 지원을 저지하려고 노력하고 있었다. 반면 백강구 싸움의 한 주역인 일본은 고대국가로 발전하는 과정에서 대륙의 선진문물을 필요로 하고 있었다. 그런데 한반도는 셋으로 나뉘어져 경쟁적으로 일본에 접근하고 있었으므로 그 중에서 어느 나라를 파트너로 삼을

濟·倭 관계』, 한울아카데미 등을 들 수 있다. 최근 정효운, 1995, 『古代 韓日 政治交涉史 硏究』, 학연문화사는 신라를 정복하기 위한 전쟁이라는 설을 제시하고 있다.

까 하는 선택권은 일본에게 있었다. 일본은 지정학상 중국의 남조 문화를 독점적으로 도입하여 찬란한 문화를 자랑함으로서 일본에게 선진문물을 제공하기에 가장 유리한 조건을 가지고 있던 백제를 파트너로 선택했다. 그래서 6세기에 들어가면 일본은 백제에게 군원을 제공하고 백제는 일본에게 선진문물을 제공하는 양국 간의 특수한 용병관계가 생겨나게 된다. 그 용병관계에서 중요한 역할을 한 것이 백제와 특수한 관계에 있던 蘇我氏였고 그들은 양국관계를 중개하는 과정에서 마침내 야마토정권의 실권을 장악하게 된다.

그런데 6세기 중후반 한반도에서는 신라가 대중통로인 한강 하류유역을 점령하고, 중국에서는 북조의 隋가 중국을 통일함으로서 백제는 일본에게 독점적으로 선진문물을 제공할 수 있는 지위를 상실하게 되었다. 그러나 일본은 고대국가로 발전하면서 선진문물에 대한 수요가 기하급수적으로 증가하고 있었으므로 필요한 선진문물을 충당하기 위해서는 중국과의 교류가 빈번해진 신라나 고구려 등과도 관계를 갖지 않을 수 없게 되었다. 따라서 6세기 후반부터 일본은 백제뿐만 아니라 신라나 고구려 나가서는 중국과도 직접 관계를 갖는 다면외교로 전환하게 된다.

당시 일본은 백제와 특수 관계에 있던 蘇我氏가 야마토정권의 실권을 장악하고 있었으므로 다면외교라고는 하지만 기본적으로는 친백제정책을 취하고 있었다. 그런데 한반도에서 백제와 신라간의 대립이 격화되면서 백제와 신라 모두와 관계를 갖는 다면외교의 지속이 어려워지자 당·신라 유학생들을 중심으로 선진문물은 주로 신라나 당에서 도입하면서도 기본적으로는 친백제정책을 취하는 蘇我氏의 다면외교에 대한 비판이 일기 시작한다. 일본이 필요로 하는 선진문물을 더 이상 제공할 수 없게 된 백제와의 관계를 단절하고 신라나 당과의 관계를 강화해야 한다는 것이었다.

친신라정책에 대한 요구는 야마토정권의 실권자인 蘇我氏를 딜레마에 빠트린다. 친신라정책을 받아들인다는 것은 반백제정책을 취하는 것으로 백제계를 권력 배경으로 하고 있던 그들로서는 자신의 권력 기반을 상실하는 것이 되고, 친신라정책을 거부하는 것은 선진문물의 도입을 열망하는 지배층의 이해에 반하는 것으로 지배층으로부터의 고립을 자초하는 것이기 때문이었다. 그렇지만 우선 권력을 유지하기 위해서는 신라보다는 백제를 선택할 수밖에 없었다.

蘇我氏가 반신라·친백제정책으로 회귀할 즈음 대륙에서는 당의 고구려 원정이 시작된다. 당의 고구려 원정이 시작되자 반신라·친백제정책을 취하고 있던 야마토정권에서는 위기의식이 고조된다. 고구려·백제가 무너지면 그 다음에는 일본이 타깃이 될지도 모른다는 위기의식 때문이었다. 따라서 백제와의 관계를 단절하고 신라나 당과 관계를 가질 것을 주장하던 反蘇我氏 세력들은 일본의 안전을 위해서는 백제·고구려와 손잡는 것보다는 신라·당과 손을 잡는 것이 유리하다는 논리로 645년 蘇我氏를 타도하고 改新政權을 세운다. 孝德天皇(646~654)이 중심이 된 개신정권은 일본이 필요한 선진문물의 도입과 일본의 안전을 위해서 신라·당과의 3국 연합을 추진하게 된다.10)

그러나 고구려·백제에 대한 당의 압력이 고조되자 개신정권 내부에서는 孝德天皇(646~654)과 中大兄皇子(후의 天智天皇 : 662~671) 사이에서 권력투쟁이 일어난다. 中大兄皇子는 孝德天皇의 일본·신라·당의 3국 연합에 대항해서 당이 백제·고구려를 정토한다면 그 다음에는 일본도 위험해지므로 일본·신라·당의 3국 연합

---

10) 일본이 출병하기까지의 일본 국내 사정에 대해서는 김현구, 1985, 『大和政權の 對外關係硏究』, 吉川弘文館 참조.

보다는 백제 · 고구려와 손잡고 한반도에서 당의 세력을 저지해야
한다는 논리로 친백제정책을 추진했던 세력과 손잡고 649년 개신정
권 내부에서 쿠데타를 통해 실권을 장악한다.[11] 그들은 651년 신라
의 사자 知萬沙湌등이 唐服을 착용하고 방문하자 신라가 당의 服制
를 채택한 것을 신라와 당의 연합으로 받아 '지금 신라를 치지 않
으시면, 후에 반드시 후회할 것입니다. …'라는 左大臣 巨勢德陀古
臣의 건의를 받아들여 知萬沙湌 등이 唐服을 착용한 것을 책망하고
돌려보낸다.[12] 그리고 신라 · 일본 · 당의 3국연합을 추진하던 孝德
天皇이 죽고 친백제정책을 추진하던 皇極天皇(642~645)이 齊明天皇
(655~661)으로 다시 등극하는 655년부터 본격적인 대당 방위체제의
정비에 나선다. 孝德天皇이 죽은 직후인 654년 12월에는 당의 침략
에 대비해서 수도를 나니와(難波 : 오사카)에서 내륙의 아스카(飛鳥)
로 옮기고, 이듬 해부터 곧 바로 아스카의 방위체제의 강화에 착수한
다. 따라서 일본은 당과 신라가 660년 실제로 백제를 멸망시키자 그
들이 일본열도를 침입할 것이라는 극도의 위기의식에 휩싸이게 된다.
그런데 660년 10월 백제부흥군이 구원을 청하자 아직 백제가 명맥을
유지하고 있는 동안 한반도에 나가 백제 · 고구려와 손잡고 당 · 신라
세력을 한반도에서 저지할 것인가, 아니면 일본열도에서 당 · 신라의
침공을 기다릴 것인가 하는 양자택일의 기로에 서게 된다.[13]

2. 당의 출병 배경

　백강구 싸움의 다른 한 주역인 唐은 618년 수를 멸하고 중국을

---

11) 김현구 주 10) 전게서 참조.
12) 「孝德紀」 白雉 2년 3월조.
13) 당시 야마토정권의 상황에 대해서는 김현구 주 10) 전게서 참조.

통일했지만, 북에는 匈奴와 서에는 高昌이라는 강자가 버티고 있어서 쉽게 고구려 정토에 나서지 못하고 있었다. 그런데 630년에는 북방의 흉노를 멸하고 640년에는 서역의 고창까지 멸하자 644년에는 고구려 정토에 나선다. 그러나 이듬 해 9월 안시성 싸움에서 참패한 뒤 647년부터는 소모전을 전개하다가 649년 태종의 유조로서 고구려 정토를 중단한다.

그러나 전부터 당은 고구려 정토의 일환으로 먼저 백제를 정토할 계획을 가지고 있었다.[14] 그런데 648년 신라의 김춘추가 당의 힘을 빌리기 위해서 입당하자 태종은 김춘추에게 '백제와 고구려를 평정하면 평양이남 백제의 토지는 다 신라에게 준다'[15]고 약속함으로서 백제·고구려정토 후의 한반도 분할을 약속했다. 그런데 당은 김춘추와의 한반도 분할 약속을 어기고 660년 백제를 멸한 다음 곧바로 그 옛 땅에 熊津都督府를 설치하여 직접 지배를 시도한다. 그리고 663년에는 신라에도 鷄林都督府를 설치하여 신라까지도 영토화를 추진하는 것이다. 따라서 당의 660년 백제정토와 663년 백강구 싸움은 궁극으로 한반도를 지배하기 위한 것이었다고 할 수 있을 것이다.

3. 신라의 참전

당시 한반도에서는 신라가 백제·고구려와 대립을 계속하고 있었다. 그런데 신라의 김춘추는 641년 의자왕이 등극하여 대야성 등 40여성을 탈취당하고 사위 품석까지 죽자 642년 도움을 얻기 위해서 고구려에 갔다가 연개소문에게 거절당한다. 그리고 647년에는

---

14) 『삼국사기』 신라본기 선덕여왕 12(643)년 9월조.
15) 『삼국사기』 신라본기 문무왕 11(671)년조.

일본에 건너가 신라 지원 약속을 받은 다음, 다음 해에 입당하여 당 태종으로부터 '백제와 고구려를 평정하면 평양이남 백제의 토지는 다 신라에게 준다'는 약속을 받아냈던 것이다. 그런데 당이 백제와 고구려를 멸망시키고 한반도를 직접 지배하려고 하자 신라는 분연히 일어서서 당과 싸운다. 따라서 신라가 당의 힘을 빌려서 백제를 멸한 것이나 백강구 싸움에 참여한 궁극적인 목적은 한반도의 통일에 있었다고 할 수 있을 것이다.

Ⅳ. 한반도의 통일과 동아시아 세계의 정립

1. 한반도의 통일과 당의 동방정책

당의 蘇定方은 백제를 멸한 뒤 660년 9월 3일 귀국하면서 劉仁願을 남겨두고서 泗沘城을 진수케 하고, 본국에서는 곧 바로 웅진에 도독부를 설치하고 王文道를 보내어 백제의 옛 땅에 대한 직접 지배를 시도한다. 그리고 백강구 싸움에서 승리한 후인 664년 扶餘隆을 웅진도독으로 임명 귀국시켜 劉仁願의 주관 하에 그 해 2월에는 扶餘隆과 문무왕의 동생인 김인문, 그리고 665년 8월에는 扶餘隆과 문무왕으로 하여금 화친을 서맹케 한다. 이는 648년 김춘추가 입당했을 때 '백제와 고구려를 평정하면 평양이남 백제의 토지는 다 신라에게 준다'고 했던 당 태종의 약속과는 달리 扶餘隆을 앞세워 백제의 옛 땅을 직접 지배하려는 야욕을 노골화 한 것이다.

한편 당은 백제뿐만 아니라 신라에도 663년 계림도독부를 두어 영토화를 시도한다. 그리고 668년에는 고구려를 멸망시키고 그 곳에도 安東都護府를 설치하여 고구려의 옛 땅까지도 지배하려 했다.

당은 고구려를 멸망시킨 다음에는 669년부터 백제의 옛 땅을 둘러싸고 신라와 공방을 벌이게 된다. 그런데 『삼국사기』 문무왕 11년조의 회고에 의하면 '669년16) 웅진이 소식을 통하여 말하되 당이 선함을 수리하여 밖으로 왜국을 친다 핑계하고 실상은 신라를 치려하였으므로 백성들은 듣고 놀라고 불안하였다'고 되어 있어서 당이 실제로 누구를 치려고 했건 당시 한반도에서는 당이 일본을 치려한다는 소문이 나돌고 있었음을 알 수 있다. 당이 일본을 치려한다는 소문이 존재하고 있었음은 「持統紀」 4(690)년조의 백강구 싸움 때 포로가 되었던 筑紫君 薩夜麻 등의 증언에 의해서도 확인된다. 당은 663년 백강구 싸움에서 승리한 후 고구려, 신라는 물론 일본까지도 침공하려 하고 있었던 것이다.

그런데 당은 한반도는 물론 일본을 정토할 생각을 가지고 있었으면서도 신라와 공방을 벌이던 671년 웅진 도독부를 내세워 장차 침공을 계획하고 있는 일본에 전후 4차에 걸쳐 사신을 파견하여 도움을 요청한다. 이는 신라에게 한반도 분할을 약속하고 백제·고구려 정토에서 협력을 받은 다음 백제와 고구려의 구지를 차지하려고 신라와 싸우는 모습과 다르지 않다. 당의 이중적 성격이 잘 드러나 보인다.

2. 당의 동방정책과 일본의 대응

사실여부를 떠나서 한반도에서는 669년 단계에 이미 당이 왜국을 치려고 한다는 소문이 나돌고 있었다. 백강구 싸움 때 포로가 되었던 筑紫君薩夜麻 등의 증언에 의하면 당시 중국에서는 이미

---

16) 문무왕 11년조의 회고에는 '至總章元年'으로 總章元年은 668년이지만 山尾幸久, 1989, 『古代の日朝關係』(塙書房, 433쪽에 의하면 실제는 669년이라는 것이다.

664년부터 당이 일본을 치려고 한다는 이야기가 공공연하게 나돌고 있었다. 따라서 663년 백강구 싸움에서 패퇴한 직후부터 일본이 대륙을 향한 최전선인 對馬島에서부터 수도 飛鳥에 이르기까지 對馬島·北九州·長門國·四國·倭國 등 요소 요소에 방위시설을 구축하기 시작한 것이나 667년 수도를 아스카(飛鳥)에서 좀 더 내륙인 오오미(近江)로 천도한 것이 전혀 근거 없는 조치가 아니었음을 알수 있다.17)

당이 침입할지도 모른다는 위기의식에 휩싸여 있던 일본에 664년 5월 당이 웅진 도독부로 하여금 郭務悰을 파견케 한다. 당시 당은 663년 백강구 싸움에서 승리한 뒤 고구려 정토를 앞두고 후방기지인 웅진도독부 체제의 안정이 시급한 시점이었다. 그런데 당이 郭務悰을 파견했다는 것은 663년 백강구 싸움의 구원을 풀고 국교 재개를 요구한 셈이다. 구원을 풀고 양국이 국교를 재개한다는 것은 당으로서는 일본을 침략하지 않는다는 것을 약속한다는 의미가 되고, 일본으로서는 곽무종을 파견한 웅진도독부체제를 인정한다는 의미가 된다. 당이 일본으로부터 웅진도독부체제를 인정받으려고 했던 것은 일본이 아직도 고구려 정토의 후방 기지인 웅진도독부체제 하의 구백제영역에 대해서 영향력이 없지 않았기 때문이었을 것이다.

곽무종의 파견은 당의 침략 앞에서 전전긍긍하던 일본을 딜레마에 빠트린다. 당은 이미 신라와의 한반도 분할 약속을 어기고 백제의 옛 땅을 직접 지배하려 하고 있었다. 그리고 고구려 정토에 성공한다면 일본까지 침공할 가능성이 컸다. 그러나 당장 당의 국교

---

17) 대당 방위체제에 대해서는 김현구, 2002, 「白村江싸움과 일본의 대륙관계의 재개 ─ 당과의 관계를 중심으로─」, 『글로벌리즘과 韓日文化』, 고려대학교 일본학연구소 개소기념 국제학술 심포지움 참조.

재개 요청을 거절하는 것은 당의 침략을 자초하는 꼴이 된다. 따라서 우선 당의 침공 위험에서 벗어나기 위해서는 당의 국교재개 요청을 받아들이지 않을 수 없었다. 그런데 당 본국이 아니라 웅진도독부에서 파견된 곽무종이 일본의 안전을 보장할 수는 없는 일이었다. 따라서 일본은 곽무종이 본국에서 파견되지 않았다는 이유로 일단 入京시키지 않고 그대로 되돌려 보낸다.

고구려 원정을 앞두고 후방기지 웅진도독부 체제의 안정이 시급한 당은 665년 9월 이번에는 일본의 요구대로 직접 본국에서 劉德高를 파견하여 일본의 안전을 보장하고 웅진도독부체제에 대한 협력을 요청한다. 본국에서 劉德高를 파견하여 일본의 안전을 보장하자 일본은 665년 유덕고의 귀국에 즈음하여 5차 견당사로 小錦守君大石·境部連石積 등을 파견하여 웅진도독부체제를 인정한다. 당은 667년 11월 5차 견당사 小錦守君大石등의 귀국에 즈음하여 송사로서 熊津都督府熊山縣令 上柱國司馬法總을 다시 파견한다. 그리고 일본도 司馬法總의 귀국 시 다시 伊吉博德을 송사로 파견함으로서 양국관계는 완전히 정상화된다. 당은 고구려 원정을 앞두고 후방을 안정시켰으며, 일본은 일단 일본열도를 침입하지 않는다는 당의 안전보장을 받은 것이다.[18]

3. 신라의 3국통일과 동아시아 세계

신라가 백강구에서 싸운 일본에 668년 9월 12일 돌연 金東嚴을 파견한다. 같은 달 2차로 沙湌 督儒 등을 파견한다. 백강구에서 싸운지 5년, 공식적으로 국교가 단절된 지 12년만의 일이다. 그런데 신라·당의 연합군이 평양성을 함락시키는 것이 9월 13일이다. 그

---

18) 당시의 당과의 관계는 김현구 주 17) 전게논문 참조.

리고 669년 9月부터 신라와 당의 싸움이 시작된다. 따라서 김동엄 등의 잇따른 파견은 평양성의 함락 후 당과의 싸움에 대비해서 일본을 끌어들이기 위한 것임이 틀림없다고 생각된다.

당시 일본은 백강구 싸움의 패배로 신라를 위해서 출병할 수 있는 처지가 아니었다. 게다가 667년에는 당의 위협에 대비해 飛鳥에서 좀더 내륙인 近江으로 새로이 천도까지 한 상태였다. 따라서 김동엄 등의 파견은 직접 군사원조를 얻기 위해서라기보다는 적어도 당과의 싸움에서 후방을 안정시키기 위한 것이 아니었는가 생각된다.

당시에는 당이 일본을 침략한다는 소문이 나돌고 있었다. 그리고 신라가 당과의 싸움에서 패한다면 당의 일본열도에 대한 침공 가능성은 한층 높아진다. 따라서 일본열도에 대한 당의 침입을 좌절시키기 위해서는 한반도에서 신라가 당을 저지해 주어야 한다. 그러므로 일본으로서는 직접 원군을 제공할 수는 없는 처지였지만 신라를 후원하지 않을 수 없었다.

일본은 김동엄의 귀국에 즈음해서 신라왕에게 비단 50필, 면 500근, 가죽 100장을 전한다. 그리고 당시 일본의 실력자였던 中臣鎌足이 신라의 실력자인 김유신과 신라왕에게 배 한 척씩을 따로 선물하고 있다. 또한 김동엄의 귀국 시에 답사로서 小山下道守臣麻呂 吉士小鮪 등을 파견한다. 한일 양국의 기록에는 일본의 실력자가 개인적으로 신라의 실력자나 왕에게 선물을 전하는 예가 전무하다. 일본이 당의 침공 위협 앞에 오랜 적대관계를 청산하고 신라와 손을 잡은 것이다. 그러나 표면적으로는 당과도 국교를 재개하여 안전을 보장받고 당의 동방정책을 지지하고 있는 입장이었다. 일본이 그 안전을 위해서 표면적으로는 당과 국교를 재개하면서 다른 한편으로는 오랜 적대국인 신라와 손을 잡고 당을 저지하려한 것이다.

당을 저지하기 위해서 일본은 이중적 태도를 취하고 있었던 것이다.

당에 대한 위기 의식의 공유를 바탕으로 669년 9월 신라는 沙湌督儒 등을 보내서 당이 일본을 치려고 한다는 소문은 전해준다. 일본은 그 해 말 6차 견당사로서 小錦中 河內直鯨등을 당에 파견하여 그 동태를 확인한 다음 신라에 阿曇連頰垂를 파견하여 당의 동태를 알려 준다. 당의 침공 앞에서 오랜 적대관계를 청산한 신라와 일본은 당에 대한 위기 의식의 공유를 바탕으로 긴밀히 정보를 교환하고 있었던 것이다.19)

4. 동아시아 세계의 정립

한반도를 통일하려는 신라와 한반도를 직접 지배 하에 두려는 당과의 싸움이 669년 9월부터 시작된다. 신라는 670년 구백제의 80여성을 차지한 다음 671년에는 당이 장악하고 있던 구백제 땅에다가 최후의 공세를 가하기 시작하여 6월부터 8월 사이에는 웅진과 사비를 함락시키고 사비에다가 소부리주를 설치한다. 양국 사이의 전쟁이 본격화되기 시작한 것이다.

신라와 당이 백제의 옛 땅을 둘러싸고 공방을 계속하던 671년 6월에서 10월에 걸쳐 신라는 일본에 3차나 사신을 파견한다. 그런데 6월의 첫번째 사신은 웅진과 사비에 대한 마지막 공세를 시작하기 직전이고, 10월의 2번째 사신은 사비를 함락시키고 소부리주를 설치한 직후다. 따라서 당에 대해서 위기 의식을 공유하고 있던 일본에게 한반도의 상황을 설명하기 위한 것으로 생각된다.

---

19) 신라와의 관계에 대해서는 김현구, 1998, 「白村江싸움 직후 일본의 대륙관계의 재개」, 『日本歷史研究』 제8집, 일본력사연구회 참조.

당도 신라와 결전을 벌이던 671년 웅진 도독부를 내세워 전후 4차에 걸쳐서 일본에 사신을 파견한다. 정월과 11월의 파견자는 웅진도독부로 되어 있다. 그리고 2월과 6월의 파견자는 백제로 되어 있다. 웅진도독부가 파견하면서도 그 파견자를 '백제'로 한 것은 일본과 옛 백제와의 긴밀했던 관계를 상기시키기 위한 것으로 생각된다. 최후로 그 해 11월 당은 일당관계를 재개시키는데 앞장섰던 곽무종이 거느리는 2000여명의 사절단을 파견하여 원군을 요청한다. 그러나 당이 승리하는 경우 일본열도에 대한 침공 가능성이 높아지는데 그 당에게 원군을 제공할 수는 없는 일이었다. 따라서 일본은 곽무종의 구원 요청을 거절함으로서 신라를 지지하는 입장을 분명히 한다.[20]

669년 신라와 당의 싸움이 시작되어 677년 당이 패배하여 한반도에서 완전히 철수할 때까지 일본은 668, 670, 675, 676년 신라에 사신을 파견하고 신라도 668, 669, 671, 672, 673년 등 거의 매년 사신을 파견하면서 서로 협력한다. 반면 당에 대해서는 671년 곽무종의 원군 요청을 거절한 뒤 30여년이 지난 701년에야 다시 견당사를 파견하여 국교를 재개한다. 물론 그 사이 당도 일본에 사신을 파견하지 않는다. 여기서 신라·당·일본이라는 동아시아 세계의 기본 틀이 자리를 잡는다. 백제 정토에서 노골화된 당의 동방정책이 한반도는 물론 일본열도까지 영향 하에 두려하자 한반도를 통일한 신라와 백제를 후원하던 일본이 오랜 적대관계를 청산하고 손을 잡고 당에 대항함으로서 한국·중국·일본이라는 오늘날 동아시아 세계의 원형이 자리를 잡게 됐다는 것이다.

---

20) 곽무종의 도일에 대해서는 김현구 주 17) 전게논문 참조.

V. 맺음말

백강구 싸움은 한반도의 통일과정에 당과 일본이 개입함으로서 일어난 싸움이다. 당은 백제 정토를 계기로 한반도는 물로 일본열도까지 그 영향 하에 두려고 했다. 그럼에도 불구하고 당은 백제와 고구려를 정토할 때까지는 신라를, 그리고 신라와 싸울 때에는 일본을 끌어들이려는 이중적인 태도를 취한다. 신라는 한반도를 통일하기 위해서 당을 끌어들였지만 당이 한반도를 직접 지배하려 하자 분연히 맞서서 싸운다. 그리고 오랜 적대 관계에 있던 일본과 손을 잡고 당에 대항하는 것이다. 일본은 한반도가 당의 영향 하에 들어가는 것은 곧 일본열도에 대한 위협이라는 생각에서 백강구 싸움에 참여했다. 따라서 백강구 싸움에서 패배한 뒤에는 오랜 적대 관계에 있던 신라와 손을 잡고 당에 대항한다.

백강구 싸움의 결과 신라·당·일본이라고 하는 오늘날 동아시아 세계의 기본틀이 자리를 잡게 된 것이다. 그런 면에서는 백강구 싸움은 한국·중국·일본이라는 동아시아의 틀이 형성되어 가는 과정을 잘 보여주는 모델이라고 생각된다.

백제 부흥 운동과 야마토 정권

이재석 고려대학교

Ⅰ. 머리말

660년 7월 백제는 나·당 연합군의 공격을 받았다. 사비성과 웅진성이 함락되고 의자왕과 태자 융 등이 사로잡혀 끝내 당에 압송되었다. 바야흐로 백제는 멸망한 듯이 보였다. 하지만 백제는 아직 완전히 멸망한 것이 아니었다. 비록 수도가 함락되었다고는 하나 백제를 부흥시키려고 하는 움직임이 여기저기 일어나 나·당 연합군을 압박하기 시작하였기 때문이다. 그 움직임의 중심에 복신과 승려 도침이 있었다.

그들은 나·당 연합군에 대항하여 세력을 규합하는 한편 왜국에 머무르고 있던 왕자 풍장을 백제왕으로 옹립하는 등 활발하게 움직였다. 그리고 왜국의 군사 지원을 이끌어내는 데에도 성공을 거두었다. 이 무렵 백제 부흥 세력의 대외 접촉은 나·당 연합군과의 대항 관계를 기축으로 하고 있었기 때문에 북방의 고구려 또는 바다 건너 왜국과의 교섭 외에는 선택의 여지가 없었다고 할 수 있다. 그리고 대국적으로 보아 이러한 통교를 통하여 백제 부흥 세력이 무엇을 기대하고 있었는지 그 의도를 간파하기란 그렇게 어렵지만은 않다. 하지만 그렇다고 모든 것이 자명한 것은 아니다. 사료의 구체적 내용 및 사건의 과정이 여전히 불투명한 부분도 있고 또 왜국의 참전 배경과 동기 등의 문제를 포함하여 아직 논의가 분분한 부분도 많은 것이 사실이다. 여기서는 백제 부흥 운동 세력의 대외 교섭의 핵심 사항이라고 할 수 있는 야마토 정권과의 관계에 대하여 몇 가지 제반 문제를 중심으로 검토해 보기로 하겠다.

Ⅱ. 白村江 싸움에로의 道程

백제 멸망 직후부터 전개된 백제부흥운동 세력과 왜국의 군사적 협력 관계는 663년 8월 소위 백촌강 싸움을 맞이하면서 피크를 이루었다. 하지만 그 절정이 곧 종말의 시점이었다. 먼저 여기서 660년 백제의 멸망에서부터 663년 소위 백촌강 싸움에 이르는 과정 및 각국의 움직임을 관련 사료에 의거하여 간단하게 연대순으로 정리하면 다음과 같다.

660년 7월 백제 멸망
    8월 福信 등 임존성을 거점으로 거병함
    9월 沙彌覺從 등이 백제 멸망과 복신등의 거병 소식을 왜국에 전함
        당, 蘇定方 귀국. 劉仁願이 잔류함/ 갓 파견된 웅진도독 王

文度 급사함

10월 복신, 풍장의 귀국과 왜군의 파병을 왜국에 요청

12월 왜국, 백제 구원을 결의하고 준비에 착수

661년 ?월 당, 劉仁軌를 왕문도 후임으로 보냄[1]

2월 백제부흥군, 사비성을 공격

3월 백제부흥군, 주유(주류)성을 확보

왜국, 천황이 九州의 長津에 도착

4월 복신, 풍장의 귀국을 거듭 요청함

당, 소정방 고구려를 공격함

?월 복신, 道琛을 살해함

6월 신라, 태종무열왕 사망. 문무왕 즉위. 김인문, 당에서 귀국

7월 왜국, 제명천황이 筑紫에서 사망

신라, 평양으로 출병함

8월 왜국, 대백제 파견군을 편성함

9월 신라, 瓮山城을 빼앗아 웅진으로 가는 교통로를 확보함

662년 정월 왜국, 복신에게 군수 물자와 식량을 제공함

2월 소정방, 평양 포위를 풀고 퇴각함. 신라군도 귀환함

?월 당 고종, 고립무원이 된 유인궤에게 최악의 경우 완전 철수를 명함

3월 〈풍장 일행 및 왜국의 풍장 호송군, 왜국에서 옴?〉[2]

왜국, 풍장에게 布 300단을 줌

5월 왜국, 풍장을 백제왕으로 책봉함

---

1) 유인궤의 도착 시기를 龍朔 원년(661) 초순 무렵이었다고 한 것은 池內宏, 1960, 「百濟滅亡後의動亂 및 唐・羅・日 三國의 關係」, 『滿鮮史硏究 上世 第二冊』, 吉川弘文館, 110쪽에 의함.

2) 여기서 풍장의 귀국 시기를 일단 3월로 설정한 것은 池內宏說(주 1)의 전게 논문, 141~151쪽)에 의한 것인데 이 문제에 대해서는 뒤에 상론한다.

7월 당군, 웅진의 동쪽 지역에서 백제부흥군에게 승리(支羅城 등 함락)

8월 나·당 연합군, 眞峴城을 함락시켜 신라의 군량 운반로를 확보함

12월 백제 부흥군, 장기전을 위해 거점을 州柔城에서 避城으로 옮김

663년 2월 백제 부흥군, 신라의 공격으로 거점을 다시 州柔城으로 옮김

3월 왜국, 백제 구원군을 파견함

5월 왜장 犬上君이 兵事를 고구려에 알리고 풍장에게 돌아옴

?월 〈유인원 등의 증원군 파병 요청에 따라 당 손인사의 수군이 웅진에 도착함〉 3)

6월 풍장, 복신을 살해함
   왜군, 신라의 2성을 취함

8월 백촌강 싸움 발발. 나·당 연합군, 주유성 공략 개시. 풍장, 고구려로 도주함

9월 주유성이 함락됨

10월 신라, 마지막 부흥 운동 세력인 임존성의 遲受信을 공격

11월 신라, 임존성에서 퇴각함

?월 당군, 임존성을 함락시킴

나·당 연합군의 백제 공략은 주지하는 바와 같이 백제의 멸망 그 자체가 목적이 아니라 당의 고구려 정토를 달성하기 위한 수단 으로서의 성격이 강하였다. 그리고 그것은 신라의 이해 관계와도

---

3) 손인사의 도착 기사는 『三國史記』 신라본기 문무왕 3년 5월조에 보이는데 다만 이 5월조가 5월 달만의 이야기를 기록하고 있는 것이 아니므로 손인사의 정확 한 도착 시기는 현재로선 不明이라고밖에 할 수 없다.

합치되는 것이었다. 그런데 정작 고구려 정복은 여전히 어려운 문제였다. 위의 정리에서도 나타나 있듯이 백제를 멸망시키고 그 여세를 몰아 이듬해 소정방이 곧장 고구려를 치려고 하였으나 결과는 소득 없는 퇴각뿐이었다. 661년의 對고구려전이 실패로 돌아간 후 당의 고종이 웅진에 잔류하고 있는 유인궤에게 만약 신라의 도움도 여의치 않다고 판단될 경우 모두 당으로 철수해도 좋다는 명령을 내린 것은[4] 그야 말로 당시 백제 故土의 정세가 일변할 수도 있음을 보여주는 것이었다. 만약 그때 유인궤가 그대로 돌아갔다면 그의 말대로 백제가 다시 일어나고 고구려 정복은 더욱 어려워졌을지도 모를 일이다.[5]

풍장이 왜군의 호위를 받으며 나·당 연합군 앞에 출현한 것은 바로 그 무렵이었다. 특히 왜군의 출현은 나·당 연합군을 더욱 자극하였을 것으로 생각된다. 백제부흥운동 세력도 만만치가 않은 마당에 왜군이 이에 가세하고 있음이 확인되었으니 이제 남은 것은 격돌의 시기가 언제인가 하는 문제뿐이었다. 물론 그 사이에 소규모 전투도 있었다. 하지만 나·당 연합군과 백·왜 연합군 양쪽의 운명을 건 한판 승부는 663년 8월을 향해 착착 준비되고 있었다. 당으로부터는 손인사의 수군이 보충되어 왔고 왜국으로부터도 대규모 수군 선단이 오고 있었다. 양군은 백촌강 하구에서 만났다. 그리고 같은 시기에 주유성에서도 대대적인 공방전이 전개되었다. 결과는 백제의 사실상의 소멸과 왜군의 패퇴였다.

---

4) 『舊唐書』劉仁軌傳에 「(전략)高宗勅書與仁軌曰 平壤軍廻 一城不可獨固 宜拔就新羅 共其屯守……若其不須 卽宜泛海還也. (후략)」이라고 나온다.

5) 『舊唐書』劉仁軌傳에 「(전략)今平壤之軍旣廻 熊津又拔 則百濟餘燼 不日更興 高麗逋籔 何時可滅(후략)」이라고 나온다.

Ⅲ. 백제-왜 연합군 결성상의 몇 가지 문제

1. 왜군 파견의 배경 및 동기

복신이 정식으로 요청한 왕자 풍장의 귀국과 군사 지원에 대하여 왜국의 반응은 매우 신속하게 나타났다. 즉 660년 10월 복신의 요청 후 불과 2달 후에 이미 왜국은 백제 구원을 결의하고 준비에 착수하고 있는 것이다.[6] 이러한 양상은 당시 왜국의 대외 노선이 친백제 노선이었음을 보여준다. 그렇다면 이렇게 백제와 일본이 당·신라와 대결하는 구도는 언제 형성된 것이었는가? 그리고 왜국의 참전 동기는 무엇이었을까?

백제와 왜국의 연합은 당시의 고구려와 당의 대결이라는 동아시아의 대립 구도에서 고구려와의 연합을 의미하는 것이기도 하였다. 그것은 왜국과 고구려 사이의 직접적인 교섭에서 비롯된 것이라기보다는 백제와 고구려의 연합에 의한 결과였다(후술). 그런데 왜국이 친백제-고구려 노선에 본격적으로 합류한 것은 齊明天皇의 조정이 성립하는 655년 무렵이었던 것으로 생각된다. 645년 이전의 외교 노선에 관해서는 당시 실권을 장악하고 있던 蘇我本宗家 정권이 친백제-고구려 노선의 외교 정책을 견지하고 있었다는 점에 있어서는 이견이 없으나 그러한 외교 노선이 645년 孝德天皇의 소위 改新政權의 성립 이후에도 계속 유지되었는가 하는 문제에 대해서는 반드시 의견이 일치하고 있는 것은 아니다. 현재 개신 정권의 외교 노선에 대해서는 친백제-고구려 정책을 기조로 하면서 한편으로는 친신라-당 정책을 취했다는 兩面外交說과[7] 친신라-당 노

---

6) 『日本書紀』齊明天皇 6년 12월 정묘삭 경인조. (이하 『日本書紀』○○天皇의 경우 ○○紀로 표기함.)

선에서 일시적 등거리 노선을 거쳐 친백제 – 고구려 노선으로 방향을 선회하였다는 학설이[8] 크게 대립하고 있다. 양면외교설은 현재 일본 학계의 多數說이라고도 해도 좋을 것이며 한국 학계에서도 이러한 견해에 찬동하는 연구자가 적지 않다. 예를 들어 연민수가 개신 정권의 외교를 신라 – 당 라인에서도 탈락하지 않고 백제 – 고구려와도 우호 관계를 유지하고자 하는 균형외교였다고 한 것은[9] 위의 시각과 기본적으로 일맥상통하는 견해이다. 여기서 각 설을 상론할 여유는 없으나 필자는 김현구의 연구로 대변되는 후자의 견해가 타당하다고 생각한다.

전자와 후자의 일차적 차이는 개신 정권의 기간(645 – 655) 중에 백제 – 고구려와의 관계를 어떻게 볼 것인가 하는 점에 있다고 할 수 있다. 그런데 왜국과 이들과의 관계를 전하는 『日本書紀』를 보면 大化年間(645 – 649)과 白雉年間(650 – 654)의 기사가 서로 뚜렷한 차이가 보인다. 특히 大化年間의 경우 백제사 또는 고구려사의 일본 방문 기사가 없는 것은 아니나 모두 실제 사실이라고는 볼 수 없는 경우가 대부분이다.[10] 다시 말해 이 양국과의 교류는 이 기간

---

7) 예를 들면 鈴木靖民, 1994, 「東アジアにおける國家形成」, 『岩波講座 日本通史3 古代2』, 岩波書店.

8) 김현구, 1985, 『大和政權の對外關係研究』, 吉川弘文館.

9) 연민수 1998, 「개신정권(改新政權)의 성립과 동아시아 외교」, 『고대한일관계사』, 혜안.

10) 孝德紀에 보이는 大化年間의 백제사와 고구려사의 방문 기사는 각각 2회와 3회로서 효덕기 원년 추7월 병자 · 동 2년 2월 갑오삭조와 동 3년 춘정월조에 기재되어 있으나 이 원년과 2년조는 백제 · 신라 · 고구려의 동시 입조 기사이며 동 3년조의 고구려 입조 기사도 신라와 동시 입조 기사여서 어느 것이나 사실로 받아들이기는 어렵다. 다만 효덕기 원년조의 경우 「百濟大使佐平緣福」이란 이름이 나오고 「鬼部達率意斯」의 妻子 등을 왜국으로 보내라고 하는 내용이 보이기 때문에 완전 조작 기사라고 간주하기 어려운 면이 있다. 그러나 이 백제사의 경우 필자는 소위 '乙巳의 변'과 효덕조의 성립 사실을 알고 방문한 사절이 아니었을 가능성이 크다고 생각한다. 왜냐 하면 同條에 645년 7월 10(병자)일에

동안에는 거의 없었다고 생각되는 것이다.[11] 양면 외교설은 조정 내부의 친신라파와 친백제파 양 세력의 대립과 타협을 전제로 양면 외교가 전개되었으며 양면 외교는 효덕조의 일관된 외교 정책이었다고 설명하지만[12] 앞에서 지적한 것처럼 대화연간의 경우 친백제 노선은 확인되지 않는 점에서 본다면 효덕조 초기의 정책은 양면 외교가 아니라 후술하는 것처럼 친신라-당 일변도의 노선이라고 해야 할 것이다.

이에 비해 신라와의 관계에서 양국이 대단히 밀접하였다는 것은 諸說 일치하여 지적하는 바이다.[13] 그리고 그 과정에서 신라-당이

이들이 조공을 바쳤다고 나오는데, '을사의 변'이 일어난 것이 6월 8(갑진)일이고 효덕의 즉위가 이루어진 것이 6월 14(경술)일이었던 점을 감안하면, 이 소식이 백제에 알려져 이에 사신단이 구성되어 왜국 조정에 도착하기까지 불과 20여일밖에 걸리지 않았다는 것은 아무래도 부자연스럽다. 게다가 친백제 정책을 주도해나가던 소아씨 본종가가 쿠데타로 무너졌다는데 금방 소아씨를 타도한 효덕의 즉위 후에 백제사가 파견된다는 것도 사실 납득하기 곤란하다. 이러한 이유로 필자는 이들이 처음부터 효덕조와 교섭하기 위해 파견된 것이 아니라 사실은 소아씨 정권과 교섭하기 위해 파견된 사절이었을 가능성이 크다고 생각한다(이 사절단에 대해서는 후에 별고에서 상론하기로 하겠다). 또한 이들이 의도하지 않게 효덕의 개신 정권과 조우하게 되었다 하더라도 그 교섭이 반드시 우호적으로 끝났다고 해석될 여지는 별로 없는 것 같다. 왜냐 하면 이후 백제사가 재차 파견된 흔적은 없고 또한 「鬼部達率意斯」의 妻子 송환이란 왜국의 요구를 백제가 들어준 흔적도 없기 때문이다. 이것은 설사 同朝에 나오는 것처럼 「三輪君東人」 등을 백제에 파견하는 일이 있었다 하더라도 양국의 관계는 우호적으로 이어지지 않았음을 시사한다. 이상과 같은 시점에서 필자는 설사 「百濟大使佐平緣福」 일행이 효덕 원년 7월에 야마토 조정에 있었다고 하더라도 그것이 반드시 백제와 개신 정권의 관계가 우호적이었음을 입증하는 것은 아니라고 생각한다. 따라서 大化年間의 백제-왜국 불화설은 여전히 유효하다고 하겠다.

11) 김현구, 주 8)의 전게서, 412~416쪽
12) 鈴木靖民, 주 7)의 논문
13) 孝德紀에 나타난 이 무렵 신라와의 관계는 金春秋, 金多遂 등의 來日 기사를 포함하여 新羅使의 래일이 모두 6회 보이며 왜국의 遣新羅使도 高向玄理의 渡海를 포함하여 모두 3회 보인다.

왜국에 군사적 출병을 요청하였고 이에 왜국이 화답하였다는 것은 양면 외교설도 인정하고 있는 사실이다.[14] 그런데 이러한 군사적 면에서의 신라-당과의 밀접성을 단순히 양면 또는 균형 외교 차원에서 친백제파와 친신라파 사이의 타협의 산물로 치부할 수는 없을 것이다. 이것이 전자와 후자의 또 하나의 차이점이다. 친신라-당 관계의 성립이란 신라-당의 군사 출병 요구에서 보이는 것처럼 신라-당-왜국의 군사 협력 체제의 결성이라는 그들의 요구를 왜국이 수용함으로서 비로소 성립할 수 있는 것이었다.[15] 왜국의 출병이란 곧 反백제적 행동인데[16] 이것을 대립-타협의 공존 속에서 이해하려고 하는 구도는 필자로서는 납득하기 곤란하다.

　필자는 오히려 大化年間의 경향이 보여주고 있듯이 이 시기에는 친신라-당 일변도의 노선이 왜국의 외교 노선이었으며 이 무렵 삼국의 군사 협력 체제가 성립하였다고 보는 것이 가장 명쾌한 해석이라고 생각한다. 그리고 이후의 외교 노선의 변화, 즉 친신라-당 노선이 결국 친백제 노선으로 다시 회귀하는 과정은 김현구가 상세하게 설명하고 있듯이 白雉年間 효덕천황의 후계체제를 둘러싸고 발발한 효덕과 中大兄皇子의 권력 투쟁 속에서 나온 산물로 이해해도 큰 무리는 없다고 생각한다. 즉 효덕을 견제할 필요가 있던 중대형황자는 651년 친백제 노선에 입각하여 효덕의 친신라-당 노선을 견제하기 시작하였으며 이후 양자의 대립이 白雉年間에 보이는

---

14) 鈴木靖民, 주 7)의 논문, 76~77쪽
15) 왜국이 당에게 신라 출병을 약속한 사실은 646(大化2)년 고향현리의 신라 방문과 647년 김춘추의 일본 방문 과정에서 이루어진 것으로 생각된다. 자세한 것은 김현구, 주 8)의 전게서, 416~422쪽 참조.
16) 물론 삼국 협력 체제가 본격적으로 성립하는 648년에서 효덕조가 몰락하는 654년 사이에는 649년 백제의 신라공격(『三國史記』 백제본기 의자왕 9년조.)을 제외하고는 한반도에서 백제와 신라의 충돌이 발생하지 않았다. 따라서 야먀토 정권이 실제 신라를 위해 출병할 기회는 사실 없었다고 생각된다.

백제와 신라에 대한 등거리 외교로 나타났다는 것이다. 그리고 654년 효덕의 죽음 이후 중대형황자 중심의 齊明朝(655 - 661)가 성립하였는데 여기서 다시 친백제 노선을 표방하는 정권이 등장하게 된다는 것이다.17) 이러한 개신 정권의 외교 노선의 변화를 간단히 도식화시키면 다음과 같다.

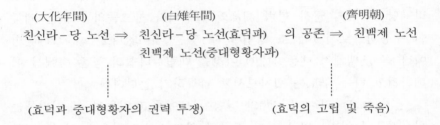

(大化年間)   (白雉年間)   (齊明朝)
친신라 - 당 노선 ⇒ 친신라 - 당 노선(효덕파) 의 공존 ⇒ 친백제 노선
              친백제 노선(중대형황자파)

(효덕과 중대형황자의 권력 투쟁)   (효덕의 고립 및 죽음)

이상과 같은 개신정권의 외교적 성격의 변화상은 이 시기의 외교 노선의 문제가 동아시아 정세의 변화라는 국제 관계에 연동되면서 한편으로는 왜국의 국내 정치의 갈등 문제와도 긴밀히 연관되어 있었음을 잘 보여주고 있다. 그리고 위와 같은 이해에 입각해서 볼 때, 백제와 고구려 그리고 왜국이 연계하여 신라와 당의 연합에 대항하는 대립 구도는 제명조 무렵에는 재차 성립되어 있었음을 알 수 있다.

왜국의 백제 구원 결정은 이와 같이 제명조의 친백제 노선을 전제로 한 것이었다. 그런데 아무리 친백제 노선을 취하고 있었다고 하더라도 실제 전쟁에 뛰어들 때에는 그 나름의 현실적 이유가 있었다고 생각된다. 현재 왜군의 백촌강 싸움 참전 문제를 둘러싼 최대 쟁점은 왜 왜군이 참전하였는가 하는 점이다.

종래 왜군의 참전 이유에 대해서는 크게 세 가지 견해가 있었다.

17) 김현구, 주 8)의 전게서, 440~467쪽

하나는 소위 조국 해방설로서 백제에서 건너온 사람들이 야마토 정권의 지배층을 이루고 있었다는 전제 하에서 당시 그들이 자신들의 출신 조국을 해방시키기 위해서 출병했다는 설이다. 이 설은 말하자면 백제계 도래인 집단의 歸巢性的 행위로 파악하는 견해라고 할 수 있다.[18] 또 하나는 소위 '東夷의 小帝國'論的 관점에서 보는 견해로 왜국이 자신의 속국 내지 조공국인 백제를 구원하기 위해서 출병했다는 조공국 구원설이다. 이 설은 일본 학계의 통설이라고 할 수 있다.[19] 한국에서도 당시의 전쟁 성격이 제국주의 전쟁이었다는 점을 수용하면서 왜국의 참전도 결국 신라를 정복하기 위한 목적이었다는 설을 제시하는 연구도 있다.[20] 마지막으로는 대외적 상황을 정권의 내부 모순과 위기를 타개하기 위한 수단으로 활용하였다는 견지에서 바라보는 왜국 참전론을 들 수 있다.[21]

그런데 위의 견해들은 몇 가지 문제점을 안고 있다. 먼저 조국

---

18) 변인석 1994, 『白江口戰爭과 百濟·倭 關係』, 한울아카데미 ; 林宗相 1974, 「七世紀中葉における百濟·倭の關係」, 『古代日本と朝鮮の基本問題』所收, 學生社 등을 들 수 있다.

19) 백촌강 싸움을 당이 중심이 된 大帝國主義와 일본이 중심이 된 小帝國主義가 부딪친 고대 제국주의 전쟁으로 파악한 石母田正, 1971, 『日本の古代國家』, 岩波書店의 설이 가장 대표적이라고 할 수 있다. 그리고 왜군의 참전을 신라·백제·임나의 調 수취라는 종래의 공납 관계를 유지하기 위한 목적에서 단행된 것으로 이해하는 견해(예를 들면 鬼頭淸明 1976, 「白村江の戰いと律令制の成立」, 『日本古代國家の形成と東アジア』, 校倉書房 ; 鈴木英夫 1985, 「百濟救援の役について」, 『日本古代の政治と制度』所收, 續群書類從完成會 등의 논고)도 있는데 이러한 견해도 위의 石母田正설을 충실히 계승하고 있는 입장이라고 할 수 있다.

20) 정효운 1995, 『古代 韓日 政治交涉史 硏究』, 학연문화사. 그는 왜군의 참전이 처음에는 백제 부흥군의 요청에 의해 백제 구원을 목적으로 한 것이었으나, 이후 부흥군의 요청과는 별도로 왜국의 독자적 판단에 의한 출병 준비가 이루어졌으며 그 결과 신라 정벌이라는 제국주의적 전쟁으로의 전환이 일어났다고 설명하고 있다.

21) 山尾幸久 1989, 『古代の日朝關係』, 塙書房 ; 연민수, 주 9)의 논문.

해방설이나 조공국 구원설에서는 그 전제가 되고 있는 부분 즉 백제인들이 야마토 정권의 수뇌부를 이루고 있었다던가 또는 원래 백제가 일본의 조공국 내지 속국이었다는 것 자체가 입증을 요하는 문제로서 간단히 동의해주기 어렵다. 특히 전자는 후자에 대한 감정적 반론이라는 느낌을 떨쳐버리기 어려우며 후자의 경우도 日本書紀 등에 대한 엄밀한 사료 비판을 다시 할 필요가 있다고 생각된다. 예를 들어 앞에서 개신 정권의 외교 정책이 기존의 친백제 노선을 버리고 친신라-당 노선을 채택하였다가 다시 친백제 노선으로 회귀하였다는 사실을 언급하였는데 이런 과정을 위와 같은 조공국(속국) 논리로서 풀기는 어려울 것이다. 마지막 견해에서는 백촌강 패전이후 왜국이 율령 체제의 형성을 향해 급속한 발전(체제 정비)을 이룩하였다는 사실에서 본다면 결과적으로 그렇게 된 측면이 없다고는 할 수 없겠으나 하지만 그것이 출병의 근본 이유라고는 생각되지 않으며 보다 구체적인 이유를 제시할 필요가 있다고 생각된다.

필자는 왜국의 참전 문제는 왜국이 느끼고 있던 현실적 위기감에서부터 설명해나가는 것이 타당하다고 생각하고 있다. 앞에서도 언급하였듯이 왜국은 당과 신라에게 그들 편에 서서 출병할 것임을 약속한 바 있었는데 이것은 이미 왜국이 당과 고구려의 대결이라는 동아시아의 군사적 대립 구조에서 자유로울 수 없었음을 말해준다. 그런데 왜국은 655년을 기점으로 다시 친백제 노선으로 돌아와 있었다. 그리고 신라-당과는 대립적인 관계로 전환되었다. 이러한 관계는 예를 들어 658년 신라가 왜국의 견당사 일행에 대한 동행 부탁을 거부한 것이나 왜국이 파견한 659년의 견당사 일행을 다음 해의 백제 정벌이 누설될 염려가 있다고 해서 당이 그 해 12월에 그들을 유폐시켜버린 사실에서도[22] 잘 나타난다.

그런데 이런 와중에 당의 백제 공격은 왜국에게는 의외의 사태 전개로 받아들여졌을 것으로 생각된다. 이것은 위의 왜국사신 감금 조치에서도 알 수 있듯이 당의 백제 공략 작전이 극비리에 진행된 탓도 있지만 무엇보다도 당시 왜국의 판단으로는 당의 목표가 일차적으로 고구려 정복에 있다고 생각해왔기 때문이다.[23] 물론 백제 공략은 고구려 정복을 위한 군사 전략에서 나온 것이 사실이지만 왜국으로서는 자신들의 예상대로 동아시아 정세가 진행되지 않고 있음에서 오는 당혹스러움과 친백제 노선을 취하고 있는 입장에서 오는 위기감이 서로 교차하며 증폭되었을 것으로 생각되는 것이다. 과거 친신라-당 노선이 신라-당-왜국의 군사 협력 체제의 성립으로 귀결되었듯이 대전란의 시대라는 소용돌이 속에서 지금의 친백제 노선도 단순히 외교적으로 백제와 화친한다는 것이 아니라 경우에 따라서는 백제를 위해 출병할 수도 있음을 의미하는 외교 정책이었다. 이전에 당이 왜국에게 신라를 위해 출병할 것을 요구하였듯이 당시의 외교 정책은 군사적 유대의 강화라는 성격을 강하게 띄고 있었던 것이다.

여기서 왜국이 가장 신경을 쓰는 나라는 역시 당이었다고 생각된다. 왜국에게 신라와의 군사 협력을 요구한 것도 당이었고 작금의 정세를 주도해나가고 있는 것 역시 당이었기 때문이다. 그리고 당에 대한 현실적인 불안감은 만약 당이 한반도에 패권을 확립하고 나면 다음에는 왜국으로 쳐들어올 지도 모른다는 사실에 기인하였던 것으로 생각된다. 고구려 멸망 후 당이 실제로는 신라를 치기 위한 준비를 하면서도 소문으로는 왜국을 공격하기 위한 것이라고

---

22) 齊明紀 5년조 인용 「伊吉博德書」.
23) 실제로 당의 고구려 공격은 『三國史記』 고구려본기 보장왕 14년-19년조를 보면 655년에 다시 재개된 이후 백제가 멸망하는 660년까지 거의 매년 계속되고 있다.

허위 사실을 퍼뜨린 사실에서[24] 보면 당시 왜국이 그런 불안감을 가지고 있었다는 추정이 전혀 근거 없는 것이 아니었음을 보여준다고 하겠다.

그런데 어쨌든 과거 고구려를 집중적으로 공격하던 당이 갑자기 방향을 바꾸어 신라와 연합하여 백제를 멸망시키는데 성공하였다. 백제의 멸망은 그 지정학적인 위치로 인해 그 다음에는 일본이 직접 당의 공격 목표로서 노출됨을 의미하였다. 그리고 또한 고구려의 멸망 가능성도 한층 높아졌음을 시사하는 것이었다. 그리고 이러한 사건의 전개가 귀결되는 곳은 한반도에서의 당의 패권확립이었으며 그것은 곧 왜국에 대한 군사적 위협이 극도로 고조됨을 의미하였다. 아마도 백제의 멸망 소식을 접하였을 때 왜국의 지배층이 생각한 것은 이와 같은 상황 인식이 아니었을까 생각한다. 따라서 왜국이 백제 구원을 서두르게 된 것은 백제를 다시 일으켜 세움으로서 결과적으로 고구려–백제 라인을 복구하고 그리하여 궁극적으로 예상되는 일본열도에 대한 당의 위협을 사전에 저지하고자 한 것이 아니었나 생각한다.[25]

그리고 이에 덧붙여 백제 멸망 후 舊백제령에서 전개된 상황도 왜국의 출병에 마이너스 요인으로는 작용하지 않았을 것이라고 생각된다. 예를 들면 당 소정방의 주력 부대가 웅진–사비 함락 후 얼마 안 있어 당으로 철군하여 결과적으로 구백제령의 주둔 군사력이 현저히 감소하였다는 점, 그리고 북방의 고구려가 661년에 전개

---

24) 『삼국사기』 신라본기 문무왕 11년조의 回顧에 「至總章元年 … 又通消息云 國家修理船艗 外託征伐倭國 其實欲打新羅 百姓聞之 驚懼不安(후략)」이라는 구절이 보인다.
25) 일본열도에 대한 당의 위협을 사전에 저지하기 위한 일종의 예방 전쟁의 성격으로서 왜군의 참전을 이해할 수 있지 않을까 하는 관점에 대해서는 이 견해의 원조격인 고려대 김현구 교수로부터 많은 가르침을 받았다. 감사의 마음과 함께 附記해둔다.

된 신라-당의 고구려 포위 작전을 잘 견디어 내어 아직도 건재해 있는 점, 또한 가장 고무적인 요인으로 백제 부흥군의 세력이 꽤 강성하여 웅진-사비의 신라-당 주둔군을 압박하고 있었던 점, 등은 백제로의 출병을 고무시키는 요인이었을 것으로 추측된다.

2. 豊璋의 귀국 시기 및 책립 여부

한편 풍장의 귀국과 관련해서는 그의 귀국 시기와 그가 귀국 직전에 과연 왜왕으로부터 백제왕으로 책립되었는가 하는 점이 문제이다. 전자는 그의 귀국을 전하는 사료가 서로 다르기 때문에 생기는 문제이며 후자는 齊明紀 6년 冬10월조의 분주에 「或本云, 天皇, 立豊璋爲王, 立塞上爲輔, 而以禮發遣焉.」이라고 나오므로 검토의 여지가 있는 것이다. 먼저 전자에 대하여 살펴보자. 풍장의 귀국을 전하는 사료는 다음과 같다.

> 1) 齊明紀 6년 冬10월조의 분주
>   送王子豊璋及妻子, 與其叔父忠勝等. 其正發遣之時, 見于七年.
> 2) 天智卽位前紀 (제명)7년 9월조
>   皇太子御長津宮. 以織冠, 授於百濟王子豊璋. 復以多臣蔣敷之妹妻之焉. 乃遣大山下狭井連檳榔・小山下秦造田來津, 率軍五千余, 衞送於本鄕. 於是, 豊璋入國之時, 福信迎來, 稽首奉國朝政, 皆悉委焉.
> 3) 天智紀 원년 5월조
>   大將軍大錦中阿曇比羅夫連等, 率船師一百七十艘, 送豊璋等於百濟國. 宣勅, 以豊璋等使継其位. 又予金策於福信. …于時, 豊璋等与福信, 稽首受勅, 衆爲流涕.

위의 사료를 통해서 우리는 풍장의 귀국 시기가 『日本書紀』에 661년과 662년이라는 두 가지 異伝이 있었음을 알 수 있는데 여기서 1)과 2)는 일단 정합적이라고 할 수 있다. 풍장의 귀국 시기가 제명 7년이라는 점에서 서로 일치하기 때문이다. 그리고 3)은 『日本書紀』 자체에서도 모순을 일으키고 있는 사료이다. 왜냐하면 天智紀 원년 三月 庚寅朔癸巳조에 「賜百濟王布三百端.」이라고 하여 이미 풍장은 귀국하여 있는 것으로 나오고 있기 때문이다. 게다가 阿曇比羅夫連의 관위가 天智3년 이후의 것인 大錦中으로 기재되어 있는 것도 3)이 후대에 편집된 사료임을 보여준다. 3)을 풍장의 정식 취임식으로 연결시켜 생각하려는 견해도 있으나[26] 근거박약이다. 한편 과거 池內宏은 天智紀 원년 3월 是月조에[27] 고구려로부터 구원 요청을 받고 왜장들이 주유성에 웅거하였다고 한 내용을 풍장 호송군의 주유성 입성으로 해석하여 호송군의 도해와 군수품의 전달이 모두 동시에 이루어졌을 것이며 그들의 渡海는 年初에 이루어졌을 것이라고 하였다. 그의 견해는 天智紀 원년 春정월 辛卯朔丁巳(27일)조에 나오는 복신에 대한 「矢十萬隻, 絲五百斤錦一千斤, 布一千端, 韋一千張, 稻種三千斛.」하사 기사와 아울러 위의 3)도 모두 동일시기에 이루어졌으며 년초에 도해하여 3월에는 주유성에 입성하였다는 것이다.[28] 하지만 池內說은 天智紀 원년 3월 是月조를 판단의 기준으로 하고 있는데 이 사료가 과연 판단의 기준이 될 수 있는가 하는 점에 異論이 있을 수 있고 또 사료 원문의 高麗를 백제로 수정하는 등 독자적인 사료 비판도 절대적으로 타당하다고 만은 할 수 없는 부분이다.[29] 필자는 오히려 다음의 사료를 주목하고

---

26) 예를 들면 日本古典文學大系, 1965, 『日本書紀 下』, 岩波書店, 355쪽의 頭註.
27) 원문은 다음과 같다. 「是月, 唐人·新羅人, 伐高麗. 高麗乞救國家. 仍遣軍將, 據疏留城. 由是, 唐人不得略其南堺, 新羅不獲輸其西壘.」
28) 池內宏, 주 1)의 논문, 141~151쪽
29) 내용 자체는 사실 신라-당의 고구려 정벌과 관련된 것으로 보아줄 수 있는 여지가 없는 것도 아니다. 하지만 만약 고구려가 신라-당의 침입에 대하여 누군가에게 도움(군사적 연대)을 요청하였다면 그 대상은 남쪽의 백제 부흥군이었을 것이다. 따라서 고구려가 왜국에 구원을 요청하였다는 것은 사실이 아니라

싶다.

4) 天智卽位前紀 (齊明)7년 8월조
遺前將軍大花下阿曇比邏夫連, 小花下河邊百枝臣等, 後將軍大花下阿倍引田
比邏夫臣, 大山上物部連熊, 大山下守君大石等, 救於百濟. 仍送兵仗, 五
穀.〔或本, 續此末云, 別使大山下狹井連檳榔, 小山下秦造田來津, 守護百
濟.〕

이 사료는 본문에는 백제 부흥군에게 兵仗과 五穀을 운반할 부
대의 편성과 파견이, 그리고 분주에는 別使라고 나와있듯이 별도의
호위 병력의 파견이 언급되어 있다. 후자는 말할 것도 없이 풍장
호송 부대이다.30) 그런데 위의 기사에 의하면 이 무렵 군수 물자
수송군과 풍장 호송군이 별도로 편성되어 파견된 듯하다. 그리고
양 군대의 파견 사이에는 그렇게 시간적 격차가 많이 있는 것 같지
도 않은 것 같다.31) 한편 天智紀 원년 春정월 辛卯朔 丁巳(27일)조
에 보이는 복신에 대한 군수물자 제공 기사는 바로 전자의 도착을
의미하는 것으로 볼 수 있으며 풍장의 경우 명확한 기사는 없으나
동 3월조에 布 하사 기사가 있는 점에서 보면 대체로 그 이전에
이미 귀국하였던 것으로 볼 수 있다. 이 사료들을 바탕으로 해서
생각해보면, 위의 8월과 9월이 곧 그들의 출발 시기를 의미하는 것
인지는 알 수 없지만32) 대체로 양 군대의 도착은 1·2월 무렵이었

고 생각한다. 그리고 이런 조작된 기사가 나오는 이유를, 예를 들어 『日本書紀』
편자가 이 기사를 작성하면서 고구려까지 왜국에 도움을 청하였고 이에 왜국이
고구려를 도와주었다고 하는 점을 과시하고자 한 것으로 이해할 수도 있겠다.
30) 大山下狹井連檳榔와 小山下秦造田來津이 2)에서 풍장 호송군으로 나오는 점에
서도 명백하다.
31) 天智卽位前紀 (제명)7년 8월조에 군수 물자 수송군 내용에 이어 동 9월조(즉 2))
에 풍장 호송군의 파견 기사가 이어 나온다.
32) 이 문제에 관해서는 몇 가지 경우를 생각해볼 수 있을 것이다. 예를 들어 부대
의 편성이 8월 무렵 이루어졌다 해도 실제 출발은 그 보다 훨씬 뒤에 이루어지

던 것으로 정리할 수 있지 않을까 한다. 이런 결론은 결국『日本書紀』의 기사에 일말의 신뢰성을 두고 해석한 것이지만 여기서는 거기에 따라서 사건의 전개를 이해해도 큰 무리는 없다는 점을 말해 두고 싶다.

한편 풍장은 왜왕에 의해 백제왕으로 책립된 상태에서 백제로 돌아왔던 것일까? 왜왕이 백제왕을 책립한다는 것은 왜왕이 직접적으로 백제의 왕위 계승에 간섭한다는 것을 의미하고 또 만약 그것이 가능하였다고 한다면 그 이면에는 그렇게 할 수 있는 정치적 조건(예를 들어 국가간 상하관계의 설정)들이 책립의 논리적 전제로서 상정될 수밖에 없을 것이다. 그런데『日本書紀』에 보이는 왜왕의 백제왕 책립의 사례(直(腆)支王・東城王・풍장의 경우)에 대해서는 별고에서 언급한 바 있으며 모두 백제로 돌아와 백제왕이 되었으며 왜왕의 책립은 윤색된 것이라는 결론을 피력하였다.[33] 풍장의 경우에 국한해서 요지만 간단하게 말한다면 는 다음과 같다.

첫째 그의 즉위는 백제 유민 세력의 백제왕 옹립 의사가 먼저 전제가 되고 있다는 점이 중요하다. 즉 백제 왕실의 붕괴라는 특수 상황 속에서 왜국의 풍장 송환은 그러한 요청에 호응하는 형태로 이루어진 것이라는 것이다.

둘째 유민 세력이 왜국 조정에 요청한 것은 그의 귀국 그 자체이지 결코 그를 백제왕으로 책립해 달라는 것이 아니었다는 점이다. 이것은 설사 왜왕이 그를 백제왕으로 책립하지 않더라도 그는 백제에 돌아와 즉시 백제 유민 세력에 의해 백제왕으로 옹립되었을 것임을 의미한다. 즉 왜왕의 풍장 책립 여부에 관계없이 풍장은 백

는 경우도 있을 수 있고 또는 실제 8월이 출발일 이었는데 도착하기까지 시간이 많이 소요되었다고도 생각할 수 있다.
33) 졸고, 2001,「5세기 말의 백제와 왜국」,「日本歷史硏究」14.

제왕으로 옹립될 예정에 있었던 것이다.

셋째 풍장의 호송 기사로서 비교적 소상한 2)에 의하면 귀국시에 그는 여전히 「百濟王子」로 되어 있지 백제왕으로 표기되어 있지 않다. 만약 전게 「或本云」의 내용대로라면 그는 天皇에 의해 백제왕으로 책립된 후이므로 당연히 백제왕으로 표기되어야 마땅할 것이나 여기서는 그렇지 않은 것이다. 그리고 그는 비록 귀국 직전에 織冠을 수여 받아 天皇의 신하 그룹에 포섭되었다고는 하나 백제왕으로 책립된 것은 아니었다.

이상과 같은 정황에서 볼 때 결론적으로 풍장은 백제 왕자의 신분을 그대로 유지한 채 귀국 길에 올랐다고 생각된다. 그리고 아마도 그는 백제에 도착한 후 얼마 지나지 않아 곧 백제왕으로 즉위하였을 것으로 여겨진다. 복신 등이 그를 백제왕으로 영입하기 위해 그의 귀국을 원한 것이었던 만큼 구태여 그의 즉위를 오래 지체시킬 이유는 없었을 것이기 때문이다.

3. 고구려와의 협력 문제

한편 백제 부흥군은 후술하는 것처럼 고구려와도 긴밀히 연대하려는 생각이었던 것 같다. 이것은 당시의 세력 대항 구도에서 보면 당연한 것이었다고 볼 수 있다. 더군다나 백제 멸망 이전에 이미 백제와 고구려의 연합 전선은 형성되어 있었다. 예를 들어 642년 신라가 백제에게 서부 40여성과 대야성을 빼앗긴 뒤 고구려에 원군을 요청하였으나 고구려는 오히려 551년에 빼앗겼던 죽령 이북의 땅을 요구하면서 도리어 감금하였으며[34] 또 643년에는 백제와 고구려가 연합하여 신라의 대당통로를 단절하기 위해서 당항성을 공략

---

34) 『삼국사기』 신라본기 선덕왕 11년 冬조

한 사실에서35) 미루어 보아 적어도 643년 단계에서는 백제와 고구려가 연합상태에 들어가 있었던 것으로 생각된다.36) 그리고 655년 백제와 고구려 – 말갈이 연합하여 신라의 30여성을 함락시킨 사실에서 보면37) 양국의 연합은 백제 멸망 때까지도 지속된 것으로 보아도 무리는 없을 것이다.

백제의 멸망 직후인 그 해 10월 고구려가 신라 七重城을 침입하여 함락시킨 것은 백제 멸망에 대한 고구려의 보복이었으나38) 그러나 이 작전이 백제 부흥군과의 긴밀한 연대 하에서 나온 작전이었는지 여부는 확실하지 않다. 칠중성 전투 사료나 기타 백제부흥운동 초기 단계의 기사 내용에 양자의 접촉을 시사하는 기사가 전혀 보이지 않는 점에서 보면 이 작전은 고구려의 독자적 판단에 의한 군사 행동이었을 가능성이 크다고 생각된다.39) 하지만 결과적으로 고구려의 칠중성 공략이 백제부흥운동을 지원하는 효과가 있었음은 부인하기 어려울 것이다.

백제 부흥군과 고구려의 접촉이 확인되는 것은 백촌강에서의 결전을 약 석 달 앞둔 시점인 天智紀 2년 5월조의 기사에서이다. 여기에는 왜장 犬上君이 고구려와 군사 문제를 논의한 후 돌아와 石城에 와있는 풍장(糺解)을 만났다고 되어 있다.40) 여기서 백제 부흥군이 고구려와 의논하였다는 군사 문제란 곧 석 달 뒤 백촌강 전투

---

35) 『삼국사기』 백제본기 의자왕 3년 8월조
36) 『삼국사기』 백제본기 의자왕 3년 11월조에 고구려에 화친하였다는 기사가 나온다.
37) 『삼국사기』 백제본기 의자왕 15년 8월조
38) 『삼국사기』 열전 匹夫전에 자세하다.
39) 물론 복신의 거병이 8월이었던 점을 감안하면 8월과 10월 사이에 복신과 고구려 간에 모종의 연락이 오고갔을 가능성도 배제하기 어려우나 사료적 근거는 없는 실정이다.
40) 天智紀 2년 5월 계축삭조에 「犬上君(闕名)馳告兵事於高麗而還, 見糺解於石城. 糺解仍語福信之罪」라고 나온다.

로 이어지는 왜군의 참전과 관련된 문제였음이 분명하다. 이 점은 왜국에서 파견된 犬上君이 직접 고구려에 가서 의논하고 왔다는 사실에서도 잘 나타난다. 다만 구체적으로 어떠한 내용의 군사적 협의였는지는 알 수가 없다. 대국적으로 보면 백제 부흥군과 왜의 연합군이 고구려군과 연합하여 양동작전을 전개하려는 의도가 아니었을까 생각된다. 하지만 실제 백촌강 전투가 시작되고 또 주류성 전투가 벌어졌을 때 고구려가 이들을 위해 움직였다는 정황은 발견되지 않기 때문에 쉽게 추측할 수 있는 사안은 아닌 것 같다.

한편 고구려는 별도로 왜국과 외교적 관계를 맺고 있었다. 656년 8월의 대규모 고구려 사절단의 來日과[41] 한달 뒤 9월 왜국의 遣高句麗使 일행의 선정은[42] 양국의 심상찮은 교감을 시사하고 660년 정월에도 고구려사의 대규모 來日 기사가 보인다.[43] 고구려의 왜국 접근은 당과의 군사적 대립 속에서 후방 대책의 일환으로 이루어진 것임에 틀림이 없을 것이며 지정학적으로 보아 당과 연합해 있는 신라를 견제하기 위한 것으로 생각된다. 그리고 천지기 원년 3월 是月조에는 신라-당의 공격을 받은 고구려가 왜국에 구원을 요청하여 왜장들을 주류성에 웅거하게 하였다는 기사가 나오는데[44] 앞에서도 언급한 것처럼 왜국에의 구원 요청 부분을 실제는 백제 부흥군에의 요청이었다고 한다면[45] 이 기사는 오히려 고구려와 백제 부흥군 사이의 유대 관계를 보여주는 사료가 될 수 있지 않을까 한다.[46] 백제와 왜국이 공통적으로 안고 있었던 고구려와의 연계 문

---

41) 제명기 2년 추8월조
42) 제명기 2년 9월조
43) 제명기 6년 춘정월조
44) 사료의 원문은 주 27)을 참조.
45) 주 29)참조
46) 한편 천지즉위전기 是歲(661)조에 고구려 관련 기사로서「日本救高麗軍將等, 泊于百濟加巴利濱, 而燃火焉.」운운하는 사료도 보이는데 여기에「加巴利濱」이라

제는 각각 위와 같은 관계를 토대로 하여 이루어지고 있었던 것으로 생각된다.

IV. 맺음말

백촌강 싸움은 어떤 의미에서 보면 4세기대 이래로 지속되어 온 백제와 왜국의 우호관계의 총결산이었다고도 말할 수 있을 것이다. 그리고 그것은 당시 동아시아 정세의 반영 그 자체이기도 하였다. 본고에서는 왜국의 참전 의도와 풍장의 책립 문제, 그리고 고구려와의 연계 문제에 대하여 필자의 생각을 정리하였는데 미진한 부분도 많고 검토해야 할 영역도 여전히 남아 있는 실정이다. 특히 왜국의 참전 동기를 규명하는 부분에 있어서는 보다 구체적이면서 총체적인 검토가 필요하다는 점을 절감하고 있다. 이 점에 대해서는 추후에 재론하고 싶다.

는 백제의 구체적 지명이 등장하므로 왜군의 실제 주둔 사실과 관련된 사료임에 틀림없다고 생각된다. 그러나 다만 그 연대를 661년으로 단정할 수 없는 어려움이 있고 또 그들을 백제가 아닌 고구려를 구원하는 군대라고 하고 있는 점도 取信하기 곤란하다.

白江戰爭과 倭

佐藤 信 일본 東京大學 教授

I. 머리말

　　고대 일본에서 국가가 형성될 때, 東아시아 제국과의 관계·교류라는 국제적 契機가 대단히 중요한 역할을 하였다고 하는 石母田正의 指摘(『日本の古代國家』, 岩波書店, 1970年)은 日本古代史研究에 큰 영향을 끼쳐 왔다. 여기서는 663年의 白村江 싸움에서의 패전이 倭國에서의 中央集權的인 國家形成에 미친 영향에 대하여 정치·외교·문화 그리고 對外認識 등의 여러 측면에 걸쳐 구체적으로 검증하고 싶다. 그리고 고대 일본의 天皇·貴族과 地方豪族들이 東아시아 제국의 先進的인 法律制度·漢字文化·佛教·儒教 등을 어떻게 수용하였는가에 대해서도 언급하고 싶다.

Ⅱ. 백강전쟁에로의 길

1. 7세기의 東아시아와 倭

5세기에는 「倭의 五王」이 王号·將軍号를 획득하려고 중국의 南朝에 사신을 보내고 東아시아 제국에서의 地位·權益을 확보하고자 하였다. 倭國의 왕권에서 외교·文筆에 從事하였던 것은 「フミヒト」 등과 같은 渡來系氏族이 많았다. 6세기가 되면 倭國은 중국과 直接 국교를 가지지 않게 되지만, 불교가 百濟王으로부터 倭國에 전해졌 다거나 蘇我馬子가 처음으로 本格的인 伽藍을 가진 飛鳥寺(法興寺) 를 건립하였을 때에 백제에서 渡來한 技術者가 중심이 되어 있었던 점 등에서 보이듯이, 왕의 명령이나 기타의 사유로 日本列島에 渡 來하였던 사람들, 예를 들어 승려·기술자 등에 의해 先進的인 문 화가 전해졌다.

6세기말에 隋(581~618年)文帝가 중국을 통일하고(589年), 高句麗 遠征(598~614年)을 개시하자, 東아시아 諸國은 激動의 時代를 맞이 하였다. 7世紀 초 蘇我馬子·厩戸王(聖德太子) 등의 外交로 인해 倭 國은 다시금 중국에 遣隋使를 파견하게 된다. 607年에는 遣隋使 小 野妹子가 隋나라로 건너갔다. 뒤에, 隋가 高句麗 遠征에 失敗하여 滅亡하고 唐(618~907年)이 들어서자 倭는 630年 이후 遣唐使를 派 遣하여 唐과의 외교 교섭을 계속한다. 다만 僻遠한 곳에 있는 倭의 遣唐使는 매년 사신을 보내어 조공하는 신라와는 달랐으며 8세기에 는 거의 20年에 한 번 정도의 페이스로 사신 파견이 이루어졌다.

2. 渡來僧과 倭國의 貴族

7세기 倭國의 貴族들은, 厩戸王 (聖德太子)이 고구려 僧인 慧慈와 百濟에서 온 博士 覺哿에게서 배웠다고 전해지는 것처럼 渡來僧들로부터 많은 것을 배웠다. 또 다음 世代인 藤原鎌足도 高句麗에서 온 渡來僧 道顯(道賢)과 가까운 사이였다(『藤氏家傳』上卷 鎌足傳·貞慧傳). 藤原鎌足은 長子인 貞慧를 僧侶로 만들어 唐에까지 가게 하여, 이 무렵 貴族의 對外觀·僧侶觀을 시사해주고 있다. 僧侶는 先進知識을 보유한 존재이고 동시에 東아시아에서 국경을 초월한 존재이기도 하였던 것이다. 또 蘇我馬子가 仏像을 安置하고 그것을 供養할 師가 되어야 할 僧侶를 국내에서 찾았을 때 播磨國(現兵庫縣)에 사는 고구려에서 온 還俗僧 惠便을 발견하였다고 하듯이, 6세기 日本列島에 渡來僧이 많이 있었던 것을 알 수 있다.

1) 『日本書紀』推古元年(593) 4月己卯條
   厩戸豊聰耳皇子 (聖德太子)를 세워 皇太子로 하였다. … 또 内教를 高麗의 僧 慧慈에게 배우고, 外典을 博士 覺哿에게서 배웠다. 아울러서 모두를 통달하였다. …
   * 「五德博士學呵〈外典御師也〉」 (顯眞·『太子伝古今目録抄』)⇒百濟人 五経博士?

2) 『日本書紀』推古三年(595) 5月丁卯條
   高麗의 僧 慧慈가 歸化하였다. 곧 皇太子 (厩戸王)가 스승(師)으로 삼았다.

3) 『日本書紀』敏達13年是歳條
   是歳, 蘇我馬子宿禰, 그 佛像 두 軀를 請하고, 鞍部村主司馬達

等·池辺直氷田를 보내어 四方에 사람을 가게 하여 修行者를 찾게 하였다. 이에 오직 播磨國에서 僧에서 還俗한 者를 얻었다. 이름은 高麗의 惠便이라고 한다. 大臣이 이에 그를 師로 삼았다.

3. 留學生·留學僧의 歸國

608年(推古16), 倭에 온 隋使 裴世淸을 보내기 위하여 파견된 遣隋使 小野妹子와 함께 隋에 건너가 장기간에 걸쳐 先進文明을 배운 留學生·留學僧으로서 高向玄理·南淵請安·僧旻 등이 알려져 있다. 그들은 마침 그 무렵 隋에 이은 唐(618~907年)이 律令에 의거한 中央集權的인 國家体制를 確立하고 强大한 大帝國을 구축하는 時代의 政治·文化를 충분히 보고 듣게 되었다. 632年 (舒明 4)에 僧 旻이, 그리고 640年 (舒明13)에 高向玄理·南淵請安 등이 귀국하자, 倭國의 귀족의 子弟들은 다투어 그들로부터 새로운 지식과 국제정세를 흡수하였다. 隋·唐에서 先進知識을 몸에 지니고 귀국한 留學生·留學僧 들이 7세기 전반 무렵부터 律令國家의 형성에 미친 정치적·문화적 영향은 헤아릴 수 없을 만큼 크다.

4)『日本書紀』皇極3年(644) 正月朔條

뒤에 (두사람이) 계속 접촉하는 것을 다른 사람들이 의심할까 두려워하여, (中大兄皇子·中臣鎌足)함께 손에 黃卷(책)을 잡고 스스로 周孔의 敎를 南淵先生 (南淵請安) 밑에서 배웠다. 마침내 路上에서 오고 가는 동안에 어깨를 하여 몰래 도모하였다. 서로 일치하지 않는 것이 없었다.…

5)『藤氏家傳』上卷 鎌足傳

   일찍이 여러 公의 아들이 모두 旻法師의 집에 모여『周易』을 읽었다. 大臣 (中臣鎌足)이 늦게 도착하였는데 ?作(蘇我入鹿)이 일어나 절을 하며 앉았다. 읽기가 끝나 산회하려는데, 旻法師가 눈짓을 하여 머물게 하였다. 이에 大臣에게 말하기를「내 집에 들어오는 사람 중에 宗我太郎(入鹿)과 같은 사람은 없습니다. 다만 公(鎌足)이 神識奇相하여 진실로 이 사람보다 뛰어납니다. 바라건대 깊이 자애하시오」라고 말하였다.

III. 백강전쟁

1. 백강전쟁의 개요

   강대한 中央集權的 帝國을 건설한 唐(618~907年)이 644年에 고구려 遠征을 개시하자 東아시아 제국은 激動의 시대를 맞이한다. 중국 東北部~韓半島에 위치한 고구려·백제·신라, 그리고 日本列島의 倭 등의 제국에는 곧장 국제적 긴장이 고조되었다. 제국 모두 국가존망의 위기를 맞이하여 이에 集權的인 國家的集中의 필요성이 생겼다.

   이러한 國際的緊張에 대응하여 고구려에서는 642年에 泉蓋蘇文이 쿠데타를 일으켜 專權을 장악하는 사건이 발생하였다. 백제에서는 義慈王이 정치적 集中을 도모하였으며 신라에서는 女王(善德王·眞德王) 밑에서 王族인 金春秋와 김유신이 정치적 集中을 이룩하였다. 倭에서는 645年에 乙巳의 変이란 쿠데타가 발생하여 蘇我가夷·入鹿 등 蘇我氏 本宗家가 타도되고 孝德天皇 밑에서 中大兄皇

子(645天智天皇) 등이 주도하는 「大化改新」 정권이 성립하였다. 또이 시대에는 耽羅(濟州島)도 국가로서의 독립을 모색하면서 對百濟·對倭·對新羅 외교를 적극적으로 전개하고 있다.

한반도에서의 戰況은 唐과 신라가 同盟하여 백제와 고구려를 협공하는 상황으로 전개되었다. 壓倒的인 唐軍의 압력과 나·당의 挾擊戰略에 대해, 백제·고구려에서는 국내의 王族·貴族層의 不統一및 軍事作戰의 미비 등의 문제가 表面化되어 끝내 나·당 連合軍앞에 660年 7月에는 백제가, 그리고 668年 9月에는 고구려가 멸망하게 된다. 唐將 蘇定方에 의해 扶餘城이 陷落당하자 백제 義慈王과 皇太子 餘隆 등의 王族 貴族들은 唐의 洛陽 (東都)에 연행되었으며 唐 高宗으로부터 恩免되었다. 전쟁 기간 중에 長安 (西都)에 억류되어 있던 日本 遣唐使의 一員인 伊吉連博德 등은 洛陽 땅에서그 모습을 보게 되었다. 이 전쟁의 과정에서 고구려·백제·신라·耽羅 제국은 지리적으로 背後에 위치한 倭國에 대하여 自國을 유리하게 하기 위한 融和的 外交政策이 積極的으로 전개되었다.

백제의 故地에서는 扶餘城 陷落·義慈王 連行 뒤에도 鬼室福信과 餘自進 등의 백제 遺臣들이 百濟復興運動을 격렬하게 전개하며지역적으로 큰 세력을 가지고 있었다. 이 660年 10月의 鬼室福信등의 의뢰에 답하는 형태로 倭 政權은 倭에 있던 百濟王族 餘豊璋의 送還과 救援軍의 派遣을 決定하였다.

倭 齋明天皇(女帝. 中大兄皇子의 母)은 660年(齋明6) 12月에는 곧장 難波宮(大阪府 大阪市)으로 옮기고 661年 正月에는 難波津에서배를 타고 瀨戶內海를 西行하여 吉備의 大伯海(現岡山縣 邑久郡)·伊豫의 熱田津(現愛媛縣 松山市)를 지나 3月에는 北九州의 那大津(現福岡縣 福岡市 博多)에 도착하여 磐瀨行宮(임시의 宮. 長津宮)을만들었다. 5月에는 博多灣의 海岸 근처에서 筑紫平野의 깊숙한 곳

으로 옮기고 朝倉橘廣庭宮(現福岡縣 朝倉郡)으로 遷宮한다. 이 北九州의 宮에는 齋明天皇을 비롯하여 中大兄皇子와 藤原鎌足 등 정권의 중추부가 모두 옮겨가 있어 百濟救援軍에 거는 倭王權의 필사적인 자세를 엿볼 수 있다. 661年 7月에 齋明天皇이 朝倉宮에서 병사하자 皇太子 中大兄皇子가 喪服을 입은 채로 稱制하여 前線에 가까운 長津宮에서 「水表之軍政」을 행하였다. 이리하여 661年에서 663年에 걸쳐 倭의 大軍이 旧百濟 땅에 파견되었는데 한편 百濟復興勢力 가운데에서는 王으로 영입된 餘豊璋이 有力한 지도자 鬼室福信을 참수하여 버리는 등 혼란이 있었다. 663年 8月에 白村江에서 唐의 水軍과 倭·百濟의 水軍이 싸움을 전개하였는데 순식간에 唐軍의 완승으로 끝났다. 餘豊璋은 배로 高句麗로 도망치고 百濟復興勢力은 세력을 잃어, 남은 貴族·民衆은 日本列島로 건너가게 된다.

2. 백강전쟁에서의 倭軍

663年 8月의 백강전쟁에서 대패한 倭軍의 구성은 각각의 地方豪族이 동원한 軍으로 구성된 「國造軍」의 集合体였다. 倭·百濟 連合水軍의 作戰도 「우리들이 앞을 다투어 나가면 저들은 저절로 물러날 것」(『日本書紀』同月 戊申條)이라는 치졸한 것이었고 律令軍制에 의해 指揮 命令 系統이 정연하게 통솔되고 있던 唐의 大水軍과의 우열은 처음부터 명료하였다고 생각된다.

國造는 뒤의 律令國家에서는 地方官인 郡司에 임명되는 계층으로 日本列島 각지의 전통적인 地方豪族이며 그들이 氏族的 結合下에 있는 일족과 支配下의 民衆과 奴婢를 동원한 것이 「國造軍」의 실태였다. 그 모습은 『日本書紀』 등의 백강전쟁 參加者 관련 記事에서 엿볼 수 있다.

684年에 백강전쟁에서 唐의 捕虜가 되었던 猪使連子首와 筑紫三宅連得許(筑紫國(現福岡縣)의 地方豪族) 등이 신라를 經由하여 送還되고 있다. 690年에는 백강 전쟁에서 唐軍의 捕虜가 되었던 軍丁筑紫國(現福岡縣) 上陽咩郡의 大伴部博麻가 역시 신라로부터 귀국하고 있다. 大伴部博麻는 土師連富杼・氷連老・筑紫君薩夜麻(筑紫國의 地方豪族)・弓削連元寶兒 등 4명의 捕虜를 빨리 귀국시키기 위하여 스스로 奴婢가 되었다고 전한다. 또 696年에도 귀국한 伊予國(現愛媛縣) 風速郡의 物部藥과 肥後國(現熊本縣) 皮石郡의 壬生諸石 등이 唐에서 한 고생에 대해 좋은 대우를 받고 있다.

다시금 遣唐使가 派遣되게 된 8세기에 들어서도 707年에는 일본에서 온 遣唐使와 함께 백강전쟁에서 포로가 되어 唐에서 奴婢(官戶)가 되어 있던 讚岐國(現香川縣) 那賀郡의 錦部刀良, 陸奧國(現宮城縣) 信太郡의 生王五百足, 그리고 筑後國(現福岡縣) 山門郡의 許勢部形見 등이 唐에서 歸國하여 물건을 하사받고 있다. 이처럼 백강전쟁 패전에 참가한 日本列島의 地方豪族들은 九州를 비롯하여 東北地方에 이르기까지 넓은 범위에 걸쳐 있었다.

6)『日本書紀』天武13年(684) 12月癸未條
　大唐學生土師宿祢甥・白猪史寶然　及百濟役時沒大唐者猪使連子首・筑紫三宅連得許　傳新羅至　則新羅遣大那末金物儒　送甥等於筑紫

7)『日本書紀』持統 4 年(690) 9月丁酉條・10月乙丑條
　大唐學問僧智宗・義德・淨願　軍丁筑紫國上陽咩郡大伴部博麻　從新羅送使大那末金　高訓等　還至筑紫
　詔軍丁筑紫國上陽咩郡人大伴部博麻曰「於天豊財重日足姫天皇 (齊明)七年(661)　救百濟之役　汝爲唐軍見虜　泊天命開別天皇 (天智)三年

(664) 土師連富杼・氷連老・筑紫君薩夜麻・弓削連元寶兒 四人 思欲
奏聞唐人所計 縁無衣粮 憂不能達 於是 博麻謂土師富杼等曰『我欲共
汝 還向本朝 縁無衣粮 俱不能去 願賣我身 以充衣食』富杼等 依博麻
計 得通天朝 汝獨淹滯他界 於今卅年矣 朕嘉厥尊朝愛國 賣己顯忠 故
賜務大肆 幷絁五匹・綿一十屯・布三十端・稲一千束・水田四町 其水
田及至曾孫也 免三族課役 以顯其功.』

8)『日本書紀』持統10年(696) 4月戊戌條
　　以追大貳 授伊予國風速郡物部藥 與肥後國皮石郡壬生諸石 幷賜人
絁四匹・絲十絇・布廿端・鍬廿口・稲一千束・水田四町 復戶調役 以
慰久苦唐地

9)『續日本紀』慶雲 4年(707) 5月癸亥條
　　讚岐國那賀郡錦部刀良 陸奧國信太郡生王五百足 筑後國山門郡許
勢部形見等 各賜衣一襲及塩・穀 初救百濟也 官軍不利 刀良等被唐兵
虜 沒作官戶 歷?餘年乃免 刀良 至是遇我使粟田朝臣眞人等 隨而歸朝
憐其勤苦 有此賜也

3. 백강전쟁 패전 후의 倭

　　663年 8月의 敗戰으로 唐・신라 聯合軍이 侵攻해 올 지도 모른
다는 긴장감 하에서 倭는 防衛線의 강화에 노력한다. 664年에는 北
九州의 對馬嶋・壹岐嶋・筑紫國(現福岡縣) 등에 防人(さきもり)과
烽(とぶひ)을 설치하고 아울러 뒤의 大宰府가 있는 곳을 지키기 위
하여 水城을 축조하여 긴급 사태에 대비하였다. 665年 8月에는 백
제에서 亡命한 장군들의 지도 하에 長門國(現山口縣)에 長門城, 筑

紫國에 大野城과 椽城 등 고대 朝鮮式山城이 축조되었다. 後者는 역시 大宰府 지역을 지키는 기능을 가지고 있었다. 게다가 이 시대에는 北九州・瀨戶內・畿內 各地에 점점이 고대 朝鮮式山城을 만들어 防衛에 힘을 기울였던 것이다.

10) 『日本書紀』 天智 3年(664)是歲條
　　是歲 於對馬嶋・壹岐嶋・筑紫國等 置防(さきもり) 與烽(とぶひ) 又於筑紫 築大堤貯水 名曰水城

11) 『日本書紀』 天智 4年(665) 8月條
　　遣達率答㶱春初 築城於長門國 遣達率憶禮福留・達率四比福夫於筑紫國 築大野及椽二城

　　다만 결과적으로 唐・신라 聯合軍이 日本列島를 침공해 오는 것과 같은 일은 일어나지 않았다. 한반도에서는 백강전쟁 후, 그리고 고구려의 멸망 후, 唐과 신라 사이에 백제 및 고구려 故地에 대한 支配權을 둘러싸고 치열한 싸움이 水面下에서 전개되고 있었기 때문이다. 唐은 처음에 백제의 故地에 熊津都督府를 두고 원래 백제 皇太子였던 扶餘隆을 都督에 임명하여 新羅王과도 사이좋게 지내도록 會盟을 시켰지만, 신라는 당에 臣從의 자세를 보이면서도 점차 압력을 가하여 百濟 故地를 자신의 지배하로 편입시켜 갔다. 고구려의 故地에 대해서도 사정은 같았다. 즉 신라는 唐에의 朝貢外交를 유지하면서도 唐의 세력을 능숙하게 배제하며 한반도에서의 지배권을 확립해 갔다. 이리하여 신라는 한반도 통일을 이룩하게 되는 것이다. 게다가 698年에는 渤海가 건국되어 唐의 北東 아시아에 대한 軍事的 制壓政策은 변경될 수밖에 없었다.

이러한 백강전쟁 그리고 고구려 滅亡 후의 唐과 신라의 대항 상황은 백강에서 패배한 倭로서는 행운이었다. 백강전쟁 패전 이듬해인 664年 5月에는 백제를 공략하였던 唐의 將軍 劉仁願의 使로서 郭務悰 등이 倭에 表函을 가지고 오는데, 그 이후의 唐의 使節을 포함하여 결코 군사적인 침공을 意図하는 使節은 아니었다. 일본에서는 701年에 오랜만에 遣唐使를 임명할 때까지 7세기의 마지막 30年 정도는 遣唐使를 파견하는 일 없이, 오로지 신라와의 외교를 통하여 國際情勢를 섭취하였다.

신라에서는 고구려가 멸망한 해인 669年 9月에 사신을 왜에 보내 왔으며, 倭側의 中臣鎌足이 김유신에게 그리고 天智天皇이 新羅王에게 배를 각각 선물하는 그런 우호적인 관계가 구축되었다. 신라로서는 고구려 멸망 후의 한반도 정세를 목도하면서 唐 세력의 축출을 위해 배후에 있는 왜와 결탁하려고 하였던 것으로 생각된다.

한편 唐·新羅 聯合軍의 侵攻에 대비하려고 하고 있던 왜로서는 唐將과 신라로부터의 友好的인 사절의 到來가 뜻밖의 일이었지 않았을까? 전투에 大敗하였음에도 불구하고 侵攻 위기는 급속히 사라지고 그 뿐인가 勝者인 唐將과 신라가 友好的인 태도를 나타내고 있는 것이다. 흡사 결과적으로 싸움에서 승리해 있었던 것 같은 상황이 되었다고 말할 수 있겠다. 그것은 日本列島가 갖는 地政學上의 위치가 그러하였던 것인데 天皇과 貴族들의 의식은 백강전쟁의 敗戰을 패배로서 받아들이기보다는 오히려 대외적인 우월감을 높이는 방향으로 나아갔다. 이리하여 실태와 반드시 부합하지 않은 「大國意識」이 釀成되어 이윽고 율령국가의 「小中華意識」으로 연결되어 갔다고 생각된다.

또 백강전쟁 전후에는 격동의 한반도 정세에 대응하여 백제·고

구려・신라로부터 일본열도로 대량의 사람들이 渡倭하여 일본 율령
국가 확립기의 정치・문화에 커다란 영향을 미치게 되었다.

12) 『日本書紀』天智 3年(664) 5月甲子條
　　百濟鎭將劉仁願 遣朝散大夫郭務悰等 進表函與獻物

13) 『日本書紀』天智 5年(665) 9月壬辰條
　　唐國 遣朝散大夫沂州司馬上柱國劉德高等 〈…凡二百五十四人 …〉

14) 『日本書紀』天智 6年(667) 11月乙丑條
　　百濟鎭將劉仁願 遣熊津都督府熊山縣令上柱國司馬法聰等 送大山
　　下境部連石積等於 筑紫都督府

15) 『日本書紀』天智 7年(668) 9月癸巳條・丁未條・庚戌條
　　新羅遣沙喙級湌金東嚴等進調
　　中臣內臣 使沙門法辨・秦筆 賜新羅上臣大角干庾信船一隻 付東
　　嚴等
　　使布勢臣耳麻呂 賜新羅王輸御調船一隻 付東嚴等

Ⅳ. 백강전쟁과 일본열도의 地方豪族

1. 백강전쟁과 地方豪族

　　당시 참전한 倭軍에는 일본열도 각지의 많은 地方豪族이 참가하
고 있었다. 國造 즉 뒤의 郡司급의 地方豪族이 그들이었는데, 7세기

일본 律令國家의 形成過程에 그들이 수행한 위치를 언급해두고 싶다. 백강전쟁 패전에 따른 위기감 속에서 많은 地方豪族이 국가적 集中에로의 志向을 共有하고 있었던 점은 중요하다. 또 7세기에 各地 地方豪族들이 中國大陸・한반도의 선진문화 도입에 매우 적극적이었던 점도 일본 律令國家의 확립을 앞당기게 되었다고 하겠다.

9세기초에 성립한 佛敎說話集 『日本靈異記』 속의 說話(上卷第7)에는, 백강의 패전에서 귀국한 備後國 (現廣島縣)三谷郡 郡司의 선조 地方豪族이 출정할 때에 「無事히 歸國할 수 있다면 여러 神祇를 위해 伽藍을 造立할 것이다」하고 誓願을 한 것을 되새겨 百濟國人 禪師 弘濟를 초빙하여 같이 歸鄕하여 훌륭한 伽藍을 가진 三谷寺를 세웠다고 하는 이야기가 실려 있다. 그 무렵 백제에서 온 渡來僧 弘濟는 仏像을 만들기 위한 재료를 구하기 위해 飛鳥 도읍지의 시장(市)에 가서 「金丹等의 物」을 구입하고, 難波津에서 배를 타고 瀬戸内海를 타고 備後國까지 되돌아오는 코스를 이용하였다고 한다. 地方豪族이 한 造寺라고 하지만 중앙의 시장에서 충분히 資財를 調達할 만큼의 재력을 가지고 있었던 점, 그리고 일찍부터 불교 수용에 노력하고 있었던 점이 주목된다. 그리고 이 「三谷寺」는 발굴 조사되었던 備後寺町 廢寺 (廣島縣三次市)인 사실이 명확하게 드러나 있다. 寺町廢寺는 廣島縣 東部地方에서 「水切り」를 가진 百濟系 軒丸瓦가 分布하는 그 중심에 위치하고 있어, 「많은 諸寺를 능가하여, 道・俗이 보고 함께 欽敬하였다」라고 전하는 『日本靈異記』의 記述이 방증되는 것이다.

또 『日本靈異記』의 다른 說話(上卷第17)에는, 伊豫國 (現愛媛縣)越智郡의 郡司의 先祖인 越智直 등이 白村江 싸움에 참전하여 唐國에 捕虜가 되었지만 觀音菩薩像에 대한 佛敎信仰 때문에 無事歸國할 수가 있었다는 이야기가 기재되어 있다. 스스로의 군대를 인솔

하여 참전하고 있었던 伊豫의 郡司 즉 國造 계층의 地方豪族이 이전부터 불교를 수용하고 있었고 또 불교의 「知識」的인 결합을 통해 精神的으로 「國造軍」을 통합시키고 있었던 점은 그들이 외래문화 수용에 적극적이었음을 보여주고 있다.

16) 『日本靈異記』 上卷 第7 「거북의 목숨을 구하여 放生하고, 現報를 얻어 거북에게 도움을 받은 緣」

　禪師 弘濟는 百濟國 사람이다. 백제가 혼란할 때를 당하여 備後國 三谷郡의 大領의 先祖가 백제를 구하기 위하여 軍旅에 보내졌다. 이때 誓願을 發하여 말하기를 『만약 평안하게 돌아온다면 여러 神祇를 위해 伽藍를 造立할 것이다』고 하였다. 마침내 災難을 면하였다. 곧 禪師를 請하여 함께 돌아 왔다. 三谷寺는 그 禪師가 造立한 곳의 伽藍이다. 많은 여러 寺보다 뛰어나 道(불교)·俗(세속)이 보고서 함께 기뻐 공경하였다. 禪師가 尊像을 만들기 위하여 京에 올라가 재물을 팔아 이미 金丹 등의 물건을 사서 돌아와 難波의 津에 이르렀다.…

17) 『日本靈異記』 (上卷第17) 「兵災를 만나 觀音菩薩像을 信敬하여 現報를 얻은 緣」

　伊豫國 越智郡의 大領의 先祖 越智直, 백제를 구하려고 함에 파견되어 軍에 왔을 때, 唐兵에 사로잡혀 그 唐國에 이르렀다. 우리나라 사람 8인이 같이 한 洲에 살았다. 党을 지어 觀音菩薩像을 얻어 信敬尊重 하였다. 8명이 마음을 같이하여 몰래 松木을 재단하여 배 하나를 만들어 聖像을 청해 삼가 배 위에 安置하고 각각 誓願을 말하고 그 觀音을 念하였다. 이에 西風이 부는 사이에 곧장 筑紫에 왔다. 朝廷이 듣고서 불러 일의 진상을 물었다. 天皇이 즉시 가엾게

여겨 좋아하는 곳을 말하게 하였다. 이에 越智直이 말하기를 「郡을 세워 섬기고 싶습니다」라고 하였다. 天皇이 許可하였다. 그런 후에 郡을 세워 寺을 짓고 즉시 그 像을 안치하였다. 그때부터 지금에 이르기까지 子孫이 계속 이어가며 歸敬하고 있다.…

2. 7世紀 地方豪族과 漢字文化의 受容

觀音寺遺跡 (德島縣德島市)은 8세기 阿波國의 國府 중심지에 위치하고 古墳時代 이래로 阿波國造 氏族의 本據地 가까이에 있는 유적이다. 이 유적에서는 7세기 第2四半期로 거슬러 올라가는, 『論語』(學而篇) 習書木簡을 비롯하여 「難波津의 歌」의 習書木簡, 万葉仮名로 訓을 표기한 「字書」를 기재한 木簡 등이 출토되어 주목받고 있다. 아직 律令的인 「國」이 形成되기 이전, 소위 「大化改新」보다 거슬러 올라가는 7세기 전반부터 阿波의 地方豪族이 독자적이면서 또한 적극적으로 한자와 유교를 도입하고 있었던 점을 알 수 있는 것이다. 아마도 倭國의 大王權力을 매개하지 않고 瀨戶內海를 経由하여 中國大陸·한반도의 정보와 긴밀히 연결되어 있었다고 하겠다.(德島縣埋藏文化財硏究會 『觀音寺木簡－觀音寺遺跡出土木簡－』 1999年)

18) 觀音寺遺跡(德島縣德島市) 出土木簡
  ◇·子曰學而習時不孤□乎□自朋遠方來亦時樂乎人不□亦不慍
  (左側面)
  (他面略) 길이(653)㎜·폭(25)·두께14㎜ 065型式
  ◇奈爾
  奈爾波ツ爾昨久矢己乃波奈 [(160)·(43)·6 019 ◇·]
  安子□比乃木較]

　또 日本古代의 대표적인 金石文인 700年(文武4)에 세워진 「那須
國造碑」(栃木縣 那須郡 湯津上村)를 보자. 「那須國造碑」에서는 東國
의 地方豪族인 那須國造 즉 那須直氏가 下野國(栃木縣)에 「安置」된
신라에서 온 渡來人을 통하여 7세기 말에 최신의 海外情報와 한자
문화를 적극적으로 수용하고 있었던 점을 추정할 수 있다.

　那須國造碑는 那須國造가 「評督」에 임명된 것을 강조하는 내용
이며 台石 위에 碑身을 올리고 笠石을 씌우는 정연한 형태를 갖추
고 중국 北朝風의 達筆 수준의 한자 그리고 儒敎古典에 정통한 한
문으로 구성되어 있다. 그 文頭에는 11年 전에 불과 반년 동안만
사용된 則天武后 시대의 元号 「永昌元年」(689年)이 기재되어 있다.
당시 遣唐使의 파견은 백강전쟁 敗戰 이후 30년간 정도 없었기 때
문에, 東國 下野國에 移配된 신라에서 온 渡來人(『日本書紀』)을 통
하여 대륙의 최신정보와 한자문화를 수용하였던 것으로 생각된다.
東國 內陸部의 地方豪族이 7세기 말에 최신의 外國文化를 적극적으
로 수용하고 있었던 것이다.

　7세기 후반에는 백제・고구려・신라로부터 온 渡來人들이 다수
東國(關東地方)에 「安置」되고 예를 들어 武藏國에는 뒤에 高麗郡・
新羅郡(新座郡) 등과 같은 渡來人 중심의 郡이 설치된다. 이들 渡來
人 중에는 僧侶 등 知識人들도 포함되어, 이러한 사람들이 關東地
方의 地方豪族・民衆들과 다양한 交流를 전개하고 있었음을 이 那
須國造碑에서 볼 수가 있는 것이다.

19) 那須國造碑(栃木縣那須郡湯津上村)
　◇永昌元年己丑四月飛鳥淨御原大宮那須國造

追大壹那須直韋提評督被賜歲次庚子年 ((700年) 正月
二壬子日辰節殄故意斯麻呂等立碑銘偲云爾(下略)

이처럼 7세기 日本列島 각지의 地方豪族들은 다양한 루트를 통하여 한자문화·유교·불교 등 동아시아의 先進文化를 主体的·積極的으로 수용하려고 하고 있었던 것이다. 地方豪族의 세계는 결코 閉鎖的이 아니라 日本列島 內外에 걸친 교류 속에서 최신의 국제정보와 선진문화의 導入에 적극적이었다. 이러한 地方豪族들의 存在를 전제로 함으로써 비로소 고대 일본의 律令國家가 7세기 후반이라는 短期間에 中央集權的인 官僚組織을 정비하는 것이 가능하였음을 이해할 수 있는 것이다.

V. 백강전쟁 이후의 동향

1. 渡來人의 영향

663年 백강전쟁 패전 전후의 과정에서는 다수의 백제나 고구려·신라 사람들이 日本列島로 亡命하거나 건너왔다. 665年(天智4) 8月에 백제에서 건너온 貴族들에 의해 소위 고대 朝鮮式山城이 축조된 점 등은 잘 알려져 있지만, 그 영향은 다방면에 걸쳐 있었다. 특히 백제에서 亡命해 온 貴族들은 중앙의 정치·문화에도 큰 영향을 주었다. 또 東國 등에 「安置」된 백제·고구려·신라에서 온 다수의 渡來人들은 각각의 땅에 새로운 문화·기술을 전하였다.
天智天皇이 後継者로 삼아 近江朝廷을 主宰하였던 大友皇子의 경우 브레인으로서 백제의 亡命貴族인 沙宅紹明·答鉢春初·吉太尙

·許率母·木素貴子 등의 이름이 알려지고 있는 점은 상징적이다.

또 天武天皇의 아들인 大津皇子는 文武에 뛰어나고 人望이 있는 皇子였는데 新羅의 僧 行心을 브레인으로 삼고 있었다. 뒤에 叔母인 持統天皇 (天武天皇의 皇后)이 자신이 낳은 草壁皇子에게 皇位를 繼承시키고자 하였기 때문에 大津皇子는 죽지 않으면 안되게 되었지만, 이 시대의 皇位繼承候補가 되는 有力한 皇子들의 브레인으로서 백제의 亡命貴族이나 신라의 僧의 존재는 일반적이었다. 다만 한편으로 그들이 官僚가 되기는 하였으나 大臣이나 議政官 (大夫)이 되는 일은 없었다.

20) 『懷風藻』大友皇子傳

나이 비로소 弱冠 (20歲), 太政大臣에 임명되어 百揆를 모두 다스려 보았다. 皇子는 博學多通하고 文武에 材幹이 있었다. 처음 万機를 친히 하는데, 群下가 두려워 服하고 肅然하지 않은 것이 없었다. 나이 23에 서서 皇太子가 되었다. 넓게 學士 沙宅紹明·答鉢春初·吉太尙·許率母·木素貴子 등을 초청하여 賓客으로 삼았다. 太子는 天性이 明悟하고 어려서부터 博古를 사랑하였다. 붓을 들면 문장(章)이 되고 말을 하면 論이 되었다. 이때 논의하는 자가 그 넓은 학문에 감탄하였다. 아직 날이 얼마 지나지 않았는데도 文藻(시문 능력) 나날이 새로워졌다. 壬申의 亂을 만나 天命을 다하지 못하였다. 이때 나이 25세.

21) 『日本書紀』天智 10年(671) 正月是月條(大友皇子太政大臣)

이달에 大錦下로써 佐平(百濟官位의 第一) 余自信·沙宅紹明〈法官大輔이다〉에게 수여하였다. 小錦下로써 鬼室集斯〈學職頭이다〉에 수여하였다. 大山下로써 達率 (百濟官位의 第二)谷那晋首〈兵法

에 밝다〉·木素貴子〈兵法에 밝다〉·憶禮福留〈兵法에 밝다〉·答
鉢春初〈兵法에 밝다〉·鉢日比子贊波羅金羅金須〈藥에 해박하다〉·
吉大尙〈藥에 해박하다〉·許率母〈五経에 밝다〉·角福牟〈陰陽에
밝다〉에게 수여하였다. 小山下로써 나머지 達率 등 50여인에게 수
여하였다.

22)『懷風藻』大津皇子傳

(大津) 皇子는 淨御原帝(天武天皇)의 長子이다. 신체 용모(狀貌)가
크고(魁梧), 인품 도량이 높고 깊었다. 幼年에 學을 좋아하고 博覽하
여 잘 문장을 지었다. 어른이 되어 武를 좋아하고 多力하여 劍을
잘 쳤다. 性이 매우 放蕩하여 法度에 구애되지 않고 節을 내려(자신
을 낮춰) 士를 예우하였다. 이로 인해 사람들이 많이 附託하였다.
이때 新羅僧 行心이란 자가 있어 天文 卜筮에 해박하였다. 皇子에
게 고하여 말하기를 「太子의 骨法 이것은 人臣의 相이 아닙니다.
이것을 가지고 오래도록 下位에 있으면 아마도 몸을 온전히 할 수
없을 것입니다」라고 하였다. 因하여 逆謀를 진행시켰다. 이 ?誤에
미혹되어 끝내 不軌(모반)를 꾀하였다. 嗚呼惜哉라. 그 良才를 가지
고 있으면서 忠孝로써 몸을 보전치 않고 이 악한 僧에 가까이 하여
끝내 戮辱으로서 스스로 죽었음이여. 古人이 交遊를 신중히 하는
뜻이 이로 인해 보면 깊도다. 이때 나이 24세.

2. 日本律令國家의 確立과 對外觀

白村江의 패전 후, 672年의 壬申의 亂을 거쳐 天武·持統天皇의
時代에 日本律令國家가 확립되어 간다. 壬申의 亂에서는 中央의 有
力貴族들이 모두 大友皇子(近江朝廷) 편에 붙었다가 그만 패배하였

기 때문에, 극히 소수 세력에서 출발하여 승리를 거둔 天武天皇 (大海人皇子)은 專制的인 權力을 수중에 넣을 수 있었다. 백강전쟁의 패전이 나타내는 對外的 危機感이나 大規模 戰亂이 된 壬申의 亂을 경험한 탓에, 「政의 要는 軍事」라고 하는 天武天皇과 그에 이은 持統天皇의 시대에는 中央集權的인 律令國家를 향한 움직임이 급속도로 빨라졌다. 律令의 編纂이 진전을 보아 689年에는 飛鳥淨御原令이 성립한다. 또 중국을 모방한 본격적인 宮都의 造營이 시작되어, 條坊制의 方格 플랜 하에 광대한 京域을 가진 藤原京(694~710)이 조영되어 有力한 皇族·貴族들을 京內로 集住시켰다. 天皇号에 대해서도 飛鳥池遺跡 出土 木簡에 天武天皇 時代에 「天皇」 記載가 보이는 것처럼 이 무렵 確立되었다고 생각된다. 게다가 國家意識의 고양에 따라 國史의 編纂이 이루어지고 大官大寺·本藥師寺 등 많은 國家的 寺院(官大寺)이 造營되었으며 또 한편으로는 독자적인 錢貨 「富本錢」이 주조되었다.

이리하여 중국의 先進的 支配 시스템인 律令이 土着的인 면을 여전히 짙게 남기고 있는 日本列島의 古代社에 도입되어 中央集權的인 國家組織이 실현되어 갔다. 다만 그 과정에서는 일본 律令國家가 列島 각지의 地方豪族들을 編成하여 가는 것이 전제로서 필요하였다. 地方豪族들이 독립성이 남아 있는 國造에서 中央集權的인 地方統治組織을 담당하는 地方官僚로서의 郡司로 변해 감으로써 비로소 일본 律令國家가 형성될 수 있었던 것이다.

그 무렵 地方豪族 쪽에서는, 配下에 있는 有力家族層이 勃興해 옴에 따라 各地域에서 스스로의 支配基盤을 확충하기 위하여 적극적으로 律令國家에게 접근해 갔던 것인데, 동시에 다수의 地方豪族이 체험한 對外的·國家的인 危機感이 日本 律令國家形成을 앞당겼다고 할 수 있겠다. 백강전쟁 패전에 따른 대외적 危機感에 촉발되어 일본 律令國家의 확립이 이루어져 갔던 것이다.

그런데 일본 律令國家는 중국의 中華意識을 모방하여 觀念上「小中華帝國」을 지향하고 있었음을 지적할 수 있다. 平城京(710~784年)에서는 宮都를 大規模로 장엄하게 하고 거기서 국내의 중앙·지방의 豪族·民衆(臣·連·伴造·國造·百八十部·百姓) 뿐만 아니라 外國使節·「蝦夷」·「隼人」 등도 대상으로 한 儀礼를 전개하였다. 백강전쟁의 패전과 함께 건너 온 百濟의 王族을 「百濟王」氏로 삼아 위치지워 포섭하고 또 신라에 대해서 「朝貢國」으로서의 위치를 부여하려고 하는 등의 국가로서의 對外觀이 인정된다. 이러한 한반도 諸國에 대한 「優位觀」의 배경으로서, 7세기에 전개한 백제·고구려의 對唐·신라와의 싸움, 그리고 백제·고구려 멸망 후 신라의 唐에 대한 暗默의 싸움이 倭·日本에 좀 「利」를 가져다준 것이 그 배경에 있는 것은 아닐까?

3. 長屋王·聖武天皇과 백강전쟁 패전의 殘映

751年에 성립한 日本古代의 漢詩文集 『懷風藻』 속에는, 문화·문학 살롱이기도 하면서 때로 外國使節인 新羅使 등을 환영하는 향연이 베풀어진 8세기 초 長屋王의 邸宅에서 지어진 漢詩가 많이 수록되어 있다. 그리고 거기에 보이는 長屋王邸에 드나든 文人들 중에는 渡來系 文人의 이름도 자주 보인다. 그 중에는 백강전쟁 패전 후 668年에 高句麗가 滅亡하였을 때 渡來해 온 肖奈王氏의 아들 肖奈行文 등이 있었다. 또 平城京 左京 三條二坊(奈良縣奈良市)에서 발굴된 長屋王 邸宅에서 出土된 長屋王家木簡 중에는「渤海」「交易」이라고 習書한 것도 보여, 長屋王은 外國使節과도 積極的으로 교류하는 大臣이었다. 일본에 불교의 戒律을 전한 唐僧 鑑眞의 傳記

『唐大和上東征傳』(779年, 淡海三船著)에 의하면 鑑眞이 처음 가지고 있던 일본에 관한 얼마 안되는 지식 중의 하나가 日本國의 長屋王이 중국의 僧侶들을 위해 千枚의 袈裟를 증정하고 그 옷깃에 아름다운 문장이 자수로 쓰여져 있다고 하는 것이었다고 한다. 약소한 것이지만 일본에서 간 遣唐使가 반드시 일반적으로 문화를 수입하지 만은 않았다는 것을 보여주는 기사라고 하겠다. 長屋王은 동아시아에서 이름이 알려질 정도로 국제적인 문화환경 속에서 살았던 貴族이었다. 그리고 그 일환으로서 渡來系 사람을 포함한 文人들이 모이는 長屋王邸 문화살롱이 있었던 것이다.

또 721年(養老5)에 皇太子 시절의 聖武天皇 (首親王)의 侍者로서 16인의 文人들이 선발되고 있다(『續日本紀』). 그 중의 6인은 新羅留學 경험자, 遣唐使로서의 渡唐 경험자, 그리고 百濟系 渡來氏族의 일원 등 唐과 한반도 諸國과 관계를 가지고 있는 사람들이었다. 특히 樂浪河內는 백강전쟁에서 패전하는 663年에 백제에서 건너 온 沙門詠의 아들로서 大學頭에까지 오른 사람이고 (『續日本紀』 神護景雲 2年 6月 庚子條), 백강전쟁 때 백제에서 온 渡來人들의 文化的 影響의 殘映을 볼 수가 있다. 奈良의 正倉院에 남아 있는 正倉院宝物 중에 많은 舶來品의 존재로 인해, 聖武天皇 宮廷의 국제적 문화환경을 잘 알 수가 있는데, 장기간 留學을 마치고 唐에서 귀국한 留學僧·留學生인 玄昉과 吉備眞備를 重用하였던 것처럼 聖武天皇의 주위에는 인적(人的)으로도 國際的 環境이 存在하고 있었던 것이다.

다만 7세기에 한반도에서 渡來해 온 사람들과 鑑眞처럼 唐에서 渡來해 온 사람들이 차지하는 비율은 국제적 위기가 일단 해소되는 8세기에는 점차 減少하고 일본에서 해외로 나가는 遣唐使·遣新羅使·遣渤海使의 역할이 증대하였다고 할 수 있겠다.

23) 『唐大和上東征傳』

　　大和上이 답하여 말하기를, 「옛날에 듣건대, '南岳의 惠思 禪師
가 遷化한 후, 倭國의 王子에게 託生하여 佛法을 융성하게 일으키
고 衆生을 濟度하였다'고 하였다. 또 듣건대, '日本國의 長屋王이 佛
法을 崇敬하여 千의 袈裟를 만들어 이 나라의 大德·衆僧에게 來施
하였다. 그 袈裟의 緣上에 수를 놓아 나타내는 四句에 말하기를
『山·川·域을 달리한다 해도, 風·月·天을 같이 하고 있다. 여러
佛子에 寄하여 함께 來緣을 맺는다』고' 한다. 이것을 가지고 思量하
건대 진실로 이야말로 佛法興隆, 有緣의 國이다. 지금 我의 同法의
무리 중에서 누가 이 遠請에 응하여 日本國으로 향하여 法을 전할
者 없는가?」이때 衆들은 默然하여 한 사람도 대답하는 者가 없었
다.

24) 『懷風藻』長屋王關係の詩人たち

　　「宴長王宅」…境部王(天武天皇孫) ,
　　「秋日於長王宅宴新羅客」…山田三方(渡來系. 僧으로서 新羅에
서 배우고 뒤에 還俗), 肖奈行文(高句麗 滅亡時 渡來한 肖奈王氏의
子), 刀利宣命 (百濟渡來系), 下毛野虫麻呂(大學助敎, 文章博士), 安倍
廣庭, 吉田宜(祖는 加耶의 吉氏, 僧에서 還俗), 藤原總前 ,
　　「初秋於長王宅宴新羅客」… 調古麻呂(渡來系)
　　「晚秋於長王宅宴」… 田中淨足
　　「於宝宅宴新羅客」「初春於作宝樓置酒」… 長屋王
　　「初春於左僕射長王宅讌」… 百濟和麻呂(百濟渡來系)
　　「於左僕射長王宅宴」… 箭集虫麻呂(明法博士 , 養老律令撰修)
　　「春日於左僕射長王宅宴」… 大津首(僧으로서 新羅에서 배우고
뒤에 還俗. 陰陽頭), 塩屋古麻呂(養老律令撰修)

「秋日於左僕射長王宅宴」 … 藤原宇合

「初春在竹溪山寺於長王宅宴追致辭」 … 釋道慈(701年 遣唐留學僧)

25)『續日本紀』養老 5年(721) 正月庚午條

①從五位上佐爲王, ②從五位下伊部王, ③正五位上紀朝臣男人・
④日下部宿禰老, ⑤從五位上山田史三方, ⑥從五位下山上臣憶良・
⑦朝來直賀須夜・⑧紀朝臣淸人, ⑨正六位上越智直廣江・⑩船連大
魚・⑪山口忌寸田主, ⑫正六位下樂浪河內, ⑬從六位下大宅朝臣兼
麻呂, ⑭正七位上土師宿禰百村, ⑮從七位下塩屋連吉麻呂・⑯刀利
宣令 등에게 詔를 내려, 退朝한 후 東宮(皇太子首親王＝聖武天皇)을
모시도록 하였다.

여기서 皇太子 首親王(뒤에 聖武天皇)에 近侍하게 된 文人들은
모두 漢詩・和歌・學業 등에서 이름 높은 사람들이다. 이 중 唐과
韓半島 諸國과 관련 있는 사람은 다음과 같음.

⑤山田史三方은 新羅 留學 経驗이 있고『懷風藻』에 大學頭로서
지은 漢詩가 보이며『藤氏家傳』藤原武智麻呂傳에도「文雅」로서 반
열에 이름을 올리고 있다.

⑥山上臣憶良은『万葉集』의 歌人으로서 유명하고 遣唐使 少錄으
로서 渡唐 経驗이 있다. ⑩船連大魚은 百濟系 渡來氏族 船連氏의
일원.

⑪山口忌寸田主도 倭漢氏이 한 갈래인 山口忌寸氏의 일원.

⑫樂浪河內는 663年(天智2)에 백제에서 온 沙門 詠의 아들로서
大學頭에까지 오름(『續日本紀』神護景雲 2年 6月庚子條),『藤氏家
傳』藤原武智麻呂傳에도「文雅」로서 나온다. 父인 沙門 詠은 白村
江 敗戰의 해인 663年에 百濟에서 渡來하였다.

⑯刀利宣令은 百濟 渡來氏族 刀利氏의 일원임 (『續日本紀』天平
宝字五年三月庚子條)

26) 『藤氏家傳』下卷 藤原武智麻呂傳 天平시대의 文人
    風流侍從 六人部王・長田王・門部王・狹井王・櫻井王・石川君
子・阿倍安麻呂・置始工宿儒守部大隅・越智廣江・肖奈行文・箭集
虫麻呂・塩屋吉麻呂・栖原東人文雅紀淸人・山田御方・葛井廣成・
高丘河內・百齊倭麻呂・大倭小東人
    方子   吉田宜・御立吳明・城上眞立・張福子
    陰陽   津守通・余眞人・王仲文・大津首・谷那康受
    曆算   山口田主・志紀大道・私部石村・志斐三田次
    呪禁   余仁軍・韓國廣足
    僧綱   神叡・道慈

VI. 맺음말

  7세기의 日本列島에서는 중앙의 貴族 뿐만 아니라 地方豪族까지
도 선진적인 외국문화를 적극적으로 수용하려고 하고 있었다. 그러
는 중에 663년의 백강전쟁 패전은, 참전한 많은 地方豪族들이 국가
적 集中의 필요성을 자각하고 中央集權的인 律令國家가 확립되어
가는 과정에서 큰 역할을 하였다. 古代國家가 확립되는 과정에서는
國家意識의 昂揚과 함께 貴族 사이에 「小中華意識」이 퍼지는 한편,
우수한 외국문화를 排他的으로 排除하는 일이 없었고, 또 기대를
안고 中國大陸이나 한반도로 건너가는 사람들도 많았다. 또 渡來해
온 사람들을 異端視 하지 않고 접하는 사회적 기반도 고대 일본의

정치·문화의 형성에 큰 영향을 주었다고 생각된다.

번역/ 이재석(고려대학교)

참고문헌

石母田正,『日本の古代國家』, 岩波書店, 1970年
沖森卓也·佐藤 信·矢嶋泉,『藤氏家傳 鎌足·貞慧·武智麻呂伝 注釋と研究』,
　　吉川弘文館, 1999年
岸 俊男,「防人考」,『日本古代政治史研究』, 塙書房, 1966年もと 1955年
鬼頭淸明,『日本古代國家の形成と東アジア』, 校倉書房, 1976年
鬼頭淸明,『白村江』, 敎育社歷史新書, 1981年
鬼頭淸明,『大和朝廷と東アジア』, 吉川弘文館, 1994年
佐藤 信,「古代の『大臣外交』についての一考察」,『境界の日本史』, 山川出版社,
　　1997年
佐藤 信 編,『律令國家と天平文化』(日本の時代史4), 吉川弘文館, 2002年
佐藤 信,『出土史料の古代史』, 東京大學出版會, 2002年
佐藤 信 編,『日本と渤海の古代史』, 山川出版社, 2003年
鈴木靖民,『古代對外關係史の研究』, 吉川弘文館, 1985年
遠山美都男,『白村江』, 講談社現代新書, 1997年
德島縣埋藏文化財研究會,『觀音寺木簡－觀音寺遺跡出土木簡－』, 1999年
森 公章,『「白村江」以後』, 講談社選書メチエ, 1998年

白江戰爭과 古代 동아시아

新川登龜男 일본 와세다대학 교수

I. 머리말

663년에 백제(故地)의 백강에서, 이른바 당·신라 연합군과 백제
(유민)·왜 연합군이 장렬한 전투를 행하고, 후자가 패퇴하였다는
것은 큰 줄기의 역사적 사실이지만 이것을 둘러싼 사료의 기술에는
다양한 측면을 살필 수 있다. 이것은 이 싸움이 객관적인 사실과
평가에 수렴되는 것이 아니며, 또 우리가 객관적인 유일의 사실과
평가를 이 싸움에서 구하려고 하는 것이 반드시 적절하지 않다는
점을 시사하고 있다고 생각된다. 즉 이 전투는 각각의 관계국(당·
백제·고구려·신라·왜 등)과 각각의 집단·개인에 있어서 등질적
인 것이 아니다. 각각 비중이 다른 다양한 성격을 가지고, 또한 그
렇게 기억된 것이어서, 이 다양성 속에서 당시 동아시아 세계의 현
실을 직시하지 않으면 안되며, 또 그 실상을 되찾아야만 할 것이다.

여기에서는 그 다양한 全體像에 다가가는 준비로서 혹은 그 시각을
제공한다는 의미에서, 우선 각각 중요한 사료의 記述과 無記述의
상태에 주목하고, 그 문제점과 앞으로의 전망에 대하여 논의해 보
고자 한다.

II. 중국측의 주요 사료

첫째는 『구당서』(945년 편찬)의 경우이다.

(1) 『구당서』 권4 본기 高宗 上
용삭 3년(663)조에는 관계기사가 전혀 존재하지 않는다. 다만, 현
경 5년(660) 조에는, 백제 평정 기사가 중요한 사안으로 존재한다.

(2) 『구당서』 권 84 열전 34
유인궤전에는 현경 5년(660)의 백제 평정(고구려에의 출병도 있
음)조에 걸쳐 관련기사가 존재한다. 즉 백제부흥군의 왕이 된 부여
풍(왜에서 맞이한 것에 대해서는 일체 기술이 없다)이 복신을 살해
하고 또 고구려와 왜에 請兵한 것을 기록한 후, 唐將 孫仁師와 帶
方州 자사 유인궤 등의 의론(가림성과 주류성의 어디를 먼저 공격
할 것인가)의 결과, 유인궤의 주장인 주류성 공격이 결정되었다고
한다. 여기에서 손인사와 百濟府(사비?)城 鎭守의 당장 유인원, 신라
문무왕 등이 이끈 육군이 진격하고, 아울러 유인궤, 부여륭(현경 5
년에 투항하여 당에 들어간 백제 의자왕의 태자)이 수군과 糧船을
이끌고 웅진강에서 백강으로 와서 육군과 합류하여 주류성으로 향
하고자 했다. 그리고 유인궤(수군)는 '왜병'과 '白江之口'에서 만나

네 번을 싸워 네 번을 모두 이기고 배(왜측) 400척을 불태웠는데 연기가 하늘에 가득하고 바닷물은 시뻘겋게 물들어 '賊衆'은 대패하였다고 한다. 여기에서 부여풍은 도주하고, 그의 보검이 포획되었다. 뒤이어 王子 扶餘忠勝·忠志 등이 士女 및 '倭衆'과 함께 탐라국 사신을 이끌고 당군에 투항하고 백제의 諸城은 임존성을 제외하고 모두 귀순했다고 한다.

(3) 『구당서』권 109 열전 59

흑치상지(백제 西部人)전에는 현경 5년 백제 평정시 그는 '所部'를 이끌고 당군에 투항하던 중 도망하여 임존산에 웅거하여 3만여 명의 무리를 모아 격렬히 저항하였다고 하였다. 용삭 3년이 되어 당 고종 使者의 초유에 의하여 당군에 투항하고 당에 들어갔다고 한다.(그러나 백강구전쟁에 대한 언급은 없다)

(4) 『구당서』199 상 열전 149상 고려전에는 당해 기사는 존재하지 않는다.

(5) 『구당서』199 상 열전 149상

백제국전에는 용삭 2년(662) 7월조에 걸쳐 관련 기사가 있다. 즉 부여풍이 복신을 살해하고 또 고구려와 왜국에 사자를 보내 청병했는데 孫仁師가 도중에 이를 요격했다고 한다. 이어 손인사, 유인원, 신라 문무왕 등이 육군을, 유인궤와 부여풍은 수군과 糧船을 이끌고 웅진강에서 백강으로 가서 육군과 합류하여 주류성으로 향하고자 했다. 그리고 유인궤(수군)는 '부여풍의 衆'과 '白江之口'에서 만나 네 번을 싸워 네 번을 이기고 배 400척을 불태우고 '賊衆'은 대패했다고 한다. 여기에서 부여풍은 도주하고, 王子 扶餘忠勝·忠志

등이 士女 및 '倭衆'을 이끌고 당군에 투항하고 백제의 諸城은 모두 귀순했다고 되어 있다.

(6) 『구당서』 199 상 열전 149상
신라국전에는 당해기사는 없다. 다만 용삭 3년조에는 신라가 당에 의하여 계림주도독부가 되고 법민(문무왕)이 계림도독이 되었다고 하였다.

(7) 『구당서』 동권 동열전 왜국전 및 일본국전에는 당해 관련기사가 전무하다.

두 번째는 『신당서』(1060년 편찬)의 경우이다.

(1) 『신당서』 권 3
고종 용삭 3년 9월 무오조에, 손인사 및 백제가 '백강'에서 싸우고 패배 시켰다고 하였다.

(2) 『신당서』 권 108
유인궤전에서는 연대는 불명확하지만 백제 평정 기사의 일환으로 기본적으로는 『구당서』 같은 傳의 당해 기사를 抄出・改編(記述로서는 劣化)하고 있다. 즉 부여풍이 복신을 살해하고 고구려와 왜에 구원을 요청했다는 것, 손인사 이하의 육군과 유인궤 등이 '웅진 백강'에서 합류하고, 다시 '왜인'과 '白江口'에서 만나 4전 전승하고 400척을 불태웠다는 것, 부여풍은 도주하고, 그의 보검이 포획되었다는 것, 王子 扶餘忠勝・忠志 등이 무리와 '倭人'을 이끌고 당군에 투항했는데, 임존성만은 항복하지 않았다는 것이 기록되어 있다.

(3) 위의 책 권 110, 열전 35 흑치상지전에도, 기본적으로는 『구당서』와 비슷하다. 용삭 년간에 그는 당 고종의 회유에 의하여 유인궤에게 투항하고 당에 들어갔는데 역시 백강전쟁에 대한 언급은 없다.

(4) 『신당서』 권 220 열전 145
고려전에는 『구당서』와 달리 현경 5년 당에 의한 백제 평정을 기록하고 있지만, 백강전쟁에 대한 기록은 역시 존재하지 않는다.

(5) 위와 같은 책, 같은 열전의
백제전도 큰 줄거리는 『구당서』에 따라 용삭 2년 7월조에 걸쳐 관련 기사를 싣고 있다. 즉 부여풍이 복신을 살해하고 또 고구려, 왜와 화친하고자 하였다는 것, 유인원 등이 步騎를 이끌고 유인궤가 수군을 이끌고, 함께 웅진강에서 나아가 주류성으로 향하였는데 '부여풍의 衆'이 '白江口'에 집결하고 있어서 그들과 네 번을 싸워 이기고 배 400척을 불태웠다는 것, 부여풍은 도주하고, 王子 扶餘 忠勝 · 忠志 등은 殘衆 및 '倭人'을 이끌고 당군에 투항했다는 것 등이 기록되어 있다.

(6) 위와 같은 책, 같은 열전의
신라전에는 『구당서』와 같이, 당해 기사는 존재하지 않는다. 다만 용삭 원년조에 걸쳐 무열왕의 죽음, 문무왕의 즉위, 계림주 도독부의 성립, 문무왕이 그 도독에 취임한 것을 정리하여 기재했는데, 대단히 杜撰의 記述이다.

(7) 위와 같은 책, 같은 열전의
일본전에는 『구당서』와 같이, 당해 기사는 존재하지 않는다.

셋째는, 『자치통감』(1084년 편찬)의 경우이다.

(1) 『자치통감』 권 201, 唐紀 17

고종 용삭 3년 9월 戊午條는 『신당서』 본기의 해당 기사에 의거, 손인사가 '百濟餘衆' 및 '倭衆'을 '백강'에서 격파하고, 주류성을 공략했다고 하였다. 그에 뒤이어 관련기사를 기록해가는데, 기본적으로는 신구 『당서』의 범위를 넘지 않는다.

넷째는, 금석문의 경우이다.

(1) 정림사지 5층탑의 唐平濟碑銘文은 660년의 것이어서, 당해기사는 존재하지 않는다.

(2) 당유인원기공비문은 용삭 3년(663)의 성립이 아닐까 보여지고 있다. 특히 660년의 부여 함락후 유인원이 '都護兼知留鎭'에 취임, 신라 문무왕의 '少子 金泰'가 파견되어 이를 보좌한 것, 그후 '반역'한 백제측의 '괴수' 승 도침과 복신이 '狂狡'를 '招集'하여 격렬히 항전한 것, 이에 대하여 '유장군'이 連戰한 것을 기록하고 있는데, 비문의 그 다음은 결손으로 읽기 어려운 상황이다. 혹은 그 다음에 백강전쟁의 기술이 있을 가능성도 있지만, 이 전투에 유인원이 직접 가담하지 않았다고 한다면 기술이 존재하지 않을 가능성도 있다.

(3) 백제 태자 부여륭의 묘지명문(682년)이다. 부여륭은 백강전쟁에 직접 참여한 인물로 되어 있다. 그러나 백제의 멸망에 의하여 포로로 당에 연행되었다는 식의 기술은 하지 않고, 스스로 '逆順'을

알고 당(황제)의 仁에 귀부하여 당으로부터 '포상' 승진되어, 位는 '列卿'이 되고 '榮貫蕃國' 한 것으로 되어 있다. 이어, 그후 '馬韓餘燼'은 '狼心'을 '고치지 못하고' '遼東之浜'에 '鴟張'하고, '丸山之城'에서 '蟻結' 했기 때문에 당은 부여륭을 '웅진도독' '百濟郡公'으로 하고, '웅진도총관겸 馬韓道按撫大使'가 삼아 그 인물에 기대했다고 한다. 그러나 백강전쟁에 대한 기술은 전혀 존재하지 않는다.

(4) 구백제인 흑치상지의 묘지명문(699, 중국 하남성 낙양, 현 남경박물원)에 당해 기사는 존재하지 않는다. 단, 660년에 당의 소정방에 의해 백제가 멸망하고, 부여융과 함께 당에 들어갔다고 되어 있을 뿐이며, 백제 멸망후 항전한 것은 쓰여있지 않다.

(5) 王行則寶塔碑文(665년, 중국 산동성 福山 부근)은, 일본의 圓仁이 기록한 『입당구법순례행기』 개성5년(840) 2월 28일조에 보이고, "王行則者 奉勅 征伐東藩 沒落 同船一百餘人 俱被賊擒 送之倭國 一身逃竄 有遇還歸 麟德二年 九月十五日 造此寶塔"이라는 비문 (혹은 그 내용)이 존재했다고 한다. 이 王行則은 백제 침입 당군의 일원이자 포로로서 왜에 보내졌으나, 탈출하여 귀국, 2년(665)안에 죽었다는 것이다. 아마 『일본서기』 제명 6년(660) 10월조와 동 7년 11월 조 分注에 보이는 '唐俘 1백여 인' '唐俘 106 口' 안에 그가 포함되어 있었을 것이다. 즉, 백제의 복신이 660년에 왜에 보낸 당의 포로의 한사람이었다는 것이 되며, 백강전쟁이전의 단계의 일이 된다.

Ⅲ. 중국측의 인식과 기억화

　이상, 주요한 중국측의 사료를 소개했다. 그 결과, 결국 다음과 같은 점을 지적할 수 있다. 우선, 사료로서는 역시 『구당서』가 잘 완성되어 있으며, 그 다음에는 이것을 개편하고 계승, 혹은 일부에서 新記述을 추가하든지, 편년화의 시도가 행해졌다. 두 번째로 『구당서』 본기에서와 같이 백강전쟁보다도 그 이전의 백제멸망, 즉 唐將 소정방이 백제의 의자왕과 태자융 등의 백제 왕실의 사람들과 주요한 장군들을 당에 데리고 돌아가는 동시에 백제땅에 5도독부를 설치한 것이 당에 있어서는 무엇보다도 획기적인 일이었다. 바꾸어 말하자면, 그 후의 백강전쟁은 당에 있어서는 어디까지나 百濟 유민과의 싸움의 일환(최종적으로는 고구려 멸망과도 긴밀한 관계가 있다)이며, 부여륭을 새롭게 당군의 장군(웅진도독이 된다)으로 삼아 그 백제 유민을 진무하는 활동중의 일부에 불과했다.

　셋째로, 백강전쟁은 분명 백제멸망후의 부흥군이나 '거짓 백제'와의 전쟁의 일부였으며, 또 '왜병'과의 교전이기도 하였으나, 그 싸움 자체에 대해서는 신구 『당서』의 경우, 크게 나누어 두 가지 인식이 존재했다. 그 하나는 백제전에 보이는데, 거기에서는 어디까지나 백제 내지 백제왕실의 부여풍 軍과의 싸움으로 되었고, 아무튼 백제의 역사 그 자체의 '餘燼'으로 보여졌다. 이것이 백제전의 기본적인 특징이며, 당군들이 교전한 것은 어디까지나 백제왕을 자칭한 부여풍의 군사이며, 왜군이 아니었다. 왜병은 부여풍의 수하에 불과했던 것이다. 또 고려전과 신라전, 그리고 왜국·일본(국)전에는 백강의 전투는 기록되어 있지 않다. 적어도 신라군이 관여하고 왜군도 직접 교전했음에도 불구하고, 동이전에 있어서는 백제 이외의 역사로서는 인식되지 않았던 것이 된다.

이것에 대해, 이 전쟁에 관한 또 하나의 인식은, 유인궤전에 보이는 것으로서, 여기에서는 어디까지나 왜군과의 싸움이 주체이며, 부여풍의 군은 도리어 이 왜군의 부수적인 존재로서 나타나 있다. 그러나 이와 같은 인식이 동이전이 아닌, 개인의 열전에 보이는 것에 주의하고 싶다.

여기에서 네 번째로, 신구 『당서』 유인궤전이, 돌출해서 백강전쟁을 기술하고 있는 문제점을 지적해두고자 한다. 원래 유인궤전에 의하면, 그는 672년에 「國史」를 감수하는 임무를 맡고, 그 사이에 신라에 출병한 다음 675년에 다시 그 임무를 맡았다. 그는 685년에 84세로 죽었으나, 스스로 隋末의 亂 이후의 견문을 집성하여 「行年記」를 써 남겼고, 그것은 대대로 유포되었다고 한다. 또 그의 손자인 髦은, 개원년간(713 - 741)에 조부의 비를 세웠다고 한다. 『全唐文』 권 158에는 그의 글이 4편 정도 실려있다. 이로부터 추측하건대, 그의 업적과 紀功은 그대로 문장화되어서 후세에 남겨진 것일 것이다.

그러나 유인궤전의 일이 백강전쟁의 기록에 남은 것은, 말할 필요도 없이 그 자신이 이 싸움에서 주도적인 역할을 수행하였기 때문일 수밖에 없다. 예를 들면 백제부흥운동에 있어서 흑치상지도 교전하고 있으나, 그의 열전에 백강전투가 등장하지 않는 것은, 그 자신이 백강전쟁이라는 한정된 현장에 있지 않았기 때문일 것이다. 백강전쟁은 백제부흥운동의 전체의 싸움 중의 한 국면에 지나지 않는다는 것이다. 다만 이 전쟁에 참여하였을 부여풍의 墓誌에 그 일이 구체적인 형태로 쓰여있지 않은 것은, 묘지라는 한정된 제약에 의한 것인가, 혹은 싸움의 현장 내지 그 주변에 있어서 그 행동과 역할이 미약했을 가능성도 있다. 한편 유인원기공비의 後段 缺損은 아쉽지만 이 碑에 백강전쟁의 記述이 있었는지 여부는, 이 전투의 현장에 그가 있었는지를 판단하는 근거가 될 수 있는 것이다. 다만 유인궤전이나 백제전에 의하면 유인원은 백강전쟁에 직접 참여하지 않았을 가능성도 충분히 생각할 수 있다.

　이와 같이 보면, 중국(당)측에 있어서 백강의 싸움을 직접 승리로 이끈 주역은 유인궤의 군이었다고 인식되고 있었던 것이 된다. 분명 소정방은 660년의 백제 멸망 후, 즉시 백제 땅을 떠나 당에 돌아간 후, 이번에는 고구려에 군을 나아가게 했다. 백제 땅을 떠난 그는 유인원을 백제 府城의 鎭將으로 남겼으며, 왕문도가 새로 웅진도독으로 백제에 부임해 왔다. 그러나 왕문도는 바다를 건너 病死하고, 대신 유인궤가 대방주 자사로서 백제에 부임하고, 손인사도 유인원의 요구에 응하여 □州·靑州·萊州·海州의 황해 연안지역 7천 명의 병을 데리고 바다를 건너 함께 신라에 연대하면서 백제 부흥운동의 강한 저항에 직면하게 되었다. 즉, 백제멸망 이후 백제 故地에 있어서는, 유인원과 손인사 그리고 유인궤가 당측의 주요한 지도자였던 것이다. 그리고 그들 중 손인사, 유인원과 신라 문무왕의 군이 함께 진군하고, 유인궤의 군은 부여륭의 水軍·糧船과 연대하면서, 최종적으로는 모두 주류성 공격에 향하던 도중, 유인궤의 군이 특히 백강 전쟁을 낳고, 승리로 이끌었다고 보았던 것이다. 그리고 이 싸움 이후, 백제 부흥운동군의 투항을 보고, 손인사와 유인궤는 당에 돌아가고, 유인궤 혼자 군사를 이끌고 백제 고지에 남게 되었던 것이다.

　그러나 유인궤의 特筆은, 이것만의 이유에 의거하는 것이 아니다. 같은 전에 의하면, 유인원의 발언은 백제고지에서의 싸움 전체를 승리로 이끌었다. 즉, 당(황제)의 최종 목적인 고구려 멸망을 위해서는, 안이하게 군사를 고구려에 향하게 할 것이 아니라, 백제 부흥군의 진압을 우선 행해야 한다는 주장이다. 그리고 본국을 향해 백제 땅에의 강한 관심을 촉구하고, 아울러 '백제 유민'(비전투집단)의 생업 안정화와 唐軍의 안정적 주둔(당의 도독부 체제의 안정, 恒常化이며, 百濟 一國의 再興을 부정하는 것)을 촉진하는 것을 역설하고, 그것을 어느 정도 시행에 옮겼다. 또 軍議에 있어서도 주도권을 쥐고, 그 결과가 백강에서의 전쟁을 낳게 되었다.

더욱이 그는 백강전쟁 이후, 북(고구려방면)으로 탈출한 부여풍의 동생인 부여용이 왜에 도주한 것을 중요하게 보고(다시 왕으로서 백제고지에 영입될 가능성을 두려워했다), 고구려에 대하는 것과 동시에 왜에 대해서도 경계심을 강하게 하였다. 또한 이것에 호응하여 장비와 전의 등에 있어서 현저히 약체화한 당군의 실체를 잘 꿰뚫어보고, 그 보강과 구원을 본국에 호소하였는데, 이것은 황제가 받아들였다. 여기에, 다시 유인원이 새로운 군사를 이끌고 바다를 건너, 피폐한 기존 주둔군과 교대함으로써 유인궤는 비로소 본국에 돌아가게 된다. 그리고 잠시 부여용이 웅진도독으로 당으로부터 부임하고 있다.

유인궤가 본국으로 처음 돌아간 것은 665년이었다. 이 해, 웅진성에서는 유인궤에 의해 지어진 盟文에 의하여 故百濟의 부여용과 신라 문무왕과의 사이에 백마의 맹약이 맺어졌다. 특히 유인궤는 신라·백제·탐라·왜의 酋長을 데리고 귀국하여 高宗의 泰山 封禪의 儀에 나아가고 있다. 또 유인궤는 660년의 백제 멸망 후, 어떤 당군의 장수보다도 오래 백제고지에 남아(5~6년간), 문무왕과 함께 백제정책에 전념한 인물이었다. 그것은 그가 처음 백제고지에 들어갈 때부터 품고 있던 강한 의사와 기대에 의해 뒷받침된 것이었던 듯 하며, 열전에 의하면 "하늘이 이 늙은이에게 부귀를 내리려 하고 있다"고 감탄하면서 흥분하여 바다를 건넜고, 그때에 50대 후반의 '늙은이'였던 그는, 唐曆과 七廟諱를 채용할 것을 결의하고 부임했다고 여겨지고 있다.

이와 같은 유인궤의 구체적인 교전(승리) 사실과 백제 멸망후 5~6년 간 그가 백제정책에 전념한 실적과, 그리고 그 자신(자손도 일부 포함)에 의한 뛰어난 記錄化에 의해, 백강전쟁은 중국(당)측에 인식되어 기억되고 있었던 것이다. 그것은 동시에, 이 구체적인 전투의 현장(전장)이 어디까지나 왜군과의 교전이었으며, 그 전후에도 왜를 강하게 의식하지 않으면 안되었던 유인궤(그 주변과 자손까지도 포함)의 구체적이고 사적인 경험에 기초하는 점이 컸다고 사료된다.

Ⅳ. 『삼국사기』의 記述을 둘러싼 문제

『삼국사기』는 현존하는 한반도 最古의 관찬 사서로, 1145년에 성립된 것이다. 신라, 고구려, 백제의 삼국의 역사를 편집한 귀중한 편찬물이지만, 그 편찬 시기는 반드시 오래된 것은 아니며, 중국측의 사서인 『신당서』『자치통감』의 성립보다도 반세기 이상이나 뒤의 편찬물이 된다. 그러나 통일신라, 고려왕조에 이어지는 한반도사 안에서, 백강전쟁이 어떻게 기록되었고 기억되었는가를 알 수 있는 소수의 완성된 사료집임은 물론이다. 거기에서 이하 그 중요한 점을 확인해 가도록 하겠다.

첫째, 고구려본기의 경우이다. 이 본기에서는 보장왕 21년(662) 정월조의 기사(唐將 소정방의 군이 평양 포위를 풀고 퇴각한 일 등)에서, 동 24년 (666)조의 기사(泰山 封禪에의 참가, 연개소문 사망 관련의 일 등)까지의 기간은 공백으로 되어 있다. 이 사이에는, 백제멸망 전후의 백제문제(백강전쟁도 포함)가 긴박화 하여 확실히 중국측의 사서에도 고구려 그 자체의 기사는 남아있지 않다. 따라서, 어떻든 백강 전쟁의 기사는 당연히 존재하지 않는다.

둘째는, 백제본기의 경우이다. 이 본기는 백제의 역사로서 당연한 일이기도 하나, 의자왕 20년(660) 2월조에 걸쳐 당에 의한 백제 평정 혹은 백제멸망에 관한 일련의 기사를 싣고 있으며, 종합하여 백제 부흥운동의 시작을 기술하고 있다. 이것에 이어 본기는 당의 연호를 채용하기 시작하였고(용삭 원년/ 661에서 시작된다), 용삭 2년(662) 7월조에 걸쳐 백강전쟁 기사를 다루고 있다. 이 편년은 신구『당서』백제전 등에 따른 것이며, 당해 관련기사에 관해 말하자면, 우선 유인원·유인궤의 군이 복신을 웅진의 동쪽에서 격파하고, 신라에서의 길(兵糧通路)을 회복시켰으며, 손인사의 원군도 도착하여 당·신라군의 사기가 높아지게 되었다. 한편 부여풍이 복신을 습격한다고 하는 백제측의 내분 기사는, 대부분『구당서』백제전에 의거한 것이다. 가림성과 주류성의 어느 쪽을 먼저 공격할 것인가 하는 전략에 대한 기사는『신당서』유인궤전에 주로 의거하고 있으며, 이것에 이어지는 주류성 進軍과 백강전쟁에 대해서는,『구당서』유인궤전과『자치통감』용삭 3년(663) 9월조 등을 복합적으로 참조하고 있다.

어떻든 백강전쟁에 관한 기록은, 중국(당)측의 기록과 기억의 범위를 벗어나는 것은 없다. 즉, 이 점에 관해서는『삼국사기』백제본기 편찬 당시 고유의 기록이 존재하고 있지는 않았다는 것을 말하고 있다. 당 연호의 채용이 그 사실을 나타낸다. 그것은 동시에 660년으로서 백제고유의 역사는 역시 종언한 것으로 보여졌던 것이 된다. 그러나, 중국(당) 측의 사서의 채용에 관해, 거기에 무언가의 선택 의사가 작용하고 있었던 것은 예상할 수 있다. 예를 들어, 본기는 '遇倭人白江口' 혹은 '與倭人並降'이라고 기록하였는데, 이 사실은 백강에서 부여풍의 군과 싸웠다고 하는 중국측의 기사와, 탐라국 사신도 투항했다는 중국측의 기사, 그리고 유인궤와의 교전을 명확히 하는 중국측의 기사 등을 배제한 의사를 알 수 있게 한다. 결국 백강전쟁은 어디까지나 왜인과의 싸움이며, 왜인이 패배한 것을 한정적으로 이야기하고 있다. 이것은 중국(당)측의 사료 중, 기본적으로는 백제전 계통의 인식을 채용하지 않고, 유인궤전 계통의 인식에 서 있는 것이 되지만, 한편 유인궤의 존재를 특기하는 일도 없었다.

이와 같은 선택의사가 『삼국사기』 편찬의 시기에 작용한 일인가, 그 이전의 어떠한 단계에 유래하는 것인가는 단정할 수 없다. 그러나, 한반도사에 있어서 백강 전쟁 평가의 한 국면을 나타내고 있는 것은 분명한 것이다.

세 번째, 신라본기의 경우이다. 우선 문무왕 3년(663) 5월조는, 중국(당) 측의 사서를 조명하면서 꽤 독자적으로 개편하거나 고유의 기록, 기억(전승)을 더하면서 그 전황을 기술하고 있다. 예를 들면, 부여풍이 故백제의 왕으로 영립되고, 당의 손인사가 40만의 병을 이끌고 덕물도에 도착하고, 신라 문무왕이 김유신과 그 군사들을 이끌고 諸 城을 공격한다. 이어 부여풍은 도주하고, 다른 백제왕자들이 투항한 일 등이 정리되어 있는데, 큰 줄거리의 추이는 중국

(당)측의 사서에 근거하고 있다고 보아도 지나치지 않다. 다만 40만의 군사와 김유신의 일 등은 명확히 과장이거나, 새로운 삽입 기사이다. 그런데 여기에 백강에서의 전투를 기록하는 일은 없었다. 부여풍의 투항을 기술하였음에도 불구하고 중국(당)측의 사서에서는 그 전제로 여겨지는 백강 전투의 기사가, 여기에서는 缺落되어 있는 것이다.

그 결락의 이유로서는, 신라의 역사로서 백강전쟁이 틀림없이 그 본기에 특필될 만한 의미를 갖고 있지 않았거나, 혹은 신라군이 이 싸움에 적극적으로는 관여하고 있지 않았다거나 하는 점을 상정할 수 있을 것이다. 그러나, 신라에 있어서 이 싸움에 대하여 전혀 기록이 없지 않았다는 것도, 다음의 점에서 분명하다. 그것은 같은 신라본기의 문무왕 11년(671)7월 26일 조에 관한 기사에서 알 수 가 있다.

여기에서 보면, 당의 설인귀가 신라의 행동을 책망한 문무왕에게의 서신내용을 실은 후, 문무왕이 이번에는 이에 회답한 내용을 게재하고 있다. 그 안에서 문무왕은 용삭 3년(663)의 일로서, 손인사가 군사(수는 기록되어 있지 않다)를 이끌고 구원하기 위해 온 일, 신라의 병마가 여기에 동행하여 주류성 부근에 이른 것, 그리고 이 때 "倭國船兵 來助百濟 倭船千隻 停在白沙 百濟精騎 岸上守船 新羅驍騎 爲漢前鋒 先破岸陣 周留失膽 遂卽降下" 하였던 일 등을 기술하고 있다. 이것은 분명 백강 전투에 관련된 일이므로, 신라 내지 문무왕이 이 싸움에 무관하였을 리는 없었다는 것이 된다.

그러나 한편으로 이 구체적인 기술에는 현저한 특징이 있다. 우선 중국(당)측의 사서에서는 왜의 배가 400척으로 되어 있는 것에 비해, 여기에서는 1000척으로 되어 있다. 더구나 중국(당)측의 사서에서는 유인궤의 행동이 특필되어 있으나, 여기에서는 그렇지 않다. 또 신라군(기병)이 교전한 것은, '白沙'의 '岸上'에서 '왜선'을 지키는 백제군(기병)과의 교전이었고 '왜선' 그 자체와는 아니었던 것이다. 이러한 기술에는 당에 대한 신라의 공헌도가 과장되었을 가능성은 있으나, 전투 형태의 큰 줄거리를 시인한다면, 백강 전쟁에서 신라군은 주로 岸上에서 왜선을 수호하는 백제측의 군과 솔선하여 교전한 것이며, 왜선 내지 왜군 그 자체와 교전해 이를 대파한 것은 역시 당(부여륭을 포함)측의 유인궤군이 주체였을 것이다. 사실 중국(당)측의 사서에 의하면, 신라는 육군을 내보냈다고 되어있는 것이다.

그렇다면 백강전쟁에 관한한 신라는 육군(기병)을 주체로 하여 岸上에 있는 백제군(기병)과 교전한 것이 신라측에 있어서 주장에 맞는 일이라고 생각된다. 이것은 가까운 일면의 사실을 나타낸 것이다.

네 번째는, 열전의 김유신전 중의 경우이다. 이 전에 의하면 663년에 백제의 여러 성이 은밀하게 부흥을 꾀하여, 그 渠帥들은 '豆率城'에 웅거하면서 왜에게 구원을 요청했다고 한다. 거기에서 문무왕은 김유신, 김인문 등의 장군을 이끌고, 7월 17일을 기하여 '정벌전'에 출발하여 '웅진주'에 묵는다. 여기에서 진수군인 유인원의 군과 합류하여, 8월 13일에 '豆率城'에 도착했다. 그러자 '百濟人與倭人 出陣 我軍力戰 大敗之 百濟與倭人 皆降'이라고 되어 있다. 거기에서 문무왕은 '왜인'에게 힐문하여, 지금까지 신라와 '강화'와 '교통'을 맺고 있던 왜가 어째서 백제와 '惡'을 같이하여 신라를 '謀'하는지를 추궁한 후 죽이지는 차마 못하겠다 하여, 그 뜻을 왕(왜왕)에게 전하라고 말하고 '왜인'을 放免하였다고 되어 있다.

이 기사는 먼저 소개한 신라본기의 문무왕 3년(663) 5월조에 걸친 기술과 유사한 점이 있고, 고유의 기록에 많이 바탕을 두고 있다. 신라본기에서는, 문무왕이 김유신 등 28(혹은 30)인의 장군을 이끌고 웅진부성의 당군(손인사의 파병을 합하여)과 합류하여, '豆陵(혹은 良) 尹城, 周留城等 諸城'을 공격하여, 모두 굴복시켰다고 여겨진다(이 후, 부여풍의 도주 등이 있음). 아마, 이 기술은 김유신전의 앞의 기술과 같은 문맥에 있는 것으로 생각된다. '豆率城'은 달리 例가 없으나, 후술하는 바와 같이 '豆陵(良)尹城', 즉 '주류성'일 것이다.

그러나 이 신라본기에 대응하는 김유신전의 기사에 역시 왜선의 왜병과의 교전은 언급되어 있지 않다. 이 점은 앞에 본 문무왕의 회답 報告 내용과 대응시키면, 더욱 흥미로운 점이 있다. 앞의 二者는 城의 공방을 둘러싼 것으로, 그 중 백제·왜인과의 교전이 일부에서 기술되었고, 후자의 報告에서는, '白沙' 岸上에서 왜선의 왜병을 지키는 백제병과의 교전이 기술되어 있어서, 쌍방에 미묘한 차이는 존재한다. 그러나, 어느쪽이든 백강의 싸움과 관계가 없는 것은 아니며, 신라군(문무왕이 이끈 김유신의 기병)과 백제군, 내지 신라군과 백제·왜 혼합군이 백강의 岸上(왜선을 눈앞에 둔) 혹은 주변의 성에서 陸戰을 하였으리라는 것이 사실에 가깝다. 또 그와 같이 기록·기억되고 있었던 것으로 볼 수 있다.

한편 백제본기에서는 앞서 기술한 바와 같이 당(구백제의 부여륭을 포함)·신라연합총체의 병력과의 교전(水軍戰)이 일명 백강 전투로 되어 있으며, 결국 왜인의 패퇴가 강조되어 있었다. 따라서 같은 『삼국사기』에 있어서도 백제본기와 신라본기(문무왕 회답도 포함) 및 신라측의 김유신전에서는, 백강의 싸움을 둘러싼 기록·기억화에 서로 다른 점이 있던 것이 된다. 즉, 전자의 백제본기는 중국(당)측의 기록·기억을 빌리면서 왜와의 교전 및 왜의 패퇴를 강조한 것에 대하여, 후자의 신라계의 경우는 왜보다도 백제와의 싸움에 비중이 놓여졌는데, 그것은 백강 그 자체에서의 수군전이라기보다도 그 주변(岸上과 城)에서의 육전이며, 왜에 대해서는 백제를 매개로 한 형태로 처음으로 문제시 되어 있다고 말할 수 있을 듯 하다.

V.『일본서기』에 보이는 백강전쟁 기사

왜와 일본측에게 있어서 백강전쟁을 둘러싼 기록과 기억은 우선 720년에 편찬된 『日本書紀』(663년 기사에 한정되지 않는다)에 보인다. 정리된 史書로는 『舊唐書』나 『三國史記』보다 훨씬 이른 시기의 편찬물이기 때문에 매우 귀중한 자료다.

그러나 이 『일본서기』 이외에도 백강전쟁 내지는 그것과 긴밀한 관계가 있는 出兵(徵兵, 捕虜)에 대한 기록과 기억은 『續日本紀』 慶雲 4년(707) 5월 癸亥條를 시작으로 『日本靈異記』 上의 7과 17(14도 관련이 있다)의 說話, 『萬葉集』 1의 8(額田王의 노래)과 그 左注(山上憶良의 『類聚歌林』), 三善淸行의 『意見封事12箇條』(『備中國風土記』 逸文), 혹은 『粟鹿大神元記』(但馬國 朝來郡의 神部直 系圖), 『三輪高宮家系圖』(大和國三輪氏의 系圖), 『菴原公系圖』(駿河國 庵原郡의 菴原氏 系圖), 『古屋家家譜』(甲斐國 山梨郡 등의 大伴氏의 系譜) 등의 여러 家系圖에서도 다수가 散見된다. 따라서 백강전쟁, 내지는 그 시기에 왜군이 出兵한 것이 그 후의 일본에 있어서 얼마나 큰 사건으로 기억되고 있었던가를 잘 말해주고 있다. 그러나 그 최초의 集約이 『일본서기』에서 이루어진 것은 틀림없는 일이며, 지금은 이 『일본서기』를 중심으로 해서 검토해 보고자 한다.

『일본서기』는 編年體로 쓰여져 있지만 기존의 중국 史書처럼 정교하게 편찬되었다고는 말하기 어렵다. 물론 거기에는 편찬과정에 있어서 모종의 취사선택과 의도(意思)가 강하게 작용하고 있는 측면이 있지만, 한편으로는 각종의 원자료를 오히려 특정한 체제없이 나열한 것 같은 측면도 있다. 특히 齊明紀와 天智紀, 즉 백강전쟁을 둘러싼 동북아시아의 動亂·戰爭期의 記述과 편찬에는 착오를 일으킨 부분이 두드러지고, 더우기 백제와 고구려, 혹은 遣唐使, 倭 出兵軍 등의 정보(기록·기억)가 혼입되어 있다. 역으로 그 만큼 정보가 열려 있었으며, 또한 혼란한 상태였다고 할 수 있어서 그 수집과 정리, 편집이 쉽지 않았던 것을 시사하고도 남음이 있을 것이다. 따라서, 『일본서기』가 記述 대상으로 한 시대 중에서도 특히 이 시기는 미증유의 혼란기였던 것을 지금도 통감할 수 있다. 그런 의미에서 이 시기의 記事를 倭, 내지는 일본측의 것으로 좁혀 한정해버리는 것도 실은 적절하지 않은 것이 될른지도 모른다. 이런 점역시 유의하며서, 우선 해당 記事를 확인해 가고자 한다.

백강전쟁에 대한 『일본서기』의 기사는 天智 2년(663) 8월조에 보인다. 즉, 그 甲午(13일)조에 보면, 먼저 백제왕에 의한 '良將'(鬼室福信)의 참살을 신라가 알고 곧바로 '國'(百濟)으로 들어와 '州柔'를 취할 것을 도모하였다. 그래서 백제(왜에서 돌아가 왕으로 옹립된 '豊璋', 즉 扶餘豊)는 적(신라)이 계획한 바를 알고 여러 장수들에게 아래와 같이 말했다고 한다. 그 내용은 "지금 들으니 대일본국의 장군 盧原君臣이 병사 1만 여 명을 이끌고 바다를 건너오고 있으니 원컨대 여러 장수들은 미리 도모함이 있기를 바란다. 나는 스스로 白村에 가서 기다리고 있다가 접대하리라" 라고 하였다. 요컨대, 백제를 구원하기 위한 盧原君의 군대가 渡海해 왔기 때문에 백제측의

諸將軍들은 미리 준비하였던 것처럼 새로운 臨戰態勢에 들어갔다. 그리고 나(豊璋)는 그 왜의 水軍을 白村에서 맞이하여 향연을 베풀기 위해 그곳을 향해 스스로 나아갔다고 하는 것이다.

이것에 이어 戊戌(17일)조에는 '賊將'이 '州柔'에 이르러 그 '王城'을 포위한 일을 기록하고, 또한 「大唐의 장군이 戰船 170척을 거느리고 白江에 진을 쳤다」고 하였다. 이어서 戊申(27일)조에는 「일본의 水軍中 처음에 온 자가 당나라 수군과 더불어 對戰하였다. 일본이 불리하여 후퇴함에 당나라는 진을 더욱 굳게하여 지켰다」라고 하였다. 또한 己酉(28일)조에는 「일본의 장군들과 백제왕이 기상을 보지 않고 합의하여 말하기를 "우리(백제와 왜)가 먼저 선수를 쳐서 싸우면 저쪽(唐나라)은 스스로 물러날 것이다" 라고 결론을 내렸다고 한다. 그래서 "다시 일본이 대오가 난잡한 중군의 병졸을 이끌고 진을 굳건히 하고 있던 당나라 군사를 나아가 쳤다. 이에 당나라 군대는 좌우에서 수군을 내어 협공하였다. 눈깜짝할 사이에 관군이 패하였다. 익사자가 많았으나 뱃머리와 고물을 돌릴 수가 없었다. 朴市田來津은 하늘을 우러러 맹세하고 분을 이기지 못해 이를 갈고 성을 내며 수 십인을 죽였으나 마침내 전사하였다. 이 때 백제왕 豊璋은 몇몇 사람과 더불어 배를 타고 고려(고구려)로 도망갔다」고 하였다. 요컨대 왜측에서는 혼란하였던 中軍(中將軍)의 수군 병사를 거느리고 견고하게 진을 치고 있던 唐軍(水軍)을 공격하기 시작하였지만 당군은 왜의 船團을 곧 포위하고 왜군을 차례로 격파함에 왜군의 병사 중 익사자가 많아지고, 배는 회전과 이동이 뜻대로 되지 않는 상황을 맞이하게 되었다. 그래서 분전하던 朴市田來津(秦造田來津)은 전사하고 豊璋은 배를 타고 고구려로 도망하였다고 한다.

그 뒤 9월 丁巳(7일)조에 의하면 백제의 '州柔城'이 마침내 당에 투항하였다고 한다. 이 때 國人(百濟遺民)들은 아래와 같은 일을 相談하였다고 한다. 즉, 「'州柔'가 항복한 이상 이미 어찌할 수 없다. '백제의 이름'은 이것으로 끝났다. '조상의 묘가 있는 곳'을 찾아가는 것도 불가능할 것이다. 이젠 '저례성'으로 가서 일본의 장군들과 만나 의논하자」고 하였다. 이리하여 「國人」들은 전부터 「枕服岐城」에 있던 妻子들에게 나라(백제)를 떠날 것을 알렸다고 한다. 이어서 辛酉(11일) 조에는 「國人」들이 모저를 출발하였다고 한다. 그리고 癸亥(13일)조에는 그들이 저례에 도착하였다고 기록하고, 甲戌(24일)조에는 「일본의 수군 및 좌평 餘自信, 달솔 木素貴子 谷那晋首 憶禮福留 및 국민들이 저례성에 이르렀다. 이튿날 배가 떠나서 마침내 일본으로 향하였다」라고 하여 왜군과 백제의 '國民' '國人'들이 모두 저례성에 모여 거기에서 배를 타고 왜로 향하였다고 한다. 이로써 백강전쟁과 백제부흥운동, 왜병출병은 종결되었다. 그 다음 해 정월에, 왜에서는 官位 增階와 氏族 재편제가 이루어졌고, 3월에는 百濟王 善光王 등을 難波에 거주하도록 하였다고 『일본서기』에는 기록되어 있지만 모두 패전대책(백제유민을 받아들이는 정책을 포함하여)이었던 것에 주의해야 할 것이다.

이상의 기록은 앞에서 본 『三國史記』 金庾信傳의 그것과 부합하는 바가 있다. 요컨대 김유신전에 의하면 신라군은 龍朔 3년(663) 8월 13일에 唐軍(熊津州에서 합류한 劉仁願의 군대)과 함께 「豆率城」에 도착하여 백제·왜의 연합군과 교전하여 곧 승리하였다고 한다. 그 年月日이 일치하는 것으로 보아 金庾信傳과 『日本書紀』의 해당 기사는 모두가 정확한 정보사료를 바탕으로 한 것임을 알 수 있다. 따라서 『일본서기』의 「州柔(城)」은 김유신전의 「豆率城」일 가능성이 높다. 또한, 이미 소개한 『구당서』 劉仁軌傳에 의하면, 이 때 「周留

城」을 공격하였다고 한 것으로 보아 또한 「州柔(城)」은 「周留城」일 가능성이 높은 것이 된다. 그렇다면 백제의 내분(福信殺害)을 계기로 하여 663년 8월 13일부터 당(劉仁願과 孫仁師의 군대)과 신라의 연합군(문무왕이 거느린 김유신등의 제장군의 군사)은 웅진에서 「周留城」인 「州柔城」, 곧 「豆率城」을 공격하러 향하였다고 생각된다. 그 과정에서 劉仁軌(扶餘隆을 포함한)가 거느린 당의 水軍과 왜의 水軍이 白村江에서 교전하여 왜가 대패하게 되었던 것이다. 그 무렵, 豊璋도 「州柔城」이나 「石城」(天智紀 2년 5월 癸丑朔條에는 풍장이 여기에서 목격된 것으로 되어 있다)에서 일부러 「白村」에까지 나아간 것으로 보아 江岸의 위 인지 軍船안 인지는 분명하지 않지만 倭船의 지근거리에 있었던 것은 틀림없을 것이다.

Ⅵ. 『일본서기』의 「州柔」의 표기를 둘러싼 문제

백강전쟁을 둘러싼 『일본서기』의 기사는 이상과 같은데, 그러면 이상의 기사에서 어떤 문제가 부각되는가. 이하에서는 그 주된 문제점을 지적해 두고자 한다.

첫째는 해당기사의 情報源 및 記錄化의 문제이다. 우선, 이 전쟁이라는 것이 패퇴, 내지는 망명한 사람들(倭軍이나 百濟遺民들)에 의해 전해지고, 그것을 토대로 해서 기록에 남겨지게 되었을 가능성을 생각해 볼 수 있는데, 그 때 「州柔(城)」의 용어를 둘러싼 기사 내용이 단서가 되지 않았을까. 여기서의 「州柔(城)」이란 문제의 天智紀 2년 8월조와 9월조에 등장하는데, 그 외에는 天智 즉위년 12월 丙戌朔조와 다음 해인 2년 2월 丙戌조에 나타날 뿐이다. 그 기사내용은, 전자에서는 백제왕 豊璋이 福信・狹井連(풍장을 데려다준 주인공)・朴市田來津 등에게 軍議를 자문하였다고 하는 것이다. 그 취지는 견고한 산성으로 방어에는 편리하지만 토지가 척박하여 지구전에 적합하지 않은 현재의 「州柔」와 보다 低地에 해당되는 곳으로 '敵'(신라 등)에게 가깝기는 하지만 비옥한 토지가 있는 「避城」(서북으로는 하천이 흐르고, 동남쪽으로는 堤가 있다) 중 어느 곳을 거점(都)으로 해야할 것인지를 논의 하였는데, 朴市田來津 만이 「州柔」를 주장하고, 다른 사람들은 모두 「避城」으로의 「遷」「都」를 주장하여 마침내 「避城」에 「都」邑을 정했다고 한다. 그런데, 그렇게 되자 신라가 백제의 남쪽 4州를 공격하여 「安德」 등을 점거(신라본기 文武王 3년 /663/ 2월조의 기사와 年月까지 포함하여 일치한다. 다만 「安德」은 「德安(城)」이다)하게 되자 「避城」이 賊(신라)과 지근 거리에 위치하게 되어 재차 「州柔」로 거점을 옮기게 되었는데, 이렇게 되자 결국은 朴市田來津이 말한대로 되었던 것이다.

「州柔(城)」과 관련된 이들 기사를 종합해 보면, 백강전쟁을 전후하여 특히 豊璋과 그를 본국으로 호송한 倭의 朴市田來津, 그리고 狹井連 등의 논의・전투관계 기사(敗退도 포함하여)로 채워져 있는데, 백강전쟁과 관련된 기사는 그 일환으로 포함되어 있는 것을 알 수 있다. 한편, 「州柔」라는 표기는 여기에서 밖에 보이지 않는 것이기는 하지만, 『일본서기』에서 「州」와 「柔」자를 사용한 人名・地名 표기는 거의 예외없이 백제(일부 安羅를 포함하여)의 것이다(「州」는 神功紀 46년 3월 乙亥朔, 同 47년 4월, 同 49년 3월, 繼體 10년 9월, d 安閑 원년 5월, 欽明 4년 9월조 등에, 「柔」는 欽明 2년 4월, 同 5년 11월, 舒明 7년 6월 甲戌條 등에 각각 있다). 따라서, 문제의 일련의 기사는 백제계의 것일 가능성이 있다.

이 점은 「州柔」와 동일한 곳을 가리킨다고 생각되는 「周留」와 「豆率」의 용례와 비교해 보면 더 흥미롭다. 우선, 「周留」란 말은 중국(唐)측의 사료에서 집중적으로 발견된다. 무엇보다도 백제본기 龍朔 2년 7월조와 신라본기 文武王 3년 5월조, 同 문무왕 11년 7월 26일조 등에도 「周留」는 등장하는데, 최초로 보이는 백제본기의 기사는 중국(당)측의 사료를 빌린 것(轉寫)이며, 최후의 기록인 신라본기의 예는 문무왕이 唐의 황제에게 보낸 答書인 것에 주의할 필요가 있다. 또한, 신라본기 문무왕 3년조에 보이는 것은 「豆陵(혹은 良)尹」과 「周留」가 倂記되어 있는 중요한 자료다. 필시 중국(당)측의 사료에 보이는 「周留」를 채용하면서, 실은 그것과 동일한 장소를 고유의 표기인 「豆陵(혹은 良)」으로 애매하게 나열하였을 것이다.

이렇게 보면, 우선 중국(당)측에서는 「周留」(백제의 音에 근거하면 百濟遺民·兵이 대거 머무르는 곳이라는 의미를 갖는 것일 것이다)를 사용하고, 신라측에서는 「豆率(陵과 良도 있다)」(김유신전의 용법이 전형적인 것이다) 이라고 하여 적어도 「豆」字를 사용하고, 백제측에서는 「州柔」라는 표기를 채용하였을 가능성이 높다. 그런데 앞의 두 개는 倭, 내지는 日本에서 사용되지 않고, 맨 마지막 것인 「州柔」가 倭, 내지 일본에서 사용되었던 것이다. 다만, 왜 내지 일본에서 모두 「州柔」로 통일되어 사용되었느냐 하면 그렇지는 않다. 예컨대 天智紀 元年 3월 是月條에는 당과 신라가 고구려에 출병하였기 때문에 고구려가 왜에 구원을 요청한 사실, 그리고 倭軍이 「疏留城」에 주둔한 사실, 여기에서 당나라가 진격을 저지당한 사실 등이 기록되어 있다. 여기에서 등장하는 「疏留城」이 바로 「州柔城」이라고 생각되며, 표기는 「周留城」에 가깝다. 그렇다고 한다면 고구려측(倭側과도 교류하던)에서는 좀더 중국(당)측에 가까운 「疏

「留」의 용례가 있었던 것이 될 것이다.

이상과 같이 백강전쟁을 포함하여 「州柔(城)」표기와 관련된 일
련의 기사는 백제(遺民·兵)측과 왜측이 기록한 것이라고 생각된다.
전자와 관련해서는 백강전쟁 후 곧바로 왜로 건너온 사람들을 유의
할 필요가 있는데, 그 중에서 「兵法」에 뛰어났던 谷那晋首, 木素貴
子, 憶禮福留(天智紀 10년 정월 是月條) 등이 있었던 것을 유의할
필요가 있다. 왜냐하면 일련의 기사들이 병법의 지식과 관심을 필
요로 하는 것이기 때문이다. 그러나 이 범위에서 기록자를 누구라
고 딱히 꼬집는 것은 불가능하다.

VII. 『일본서기』의 「紕解」의 표기를 둘러싼 문제

그럼, 두 번째로 왜군의 출병 결단을 재검토해 보고자 한다. 이
것에 대해서는 기록이 약간 차이가 있기 때문에 『일본서기』의 관련
기사(특히 本文)를 여기서 정리하면서 살펴보고자 한다.

(1) 齊明 6년(660) 10월, 백제의 좌평 鬼室福信이 사신을 왜에 파
견하여 당나라의 포로 100여 명을 보내면서(전황이 불리하지 않다
는 것을 보여주고, 또한 당나라쪽에 대한 지식과 정보를 제공하기
위함이었을까), 동시에 구원을 요청하고, 아울러 왕자 「餘豊璋」의
귀환을 촉구하였다. 왜측에서는 이에 응하는 뜻을 회답하였다.

(2) 同年 12월 24일, 천황은 難波宮에 나아가 준비를 시작하였다.

(3) 이 해(660), 백제를 위해 신라에 대한 공격을 계획하고 駿河國에서 선박을 만들게 하여 伊勢까지 끌고 갔으나 선박에 이상이 생기는 등 패전을 예고하는 조짐이 속출하였다.

(4) 齊明 7년(661) 정월 6일, 船團은 難波를 출발하여 서쪽으로 향하였다.

(5) 同年 3월 25일, 船團이 博多灣에 도착하였고, 천황은 磐瀨行宮으로 들어갔다.

(6) 同年 4월, 福信이 사신을 파견하였다. 아울러 글을 올려 왕자 「糾解」(豊璋을 말함)를 모셔가고 싶다고 요청하였다.

(7) 同年 5월 9일, 천황은 朝倉橘廣庭宮으로 옮겼다.

(8) 同年 7월 24일, 천황이 朝倉宮에서 죽었다. 그 후 中大兄王(뒤의 天智天皇)은 長津宮에서 해외(水表)의 軍政을 지휘하기 시작하였다. 이 무렵, 당과 돌궐의 연합군이 고구려를 침공할 것이라는 정보가 알려졌다.

(9) 同年 8월, 前・後將軍을 편성하여 백제 구원군을 파견하였다.

(10) 同年 9월, 中大兄王은 長津宮에서 豊璋에게 織冠을 수여하고, 혼인을 시키고, 狹井連檳榔과 秦造田來津 등을 파견하여 5,000여 군대를 거느리고 왕(자)를 本國으로 호송시켰다. 이 때 本國에서는 福信이 맞이하였다.

(11) 同年 11월에 들어, 천황의 遺體는 筑紫를 떠나 11월 7일부터 3일간 飛鳥川原에 殯所가 마련되었다.

(12) 同年 12월, 고구려와 唐의 戰況이 전해졌다.

(13) 이 해(661), 고구려를 구원하기 위한 왜의 군대가 백제의 「加巴利浜」에 정박하였다. 고구려·백제의 멸망을 미리 알리는 조짐이 일어났다.

(14) 天智 元年(662) 정월 27일, 복신에 많은 양의 무기와 종자용 벼를 보내 주었다.

(15) 同年 3월 4일, 백제왕(豊璋)에게 布를 내렸다. 이 달에 당과 신라가 고구려를 공격하였기 때문에 고구려는 왜에 구원을 요청하였고, 왜에서는 장군을 파견하여 「疏留城」에 주둔하였다. 이것으로 당나라의 침공이 저지되었다.

(16) 同年 5월, 대장군 阿曇比邏夫連 등이 戰船 170척을 거느리고, 풍장등을 백제로 호송한 다음, 豊璋이 백제 왕위를 계승하도록 하였다. 福信에게는 金策(金泥로 쓴 책(?))을 수여하였다.

(17) 同年 12월, 백제왕 豊璋, 福信, 狹井連, 朴市田來津 등이 「州柔城」으로 할까, 「避城」으로 할까를 둘러싸고 논의를 한 끝에 「避城」으로 옮겼다.

(18) 이 해에 백제 구원을 위해 兵甲, 船舶, 軍糧을 정비하였다.

(19) 天智 2년(663) 2월 2일, 신라가 백제의 4州를 공격하여 취하였다. 그래서 백제·倭兵은 「避城」에서 재차 「州柔」로 옮겼다.

(20) 同年 2월, 복신이 당나라의 포로 續守言 등을 왜로 보냈다.

(21) 同年 3월, 전군·중군·후군 등 세 장군을 편성하고 2만 7천명의 군사를 거느리고 가서 신라를 치도록 하였다.

22) 同年 5월, 犬上君이 출병한 사실을 고구려에 알리고 돌아왔다. 그리고 그는 「糾解」를 石城에서 만났다. 「糾解」가 福信의 죄를 알렸다.

(23) 同年 6월, 前將軍 上毛野君稚子 등이 신라의 두 城을 취하였다. 豊璋은 使者를 시켜 福信을 참살시켰다.

(24) 同年 8월 13일 이후 신라가 「州柔」를 공격하다. 豊璋은 白村으로 향하여 장군 廬原君臣이 이끄는 1만여명의 왜군을 맞이하였는데, 당나라의 軍船 170척과 왜의 수군(「中軍」 등)이 白村江에서 교전하여 왜가 대패하다. 朴市田來津은 전사하고, 豊璋은 고구려로 도망갔다.

(25) 同年 9월 7일, 백제의 「州柔城」이 당나라에 항복하다. 그 후 百濟遺民·兵과 倭兵은 저례성에서 배를 타고 왜로 향하였다.

이상의 기록을 통해서 볼 때 豊璋의 渡海와 왜군의 출병시기는 분명하지 않다. 예컨대, 福信이 왕자의 귀환을 요구한 기사는 (1)과

(6)으로 나누어져 있고, 그 왕자의 渡海 기사는 (10)과 (16)으로 나누어져 있다. 또한 왜군의 渡海 출병기사도 (4), (9), (13), (15), (18), (21) 등과 같이 여러 곳에 걸쳐 있는데, 특히 군대 편성기사로 한정해도 (9)와 (21)로 나누어진다. 그럼, 이들을 어떻게 이해해야 좋을 것인가.

우선, 倭軍의 渡海 출병에 대해서는 『일본서기』持統 4년(690) 10월 乙丑條에 齊明 7년(661)의 일이 기록되어 있고, 『類聚歌林』에는 『일본서기』의 (4) 이후의 내용을 채용하고 있다. 확실히 (1)의 말미에 있는 分注에도 "其正發遣之時 見于七年" 이라고 되어 있기 때문에 齊明 7년이 왜군의 파병·渡海한 해일 가능성이 높다. 다만, 그 해의 어느 때인가는 문제이다. (4)를 근거로 정월에 難波를 출발하였다고 말할 수 있을지도 모르지만 우선은 (6)에 주목하고 싶다. 여기에서 보면, 福信이 上表하여 왕자「糾解」의 귀환을 요구하고 있는데,「규해」라는 표기는 이 외에는 (22)에서 보일 뿐이다. 이것이 豊璋을 가리킨다 해도「豊璋」기사와는 구별되는 것이다. 그 중 (22) 는 고구려와의 제휴 기사이다. (6)의 分注에는 승려 道賢의『日本世記』가 인용되어 있는데, 거기에도 福信이 글을 올린(獻書) 사실과 「糾解」를 요구한 사실이 기록되어 있다. 이 道賢(道顯이라고도 되어 있다)은 고구려의 승려로 中臣鎌足 家와 교류가 있었던 인물이기 때문에(齊明紀 6년 7월 乙卯條 分注,「鎌足傳」,「貞惠傳」 등)「糾解」라고 표기된 기사는 모두가 고구려계(특히「日本世記」)의 기록에 의한 것이라고 생각된다. 더구나「糾解」라는 표기는 福信의 上表文에 씌여져 있었던 것이라고 보는 것이 온당하며, 道賢은 이 上表文을 직접 읽었을 가능성이 높다. 혹은 이 상표문의 해독과 그 대응을 왜측으로부터 의뢰받았을 가능성도 있다.

그렇다고 한다면 (6)을 시작으로 「糾解」인 豊璋에 관한 대응이 현실화 한 것이라고 생각된다. 동시에 龍朔 원년(661) 3월 이후, 신라로부터 留鎭 唐軍에 운반되는 군량을 끊는데 성공한 福信등은 세력을 만회·강화하여(『舊唐書』 백제전) 왜와의 교섭에서도 설득력을 얻을 수 있게 되었을 것이다. 그래서 (9), (10)에 이르게 되는데, 고구려 승려 道賢과 高句麗派의 개입에 유의하면 (8)에서 볼 수 있는 당·돌궐 연합군의 고구려 침공 정보는 쉽게 무시할 수 없다. 요컨대, 福信의 上表文 만이 아니라 고구려의 전황 정보에도 응하는 형태로 비로소 왜병의 출병과 豊璋의 송환이 결정된 것이라고 생각된다. 天智 卽位前紀(10)에서 볼 수 있는 「狹井連檳榔」과 「秦造田來津」의 표기가 (17) 등의 백제계 기록에서 볼 수 있는 「狹井連(關名)」이나 「朴市田來津」과 다른 것은 전자의 기록이 백제계가 아님을 시사하는 것이며, 고구려계가 크게 개입된 기록(決斷)이 (10) 이라는 것을 시사한다고 보아도 좋을 것이다. 이렇게 보면 왜군의 출병과 豊璋의 송환은 적어도 661년의 8월~9월(齊明天皇이 죽은 뒤 筑紫의 長津宮에서 中大兄王이 해외(水表)의 軍政을 장악한 시기) 단계(혹은 그 직후)였다고 생각된다.

(12)에도 고구려와 당의 교전 상황이 전하고 있으며, (13)에는 확실히 이 해에 고구려를 구원하기 위한 왜군이 백제의 「加巴利浜」에 정박해 있었다고 한다. 그곳이 어디인지는 명확하게 하기 어렵지만 적어도 百濟故地를 발판으로 하면서 고구려 구원이 가능했던 곳임을 알 수 있다. 이 (13)의 倭軍은 앞서 (9), (10)에서 편성 파견된 병력의 일부이든가, 바로 그 병력이었을 것이다.

여기서 새삼스럽게 주의해야할 것은 (12)의 分注에 인용된 道賢

의 발언 기사다. 이 기사의 존재는 (12)가 道賢, 내지는 고구려계 기록에서 연유한 것임을 시사하는 것이지만 여기에서 道賢은「言春秋之志 正起于高麗 而先聲百濟 百濟近侵甚苦急 故爾也」라고 말하였다고 한다. 이 말의 뜻은 매우 어려운 것이지만 앞서 소개한 劉仁軌傳에 의하면 그는「春秋之義」(김춘추의 뜻:역자 주)(大夫出疆의 마음가짐)을 말하고, 이어서「主上, 欲呑滅高麗 先誅百濟」(『舊唐書』의 예)인 것을 확인하고 있다. 마찬가지로「陛下, 若欲殄滅高麗 不可棄百濟」(『全唐文』158에도 있다)라고도 上表하였다고 한다. 요컨대, 백제 정책에 전념한 유인궤는「春秋의 義」를 빌려 최종 목적인 고구려 멸망(平定)을 성취시키기 위해서는, 즉 唐의 안정을 위해서는 백제의 완전한 제압이 우선적으로 불가결하며, 현실적으로는 그것을 우선시해야 한다고 하는 것이다. 이것은 또한 당나라 황제의 뜻을 현실화하는 정책이기도 하다는 것이다. 이 유인궤의 발언과 道賢의 말 사이에는 긴밀한 관계를 상정할 수 있을 것이다.

저 道賢의 발언기록도 유인궤의 발언과 唐의 생각을 충분히 인지한 위에서 한 것이라고 생각된다. 요컨대, 일의 발단과 본질은 당의 고구려 침공에 있으며, 그 전초전으로 당에 의한 백제 멸망이 想定된다고 하는 의미라고 생각되는데, 도현 내지 고구려계의 眞意는 그 반대로 고구려의 구원에는 백제 구원이 불가결(前提)하다고 하는 것이 된다. 요약하면, 당측의 의사와 정책에 대항하는 형태로, 백제의 구원은 고구려 구원의 전제이자 동시에 반드시 수행해야 할 일로 인식되었던 것이다.

이와 같은 인식하에서 출병을 단행한 왜군은 (14), (15), (16)에서 보는 것처럼 662년에 백제 지역에서 복신세력에 대한 지원과 豊璋

의 백제 왕위계승을 추진·확정하고, 아울러 고구려 구원과 백제 부흥을 위해 「疏留城」인 「周留城」을 공통의 최전선 기지로 하였던 듯하다. 이러한 대응은 662년 전반까지 왜·백제·고구려측에게 어느 정도 유효하게 기능하였던 것으로 생각되는데, 그 성과와 어느 정도의 안정화 측면이 그해 연말에 있었던 (17)과 같은 논의의 결과를 가져왔다고 추측된다. 그러나 복신이 道琛을 살해하고, 왕에 취임한 豊璋의 권한을 祭祀權만으로 한정하면서 전제화를 추진하던 도중, 662년 7월 이후 유인궤의 전략이 크게 반영되는 형태로 신라에서 留鎭 唐軍에 대한 군량미 공급이 재개되고, 唐軍의 증강도 이루어져 孫仁師가 거느린 淄·青·萊·海州의 병력 7,000명이 증파되어 왔다(『舊唐書』 百濟傳, 劉仁軌傳). 따라서 (17)의 논의는 확실시 豫斷을 인정할 수 없는 성격의 것이었다. 사실, 그것은 (19)를 통해 곧바로 증명되었다.

Ⅷ. 『일본서기』의 2개군 편성기사를 둘러싼 문제

이렇게 왜·백제측에게 불리한 형태로 전황이 악화됨에 따라 (21)과 같은 군대 편성기사가 재차 등장하게 된다. 이와 관련된 의문이 곧 세 번째 문제가 되는데, 앞선 (9)의 기사에서 볼 수 있는 군대 편성 기사와의 관계가 그것이다. (9)에서는 前將軍에 大花下 阿曇比邏夫連·小花下 河辺百枝臣 등이, 後將軍에 大花下 阿倍引田比邏夫臣·大山上 物部連熊·大山上 守君大石 등이 취임하였다고 한다. 후자인 (21)에서는 前將軍에 上毛野君稚子·間人連大蓋가 취임하고, 中將軍에 巨勢神前臣譯語·三輪 君根麻呂가 취임하고, 後將軍에 阿倍引田臣比邏夫 大宅臣鎌柄이 취임하였다고 한다. 이 양자를 비교하면 전자는 전·후의 二軍 편성이 되고, 장군에게는 모두 冠位가 덧붙여져 있는데, 비교적 畿內의 유력 호족이 장군으로 되어 있다. 후자는 전·중·후의 三軍 편성이며, 모든 장군에는 冠位의 記載가 없고, 반드시 畿內의 유력 호족이라고 단정할 수만도 없다. 그리고 양자에서 중복된 장군은 阿倍引田比邏夫 단 한사람 뿐이다. 또한, 姓의 기재방법 등으로 보아 이 두 기사의 원사료는 다른 것이며, 전자인 (9)쪽이 공식적인 성격이 농후하다.

그런데, 우선 이 (9)와 (21)에 공통적으로 등장하는 유일한 장군인 阿倍引田比邏夫에 대해서는 『續日本紀』 養老 4년(720) 정월 庚辰條에 齊明朝의 「筑紫大宰帥大錦上」이었다고 전하고 있다. 이 기사에 의거하면 그는 越 방면에서 수군을 이끌고 蝦夷經營 등에 종사하고 있던 직후(齊明紀) 筑紫에 파견되었고, 이윽고 冠位도 상승하였음을 상정할 수 있다. 그가 실제로 渡海하였는가 어떤가는 분명하지 않지만 적어도 筑紫까지 갔을 가능성은 충분하며, 역시 (9)와 (21)에 기재될 필연성이 있었을 것이다. 모두 後將軍 이라고 되어 있는 것은, 혹은 후방인 筑紫 주변의 장군(大宰帥) 이었든가, 적어도 최전선은 아닌 곳에서 장군이었다는 의미일지도 모른다.

다음에, (9)에만 기록되어 있는 前將軍 阿曇比邏夫는 (16)에서도 大將軍으로 등장하고 있는데, 豊璋·福信과 긴밀한 관계에 있었음을 엿볼 수 있다. 사실, 그는 이전부터 백제 왕실에 가까운 인물(阿曇山背比邏夫 라고도 한다) 이었으며(皇極 紀元年 정월, 2월조), 확실히 백제 왕자 豊璋 등을 본국으로 호송할 때 실제 최고 책임자였을 가능성이 높다. 따라서 그는 (9)에서 渡海하였다고 생각되며, 前將軍이라든가 大將軍이라고 칭해졌던 것도 필연적이다. 그와 함께 특별히 狹井連檳榔과 秦造(朴市)田來津 등을 시켜 호송시켰을 것이다.

그런데, (21)에서는 실제로 渡海했을 가능성이 있는 阿曇比邏夫의 이름이 보이지 않는다. 豊璋등을 호송한 후에 곧바로 귀국했을 가능성도 있다고 생각된다. 혹은 (25)를 포함한 기사에 의하면, 「저례성」(어쩌면 반도 남부의 연안지역에 있었을까)에 왜의 장군 등이 집결해 있었다고 하는 것으로 보아, 이 城에 倭軍의 후방 本隊가 주둔해 있으면서 여기에 阿曇比邏夫와 같은 장군도 주둔해 있었을 가능성이 있지 않았을까 한다. 그 경우, (9)에 다른 장군, 내지는 일부의 장군도 있었을 가능성이 있을 것이다. 단, 狹井連檳榔과 秦造(朴市)田來津 등은 豊璋 등과 함께 그대로 백제 故地로 진입하여 「州柔城」으로 들어갔던 것이고, (15)도 그러한 왜병이 적지 않이 있었음을 말해주고 있다. 앞서 설명한 김유신전에서도 그것을 알 수 있을 것이다.

한편, (21)에서 보면 三軍 편성 후 그 중 前將軍 上毛野君稚子(上毛野國의 지역호족층) 등은 (23)에서 보는 바와 같이 신라의 두 城을 공격하여 취하였다고 한다. 이어서 좁은 의미의 백촌강전투에서 교전하였던 것은 「中軍」이었다고 되어 있는데, 이것은 中將軍의 編隊였을 것이다. 이것에 해당하는 것이 中將軍 巨勢神前臣譯語·三輪君根麻呂의 병력이다. 그 중 후자는 『粟鹿大神元記』에 보이는 神部直根麻呂인데, 그는 齊明朝에 「但馬國民」을 거느리고 渡海 출병하였고, 귀국 후에는 「朝來郡大領司」가 되었으며, 「庚午年籍」(670년 제작) 때에는 「30세」였다고 한다. 그렇게 되면 그는 거의 23세라는 젊은 나이에 백강전쟁에 참가하였고, 그 때 但馬國의 병사를 거느리고 있었던 것이 된다.

전자인 巨勢神前臣譯語에 대해서는 달리 알 수 없지만 만약 近江國 神前郡 출신이라고 한다면 뒤에 백제유민 남녀 400여 명이 「近江國 神前郡」에 거주하게 되는 것을 유의할 필요가 있다(天智紀 4년 2월 是月, 3월 是月條). 필시, 巨勢神前臣譯語가 백제유민을 데리고 귀국하여 자신의 출신지에 그들의 일부를 거주시켰을 것이다. 또한 秦造(朴市)田來津도 같은 近江國의 愛智(依知, 朴市 등으로도 쓴다)郡 출신인데, 두 지역은 서로 인접해 있다. 그렇다면 이 秦造(朴市)田來津과 巨勢神前臣譯語는 출병시부터 행동을 함께했을 가능성이 있다.

또한, 앞서 三軍編成의 장군으로는 기록되어 있지 않지만 (24)에 의하면 백제를 구원하기 위해 장군 廬原君臣이 1만여 명의 군사를 거느리고 백촌강전투에 참여하고자 했던 것처럼 기록되어 있다. 이 廬原君은 駿河國 廬原郡지역의 호족인데, (3)에서 보이는 駿河國에서 渡海 출병하기 위해 선박을 만들도록 하였다고 하는 것과 관계가 있을 것이다. 필시 이 선박을 타고 참전한 병력일 것이다.

그런데, (9)의 二軍편성과 (21)의 三軍편성의 관계를 어떻게 이해할 수 있을까. 우선, 모두 현실적으로 渡海, 내지는 출병하였을 가능성이 있다. 전자는 豊璋등을 호송하는 編隊를 포함하여 대체로 고위자가 장군을 맡았다. 그래서 백제에 도착하고 나서는 이 編隊에서 떨어져 상륙하여 백제 내륙으로 나아갔던 중소부대와 백제 남부방면의 연안지역에 있던 後部 本營(저례성 등과 같은 곳)에 주둔한 대장군급 및 그 병력(일부이든가 대부분), 그리고 곧바로 귀국하였던 일부의 부대 등으로 대별될 가능성이 있다. 그 사이 筑紫(後部

本營의 一環)와의 왕래도 있었을까. 前·後將軍의 구별도 이러한 進行度나 혹은 後部 本營과의 密着度 등에 의해서 이루어졌을른지도 모른다.

그런데, 후자의 편성은 앞서의 (9)를 기본적으로는, 혹은 최종적으로는 後部 本營의 編隊라고 간주하고 새롭게 전체를 조직화하여, 백제에서의 현상에 입각하여 거기에서 재편된 지역호족층(젊은층도 있다)을 지휘자에 포함시킨 實動編隊일 가능성이 있다. 특히, 前將軍은 신라의 여러 城을 공략하기 위해 내륙 깊숙이 진격하고(동쪽이었을까), 中將軍은 백촌강으로 들어가려고 했던 듯하다. 後將軍은 後部 本營에 머물러 있든가 後援 태세를 갖추고 있었을 가능성이 있다. 그 동안 倭로부터 병력의 증원도 있었을 것이다.

그 무렵 구원군의 장군이 되었던 盧原君은 지역호족층 이었기 때문에 三軍으로 편성된 장군에 적합하기는 하였지만 장군으로서는 기록되어 있지 않다. 애초 盧原君의 출신지역은 「阿倍盧原國」(『新撰姓氏錄』 右京皇別下 盧原公條) 이라고 알려져 있는데, 駿河國 盧原郡의 인접지역인 安倍郡과 川辺臣의 관계에서도 추측되는 것처럼 (『駿河國正稅帳』 등) 이 盧原君의 병력은 당초 前將軍 河辺百枝臣의 휘하, 혹은 일관되게 後將軍이었던 阿倍引田比邏夫臣의 휘하에 있었던 부대일 가능성이 있다. 단, 증파된 병력인지 어떤지는 분명하지 않다. 혹은 1만여 명을 거느렸다고 하는 것이 潤色된 것이 아니라고 한다면 三軍으로 편성된 2만 7천인과도 중복되어 확실이 이 三軍 전체를 통솔하던 船將軍으로서 그 지역에 특별히 임명된 것이 盧原君臣 이었다고도 생각하지 않을 수 없다.

이들 병력에 대해서는 백강전쟁에 관한한 이미 소개한 중국(당) 측 史書에는 왜의 배가 400척이었다고 하고, 신라 문무왕 答書에는 왜의 배가 1,000척이었다고 한다. 이에 비해『일본서기』에는 최종적으로 三軍으로 편성되어 대체로 2만 7천명이 동원된 것으로 되어 있다. 이것을 三軍으로 균등하게 나눌 경우, 一軍의 평균 병력 수는 정확히 9,000명이 된다. 그렇다고 하면, 백강에 들어온 「中軍」의 병력도 일단 9천명이라고 가정하면, 몇 척의 배가 동원되었을까. 여기서 참조할 수 있는 것이 (10)과 (16)이다. 이 양자를 5,000여 병력을 170척에 태워 동시에 豊璋을 호송시켰다고 보면 1척에 약 30명이 탄 것이 된다. 이러한 숫자는 뒤에 반도에서 2천명을 배 47척에 태워 倭로 건너왔다고 하는 天智紀 10년(671) 11월 癸卯條의 기사에서 추산되는 배 1척당 40인 남짓이라는 숫자와 미묘한 오차가 있다. 그러나 후자는 태울 수 있는 최대의 인원을 가득 태웠을 가능성이 있으며, 역으로 전자는 병기를 가득싣고, 왕자등을 태운 것이라고 한다면 타당한 숫자가 아니었을까. 그래서 지금 잠정적으로 1척 평균 30인 정도의 병력이 탔다고 한다면 백강에 들어오려고 했던 「中軍」 9천명은 약 300척의 배에 탔던 것이 된다. 이러한 숫자는 중국(당)측이 기록한 400척 보다는 약간 적고, 신라측이 기록한 1천척 보다는 훨씬 적다. 필시 신라측 기록은 크게 과장된 것으로 예상된다. 반면에, 중국(당)측은 약간의 과장이 있었다 해도 큰 차이는 없다.

　한편, 역으로 (24)에는 당나라 배가 170척이라고 되어 있는데, 이러한 숫자는 (16)에서 보이는 倭船의 수와 일치하고 있어 얼마간 조작된 수치가 아닌가 생각된다. 단, 잠정적으로 唐船 170척에 30명 내지 40명 가까운 군사가 타고 있었다고 한다면 총 5천 내지 7천명 가까운 수가 된다. 孫仁師가 거느린 병력이 7천명 이었던 것을 생각하면, 혹은 唐船 170척이라는 것도 반드시 가공의 숫자는 아니고 백강에 들어올 수 있는 적절한 숫자였는지도 모른다. 만약 그렇다면 (16)에 있는 왜측의 선박 수도 豊璋등을 백강으로 들어와 귀환시키는데 적절한 규모로 미리 계획되어 있었을 가능성도 있다. 이러한 추측이 타당하다면 백강전쟁에 임하는 왜측의 선박수는 역으로 지나치게 많은 것이 되는데, 그것도 하나의 패인이 되었을까.

어느 쪽이든 이상의 사정에 입각해 보면 倭人에 의한 백강전쟁의 정보는 항상 豊璋등과 가까이 있었던 사람들, 그리고 中將軍(巨勢神前臣譯語와 三輪君根麻呂)의 편대, 혹은 盧原君臣의 편대 등으로부터 後部 本營에 전해지고, 이어서 왜에 전해진 것으로 보인다. 그리고 여기에 병법에 뛰어난, 앞서 설명한 것과 같은 백제유민들의 정보가 보태져 近江朝에 그 原型이 기록화되기 시작하였다고 추측된다.

IX. 맺음에 대신하여

본고를 정리하며 『일본서기』의 인식과 기억화에 남겨진 문제점, 즉 네 번째 문제점으로 들어가고자 한다. 그것은 왜병의 渡海 출병의 이유가 어떻게 생각되고 있었는가 하는 점이다. 이에 대해서는 唐 황제의 동북아시아 전략을 알고 있었으며 그 위에, 혹은 유인궤의 백제정책을 고려한 위에, 고구려 구원과 백제부흥의 긴밀한 連帶가 고구려계(파)의 집단에 의해 촉구되었고, 이것을 왜의 지배자층이 받아들이는 형태로 수행되었던 것을 이미 지적해두었다. 다만 여기에서는 특히 『일본서기』 본문에 농후한, 서로 모순되는 듯한 두 가지의 이유를 들지 않으면 안된다. 그것은 앞의 (9)와 (21)의 군편성기사에 보이는 것이며, 전자는 '救於百濟'라고 되어 있고, 후자는 '打新羅'라고 되어 있는 것이다. 즉 백제를 구하는 것인가, 신라를 치는 것인가 하는 차이가 보인다. 한편, 고구려를 구하는 것은 종종 기록되어 있으나 당에의 강한 전투의욕은 기록되어 있지 않다. 왜군이 당군과 직접 교전한 것이 명기되어 있는 것은 실은 백강전투 뿐이고, 그리고 이 전쟁에서 대패한 것에 의해 왜군이 패퇴한 것이지만, 당과 직접 대결한다는(대결했다는) 의식은 『일본서기』 전체에는 거의 인정되지 않는 것이다.

여기에서 백제를 구하는 것인가, 신라를 공격하는 것인가의 차이에 대해서는, 우선 (9)에서 (21)까지의 시간적 변화를 생각할 수 있을지도 모른다. 확실히 당초의 渡海 出兵期보다도 신라의 침공이 점차 勢를 늘렸다고 말할 수도 있겠으나, 그것은 신라 고유의 문제가 아니라 고구려에의 대규모 원정을 일시 늦추고 백제 고지에 군을 증원한 당 유인궤의 전략에 의한 것이 크다. 혹은, 내분과 兵糧의 결핍에 의해 왜·백제측의 약체가 가속화한 것도 작용했을 것이다. 어느쪽이든 신라가 돌출해서 왜측으로부터 타도 당했을 수도 있는 일이다. 그렇다면 왜 신라를 치는 것이 명료한 형태로 『일본서기』에 기록되어 있는 것일까.

이에 대해서 주의하고 싶은 것은 역시 고구려 승 道賢의 『일본세기』이다. 齊明期 6년 (660) 7월 을묘조 分注에 인용되어 있는 『일본서기』는 신라의 '春秋智' (무열왕)가 당의 '대장군 소정방'의 손을 빌려 백제를 협공해 멸망시켰다고 기록하고 있다. 또 그 注에는 신라의 '춘추지'가 고구려의 '內臣蓋金'(연개소문)에게 부탁이 받아들여지지 못하고, 당에 종사하여 '俗衣冠'을 버리고 당의 '天子'에게 '請眉'해서, '禍'를 '隣國'(백제 등)에 미쳤다고 기록하고 있다. 한편 이 전후의 기술 사이에 '或曰'이라 하여, 백제의 자멸설을 들어, '君大夫人妖女之無道'의 '擅奪國柄'이라든지 '誅殺賢良' 등이 스스로

'禍'를 불러들였다고 한다. 이 기술은 정림사지 5층석탑 명문의 '況外棄直臣 內信妖婦 刑罰所及 唯在忠良'에 유사하여, 이 비문의 취지를 참고했을 가능성이 있다. 이 '或曰'이 『일본세기』에 인용된 것이라고 한다면, 같은 分注에 인용되어 있는 '伊吉連博德書'의 정보에서 채용된 것일지도 모른다. 왜냐하면 그 글에는, 遣唐使로서의 博德(得 이라고도 함)이 귀환 도중 무신년(660)의 11월 1일에 '동경'(낙양)에서 목격하거나 듣게된 일로서, '장군 소정방'에 잡혀있는 "백제왕 이하 태자융 등 왕자 13인, 대좌평 사택천복, 國弁成 이하 37인 합 50여 인"이 '天子' 앞에 나아와, '恩勅'을 가지고 '見前放着' 되었다는 기사를 남기고 있다. 이 기술은, 역시 정림사탑 명문과 아주 비슷하고(비문에는 모두해서 '7백여 인'이라 하였으나), 당측의 명문화된 사료(정림사탑 碑銘에 상징되었던)에 의한 것일 것이다.

아무튼 『일본세기』에 인용되었을 '或曰'은 遣唐使 伊吉連博德 등에 의해 전해진 唐의 정보를 異說로서 언급한 것으로 보인다. 또, 이 이설과 같은 취지가 백제측으로부터 적극적으로 전해진 것은 아니라는 사실도 분명하며, 이어 齊明紀 6년 9월 계묘조에 보이는 백제의 사자(도망쳐온 자라고 함)는, 신라가 세력을 늘려 당을 '끌어들여' 백제를 '전복' 시켰다고 보고하고 있다. 이것은 『일본세기』의 본문이나 注와 같은 취지이며, 견당사를 매개로 한 당측의 정보와는 크게 다른 것이다. 요컨대 『일본세기』를 쓴 고구려승 도현의 本說은 신라가 당에 의존하여 백제를 멸망시키려 했다는 것이며, 강렬한 신라비판을 전개한 것이 된다. 백제측도 이것에 연대하는 점이 있으나, 다만 당군에 의해 평정된 일을 실제로 경험하고 알게 된 것도 백제인 것이 틀림없다.

이 고구려승 도현의 신라비판은, 당에 접근하여 '화'를 '隣國'(백제는 물론, 고구려, 나아가 왜까지도 가리킬 것이다)에 가져온 신라를 마치 배신행위처럼, 또 자존심을 放棄한 것처럼 힐책한 것이었다. 이 신라에의 증오를 토로한 道賢의 발언과 獻策이 왜군의 渡海 출병을 가속하는 역할을 어느 정도 하였다는 것은 이미 언급해두었다. 그렇다고 한다면 백제와 고구려의 구원을 목적으로 하는 이유를 가지면서도, 한편으로 신라에의 강한 증오와 공격 의사가 일찍부터 함께 있었다는 것을 상정할 수 있을 것이다. 이 후자의 감정과 의사는 뒤에 『粟鹿大神元紀』의 '新羅誅殺仕奉'의 등의 글에 잘 기록되어 있으나, 거꾸로 이것이 모든 감정과 의사도 아니었다. 예를 들면, 같은 『일본서기』 천무 13년 12월 계미조와 지통 4년 10월 을축조, 혹은 『속일본기』 경운 4년 5월 계해조, 또 『日本靈異記』上의 7, 17 등에 의하면 '百濟役' '救百濟之役' '救百濟' 등으로 되어 있고, 모두 당의 포로가 된 것이 강하게 기억되어 있었다. 즉 백제(를 구하기 위해)의 使役으로서 渡海 출병하였고, 그 때에 당에 포로가 되었다는 것이며, 여기에 신라에의 공격적 자세는 보이지 않는 것이다. 또 동시에 고구려를 위한 '役'으로도 전해지고 있지 않다.

그리하여, 특히 당의 포로가 된 경험자와 실제로 백제에서 전투를 한 사람들은 백제를 위해 싸우고, 그 결과 당의 포로가 되었다는 기억이 선명하며, 신라를 특별히 적대시하는 경향은 보이지 않는다. 이 사실은 이미 소개한 김유신전에 있어서 문무왕이 왜병에게 관대한 조치를 취했다거나, 그다지 왜병의 존재에 집착하지 않았다는 일과 逆으로 잘 호응하고 있는 점이 있다. 그럼에도 불구하고 『일본서기』의 한 국면에 있어서 도해출병 내지 교전이 신라타도를 위한 것인 듯 강조되어 있는 것은, 역시 도현에게서 상징되는 고구려계의 사회층이나 정치 顧問的 집단의 감정과 의사가 왜의 중앙정권의 판단에 일정한 영향을 미치고 있었기 때문일 것이다.

그러나 이러한 판단과 기록은 고구려계 측에서 단순히 감정적으로, 일시적으로 움직임이 일어난 것은 아닐 것이다. 그것은 중기적으로는 642년 단계 이래의 동북아시아의 관계변화에 유래하는 것이다. 즉, 이 해 고구려에서는 大臣 연개소문이 建武王(영류왕)을 살해하고 실권을 쥐어 보장왕(건무왕의 조카)을 옹립하였다. 백제에서는 무왕이 사망하고 그의 嫡子인 의자왕이 막 즉위한 때의 일이었다. 이 때 신라는 여왕인 선덕왕 11년에 해당한다. 덧붙여 당은 태종의 정관 16년의 일이었으며, 왜는 寶王女(황극천황)가 즉위한 해에 속한다.

이 642년, 백제의 의자왕은 군사를 일으켜 신라 서부의 40여성을 취하고, 더욱이 신라의 대야성을 함락시켰다. 또 백제는 고구려와 화친 교통하여, 특히 신라의 당항성을 취하고 신라의 당에 대한 '入朝之路'를 끊으려는 모의를 하였다. 이에 대해 신라는 급거 당에 사신을 파견하여 원조를 구했다. 그러나 당은 잠시 백제 · 고구려에의 說諭에 머물러 있었는데, 이 사이 신라는 김춘추를 고구려에 보내어 이 제의를 거절했다. 그리고 드디어 당은, 정관 18년 (644)에 고구려원정을 개시하였고, 신라는 이에 군사협력을 하였으나 이 기간 백제는 신라에 대한 침공을 계속했다(이상은 『구당서』 본기, 고구려 백제 신라 각 傳, 『삼국사기』 신라 고구려 백제 各 本紀 등에 의함).

이 시기를 획기로 하여 백제와 고구려의 긴밀한 연대, 백제의 당에 대한 애매한 대응 내지 비협력적 대응, 이에 대한 신라의 당에의 친밀한 접근, 그리고 신라의 助成(군사와 군량)에 기초한 당의 고구려(나아가 백제) 원정, 또 신라와 백제, 고구려의 교전이라는 그림이 된 것이다. 예를 들면 『구당서』 본기와 신라전에 의하면, 정관

22년(648)에 신라의 김춘추가 入唐하고, 영휘 원년(650)에는 법민(김춘추의 아들로, 후의 문무왕) 등이 입당하였다. 전자에서는 아마도 진덕왕(여왕)의 책봉을 보고(감사)하고, 당의 국학 등의 문명섭취에 강한 관심을 드러내고, 백제가 신라에 침공을 계속하고 있어 신라의 당에 대한 '祖宗之路'를 막으려고 하는 일을 고발하면서, 아울러 당에 출병을 요구하고, 또 당의 '章服' '衣冠'으로 개정하는 것을 신청하고, 김춘추의 '7子'를 당황제의 아래에 '숙위' 시키는 것을 부탁하였다. 그리고 歸途에 있어서는 고구려의 군사에게 살해될 듯이 되어있다. 이어 후자에서는, 당의 원군정보를 흘리면서 백제를 대파한 신라가, 그 성과를 당에 보고하는 것과 함께 당(황제)를 절찬하는 시문을 바치고, 아울러 당 영휘 연호의 채용을 표명하였다(이상은 『삼국사기』 신라본기도 참조). 여기에 앞서와 같은 구도가 잘 응축되어 보일 것이다. 그리고 영휘 6년 (655) 신라 무열왕이 된 김춘추는, 고구려·백제·말갈의 연합군이 신라에 침공하고 있는 사실을 당에게 보고하고, 그 구원을 요청, 이것이 소정방의 고구려(또는 백제)원정으로 이어지게 된다(『구당서』 본기, 신라전 등).

한편 이와 관련하여 왜측과의 사이에 있어서도, 大化 3년(647)에 김춘추가 도래하여 그의 용모와 자질이 왜에 강한 인상을 주었고 또 높은 평가를 불러일으켰다. 그러나 백치 2년(651), 김춘추에 이어 법민이 당으로부터 귀국한 직후, 신라의 왜에의 遣使는 唐服을 입고 筑紫에 도래하였다. 왜측은 이것을 '恋移俗'의 이유로 강하게 비난하고 되돌려보냈다고 한다(이상, 『일본서기』). 이 감정과 의사는 이미 고구려승 도현의 『일본세기』의 그것과 같이, 그 중기적인 연원으로서는 역시 김춘추의 구원요청을 고구려가 거절하였고, 신라가 당에 급접근하기 시작한 642년 이후에 있는 일은 『일본서기』에 기재된 기사를 보더라도 명확하다. 왜에 있어서, 백강 싸움에 付會

된듯한 신라에의 강한 적대의식을 키우고, 당과의 관계를 보류하면서 백제 고구려의 연대를 지지하는 듯한 일국면이 표면화되어오는 것은, 직접적으로는 651년 무렵부터이나 그 중기적인 시작은 642년 단계에서 요구된다. 이 사이, 고구려 백제에서의 정보와 왜에 체재하는 도현과 같은 고구려계의 정치 고문단과 같은 존재가 이것을 가속한 것으로 생각된다. 이것은 실은 『일본서기』 전체의 신라관 내지 한반도 삼국관이 어떤 단계의 산물로서 기술되었고 편찬되었는가 하는 문제에 발전해가는 것이나, 그것은 나중에 생각하기로 한다.

마지막으로 부언하고자 하는 것은, 일단 당측에서 볼 경우, 백강의 싸움에 이르기까지는 더욱 장기적인 전개가 있었다. 그 연원은 642년을 더 거슬러 올라가, 6세기 말에서 7세기 초에 걸친 수의 고구려원정까지 적어도 거슬러 올라갈 것이다. 백강 싸움은 중국(수, 당)이 무력을 행사하면서까지 중국(수당)에의 신종관계를 고구려에 지우는, 오랜 고구려원정의 한 과정이라는 성격을 띤 것이며, 그 최종국면의 부산물이었다. 그리고 또한 이 과정수행에 있어서 유인궤의 백제에 基軸을 둔 海東 내지 동방정책이 당에 있어서 큰 의미와 성과를 불러들인 것에 대해서는 더 이상 반복하지 않겠다.

이에 비해 고구려 백제 신라는 중국(수당)의 해동(삼국)정책을 잘 알고 있었을 뿐 아니라 그 정책을 하게 한 유도적 측면과 내부모순을 안고 있었다고 말할 수 있을 것이다. 그 안에서 고구려는 중국측과의 오랜 직접적인 긴장관계 아래에서 국가의식을 고양시키고, 그 결과 고양의 극치를 달성한 연개소문 死後의 정권붕괴에 호응하는 형태로 당에 의해 멸망되었다. 백제는 중국측의 최종목적인 고구려 臣從化(무력제압을 수반함)의 기초로서, 백제 내부의 일족집중

형 왕권의 弛緩의 틈을 봉합하는 형태로 우선적으로 제압되었다. 여기에 백제왕실의 당에 대한 臣從의 극한이 一國의 放棄, 나아가 溶解(당에 의한 평정)라는 형태를 취하는 것, 그리고 또한 그 一國을 두 번이나 다시 응결(재흥)하지 않는다는 것임을 널리 알리는 일이 되었다. 신라는 문무왕의 답서에 단적으로 이야기 되어있는 것처럼, 곤란한 상황 아래에서 군량 등을 당측의 한반도 진주군에게 계속하여 제공하고, 또 의관과 연호 등 중국문물을 채용하는 것으로서 당에의 臣從 행위를 증명하면서 그 보상으로서 국가의 존속에 힘쓴다는 전력을 선택했다.

　백강전쟁은 이러한 다양한 측면이 집약된 현장의 전투였다. 우리들은 항시 이러한 동아시아의 관련제국·민족 속에서, 각각의 역사적 현장에 있어서 주체성과 주관과의 交錯 관계를 냉정하게, 그리고 객관적으로, 혹은 중기적 또는 장기적인 차원에서 분석하고, 또 재구성하는 노력과 시도를 통해, 비로소 역사의 유익한 公有化를 실현할 수 있게 되는 것이 아닐까.

번역/ 윤용혁 · 서정석

찾아보기

公州大學校 百濟文化硏究所 百濟文化硏究 叢書 第2輯

백제 부흥운동사 연구 ─────────

초판인쇄일 : 2004년 12월 15일
초판발행일 : 2004년 12월 20일

편 저 자 : 공주대학교 백제문화연구소
발 행 인 : 김선경
발 행 처 : 도서출판 서경문화사
편　　집 : 김현미 · 조시내
표　　지 : 김윤희
필　　름 : 프린텍
인　　쇄 : 한성인쇄
제　　책 : 반도제책사
등록번호 : 1 - 1664호
주　　소 : 서울시 종로구 동숭동 199 - 15 105호
전　　화 : 02 - 743 - 8203, 8205
팩　　스 : 02 - 743 - 8210
메　　일 : sk8203@chollian.net

ISBN 89 - 86931 - 80 - X　　93910

정가　18,000원